국가공인 데이터 분석
준전문가 자격증
ADsP

이 문서 내용의 일부 또는 전부를 재사용하려면 반드시 마소캠퍼스의 동의를 얻어야 한다.
이 문서는 저작권법에 의하여 보호를 받는 저작물이므로 무단전재와 배포, 무단복제 및 허가받지 않은
2차 저작을 금한다.

2주합격 단기속성
최신예상기출 150문항

최신경향 완전분석 · 핵심콕콕 올인원

비전공자도 배워서 바로 따는

ADsP

Advanced Data Analytics Semi-Professional

국가공인 **데이터 분석 준전문가 자격증**

#ADsP 최신 #초격차 #초단기 #올인원 패스

김진숙 지음

MASO CAMPUS

**Actionable & Time-Saving Content,
MASO CAMPUS**

어제보다 성장하겠습니다.
그리고, 어제보다 성장하려는 사람을
돕겠습니다.

우리의 가치에 공감할 수 있는 사람과 함께 성장하고 싶습니다.

| CONTACT US | career@masocampus.com |

마소캠퍼스는
실무에 바로 쓰는 콘텐츠를
온/오프라인 실시간 강의, VOD, 도서의 형태로
합리적인 가격에 제공하는
ICT 콘텐츠 그룹입니다.

콘텐츠 제휴 및 기업 교육 문의는

| CONTACT US | biz@masocampus.com |

마소캠퍼스의 Content Map

Digital Marketing College
ROI를 증대시키는
데이터 기반 디지털 마케팅
교육 프로그램

Data Science College
입문부터 전문가 과정까지
체계적인 데이터 분석
교육 프로그램

Actionable Time-Saving Content

Smart Work College
업무 생산성을
향상시키는 스마트워크
교육 프로그램

IT College
최신 IT 트렌드를 반영한
Back & Front SW 전문역량
교육 프로그램

국내 유수의 기업과 대학이 마소캠퍼스와 함께합니다.

https://www.masocampus.com

목차

ADSP 시험 안내　12

구성과 특징　16

공부 방법 및 출제 경향 분석　18

이론 · 및 · 연습 문제

1과목 | 데이터 이해

[1] 데이터의 이해	24
연습 문제	27
[2] 데이터베이스 정의와 활용	28
연습 문제	34
[3] 빅데이터의 이해	36
연습 문제	40
[4] 빅데이터 비즈니스 모델	43
연습 문제	47
[5] 빅데이터 위기 요인과 통제 방안	50
연습 문제	53
[6] 가치창조를 위한 데이터 사이언스와 전략 인사이트	54
연습 문제	67

2과목 | 데이터 분석 기획

[1] 분석 기획 방향성 도출	70
연습 문제	73
[2] 분석 방법론	74
연습 문제	87

[3] 분석 과제 발굴	89
연습 문제	97
[4] 분석 프로젝트 관리 방안	99
연습 문제	102
[5] 분석 마스터 플랜 수립 프레임워크	103
연습 문제	108
[6] 분석 거버넌스 체계 수립	110
연습 문제	118

3과목 | 데이터 분석

Part 1 R 프로그래밍 122

[1] R 프로그래밍	122
연습 문제	131
[2] 데이터 마트/데이터 가공처리/그래프	133
연습 문제	141

Part 2 통계와 회귀분석 144

[1] 기초 통계	144
연습 문제	157
[2] 기술 통계/추론 통계	159
연습 문제	162
[3] 상관계수/상관분석	166
연습 문제	172
[4] 회귀분석	175
연습 문제	189
[5] 주성분 분석/다차원척도법/시계열분석	191
연습 문제	198

Part 3 정형 데이터 마이닝 - 지도 학습 ····· 202

[1] 데이터 마이닝 개요 — 202
　연습 문제 — 211

[2] 분류분석(의사결정 트리/앙상블/로지스틱 회귀/k-최근접 이웃/SVM) — 213
　연습 문제 — 228

[3] 분류 모델 모형 평가 지표 — 232
　연습 문제 — 237

[4] 인공 신경망 — 239
　연습 문제 — 247

Part 4 정형 데이터 마이닝 - 비지도 학습 ····· 249

[1] 군집 분석 — 249
　연습 문제 — 260

[2] 연관 분석 — 264
　연습 문제 — 270

핵심 키워드로 · 복습하기

1과목 ····· 274

2과목 ····· 285

3과목 ····· 296

최신 복원 · 기출문제

1회 ····· 322

2회 ····· 340

3회 ····· 356

완성 · 모의고사

1회 ··· 376

2회 ··· 394

정답 · 및 · 해설

연습 문제 ··· 410

핵심 키워드로 복습하기 ··· 452

최신 복원 기출문제 ··· 460

완성! 모의고사 ·· 488

ADsP 시험 안내

▶ 자격 소개

데이터 분석 준전문가(ADsP: Advanced Data Analytics Semi-Professional)란 데이터 이해에 대한 기본지식을 바탕으로 데이터 분석 기획 및 데이터 분석 등의 직무를 수행하는 실무자를 말합니다.

▶ 데이터 분석 준전문가의 직무

직무	수행 내용
데이터 기획	비즈니스 목표 달성을 위해 내부 업무 프로세스를 기반으로 다양한 분석기회를 발굴하여 분석의 목표를 정의하고, 분석대상 도출 및 분석 결과 활용 시나리오를 정의하여 분석 과제를 체계화 및 구체화하는 빅데이터 분석 과제 정의, 분석 로드맵 수립, 성과 관리 등을 수행한다.
데이터 분석	분석에 대한 요건을 구체적으로 도출하고, 분석 과정을 설계하고, 요건을 실무담당자와 합의하는 요건 정의, 모델링, 검증 및 테스트, 적용 등을 수행한다.

▶ 과목 및 내용

데이터 분석 준전문가 자격검정 시험의 과목은 1과목 데이터 이해, 2과목 데이터 분석 기획, 3과목 데이터 분석까지 총 3과목으로 구성되어 있으며, 이를 바탕으로 데이터를 분석하는 능력을 검정합니다.
실기시험은 없으며, 필기시험은 PBT(Paper Based Test) 방식으로 자격을 검정합니다. 필기시험 합격기준 요건을 충족하면 최종합격자로 분류되어 데이터 분석 준전문가 자격이 부여됩니다.

시험과목	주요내용	세부내용
데이터 이해	데이터의 이해	데이터와 정보
		데이터베이스의 정의와 특징
		데이터베이스 활용
	데이터의 가치와 미래	빅데이터의 이해
		빅데이터의 가치와 영향
		비즈니스 모델
		위기 요인과 통제 방안
		미래의 빅데이터
	가치 창조를 위한 데이터 사이언스와 전략 인사이트	빅데이터분석과 전략 인사이트
		전략 인사이트 도출을 위한 필요 역량
		빅데이터 그리고 데이터 사이언스의 미래
데이터 분석 기획	데이터 분석 기획의 이해	분석 기획 방향성 도출
		분석 방법론
		분석 과제 발굴
		분석 프로젝트 관리 방안
	분석 마스터 플랜	마스터 플랜 수립
		분석 거버넌스 체계 수립
데이터 분석	R 기초와 데이터 마트	R 기초
		데이터 마트
		결측값 처리와 이상값 검색
	통계분석	통계학 개론
		기초 통계분석
		다변량 분석
		시계열 예측
	정형 데이터 마이닝	데이터 마이닝 개요
		분류분석(Classification)
		군집 분석(Clustering)
		연관 분석(Association Analysis)

▶ 출제 문항 수

총 문항 수: 50문항 – 객관식 40문항, 단답형 10문항

구분	과목명	문항수		배점		검정시험시간
		객관식	단답형	객관식	단답형	
필기	데이터 이해	8	2	80 (각 2점)	20 (각 2점)	90분 (1시간 30분)
	데이터 분석 기획	8	2			
	데이터 분석	24	6			
	계	40	10	100		
0	0	0	0	0	0	0

▶ 합격기준

한 과목이라도 정답률이 40% 미만이면 과락이므로 과락 없이 총 60점이 넘어야 합격입니다. 따라서, 오답 수는 1, 2과목은 4문제 미만, 3과목은 12문제 미만이어야 합니다.

구성과 특징

01 이론

3 빅데이터의 이해
1. 빅데이터의 특징(3가지) : 3V
(1) 규모(Volume): 데이터의 양

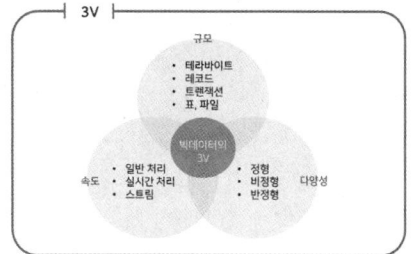

(2) 형태(Variety): 데이터 유형과 소스 측면의 다양성 증가
　데이터의 유형: 정형 데이터, 반정형 데이터, 비정형 데이터

종류	설명	예시
정형 데이터	행과 열처럼 고정된 필드에 저장된 데이터	관계형 데이터베이스, 스프레드시트 등
반정형 데이터	고정된 필드에 저장되지는 않지만, 메타 데이터나 스키마 등을 포함하는 데이터	XML, JSON, HTML 텍스트
비정형 데이터	고정된 필드에 저장되지 않은, 형식이 정해지지 않은 데이터.	텍스트 분석이 가능한 텍스트 문서, 이미지·동영상·음성 데이터

필수로 알아야할 이론만 간추려 누구나 쉽게 이해할 수 있도록 설명하였으며, 바로 복습할 수 있는 연습 문제까지 빈틈 없이 구성하였습니다.

> **활용 TIP**
> 날개 TIP으로 기본 용어 확실히 이해하고 빈출 문제도 확인하자!

02 연습 문제

01 다음 중 데이터베이스의 일반적인 특징에 대한 설명으로 가장 부적절한 것은?
① 한 조직의 다수 사용자가 공동으로 이용하고 유지하는 공용 데이터이다.
② 동일한 내용의 데이터가 중복되지 않는 통합 데이터이다.
③ USB, HDD 또는 SSD와 같은 컴퓨터가 접근할 수 있는 매체에 저장된 데이터이다.
④ 저장, 검색, 분석이 용이하게 수치로 명확하게 표현되는 정량 데이터이다.

02 다음 중 데이터베이스 설계 절차가 적절하게 배치된 것은?
① 요구사항 분석 – 개념적 설계 – 논리적 설계 – 물리적 설계
② 요구사항 분석 – 객체적 설계 – 논리적 설계 – 물리적 설계
③ 요구사항 분석 – 물리적 설계 – 개념적 설계 – 논리적 설계
④ 요구사항 분석 – 개념적 설계 – 객체적 설계 – 논리적 설계

03 다음 중 기업 내부 데이터베이스의 활용과 가장 거리가 먼 것은?
① CRM　② ITS　③ KMS　④ EAI

04 기업 내부 데이터베이스를 기반으로 다양한 정보 시스템이 구축 활용되고 있(으)며, 관련 데이터베이스를 분석하여 고객 개개인에게 적합한 차별적 제품 및 서비스로써 고객과의 관계를 지속적으로 강화해 나가기 위해 구축하는 정보 시스템은 무엇인가?
① CRM 시스템　② SCM 시스템
③ ERP 시스템　④ KMS 시스템

이론 학습 후 각 단원에 해당하는 문제를 풀어보면서 문제 유형을 파악하고 핵심적인 이론 내용을 복습할 수 있습니다.

> **활용 TIP**
> 보기도 꼼꼼하게 학습해서 자주 나오는 키워드를 파악하고, 중요한 개념은 바로바로 복습, 암기하자!

03 핵심 키워드로 복습하기

01 빅데이터 분석에 경제성을 제공한 결정적인 기술은?

02 데이터의 역할 중 암묵지 2가지는?

03 데이터의 역할 중 형식지 2가지는?

04 암묵지와 형식지의 상호작용 중 학습과 체험을 통해 겉으로 드러나지 않은 지식을 개인이 습득하는 과정을 무엇이라고 하는가?

05 암묵지와 형식지의 상호작용 중 내면화된 지식을 조직의 지식으로 하는 것을 무엇이라고 하는가?

중요한 키워드를 암기하는 동시에 단답형 문항을 대비할 수 있도록 과목별 키워드 문항들을 구성하였습니다.

활용 TIP
이론 흐름을 전체적으로 파악하고 자주 틀리는 개념들 위주로 복습하자!

04 최신 복원 기출문제/ 완성 모의고사

과목 Ⅰ 데이터 이해
문항 수(8문항), 배점(문항 당 2점)

01 아래의 (ㄱ) ~ (ㄹ) 중 빅데이터의 본질적인 변화로 옳은 것은?

(ㄱ) 빅데이터 시대에는 데이터를 획득하는데 소요되는 비용이 급격히 터가 발생하므로 사용자 전수조사가 가능해졌다.
(ㄴ) 샘플링 기법이 다양화되었다.
(ㄷ) 전체 데이터의 양이 많아짐에 따라 사소한 오류데이터가 결과에 있다.
(ㄹ) 상관관계보다 인과관계를 중시하게 되었다.

① (ㄱ), (ㄴ)
② (ㄷ), (ㄹ)
③ (ㄱ), (ㄷ)
④ (ㄴ), (ㄹ)

02 각 설명에 해당하는 데이터베이스의 구성 요소를 알맞게 짝지은 것은?

(A) 데이터에 관한 구조화된 데이터로, 다른 데이터를 설명해 주는 데이터
(B) 데이터베이스 내의 데이터를 신속하게 정렬하고 탐색하게 해주는

실제 시험과 동일한 구성의 문제를 통해 출제 경향을 파악하고 실제 시험지를 푸는 감각을 키울 수 있습니다.

활용 TIP
친절한 해설과 함께 헷갈리는 개념부터 문제 풀이 방식까지 완벽히 이해하자!

공부 방법 및 출제 경향 분석

▶ 공부 방법

ADsP는 1, 2과목에 비해 3과목의 범위가 매우 광범위하며 난이도도 높은 편입니다. 따라서, 짧은 기간 안에 합격을 목표로 하려면 1, 2과목에서 한 문제도 틀리지 않겠다는 각오로 최대한 만점을 받고, 3과목은 절반을 조금 넘는 15 문제만 맞추는 전략으로 접근하는 것이 보다 용이합니다. 이 경우 총 70점으로 합격할 수 있습니다.

💡 단원별 공부 전략은 다음과 같습니다.

1, 2과목은 암기가 필요한 부분이 많으므로 사소해 보이는 사람, 용어, 사례까지 최대한 세세하게 외우는 것을 목표로 해야 합니다. '과연 이런 부분까지 나올까?' 싶은 부분까지 출제될 수 있으므로 꼼꼼히 공부하는 게 좋습니다.

3과목의 기초통계 부분은 통계 공부를 통해 개념을 정립하도록 하고, 분석 방법 부분은 분류분석과 군집 분석에 방점을 두고 암기하는 것이 좋습니다. 또한, R을 이용한 분석표를 해석하는 연습을 많이 해야 합니다.

2주 만에 끝내는 ADsP 학습 플랜

- 첫 주는 이론을 탄탄히! 둘째 주는 실전 문제로 완벽히!를 목표로 진행합니다.
- 핵심 이론만을 꼼꼼히 학습한 후, 기출문제와 모의고사로 보기 암기와 실전 감각을 키웁니다.

Week 1				
Day 1	1과목 이론 학습	월	일	☐
Day 2	2과목 이론 학습	월	일	☐
Day 3	3과목 part1, part2 이론 학습	월	일	☐
Day 4		월	일	☐
Day 5	3과목 part3 이론 학습	월	일	☐
Day 6		월	일	☐
Day 7	3과목 part4 이론 학습	월	일	☐

Week 2				
Day 8	최신 복원 기출문제 1회 풀기	월	일	☐
Day 9	최신 복원 기출문제 2회 풀기	월	일	☐
Day 10	최신 복원 기출문제 3회 풀기	월	일	☐
Day 11	내용 되돌아보기 with 핵심 키워드	월	일	☐
Day 12	완성!모의고사 1회 풀기	월	일	☐
Day 13	완성!모의고사 2회 풀기	월	일	☐
Day 14	오답 체크 및 최종 마무리	월	일	☐

▶ 출제경향

각 단원별로 최근 1년간 어떤 문제가 가장 많이 출제되었는지 확인해 보고, 중요한 부분과 부족한 부분을 함께 체크하여 공부한다면 효율적으로 시간을 활용할 수 있습니다.

1과목

1과목 데이터의 이해	20회 (2019.03.09)	21회 (2019.06.01)	22회 (2019.08.31)	23회 (2019.11.23)	4회분 소계
(1) 데이터의 이해	1	0	1	1	3
(2) 데이터베이스 정의와 활용	4	2	2	1	9
(3) 빅데이터의 이해	2	3	2	2	9
(4) 빅데이터 비즈니스 모델	2	3	2	2	9
(5) 빅데이터 위기요인과 통제방안	0	1	0	1	2
(6) 가치창조를 위한 데이터 사이언스와 전략 인사이트	1	1	3	2	7
소계	10	10	10	9	39

2과목

2과목 데이터 분석 기획	20회 (2019.03.09)	21회 (2019.06.01)	22회 (2019.08.31)	23회 (2019.11.23)	4회분 소계
(1) 분석 기획 방향성 도출	0	2	0	0	2
(2) 분석 방법론	4	2	3	1	10
(3) 분석 과제 발굴	2	1	2	3	8
(4) 분석 프로젝트 관리 방안	0	2	1	1	4
(5) 분석 마스터 플랜 수립 프레임워크	3	1	3	2	9
(6) 분석 거버넌스 체계 수립	1	2	1	4	8
소계	10	10	10	11	41

3과목

3과목 데이터 분석	20회 (2019.03.09)	21회 (2019.06.01)	22회 (2019.08.31)	23회 (2019.11.23)	4회분 소계
(1) R 프로그래밍	4	0	2	2	8
(2) 데이터마트/ 데이터가공처리/그래프	2	1	4	1	8
(3) 기초 통계	4	0	2	2	8
(4) 기술 통계/추론 통계	2	6	4	3	15
(5) 상관계수/상관 분석	0	1	2	3	6
(6) 회귀 분석	2	1	1	2	6
(7) 주성분 분석/다차원 척도법/ 시계열 분석	2	2	2	5	11
(8) 데이터마이닝 개요	5	1	2	1	9
(9) 분류분석(의사결정트리/ 앙상블/로지스틱회귀/SVC/k-NN)	2	5	3	5	15
(10) 분류 모델 모형 평가	1	2	3	1	7
(11) 인공신경망	1	2	2	2	7
(12) 군집 분석	2	7	2	1	12
(13) 연관규칙 분석	3	2	1	2	8
소계	30	30	30	30	120

기출문제는 모르는 것을 새로 얻으려는 목표보다는 이미 아는 것을 더욱 확실하게 아는 것을 목표로, 문제와 선지를 모두 꼼꼼히 읽고 숙지하는 것이 좋습니다.

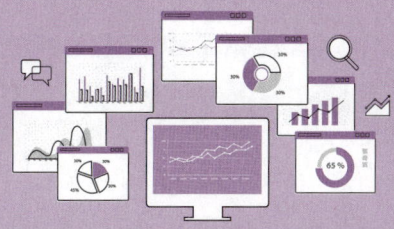

이론·및·연습 문제

1과목

데이터 이해

ID # 1과목 | 데이터 이해

1 데이터의 이해

1. 데이터의 유형

유형	내용	예시
정성적 데이터 (=질적자료)	• 저장·검색·분석에 많은 비용이 소모되는 **언어/문자 형태**의 데이터 • 주관적 내용 • 통계분석이 어려움	회사 매출이 증가함
정량적 데이터 (=양적자료)	• 정형화된 데이터로 **수치, 도형, 기호 등의 형태**를 가진 데이터 • 객관적 내용 • 비용 소모가 적어 통계분석이 용이	나이, 몸무게, 주가 등

2. 데이터의 역할

- 지식 경영의 핵심 이슈인 **암묵지와 형식지 간의 상호작용**에 중요한 역할을 한다. 지식 형성의 중요한 기초가 된다.

(1) 암묵지: 학습과 체험을 통해 개인에게 습득된 <u>무형의 지식</u>

    ① **내면화(Internalization)**

      ↘ 학습과 체험을 통해 개인이 습득하는 과정

      ↘ 겉으로 드러나지 않은 지식이나 무형의 지식

        (예) 김장 김치 담그기, 자전거 타기 등

    ② **공통화(Socialization)**

      ↘ 내면화된 지식을 조직의 지식으로 만드는 과정

(2) **형식지**: 문서나 메뉴얼처럼 형상화된 지식으로, 지식의 전달과 공유가 매우 용이

예) 교과서, 비디오, DB(데이터베이스)

③ **표출화(Externalization)**
- 개인의 암묵지를 언어나 기호, 숫자 등의 형태로 표출화

④ **연결화(Combination)**
- 표출화 된 것을 다시 다른 개인이 본인의 지식에 연결

▶ 암묵지와 형식지의 상호작용

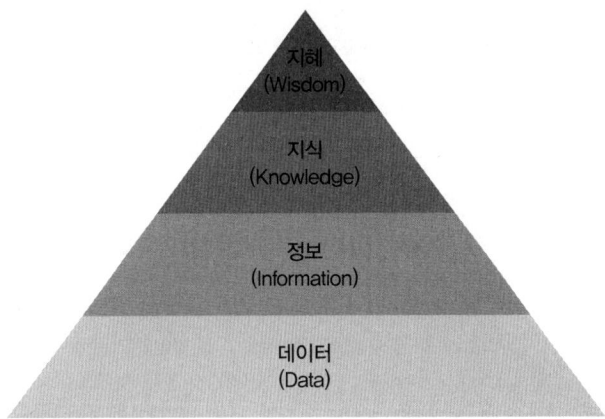

[TIP]
내공 → 표연으로 줄여서 암기하기
내면화와 표출화는 특히 자주 출제되는 포인트!

3. DIKW 피라미드: 데이터와 정보, 지식, 지혜의 관계

(1) **데이터(Data)**
- 개별 데이터 자체
- 데이터 자체로는 의미가 중요하지 않은 객관적인 사실임
  (예) A마트는 100원에, B마트는 200원에 연필을 판매

(2) 정보(Information)
- 데이터의 가공·처리와 데이터 간 연관관계 속에서 의미가 도출된 것
- 도출한 의미가 아직 유용하지 않을 수 있음
  (예) A마트의 가격이 더 싸다.

(3) 지식(Knowledge)
- 데이터를 통해 도출된 다양한 정보를 구조화하여 유의미한 정보를 분류하고 개인적인 경험을 결합하여 고유의 지식으로 내재화한 것
  (예) 상대적으로 저렴한 A마트에서 연필을 사야겠다.

(4) 지혜(Wisdom)
- 지식의 축적과 아이디어가 결합된 창의적 산물
  (예) A마트의 다른 상품들도 B마트보다 쌀 것이라고 판단

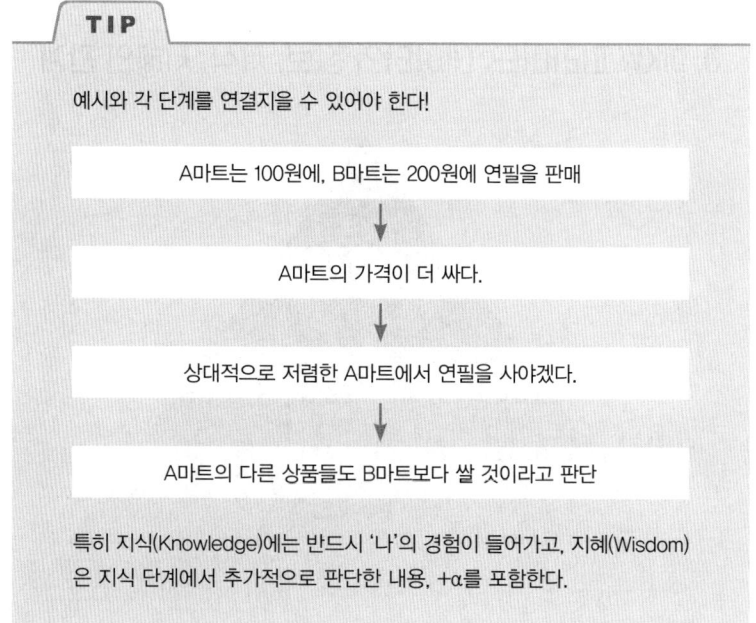

연습 문제

01 다음 기상 데이터 중 정성 데이터에 속하는 데이터는 무엇인가?

① 풍향

② 습도

③ 기상특보

④ 1시간 강수량

02 다음 중 그 자체로는 의미가 중요하지 않은 객관적인 사실인 데이터를 가공 및 처리하여 얻을 수 있는 것으로 부적절한 것은?

① 정보

② 지혜

③ 지식

④ 기호

03 암묵지와 형식지의 상호작용 관계를 가장 적절하게 표현한 것은 무엇인가?

① 내면화 — 연결화 — 표출화 — 공통화

② 표출화 — 공통화 — 내면화 — 연결화

③ 공통화 — 표출화 — 연결화 — 내면화

④ 내면화 — 연결화 — 표출화 — 공통화

2 데이터베이스 정의와 활용

데이터베이스의 정의

1. 데이터베이스의 특징 4가지

▶ 데이터베이스 시스템(Database System)

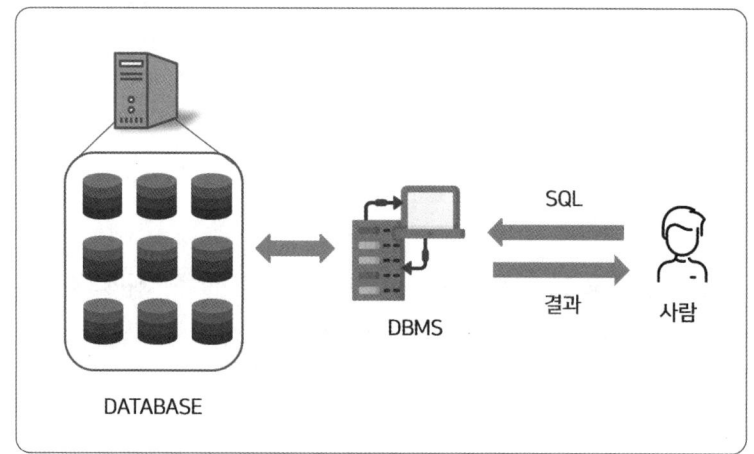

핵심 내용 정리
데이터베이스의 특징
1. 데이터 중복은 관리상의 복잡한 부작용을 초래한다.
2. 데이터베이스는 기본적으로 저장된 컴퓨터 기술을 바탕으로 한 것이다.
3. 서로 다른 목적을 갖고 있지만 공동의 데이터를 사용한다는 것이 핵심이다.
4. 데이터베이스에 저장된 내용은 곧 데이터베이스의 현 시점에서의 상태를 나타내는 것이다.

(1) **통합된 데이터**(integrated data)
  ↘ 동일한 내용의 데이터가 중복되어 있지 않음

(2) **저장된 데이터**(stored data)
  ↘ 컴퓨터가 디스크와 같은 접근할 수 있는 저장 매체에 저장됨

(3) **공용 데이터**(shared data)
  ↘ 여러 사용자가 서로 다른 목적으로 데이터베이스의 데이터를 공동으로 이용
  ↘ 보통 대량화되고 구조가 복잡함

(4) **변화되는 데이터**(changeable data)
  ↘ 새로운 데이터의 삽입, 기존 데이터의 삭제, 갱신으로 항상 변화하면서도 현재의 정확한 데이터 유지

2. 데이터베이스 관리 시스템
(DataBase Management System, DBMS)

(1) **정의**: 데이터베이스를 관리하여 응용프로그램들이 데이터베이스를 공유하며 사용할 수 있는 환경을 제공하는 소프트웨어

(2) 데이터베이스 관리 시스템의 종류

① **관계형 DBMS(Relational DBMS, RDMS)**
- 컬럼(열)과 로우(행)로 구성되는 하나 이상의 테이블로 구성
- 테이블에서 기본키(Primary Key)로 각 행을 식별
  (예) 오라클, Access, MySQL, MS-SQL 등

> **TIP**
> 기본키(Primary Key)란 관계형 데이터베이스에서 테이블의 각 로우(row)를 유일하게 구분해 낼 수 있는 고유 키(key)를 말한다.

② **객체지향 DBMS(Object Oriented DBMS, OODBMS)**
- 정보를 객체 형태로 표현하는 데이터베이스 모델로, 오브젝트(Object) 데이터베이스라고도 부름
- 이미지 및 동영상 저장에 적합하지만, RDMS보다 정확성과 예측성이 떨어짐
- RDMS와 OODBMS를 혼합한 ORDBMS를 사용하기도 함

③ **NoSQL(non SQL)**
- 전통적인 관계형 데이터베이스보다 덜 제한적인 일관성 모

델을 이용하는 데이터의 저장 및 검색을 위한 매커니즘을 제공
- 빅데이터와 실시간 웹 애플리케이션의 상업적 이용에 널리 사용
- "Not only SQL"로, SQL만을 사용하지 않는 데이터베이스 관리 시스템(DBMS)을 지칭하며, 관계형 데이터베이스를 포함하여 여러 유형의 데이터베이스를 사용

(예) MongoDB, Cassandra, HBase 등

3. SQL(Structured Query Langage)

(1) 정의: 데이터베이스에 접근할 수 있는 데이터베이스 언어

(2) SQL의 종류

① DDL(데이터 정의어): CREATE(생성), ALTER(변경), DROP(제거)

② DML(데이터 조작어): SELECT(검색), INSERT(삽입), UPDATE(갱신), DELETE(삭제)

③ DCL(데이터 제어어): GRANT(권한부여), REVOKE(권한해제)

4. 다양한 측면에서의 데이터베이스 특성 5가지

(1) 데이터베이스의 정보 축적 및 전달 측면

- 기계 가독성, 검색 가능성, 원격 조작성

(2) 정보 이용 측면

- 이용자의 정보 요구에 따라 다양한 정보를 신속하게 획득하

고 원하는 정보를 정확하고 경제적으로 찾아낼 수 있음

(3) 정보 관리 측면
- 정보를 일정한 질서와 구조에 따라 정리·저장하고 검색·관리할 수 있도록 하여 방대한 양의 정보를 체계적으로 축적할 수 있고 새로운 내용 추가나 갱신이 용이함

(4) 정보기술발전의 측면
- 데이터베이스는 정보처리, 검색·관리 소프트웨어, 관련 하드웨어, 정보 전송을 위한 네트워크 기술 등의 발전을 견인

(5) 경제·산업적 측면
- 인프라로서 특성을 가지고 있어 경제, 산업, 사회 활동의 효율성을 재고하고 국민의 편의를 증진하는 수단이 됨

5. 데이터베이스 관련 용어 정의

(1) **메타데이터(metadata)**: 데이터에 관한 구조화된 데이터로, 다른 데이터를 설명해 주는 데이터

(2) **인덱스(index)**: 데이터베이스 내의 데이터를 신속하게 정렬하고 탐색하게 해주는 구조

(3) **스키마(schema)**: 데이터베이스의 구조와 제약조건에 관해 전반적인 명세를 기술한 것

(4) **트리거(trigger)**: 어느 특정한 동작에 반응해 자동으로 필요한 동작을 실행하는 것

(5) **데이터 사전(data dictionary)**: 시스템 전체에서 나타나는 데이터 항목들에 대한 정보를 지정한 중앙 저장소

데이터베이스의 활용

1. 기업 내부 데이터베이스

(1) 1980년대 기업 내부 데이터베이스

① <u>OLTP</u>(On-Line <u>Transaction</u> Processing)
- 호스트 컴퓨터와 **온라인으로 접속**된 여러 단말기 간의 처리 형태의 하나
- 여러 단말기에서 보내온 메시지에 따라 호스트 컴퓨터가 데이터베이스를 액세스하고, 바로 처리 결과를 돌려보내는 형태

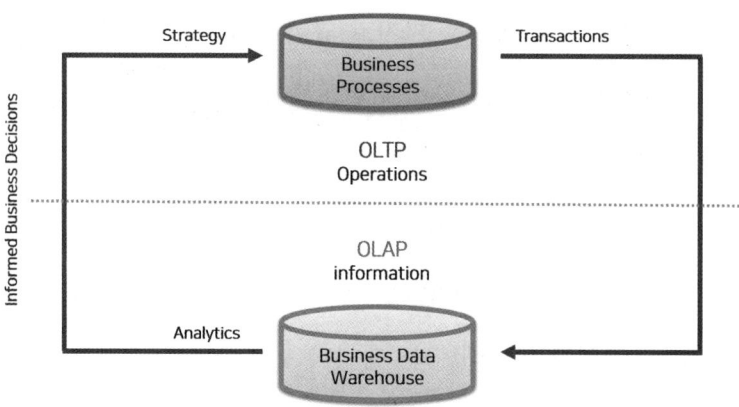

② <u>OLAP</u>(On-Line <u>Analytical</u> Processing)
- 정보 위주의 **분석 처리**를 의미하며, 다양한 비즈니스 관점에서 쉽고 빠르게 다차원적인 데이터에 접근하여 의사 결정에 활용할 수 있는 정보를 얻을 수 있게 해주는 기술

(2) 2000년대 기업 내부 데이터베이스

① <u>CRM</u>(Customer Relationship Management)
- **고객관계관리**라고 하며, 기업이 고객과 관련된 내·외부 자료를 분석·통합해 고객 중심 자원을 극대화하고, 이를 토대로 고객 특성에 맞게 마케팅 활동을 계획·지원·평가하는 과정

② SCM(Supply Chain Management)

- **공급망 관리**를 뜻하는 말로, 기업에서 원재료의 생산, 유통 등 모든 공급망 단계를 최적화해 수요자가 원하는 제품을 원하는 시간과 장소에 제공하는 것

③ ERP(Enterprise Resource Planning)

- 인사・재무・생산 등 기업의 전 부문에 걸쳐 독립적으로 운영되던 각종 관리 시스템의 경영 자원을 **하나의 통합 시스템으로 재구축**함으로써 생산성을 극대화하려는 경영 혁신 기법

④ BI(Business Intelligence)

- 기업이 보유하고 있는 수많은 데이터를 정리하고 분석해 기업의 의사결정에 활용하는 일련의 프로세스/**레포트 지원**

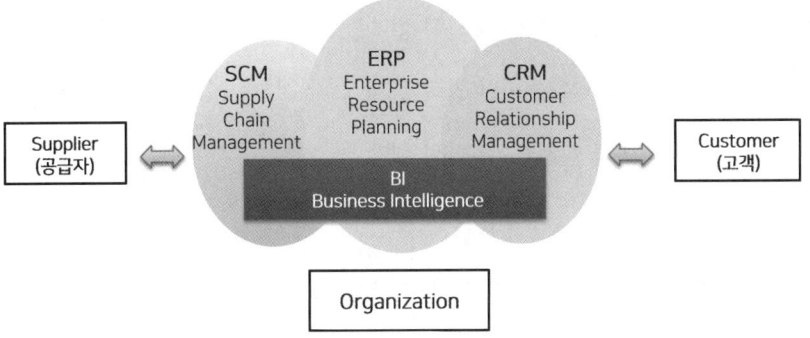

⑤ RTE(Real-Time Enterprise)

- 회사의 주요 경영정보를 통합・관리하는 새로운 실시간 기업 경영시스템
- 전사적자원관리(ERP), 판매망관리(SCM), 고객관리(CRM) 등 부문별 전산화에서 한발 나아가 회사 전 부문의 정보를 하나로 통합함으로써 경영자의 빠른 의사 결정을 이끌어 내려는 목적에서 만들어짐
- 기업 활동이 글로벌화되고 기술의 발전으로 인해 제품 수명이 짧아지는 현실에 대응되고 있음

[TIP] 2000년대 기업 내부 데이터베이스 관련 기술은 단답형 문제로 자주 출제되므로 약어에 주의하여 암기해 두자.

연습 문제

01 다음 중 데이터베이스의 일반적인 특징에 대한 설명으로 가장 부적절한 것은?

① 한 조직의 다수 사용자가 공동으로 이용하고 유지하는 공용 데이터이다.

② 동일한 내용의 데이터가 중복되지 않는 통합 데이터이다.

③ USB, HDD 또는 SSD와 같은 컴퓨터가 접근할 수 있는 매체에 저장된 데이터이다.

④ 저장, 검색, 분석이 용이하게 수치로 명확하게 표현되는 정량 데이터이다.

02 다음 중 데이터베이스 설계 절차가 적절하게 배치된 것은?

① 요구사항 분석 — 개념적 설계 — 논리적 설계 — 물리적 설계

② 요구사항 분석 — 객체적 설계 — 논리적 설계 — 물리적 설계

③ 요구사항 분석 — 물리적 설계 — 개념적 설계 — 논리적 설계

④ 요구사항 분석 — 개념적 설계 — 객체적 설계 — 논리적 설계

03 다음 중 기업 내부 데이터베이스의 활용과 가장 거리가 먼 것은?

① CRM   ② ITS   ③ KMS   ④ EAI

04 기업 내부 데이터베이스를 기반으로 다양한 정보 시스템이 구축 활용되고 있다. 고객 관련 데이터베이스를 분석하여 고객 개개인에게 적합한 차별적 제품 및 서비스를 제공함으로써 고객과의 관계를 지속적으로 강화해 나가기 위해 구축하는 정보 시스템은 다음 중 무엇인가?

① CRM 시스템   ② SCM 시스템

③ ERP 시스템   ④ KMS 시스템

05 아래는 데이터의 이용과 분석에 대한 용어와 그것의 의미를 서로 연결한 것이다. (가)에 들어갈 용어를 쓰시오.

> OLAP : 다차원의 데이터를 대화식으로 분석하기 위한 소프트웨어
>
> (가) : 데이터 기반의 의사결정을 지원하기 위한 리포트 중심의 도구
>
> Analytics : 의사결정을 위한 통계적이고 수학적인 분석에 초점을 둔 기법

06 아래는 기업 내부에서 사용하는 데이터베이스의 활용에 대한 설명이다. (가)에 들어갈 알맞은 용어는?

> (가)(은)는 기업이 외부 공급업체 또는 제휴업체와 통합된 정보 시스템으로 연계하여 시간과 비용을 최적화 시키기 위한 것으로, 자재 구매, 생산 재고, 유통 판매, 고객 데이터로 구성된다.

07 다음 중 데이터베이스를 관리하여 응용프로그램들이 데이터베이스를 공유하며 사용할 수 있는 환경을 제공하는 소프트웨어는?

① DBMS ② ERD ③ SQL ④ Data Dictionary

08 다음 중 NoSQL 데이터베이스가 아닌 것은?

① HBase ② MongoDB ③ MySQL ④ Cassandra

09 다음 중 사용자 정의 데이터나 멀티미디어 데이터 등 복잡한 데이터 구조를 표현 및 관리할 수 있는 데이터베이스 관리 시스템(DBMS)으로 적절한 것은?

① 관계형 DBMS ② 객체지향 DBMS
③ 네트워크 DBMS ④ 계층형 DBMS

TIP&MEMO

[핵심 내용 정리]
빅데이터의 특징 3가지 + 1가지
규모(Volume)
다양성(Variety)
속도(Velocity)
+ 가치(Value)

3 빅데이터의 이해

1. 빅데이터의 특징(3가지) : 3V

(1) 규모(Volume): 데이터의 양

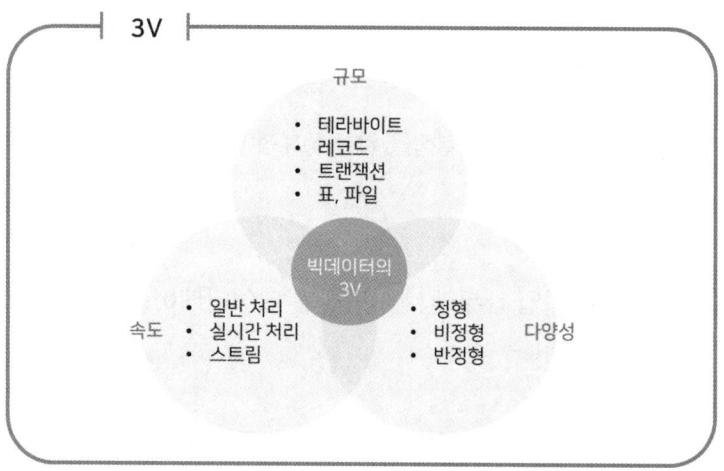

(2) 형태(Variety): 데이터 유형과 소스 측면의 다양성 증가

↘ 데이터의 유형: 정형 데이터, 반정형 데이터, 비정형 데이터

종류	설명	예시
정형 데이터	행과 열처럼 고정된 필드에 저장된 데이터	관계형 데이터베이스, 스프레드시트 등
반정형 데이터	고정된 필드에 저장되지는 않았지만, 메타 데이터나 스키마 등을 포함하는 데이터	XML, JSON, HTML 텍스트
비정형 데이터	고정된 필드에 저장되지 않은, 형식이 정해지지 않은 데이터.	텍스트 분석이 가능한 텍스트 문서, 이미지·동영상·음성 데이터

[TIP]
데이터 양의 단위
기가바이트(GB) 〈 테라바이트(TB) 〈 페타바이트(PB) 〈 엑사바이트(EB) 〈 제타바이트(ZB) 〈 요타바이트(YB)
주관식으로 출제된 적도 있으니 반드시 암기하자!

(3) 속도(Velocity): 데이터 수집과 처리 측면에서의 속도 향상

↘ 3V에 마지막으로 가치(Value)를 추가하여 4V라고도 함

2. 빅데이터의 출현 배경 - 관련 기술 발전 측면

(1) 디지털화의 급진전
　　↘ 아날로그 → 디지털 전환

(2) 저장 기술의 발전과 가격 하락
　　↘ 압축기술의 발전 → 저장장치의 가격 하락 → 비용 감소 → 정보 생산량 급증

(3) 인터넷 발전
　　↘ 인터넷 사업 모델 → 양면시장모델(소비자가 다시 생산자가 됨)

(4) 모바일 시대
　　↘ SNS(감성 정보), GPS, 가속센서, 거리센서 정보 양산

(5) 클라우드 컴퓨팅(가장 큰 영향을 줌)
　　↘ 클라우드로 많은 정보 수집
　　↘ 빅데이터의 처리 비용을 획기적으로 낮춤

TIP
단답형 문제에서 관련 기술의 발전 측면에서 빅데이터 출연에 가장 크게 기여한 요인을 하나만 꼽으라고 묻는다면, 클라우드 컴퓨팅을 적으면 된다.

3. 빅데이터의 기능 → 무한한 가능성

(1) 산업혁명의 석탄과 철, 21세기의 원유와 같은 역할

(2) 렌즈 역할
　　예) 구글 'Ngram Viewer' - "The United States is/are"의 검색량 변동 추이

핵심 내용 정리
렌즈 역할이란?
현미경이 생물학 발전에 미쳤던 영향처럼, 빅데이터는 데이터의 변화과정을 한눈에 볼 수 있는 기능을 제공할 수 있다.

TIP&MEMO

핵심 내용 정리

컴퓨팅 플랫폼
(computing platform)
소프트웨어가 구동 가능한 하드웨어 아키텍처나 소프트웨어 프레임워크(응용 프로그램 프레임워크를 포함)의 종류를 설명하는 단어이다.

(3) 플랫폼의 역할

- 비즈니스 측면에서 플랫폼이란 '공동 활용의 목적으로 구축된 유무형의 구조물'을 의미. 빅데이터의 기능에서 기대되는 플랫폼의 역할은 다양한 사업자들이 공동으로 사용하는 플랫폼을 빅데이터 형태로 제공하는 것.
  예) 카카오톡, 페이스북

4. 빅데이터가 만들어 내는 본질적인 변화

(1) 사전처리 → 사후처리

(2) 표본조사 → 전수조사

- 샘플링이 주지 못하는 패턴이나 정보를 얻을 수 있는 전수조사(complete enumeration)로 변화
- 전수 조사의 장점
  ① 표본조사로 알 수 없는 패턴이나 정보 제공
  ② 융통성 유지: 모든 데이터를 모아두면 질문이 바뀌어도 다양한 방식으로 재가공 가능

(3) 질 → 양

- 빅데이터의 마법: 엄청난 용량이 질적으로 전환하는 과정에서 나타남. 양에서 질을 찾을 수 있음
- 지속적인 데이터 추가: 총 정보량이 증가하여 오류 정보의 비율 감소

(4) 인과관계 → 상관관계

- 인과관계를 모르고 상관관계 분석만으로 충분한 경우 多
- 상관관계가 높은 것으로 인과관계를 추측하는 방식 활용

5. 빅데이터의 가치 선정이 어려운 이유 3가지

(1) 데이터 활용 방식
- 재사용, 재조합(mashup), 다목적용 개발 등 활용 방식이 다양해짐

(2) 새로운 가치 창출
- 데이터가 기존에 없던 가치를 창출함에 따라 가치 측정이 어려움

(3) 분석 기술 발전
- 클라우드 분산 컴퓨팅과 새로운 분석 기법의 등장으로 가치가 없던 데이터도 거대한 가치를 만들어 내는 재료가 될 가능성이 높아짐

연습 문제

01 다음 중 빅데이터 분석에 경제성을 제공해 준 결정적인 기술로 가장 적절한 것은?

① 텍스트 마이닝(text mining)

② 클라우드 컴퓨팅(cloud computing)

③ 저장장치 비용(storage cost)의 지속적인 하락

④ 스마트폰(smartphone)의 급속한 확산

02 다음 중 일반적으로 통용되고 있는 빅데이터의 정의와 거리가 가장 먼 것은?

① 빅데이터는 일반적인 데이터베이스 소프트웨어로 저장 관리 분석할 수 있는 범위를 초과하는 규모의 데이터이다.

② 빅데이터는 다양한 종류의 대규모 데이터로부터 저렴한 비용으로 가치를 추출하고 데이터 초고속 수집 발굴 분석을 지원하도록 고안된 차세대 기술 및 아키텍쳐이다.

③ 빅데이터는 데이터의 양(Volume), 데이터 유형과 소스 측면의 다양성(Variety), 데이터 수집과 처리 측면에서 속도(Velocity)가 급격히 증가하면서 나타난 현상이다.

④ 빅데이터는 기존의 작은 데이터 처리 분석으로는 얻을 수 없었던 통찰과 가치를 하둡(Hadoop)을 기반으로 하는 대용량의 분산 처리 기술을 통해 창출하는 새로운 방식이다.

03 다음 중 데이터의 유형이 다른 하나는?

① 개인 페이스북에 올린 어느 회사 제품에 대한 사용 후기글

② 어느 기계에서 작동하는 동안 발생한 소음을 데시벨 단위로 기록한 센서 데이터

③ 어느 포털 사이트에서 하루 동안 언급된 모든 검색어

④ 콜센터에 접수된 어느 고객의 제품 불만사항을 녹음한 음성 파일

04 다음 중 빅데이터 현상이 출현하게 된 배경과 가장 거리가 먼 것은?

① 의료정보 등 공공데이터의 개방 가속화

② M2M, IoT와 같은 통신 기술의 발전

③ 하둡 등 분산 처리 기술의 발전

④ 트위터, 페이스북 등 SNS의 급격한 확산

05 다음 빅데이터가 만들어 내는 변화와 가장 거리가 먼 것은?

① 가치가 있을 것이라고 예상되는 특정한 정보만 모아서 처리하는 것이 아니라 가능한 많은 데이터를 모으고 그 데이터를 다양한 방식으로 조합해 숨은 정보를 찾아내는 방식이 중요해지고 있다.

② 데이터의 규모가 증가함에 따라 사소한 몇 개의 오류 데이터는 분석 결과에 영향을 미치지 않기 때문에 데이터세트에 포함하여 분석해도 상관없는 경우가 많아진다.

③ 데이터의 양이 증가하고 유형이 복잡해짐에 따라 수많은 데이터 중에서 분석에 필요한 데이터를 선정하기 위해 정교한 표본조사 기법의 중요성이 대두되고 있다.

④ 인과관계의 규명 없이 상관관계 분석 결과만으로도 인사이트를 얻고 이를 바탕으로 수익을 창출할 수 있는 기회가 점차 늘어나고 있다.

06 데이터가 가치 측정이 어려운 이유로 가장 부적절한 것은?

① 데이터의 재사용이 일반화되면서 특정 데이터를 언제 누가 사용했는지 알기 힘들기 때문

② 빅데이터는 기존에 존재하지 않던 가치를 창출하기 때문

③ 분석기술의 발전으로 과거에 분석이 불가능했던 데이터를 분석할 수 있게 되었기 때문

④ 데이터 전문인력의 증가로 다양한 곳에서 빅데이터가 활용되고 있기 때문

07 아래에 설명하는 (가)는 무엇인가?

> (가)는 인터넷을 기반으로 모든 사물을 연결해 사람과 사물, 사물과 사물 간의 정보를 상호 소통하는 지능형 기술 및 서비스이며, 사물에서 생성되는 Data를 활용한 분석을 통해 마케팅 등에 활용할 수 있다.

08 다음 중 데이터 웨어하우스에 대한 설명으로 부적절한 것은?

① 데이터 웨어하우스는 사용자의 의사결정에 도움을 주기 위해 정보를 기반으로 제공하는 하나의 통합된 데이터 저장 공간을 말한다.
② 데이터 웨어하우스에서 관리하는 데이터들을 시간의 흐름에 따라 변화하는 값을 유지한다.
③ ETL은 주기적으로 내부 및 외부 데이터베이스로부터 정보를 추출하고 정해진 규약에 따라 정보를 변환한 후에 데이터 웨어하우스에 정보를 적재한다.
④ 데이터 웨어하우스는 재무, 생산, 운영 등과 같이 특정 업무 분야에 초점을 맞추어 구축된다.

09 데이터 웨어하우스는 기업 내 의사결정지원 어플리케이션에 정보 기반을 제공하는 하나의 통합된 데이터 저장 공간을 말한다. 다음 중 데이터 웨어하우스의 고유한 특성이 아닌 것은?

① 데이터 웨어하우스에서는 데이터의 지속적 갱신에 따른 무결성 유지가 무엇보다 중요하다.
② 데이터 웨어하우스의 데이터들은 전사적 차원에서 일괄된 형식으로 정의된다.
③ 데이터 웨어하우스에서 관리하는 데이터들은 시간의 흐름에 따라 변화하는 값을 저장한다.
④ 데이터 웨어하우스에서는 특정 주제에 따라 데이터들이 분류, 저장, 관리된다.

4 빅데이터 비즈니스 모델

1. 빅데이터 활용사례 3가지

(1) 기업 혁신 사례
- 구글 검색 기능, 월마트 매출 향상, 질병 예후 진단 등 의료분야에 접목

(2) 정부 활용 사례
- 실시간 교통정보수집, 기후정보, 각종 지질활동 등에 활용, 국가안전 확보 활동 및 의료와 교육 개선에 활용 방안 모색

(3) 개인 활용 사례 - 정치인과 가수의 SNS 활용

2. 빅데이터 활용 기본 테크닉 7가지

(1) 연관규칙 학습(Association rule learning)
- 어떤 변인들 간에 주목할 만한 상관관계가 있는지를 찾아내는 방법
  (예) A를 구매한 사람이 B를 더 많이 사는가?

(2) 유형 분석(Classification tree analysis)
- 새로운 사건이 속하게 될 범주를 찾아내는 일
  (예) 이 사용자가 어떤 특성을 가진 집단에 속하는가?

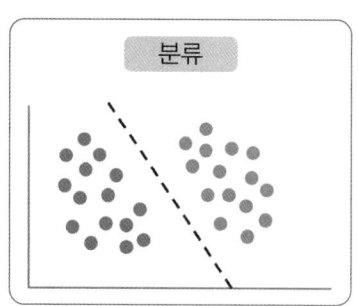

> **TIP&MEMO**
>
> ≡ 연습문제
> '최대의 시청률을 얻으려면 어떤 프로그램을 어떤 시간대에 방송해야 하는가'의 문제를 해결하는 알고리즘은?
> 정답: 유전 알고리즘

(3) 유전 알고리즘 (Genetic algorithms)

↘ 최적화가 필요한 문제의 해결책을 자연선택, 돌연변이 등과 같은 메커니즘을 통해 점진적으로 진화시켜 나가는 방법
(예) 최대의 시청률을 얻으려면 어떤 프로그램을 어떤 시간대에 방송해야 하는가?

뇌신경
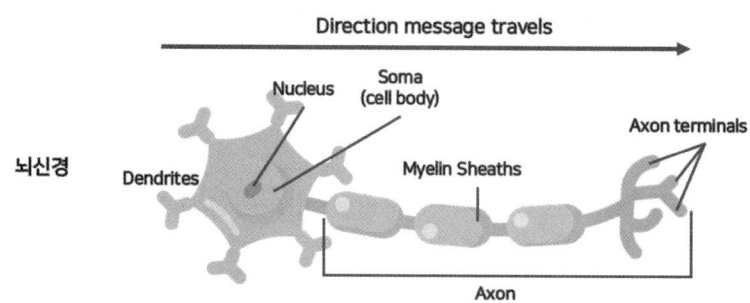

신경망
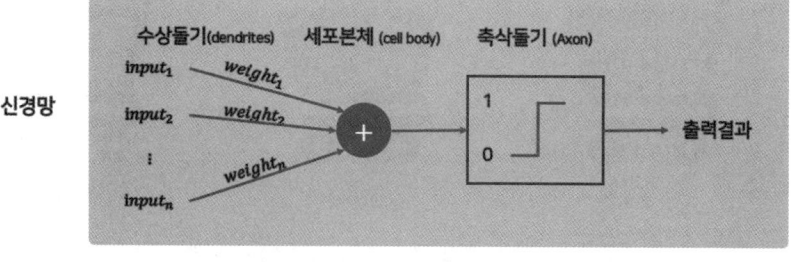

역전파 알고리즘
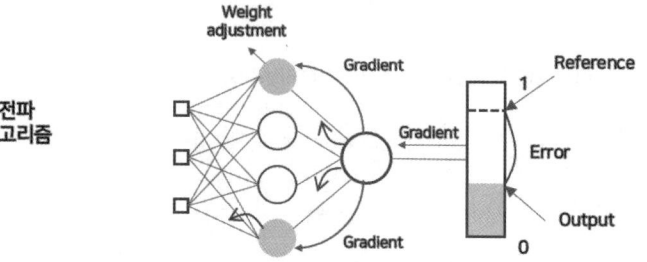

(4) 기계 학습 (Machine learning)

↘ 훈련 데이터로부터 학습하여 알려진 특성을 활용해 '예측'하는데 초점

(예) 기존 시청기록을 바탕으로 했을 때, 시청자는 보유한 영화 중 어떤 영화를 가장 보고 싶어 하는가?

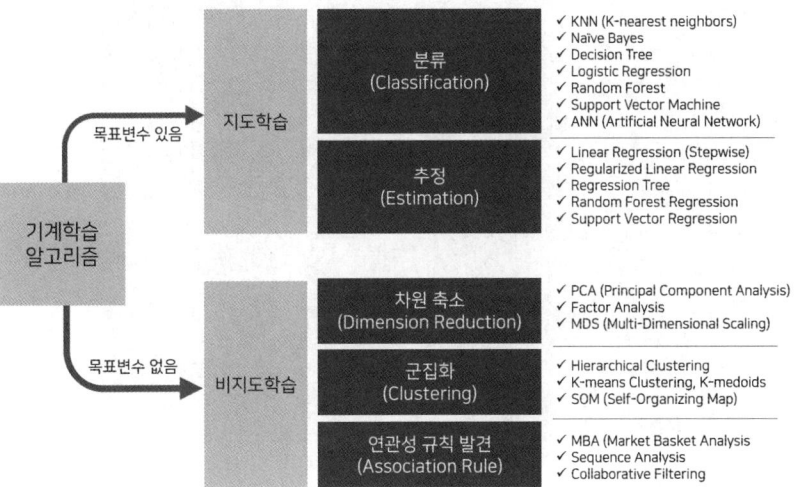

(5) 회귀 분석 (Regression analysis)

↘ 독립변수를 조작했을 때 종속변수가 어떻게 변하는지를 보며 두 변인의 관계를 파악

(예) 구매자의 나이가 구매 차량의 타입에 어떤 영향을 미치는가?

▶ 나이-독립변수, 구매차량 타입-종속변수

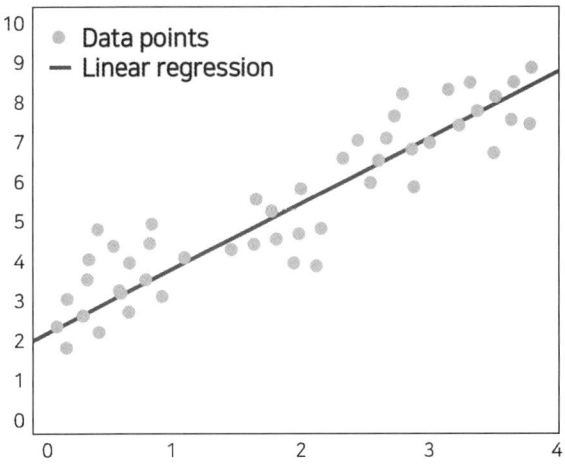

TIP&MEMO

TIP&MEMO

(6) 감성 분석 (Sentiment analysis)

  ↘ 특정 주제에 대해 말하거나 글을 쓴 사람의 감정을 분석

  (예) 새로운 환불 정책에 대한 고객의 평가는 어떤가?

펭수 관련 감성분석
긍정 | 중립 | 부정

귀엽다 | 어울리다 | 고민
 | 짧다 | 느리다
좋다 | 외롭다 | 멀다 | 울다 | 기대하다
 | 최고이다 | 힘들다 | 사랑스럽다

(7) 소셜 네트워크 분석 (Social network analysis)

  ↘ 오피니언 리더, 즉 영향력 있는 사람이나 고객들 간 소셜 관계 파악

  (예) 특정 인물과 다른 사람이 몇 촌 정도의 관계인가?

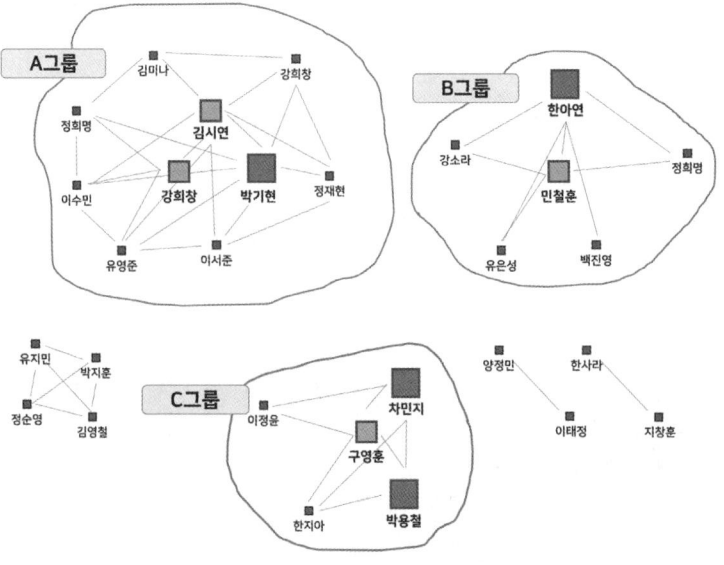

연습 문제

01 다음 중 비즈니스 모델에서 빅데이터 분석 방법과 사례를 연결한 것으로 부적절한 것은?

① 맥주를 사는 사람은 콜라도 같이 구매하는 경우가 많은가? - 연관규칙 학습

② 택배 차량을 어떻게 배치하는 것이 가장 비용 면에서 효율적인가? - 유형 분석

③ 친분관계가 승진에 어떤 영향을 미치는가? - 소셜 네트워크 분석

④ 고객의 만족도가 충성도에 어떤 영향을 미치는가? - 회귀 분석

02 다음 중 "커피를 구매하는 사람이 탄산 음료를 더 많이 구입하는가?"에 대한 문제를 해결한 빅데이터 분석 기법은 무엇인가?

① 유전 알고리즘   ② 연관규칙 알고리즘

③ 회귀 분석   ④ 감성 분석

03 머신러닝 알고리즘은 크게 지도 학습(Supervised learning)과 비지도 학습(Unsupervised learning)으로 나눌 수 있다. 이러한 측면에서 보기 중 나머지와 성격이 다른 것은?

① 군집 분석   ② 분류분석

③ 감성 분석   ④ 회귀 분석

04 다음 중 감성 분석(Sentimental Analysis)에 대한 설명으로 부적절한 것은?

① 고객의 주관적 평가를 측정하고자 할 때 수행된다.

② 특정 주제에 대해 사용자의 긍정 부정 의견을 분석한다.

③ 사용자 간의 사회적 관계를 알아내고자 할 때 이용한다.

④ 주로 사용자가 사용한 문장이나 단어가 분석 대상이 된다.

05 다음 중 감성 분석에 대한 설명으로 부적절한 것은?

① 사용자 간의 사회적 관계를 알아내고자 할 때 이용됨

② 고객의 주관적 평가를 측정하고자 할 때 수행됨

③ 특정 주제에 대해 사용자의 긍정 부정 의견을 분석

④ 주로 문장이나 단어가 분석 대상이 됨

06 다음 중 상품, 서비스, 기술 등의 기반 위에 다른 이해 관계자들이 보완적인 상품, 서비스, 기술을 제공하는 생태계 구축을 목표로 하는 비즈니스 모델은?

① 플랫폼형 비즈니스 모델

② 가치사슬형 비즈니스 모델

③ 사회적 가치 기반형 비즈니스 모델

④ 고객 중심형 비즈니스 모델

07 아래는 빅데이터 활용 기본 테크닉 중 어떤 분석에 관한 설명인가?

> 은행에서 대출 심사를 할 때, 소득, 카드 사용액, 나이 등 해당 고객의 개인적인 정보를 바탕으로 그 고객이 대출 상환을 잘 하는 집단에 속할지 그렇지 않은 집단에 속할지를 예측할 수 있다.

08 아래에서 설명하고 있는 빅데이터 활용 기본 기법은?

- 생명의 진화를 모방하여 최적 해(Optimal Solution)를 구하는 알고리즘으로 존 홀랜드(John Holland)가 1975년에 개발하였다
- '최대의 시청률을 얻으려면 어떤 프로그램을 어떤 시간대에 방송해야 하는가?'와 같은 문제를 해결할 때 사용된다.
- 어떤 미지의 함수 $Y=f(x)$를 최적화하는 해 x를 찾기 위해 진화를 모방한(Simulated evolution) 탐색 알고리즘이라고 말할 수 있다.

09 분석의 전형적인 의사결정 오류를 로직 오류와 프로세스 오류로 나눠 보았을 때, 각 오류에 대한 설명 중 가장 부적절한 것은?

① 부정확한 가정을 하고 테스트를 하지 않은 것은 로직 오류이다.

② 결정에서 분석과 통찰력을 고려하지 않는 것은 프로세스 오류이다.

③ 데이터 수집이나 분석이 너무 늦어 사용할 수 없게 되는 것은 로직 오류이다.

④ 대안을 진지하게 고려하지 않은 것은 프로세스 오류이다.

TIP & MEMO

핵심 내용 정리

빅데이터의 위기 요인과 해결방안

1. 사생활 침해 → 동의에서 책임으로
2. 책임원칙 훼손 → 결과 기반 책임 원칙 고수
3. 데이터 오용 → 알고리즘 접근 허용

5 빅데이터 위기 요인과 통제 방안

1. 빅데이터의 위기 요인 3가지

(1) 사생활 침해 → 동의에서 책임으로

- 데이터 수집이 신속 용이하고, 양이 증대됨에 따라 개인의 사생활 침해 위협뿐만 아니라 범위가 사회·경제적 위협으로 변형될 수 있음
- 익명화 기술이 발전되고 있으나, 아직 충분치 않음

(2) 책임 원칙 훼손 → 결과 기반 책임 원칙 고수

- 빅데이터 기반 분석과 예측 기술이 발전하면서 정확도가 증가한 만큼 분석 대상이 되는 사람들은 예측 알고리즘의 희생양이 될 가능성도 높아짐
- 빅데이터 시스템에 의해 부당하게 피해 보는 상황을 최소화할 장치 마련이 반드시 필요

> **예시) 영화 〈마이너리티 리포트(The Minority Report, 2002)〉**
> 2054년 워싱턴, 범죄가 일어나기 전 범죄를 예측해 범죄자를 처단하는 최첨단 치안 시스템 프리크라임은 시민들의 안전을 지켜주는 든든한 존재이다. 프리크라임은 범죄가 일어날 시간과 장소, 범행을 저지를 사람을 미리 예측해내고, 이를 바탕으로 미래의 범죄자들을 체포한다.

(3) 데이터 오용 → 알고리즘 접근 허용

- 데이터 과신, 잘못된 지표의 사용으로 인한 잘못된 인사이트를 얻어 비즈니스에 적용할 경우 직접 손실 발생

2. 빅데이터 위기에 대한 통제방안 3가지

(1) **사생활 침해: 동의에서 책임으로**
  - '개인정보 제공자의 동의'를 통해 해결하기보다 '개인정보 사용자의 책임'으로 해결

(2) **책임 원칙 훼손: 결과 기반 책임 원칙 고수**
  - 특정인의 '성향'에 따라 처벌하는 것이 아닌 '행동 결과'를 보고 처벌

(3) **데이터 오용: 알고리즘 접근 허용**
  - 알고리즘 접근권 보장 및 알고리즘에 의한 불이익을 당한 사람들을 대변해 피해자를 구제할 수 있는 능력을 가진 전문가로서 컴퓨터와 수학, 통계학이나 비즈니스에 두루 깊은 지식을 갖춘 '알고리즈미스트(algorithmist)' 대두

3. 익명화 기술: 개인정보 비식별 기술

데이터 셋에서 개인을 식별할 수 있는 요소를 전부 또는 일부를 삭제하거나 다른 값으로 대체하는 등의 방법으로 개인을 알아볼 수 없도록 하는 기술이다.

(1) **데이터 마스킹**
  - 데이터의 길이, 유형, 형식과 같은 속성을 유지한 채, 새롭고 읽기 쉬운 데이터를 익명으로 생성하는 기술
    (예) 홍길동, 35세, 서울 거주, 한국대 재학 → 홍**, 35세, 서울 거주, **대학 재학

(2) **가명처리**
  - 개인정보 주체의 이름을 다른 이름으로 변경하는 기술, 다른 값으로 대체할 시 일정한 규칙이 노출되지 않도록 주의해야 함
    (예) 홍길동, 35세, 서울 거주, 한국대 재학 → 임꺽정, 35세, 서울거주, 국내대 재학

TIP&MEMO

[핵심 내용 정리]
익명화 기술 5가지
1. 데이터 마스킹
2. 가명처리
3. 총계처리
4. 데이터 값 삭제
5. 데이터 범주화

(3) 총계처리

- 데이터의 총합 값을 보임으로서 개별 데이터의 값을 보이지 않도록 함. 단, 특정 속성을 지닌 개인으로 구성된 단체의 속성 정보를 공개하는 것은 개인 정보를 공개하는 것과 마찬가지의 결과이므로 주의해야 함

  (예) 이순신 180cm, 김짱구 170cm, 박하늘 160m, 신데렐라 150cm → 역사학과 학생 키 합: 660cm, 평균키: 165cm

(4) 데이터값 삭제

- 데이터 공유, 개방 목적에 따라 데이터 셋에 구성된 값 중에 필요없는 값 또는 개인 식별에 중요한 값을 삭제
- 개인과 관련된 날짜 정보(자격취득일자, 합격일 등)은 연단위로 처리

  (예) 홍길동 35세, 서울거주, 한국대졸업 → 35세, 서울거주

(5) 데이터 범주화

- 데이터의 값을 범주의 값으로 변환하여 값을 숨김

  (예) 홍길동, 35세 → 홍씨, 30~40세

연습 문제

01 다음 중 개인정보 비식별화 기법을 설명한 것으로 부적절한 것은?

① 가명처리 – 개인 식별이 가능한 데이터에 대하여 직접적으로 식별할 수 없는 다른 값으로 대체

② 범주화 – 단일 식별 정보를 해당 그룹의 대표 값으로 변환

③ 데이터마스킹 – 개인 정보 식별이 가능한 특정 데이터 값 삭제 처리

④ 총계처리 – 개별 데이터 값을 총합 또는 평균값으로 대체하는 것

02 아래에서 빅데이터 시대의 위기와 통제에 대한 설명으로 가장 타당한 것끼리 묶은 것은?

> 가) 데이터 익명화(anonymization)는 사생활 침해에 대한 근본요인을 차단할 수 있어 빠른 기술 발전이 필요하다.
>
> 나) 빅데이터 분석은 일어난 일에 대한 데이터에 의존하므로 예측의 정확도는 높지만 항상 맞을 수는 없어 데이터 오용의 피해가 발생할 수 있다.
>
> 다) 개인정보 사용자의 정보사용에 대한 무한책임의 한계로 개인정보 사용 책임제보다 동의제를 더욱 강화해야 한다.
>
> 라) 민주주의에서 '행동결과'에 따른 처벌의 모순을 교훈삼아 빅데이터 사전 '성향' 분석을 통한 통제가 강화될 필요가 있다.
>
> 마) 빅데이터가 발생시키는 문제를 중간자 입장에서 중재하며 해결해 주는 알고리즈미스트(algorithmist)도 새로운 직업으로 부상하게 될 것이다.

① 가, 다
② 나, 다
③ 가, 라
④ 나, 마

6 가치창조를 위한 데이터 사이언스와 전략 인사이트

1. 빅데이터 활용에 필요한 기본 3요소

(1) 데이터: 모든 것의 데이터화(Datafication)

- 수많은 센서(IoT, CCTV, 센서)들이 인터넷에 연결되는 사물인터넷 시대

① 사물인터넷(IoT)

- 각종 사물에 센서와 통신 기능을 내장하여 인터넷에 연결하는 기술. 즉, 무선 통신을 통해 각종 사물을 연결하는 기술을 의미. 인터넷으로 연결된 사물들이 데이터를 주고받아 스스로 분석하고 학습한 정보를 사용자에게 제공하거나 사용자가 이를 원격 조정할 수 있는 인공지능 기술.

(2) 기술

- 진화하는 알고리즘, 인공지능(Artificial Intelligence)
- <u>인공지능</u> > 머신러닝 > 딥러닝

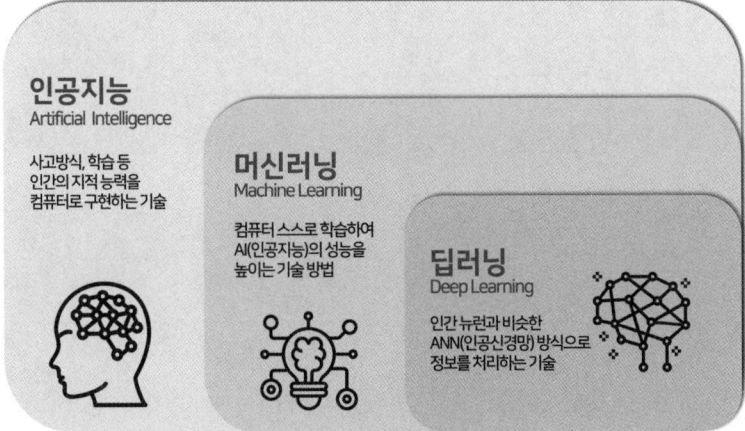

(3) 인력

① 데이터 사이언티스트

↘ 수학, 통계학, 경제학, 컴퓨터 공학 등의 전문 지식을 가지고 실무에서 활용할 수 있는 전문가

② 알고리즈미스트(Algorithmist)

↘ 알고리즘을 해석하여 알고리즘에서 비롯된 피해를 파악하고 구제하는 일을 하는 전문가

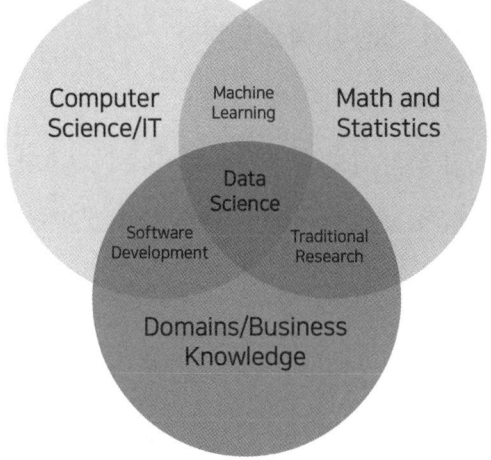

2. 빅데이터 열풍과 회의론

(1) 빅데이터 회의론의 원인

  ① 부정적 학습효과

    ↘ 과거의 고객관계관리(CRM), 공포마케팅 등이 투자 대비 효과가 떨어짐

  ② 부적절한 성공사례

    ↘ 빅데이터가 필요 없는 분석 사례(기존 CRM 활용)

      → 빅데이터 분석은 데이터에서 가치와 통찰을 끌어내어 성과를 창출하는 것이 관건

(2) 왜 싸이월드는 페이스북이 되지 못했나?

  ↘ 데이터 분석 기반 경영 문화의 부재 → 전략적 분석과 통찰력 창출이 중요

  ↘ 싸이월드 퇴보 원인

    ① OLAP와 같은 분석 인프라가 존재했지만 중요한 의사결정에 데이터 분석을 활용하지 않음

    ② 웹로그 분석을 통한 일차원적인 분석에만 집중

    ③ 소셜 네트워킹 활동특성과 관련된 분석을 위한 프레임워크나 평가 지표가 없었음

(3) 빅데이터 분석, 'Big'이 핵심 아니다.

  ↘ 데이터 분석 기반의 통찰이 중요

  ↘ 직관에 기초한 의사결정보다 데이터에 기초한 의사결정이 중요(데이터 자체의 중요성)

  ↘ 더 많은 데이터가 더 많은 가치로 바로 연결되지 않음

    → 과유불급

  ↘ 직관에 의한 의사 결정 < <u>데이터에</u> 기초한 의사 결정 중요

- 정형 데이터 + 비정형 데이터(음성, 텍스트, 이미지, 로그, 비디오) 결합 활용
- 객관적이고 종합적인 통찰을 줄 수 있는 데이터를 찾는 것이 가장 중요
- 전략과 비지니스의 핵심가치에 집중, 이와 관련된 분석 평가 지표를 개발, 이를 통해 효과적으로 시장과 고객변화에 대응할 수 있어야 함
- 빅데이터 활용의 걸림돌은 비용이 아니라 분석적 방법과 성과에 대한 이해 부족

(4) 전략적 통찰이 없는 분석의 함정

① 단순한 일차원적 분석 반복 → 해당 업무 부서의 업무영역에서는 효과적이나 기업환경 변화와 고객변화에 전략적 대처 불가능

② 전략적 통찰에 초점을 맞춰 분석 활용 → 사업의 중요한 기회 발굴할 수 있음

③ 최고가 되기 위해서는 일차원적 분석을 통해 분석경험을 늘리고 작은 성공을 통해 분석의 활용범위를 넓혀 사업성과를 견인할 수 있는 전략 인사이트를 주는 가치 기반 분석단계로 발전해야 함

(5) 일차적인 분석 vs 전략도출을 위한 가치 기반 분석

① 일차적 분석
- 업계 내부의 문제, 부서단위로 관리 → 비즈니스 성공의 핵심 역할 수행 불가능
- 경쟁에 뒤처지지 않고 변화하는 고객의 기대를 따라잡기 위해 무엇을 해야 할지 알려줌

② 전략적 인사이트를 주는 가치 기반 분석
- 사업과 이에 영향을 미치는 트렌드에 대한 큰 그림

- 인구통계학적 변화, 경제 사회 트렌드, 고객 니즈의 변화 등을 고려
- 큰 변화가 어디서 나타날지 예측 가능
  → 여러 사업 성과를 견인하는 요소들 및 차별화를 이룰 수 있는 기회에 대한 중요한 통찰을 줄 것임

3. 데이터 사이언스의 의미

데이터 사이언스는 데이터 공학, 수학, 통계학, 컴퓨터공학, 시각화, 해커의 사고방식, 해당 분야의 전문 지식을 종합한 학문이다.

빅데이터 분석은 선거결과에 결정적인 영향을 미칠 수도 있고, 기업들에게 비용 절감, 시간 절약, 매출 증대, 고객 서비스 향상, 신규 비즈니스 창출, 내부 의사결정 지원 등에 있어 상당한 가치를 발휘하고 있다.

4. 데이터 사이언스의 구성 요소 3가지

▶ 데이터 사이언스의 핵심 구성요소

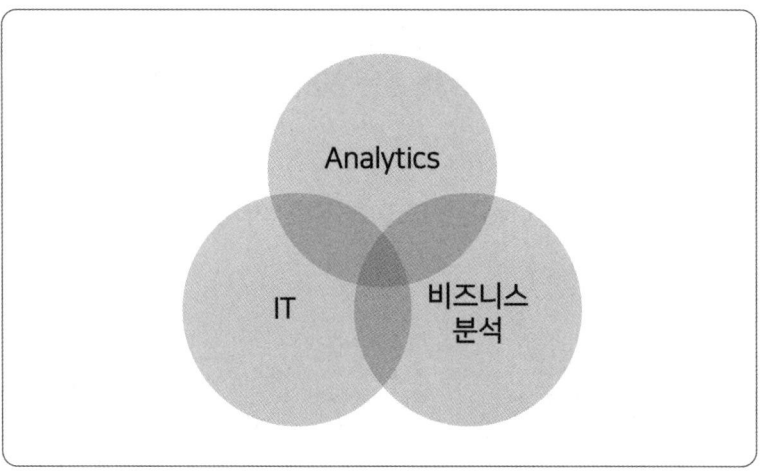

(1) 분석적 영역(Analytics)
- 수학, 확률모델, 머신러닝, 분석학, 패턴 인식과 학습, 불확실성 모델링 등

(2) IT(Data Management) 영역

- 시그널 프로세싱, 프로그래밍, 데이터 엔지니어링, 데이터 웨어하우징, 고성능 컴퓨팅 등

(3) 비즈니스 분석

- 커뮤니케이션, 프레젠테이션, 스토리텔링, 시각화 등

5. 데이터 사이언티스트의 요구 역량

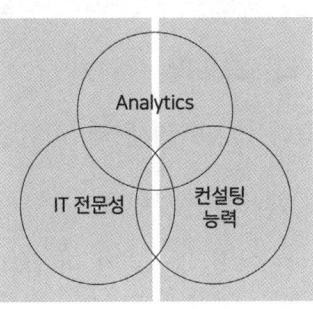

Hard Skill
1) 빅데이터에 대한 이론적 지식: 관련 기법에 대한 이해와 방법론 습득
2) 분석 기술에 대한 숙련: 최적의 분석 설계 및 노하우 축적

Soft Skill
1) 통찰력 있는 분석: 창의적 사고, 호기심, 논리적 비판
2) 설득력 있는 전달: 스토리텔링, 비주얼라이제이션
3) 다분야간 협력: 커뮤니케이션

(1) 하드 스킬(Hard Skill)

- 빅데이터에 대한 이론적 지식, 데이터 처리나 분석 기술 관련 숙련 기술

(2) 소프트 스킬(Soft Skill)

- 통찰력 있는 분석, 설득력 있는 전달, 다분야간 협력

6. 전략적 통찰력과 인문학 부활의 원인

(1) 외부 환경적 측면

- 단순세계 → 복잡한 세계로의 변화: 컨버전스 → 디버전스
- 비즈니스 중심 제품 생산 → 서비스로 이동: 생산 → 서비스 중심
- 경제와 산업의 논리: 생산 → 시장창조로 변환: 공급자 중심 기술 경쟁 → 무형자산의 경쟁

[핵심 내용 정리]

데이터 사이언티스트의 요구 역량
1. Hard Skill: 빅데이터에 대한 이론적 지식, 분석 기술에 대한 숙련
2. Soft Skill: 통찰력있는 분석, 설득력 있는 전달, 다분야간 협력

[핵심 내용 정리]

패스트팔로우(fast follow) 전략
외국의 좋은 사업 모델을 빠르게 따라잡는 전략을 의미한다. 하지만 데이터 분석이 주가 되는 오늘날의 새로운 환경에서는 단순히 남을 따라 하는 것이 아닌 새로운 창조가 가능한 전략이 필요하다. 따라서 기존 사고의 틀을 벗어나 문제를 바라보고 해결하는 능력이 대두됨에 따라 인문학의 중요성이 증가하고 있다.

TIP & MEMO

(2) 내부 상황적인 측면
- '목표 부재의 아노미' (예) 삼성의 패스트팔로우(fast follow) 전략이 무너짐
- 기존 사고의 틀을 벗어나 문제를 바라보고 해결하는 능력
- 비즈니스의 핵심 가치를 이해하고 고객과 직원의 내면적 요구를 이해하는 능력

7. 데이터 분석 모델링에서 인문학적 통찰력의 적용 사례 3가지

(1) 금융업의 신용 리스크 모델
- 모델의 예측력을 높이기 위해 '인간을 어떤 관점에서 바라봐야 하는지'라는 관점 필요
- 이를 위해서는 어떤 데이터가 더 필요하며, 어떤 기술을 활용해야 할 것인가라는 질문에 중요한 가이드 제공
- 인간을 바라보는 세 가지 관점: 타고난 성향적 관점, 행동적 관점, 상황적 관점
- 최근 신용 리스크 모델은 **상황적 관점** 반영을 시도

(2) 나폴레옹의 리더십 연구
- 과거에는 나폴레옹의 리더십을 연구할 때, 유전적 특성(성향적 관점)이나 나폴레옹의 행동(행동적 관점)을 중심으로 연구함 → 오늘날에는 고정된 의미의 리더십에서 벗어나 해당 상황 간의 적합성을 고려하는 연구 방향 설정(상황적 관점)

(3) 인문학은 인간에 대한 새로운 해석 관점의 제공 외에도 '고정된 사고방식에서 벗어나 혁신을 생각하고 진부한 상상의 굴레에서 벗어난 창의성을 토대로 남보다 앞서 새로운 가치를 창출'하는 중요한 원천이 될 수 있음

8. 빅데이터 회의론을 넘어 가치 패러다임의 변화 3단계

1단계) 디지털화(digitalization): 과거
- '아날로그 세상을 어떻게 효과적으로 디지털화하는가'가 과거의 가치 창출 원천
  예) 빌 게이츠

2단계) 연결(connection): 현재
- 디지털화된 정보와 대상들은 서로를 연결하기 시작
- '연결을 더 효과적이고 효율적으로 제공하는가'가 성공요인
  예) 인터넷, 구글 검색 알고리즘

3단계) 에이전시(agency): 미래
- '복잡한 연결을 얼마나 효과적으로 믿을 수 있게 관리하는가'의 문제
  예) 사물인터넷 등장, 복잡한 연결 관리

> **핵심 내용 정리**
> **가치 패러다임의 변화 3단계:**
> 디지털화(과거) → 연결(현재)
> → 에이전시(미래)

8. 데이터 사이언스의 한계와 인문학

(1) 데이터 사이언스의 한계
- 분석 과정에서는 가정 등 인간의 해석이 개입되는 단계를 반드시 거침
- 분석 결과가 의미하는 바는 사람에 따라 전혀 다른 해석과 결론을 내릴 수 있음
- 아무리 정량적인 분석이라도 모든 분석은 가정에 근거함

(2) 데이터 사이언스와 인문학

인문학을 이용하여 빅데이터와 데이터 사이언스가 데이터에 묻힌 잠재력을 풀어내고 새로운 기회를 찾고, 누구도 보지 못한 창조의 밑그림을 그릴 수 있는 힘을 발휘하게 될 것임

데이터 웨어하우스(Data Warehouse) vs 데이터 레이크(Data Lake) vs 데이터 마이닝(Data Mining)

(1) 데이터 웨어하우스(Data Warehouse)

① 데이터 웨어하우스의 정의

- 사용자의 의사 결정에 도움을 주기 위하여, 기간시스템에 축적된 데이터를 **공통의 형식으로 변환(정제 및 가공 처리)**해서 관리하는 데이터베이스
- 보다 정보에 입각한 의사 결정을 내릴 수 있도록하는, 분석 가능한 정보의 중앙 리포지토리(repository)
- 데이터는 트랜잭션 시스템, 관계형 데이터베이스 및 기타 소스로부터 정기적으로 크롤링해오는 데이터가 보통 데이터 웨어하우스에 포함되며, 비즈니스 애널리스트, 데이터 엔지니어, 데이터 사이언티스트 및 의사 결정권자는 비즈니스 인텔리전스(BI) 도구 , SQL 클라이언트 및 기타 분석 응용 프로그램을 통해 데이터에 액세스 함

▶ DW의 개념도

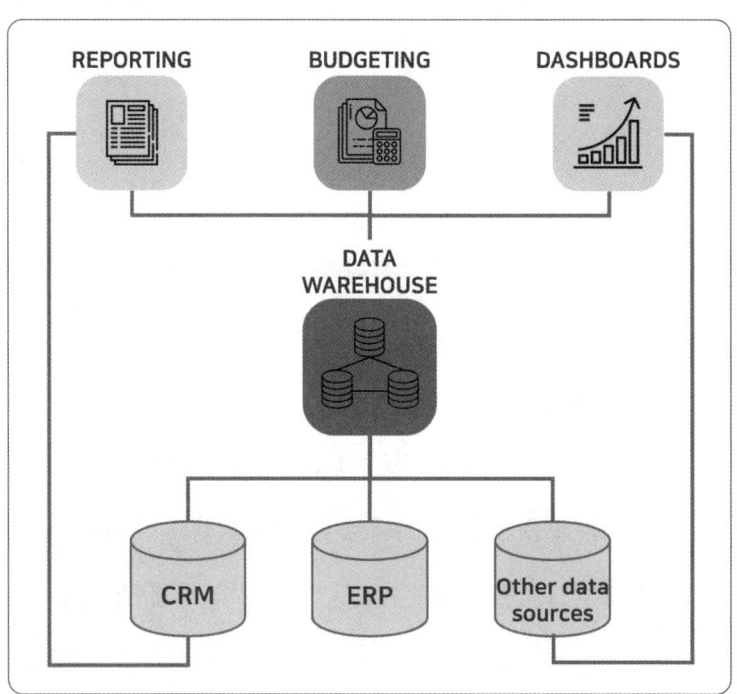

② 데이터 웨어하우스의 4가지 특성

   a. 주제 지향성(subject-orientation)

   데이터를 주제별로 구성함으로써 최종 사용자(end user) 및 전산에 약한 분석자라도 이해하기 쉬운 형태로 만드는 것

   b. 통합성(integration)

   데이터가 데이터 웨어하우스에 들어갈 때 일관적인 형태(데이터의 일관된 이름짓기, 일관된 변수 측정, 일관된 코드화구조 등)로 변환되는 것

   c. 시계열성(time-variancy)

   데이터 웨어하우스의 데이터는 일정 기간 동안 정확성을 나타냄

   d. 비휘발성(nonvolatilization)

   데이터 웨어하우스에 일단 데이터가 적재되면 일괄 처리(batch) 작업에 의한 갱신 이외에는 「Insert」나 「Delete」등의 변경이 수행되지 않음

③ 데이터 웨어하우스의 구성

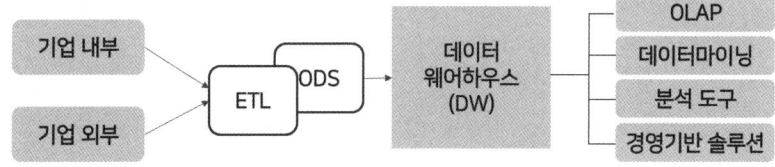

   a. 데이터 모델(Data Model)

   주제 중심적으로 구성된 다차원의 개체-관계형(Entity Relation) 모델로 설계

   b. ETL(Extract, Transform, Load)

   기업의 내부 또는 외부로부터 데이터를 추출, 정제 및 가공하여 데이터 웨어하우스에 적재

c. ODS(Operational Data Store)

다양한 DBMS 시스템에서 추출한 데이터를 통합적으로 관리

d. DW 메타데이터

데이터 모델에 대한 스키마 정보와 비즈니스 측면에서 활용되는 정보를 제공

e. OLAP(Online Analytical Processing)

사용자가 직접 다차원의 데이터를 확인할 수 있는 솔루션

f. 데이터 마이닝(Data Mining)

대용량의 데이터로부터 인사이트를 도출할 수 있는 방법론

g. 분석 도구

데이터 마이닝을 활용하여 데이터 웨어하우스에 적재된 데이터를 분석할 수 있는 도구

h. 경영기반 솔루션

KMS, DSS, BI와 같은 경영의사결정을 지원하기 위한 솔루션

(2) 데이터 레이크(Data Lake)

- 현재 정의된 목적이 없는 비정형 원시 데이터를 저장
- 대규모의 다양한 원시 데이터(raw data) 세트를 기본 형식으로 저장하는 데이터 리포지토리(repository) 유형

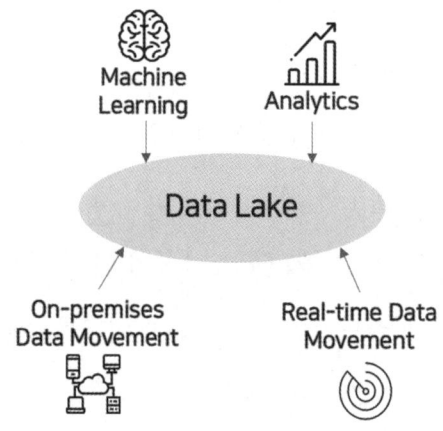

[핵심 내용 정리]

데이터 웨어하우스와 데이터 레이크의 공통점과 차이점

데이터 웨어하우스와 데이터 레이크는 아주 커다란 데이터의 모임이라는 공통점이 있지만, 데이터 웨어하우스는 데이터를 가공하여 모아놓은 것이고, 데이터 레이크는 원시(raw) 데이터를 모아놓은 것이라는 차이점이 있다.

- 데이터 레이크는 크기가 매우 크고 대부분의 저장소는 스키마가 없는 큰 규모의 구조를 지향하기 때문에, 일반적으로 데이터 레이크를 구현을 할 때는 Hadoop과 HDFS를 비롯한 에코시스템을 사용

(3) 데이터 마이닝(Data Mining)

- 대규모로 저장된 데이터 안에서 체계적이고 자동적으로 통계적 규칙이나 패턴을 분석하여 가치있는 정보를 추출하는 과정으로, KDD(데이터베이스 속의 지식 발견, knowledge-discovery in databases)라고도 부름
- 데이터 마이닝은 통계학에서 패턴 인식에 이르는 다양한 계량 기법을 사용
- 통계학에서 발전한 데이터 마이닝 기법: 탐색적 자료 분석, 가설검정, 다변량 분석, 시계열분석, 일반선형모형
- 데이터베이스에서 발전한 데이터 마이닝 기법: OLAP (온라인 분석 처리, On-Line Analytic Processing)
- 인공지능 진영에서 발전한 데이터 마이닝 기법: SOM, 신경망, 전문가 시스템

빅데이터 기술

(1) 하둡(Hadoop)

- 대규모 분산 병렬 처리의 업계 표준으로 맵 리듀스 시스템과 분산 파일 시스템인 HDFS로 구성된 플랫폼 기술이며, 선형적인 성능과 용량 확장성, 고장 감내성을 가지고 있음
- 여러 개의 컴퓨터를 하나인 것처럼 묶어 대용량 데이터를 처리하는 기술

- 분산파일시스템(HDFS)을 통해 수 천대의 장비에 대용량 파일을 저장할 수 있는 기능 제공
- 맵 리듀스(Map Reduce)로 HDFS에 저장된 대용량의 데이터들을 대상으로 SQL을 이용하여 사용자의 질의를 실시간으로 처리하는 기술
- 하둡과 부족한 기능을 서로 보완하는 하둡 에코 시스템이 등장하여 다양한 솔루션 제공

(2) 아파치 스파크(Apache Spark)
- 스칼라로 작성된 실시간 분산형 컴퓨팅 플랫폼이지만 스칼라 이외에도 자바, 파이썬, API를 지원함
- In-Memory 방식으로 처리하기 때문에 하둡에 비해 처리속도가 빠름

(3) 스마트 팩토리(Smart Factory)
- 공장 내 설비와 기계에 사물인터넷(IoT)이 설치되어 공정 데이터를 실시간으로 수집하고 데이터에 기반한 의사결정이 이루어지므로 생산성 극대화 가능

(4) 아마존(Amazon)
- S3와 BC2 환경을 제공하여 플랫폼을 위한 클라우드 서비스 최초 실현

연습 문제

01 다음 중 데이터 분석에 기초한 가치 창출과 관련된 설명으로 가장 부적절한 것은?

① 핵심적인 비즈니스 이슈에 답을 주는 분석은 기업의 경쟁전략과 밀접하게 연관된다.

② 복잡한 최적화 능력은 데이터 분석 활용의 최고 수준으로 최고의 가치를 창출한다.

③ 전략적 분석과 통찰력의 창출은 빅데이터 프로젝트에서 핵심적인 역할을 한다.

④ 기존 성과를 유지하고 업계를 따라잡는 것이 전략적 가치 기반 분석의 가장 중요한 목표는 아니다.

02 데이터 사이언티스트가 효과적인 분석 모델 개발을 위해 고려해야 하는 사항으로 가장 부적절한 것은?

① 분석 모델이 예측할 수 없는 위험을 살피기 위해 현실 세계를 돌아보고, 분석을 경험과 세상에 대한 통찰력과 함께 활용한다.

② 가정들과 현실의 불일치에 대해 끊임없이 고찰하고 모델의 능력에 대해 항상 의구심을 가진다.

③ 분석이 객관성에 의문을 제기하고 분석 모델에 포함된 가정과 해석 개입 등의 한계를 고려한다.

④ 넓은 시각에서 모델 범위 바깥의 요인들을 판단할 수 있도록 가능한 많은 과거 상황 데이터를 모델에 포함한다.

03 빅데이터를 다각적으로 분석하여 인사이트를 도출하는 데이터 사이언티스트의 필요 역량이 아닌 것은?

① 통찰력 있는 분석 능력

② 다분야 간 커뮤니케이션 능력

③ 뉴럴네트워크 최적화 능력

④ 설득력 있는 스토리텔링 능력

04 아래의 설명은 데이터 사이언티스트가 갖춰야 할 역량에 대한 설명이다. (가)와 (나)에 적합한 용어는?

> 데이터 사이언티스트가 갖춰야할 역량은 빅데이터의 처리 및 분석에 필요한 이론적 지식과 기술적 숙련과 관련된 능력인 (가) 와 데이터 속에 숨겨진 가치를 발견하고 새로운 발전 기회를 만들어 내기 위한 능력인 (나) 로 나누어진다.

05 아래에서 (가)안에 공통적으로 들어갈 말로 적절한 것은?

> (가)(이)란 데이터로부터 의미 있는 정보를 추출해 내는 학문으로, 통계학과는 달리 정형 또는 비정형을 막론하고 다양한 유형의 데이터를 분석 대상으로 한다. 또한 분석에 초점을 두는 데이터 마이닝과는 달리 (가)(은)는 분석 뿐만 아니라 이를 효과적으로 구현하고 전달하는 과정까지 포함하는 포괄적인 개념이다.

06 다음 중 데이터 사이언티스트에게 요구되는 역량 중 스킬 분야가 다른 것은?

① 데이터 엔지니어링
② 머신러닝
③ 분산 컴퓨팅
④ 스토리텔링

이론·및·연습 문제

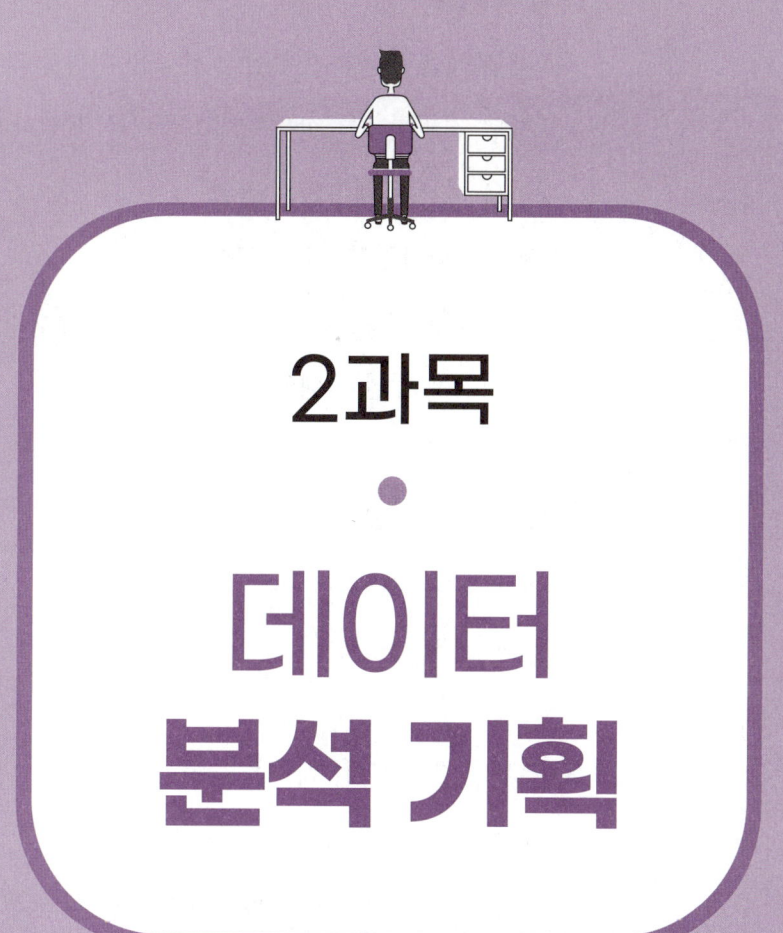

2과목

데이터 분석 기획

2과목 | 데이터 분석 기획

1 분석 기획 방향성 도출

1. 분석 기획의 특징

(1) 분석 기획
- 실제 분석을 수행하기에 앞서 분석을 수행할 과제를 정의하고, 의도했던 결과를 도출할 수 있도록 이를 적절하게 관리할 수 있는 방안을 사전에 계획하는 작업

(2) 데이터 사이언티스트의 역량
- 수학/통계학적 지식, 정보기술(IT기술, 해킹기술, 통신기술 등), 비즈니스에 대한 이해와 전문성 필요

2. 분석에서 가장 중요한 요소
- Data + Analytics Model(분석 모델) + Analyst(분석가) ⇒ Value(가치 창출)

3. 분석 기획 구분(2가지) - 목표 시점별

(1) 분석 과제 발굴(단기)
 ↘ 분석 과제의 목표를 달성하기 위한 필요 요건 정의

(2) 분석 마스터 플랜(중장기)
 ↘ 지속적인 분석 과제 수행을 지원하기 위한 분석지원 거버넌스 체계 도출(조직/프로세스/인프라/조직문화 등 제반 환경)

4. 분석 대상과 방법에 따른 분석 주제(4가지)

분석 방법 (How)	분석의 대상(What)	
	Known	Un-Known
Known	Optimization(최적화)	Insight(통찰)
Un-Known	Solution(솔루션)	Discovery(발견)

TIP
해결해야 할 문제는 모르는 상태로 (What: Un-Known, How: Known) 기존 분석 방법을 활용하는 분석방법은 통찰(Insight)이다.

(1) What Known/How Known
  ↘ 해결해야 할 문제를 알고 분석 방법도 알려짐 → 개선을 통한 **최적화**(Optimization)

(2) What Known/How Un-Known
  ↘ 해결해야 할 문제를 알지만 분석 방법을 모름 → 솔루션(Solution)을 찾아내는 방식으로 수행

(3) What Un-Known/How Known
  ↘ 해결해야 할 문제는 모르지만 분석 방법은 알려짐 → 기존 분석 방법을 활용하여 새로운 지식인 통찰(insight)을 도출

(4) What un-Known/How Un-Known
  ↘ 해결해야 할 문제도 모르고 분석 방법도 모름 → 발견(Discovery) 접근법으로 분석 대상 자체를 새롭게 도출

5. 목표 시점별 분석 기획 방안 2가지

분석 과제(단기)		분석 마스터 플랜(중장기)
당면한 분석 주제의 해결(과제 단위)		지속적 분석 문화 내재화 (마스터 플랜 단위)
Speed & Test	1차 목표	Accuracy & Deploy
Quick-Win	과제의 유형	Long Term View
Problem Solving	접근 방식	Problem Definition

핵심 내용 정리
Quick-Win
(즉각적인 실행을 통한 성과 도출)
프로세스 진행 과정에서 일반적인 상식과 경험으로 원인이 명백한 경우 불합리한 요소를 개선단계까지 미루지 않고, 바로 개선함으로써 과제를 단기로 달성하고 추진하는 과정을 말한다.

TIP&MEMO

6. 분석 기획 시 고려사항 3가지

(1) 가용할 데이터에 대한 고려 필요

① 데이터 확보가 우선

② 데이터 유형에 대한 분석이 선행되어야 함

데이터 유형	정의	형태	연산	저장	수집 난이도	필요기술	예
정형 데이터	고정된 필드 (형태)가 존재	O	O	RDB	낮다	SQL	RDB 스프레드시트 CSV
반정형 데이터	센서에서 스트리밍되는 머신 데이터	O	X	파일	중간	파싱기술 (API제공)	XML, HTML, JSON, 웹로그
비정형 데이터	형태가 정해지지 않은 데이터	X	X	NoSQL	높다	텍스트마이닝, 파싱기술	SNS, 영상, 이미지, 텍스트, e-mail, 보고서

(2) 분석을 통해서 가치가 창출될 수 있는 적절한 활용 방안과 활용 가능한 <u>유즈케이스 탐색</u>이 필요

"바퀴는 재발명 하지 마라"는 격언처럼 기존에 잘 구현되어서 활용되고 있는 유사 분석 시나리오 및 솔루션이 있다면 기존의 유사분석 시나리오 및 솔루션을 최대한 활용

(3) 분석 과제 수행을 위한 장애요소에 대한 <u>사전 계획 수립</u> 필요

연습 문제

01 분석의 대상 및 방식에 따라서 분석의 주제는 크게 4가지 유형으로 나뉜다. 이 중 분석 대상은 명확하지만 분석 방식이 명확하지 않은 경우에 수행하는 주제 유형으로 가장 적절한 것은?

① Optimization 유형
② Discovery 유형
③ Insight 유형
④ Solution 유형

02 기업에서 기존에 수행했던 데이터 분석 또는 BI(Business Intelligence)와 비교하여, 빅데이터 분석에 대한 키워드를 가장 적절하게 표현한 것은?

① Clean Data, Statistical Analysis, Forecast, Predict
② Optimize, Predict, Forecast, Statistical Analysis
③ Alerts, Predict, Optimize, Ad hoc Report
④ Information, Ad hoc Report, Clean Data

2 분석 방법론

1. 분석 방법론의 구성 요소

(1) 절차(Procedures)

(2) 방법(Methods)

(3) 도구와 기법(Tools & Techniques)

(4) 템플릿과 산출물(Templates & Outputs)

2. 기업의 합리적 의사 결정 장애요소

(1) 고정관념(Stereotype)

(2) 편향된 생각(Bias)

(3) 프레이밍 효과(Framing Effect)

↘ 문제의 표현 방식에 따라 동일한 사건이나 상황임에도 불구하고 개인의 판단이나 선택이 달라지는 현상

3. 방법론의 생성 과정

▶ 방법론의 생성과정

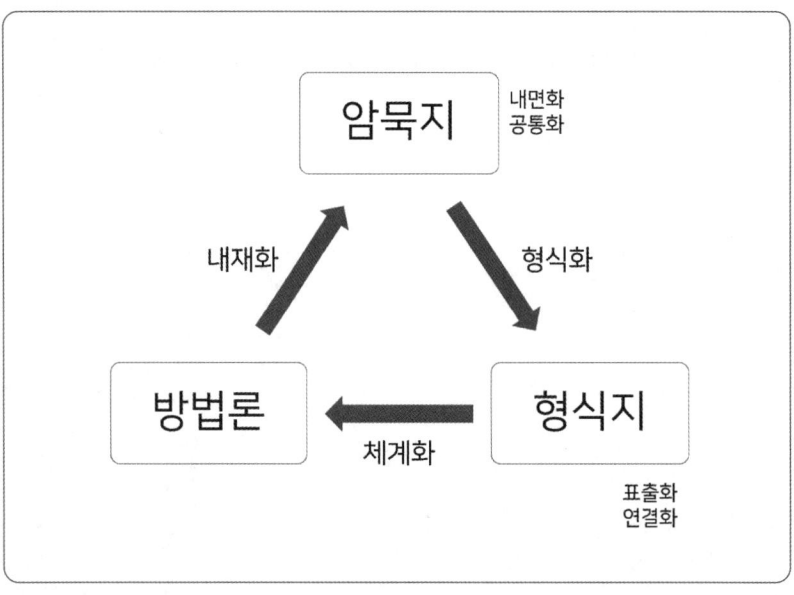

4. 방법론 적용 업무의 특성에 따른 모델 3가지

(1) 폭포수형 모델(Waterfall Model): 하향식(Top-Down)

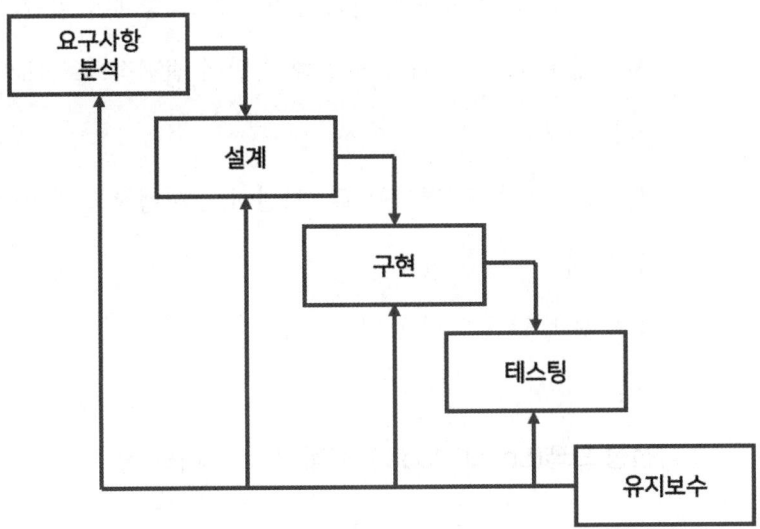

하향식(Top-Down) 방법

- 단계를 순차적으로 진행하는 방법으로, **이전 단계가 완료되어야 다음 단계로 진행할 수 있음**

  문제나 개선 사항이 발견되면 전 단계로 돌아가는 피드백(Feedback) 과정을 수행하기도 함

(2) 프로토타입 모델(Prototype Model): 상향식(Bottom-Up)

▶ 프로토타입(Prototype) 모델

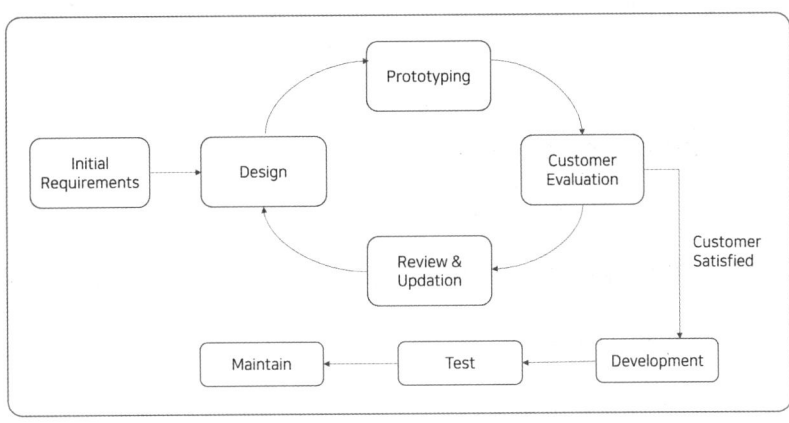

TIP & MEMO

[핵심 내용 정리]

폭포수형 모델

전통적인 프로그래밍 개발 모델이며 이전 단계가 완료되어야만 다음 단계로 진행하는 대표적인 하향식(Top-Down) 방법의 모델이다.

TIP&MEMO

상향식(Bottom-Up) 방법

- 사용자가 요구사항이나 데이터를 정확히 규정하기 어렵고 데이터 소스도 명확히 파악하기 어려운 상황에서 일단 분석을 시도해 보고 그 결과를 확인해 가면서 **점진적**으로 개선해 나가는 방법
- **시제품을 만들고 평가한 뒤, 보완하는 시행착오 과정**을 여러 번 반복
- 폭포수 모델의 단점 보완

(3) 나선형 모델(Spiral Model): 상향식(Bottom-Up)

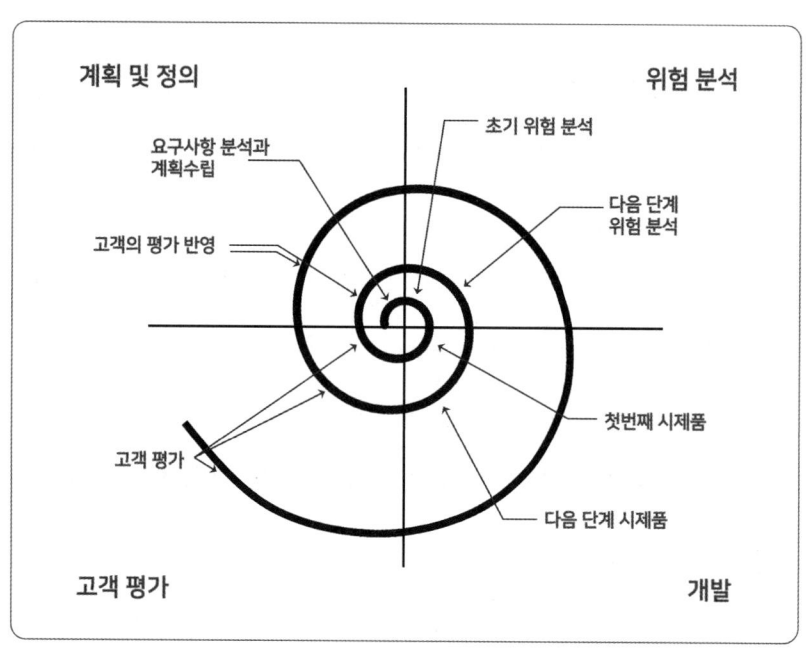

상향식(Bottom-Up) 방법

- 처음 시도하는 프로젝트에 적용 용이
- **작은 규모에서 반복을 통해 점차 규모를 늘려 나가는 방식**
- 반복에 대한 관리 체계를 효과적으로 갖추지 못한 경우 규모가 커질수록 복잡도가 상승하여 프로젝트 진행이 어려움

> **TIP**
> 하향식 방식(Top-Down)은 무엇을 분석할지, 즉 what을 아는 상태에서 채택 가능한 방법이고, 상향식 방식(Bottom-Up)은 무엇을 분석할지, 즉 what을 모르는 상태에서 채택 가능한 방법이다.

세 가지 분석 방법론

① KDD 분석 방법론

② CRISP-DM 분석 방법론

③ 빅데이터 분석 방법론

5. KDD 분석 방법론 - 데이터에서 패턴을 찾는 과정

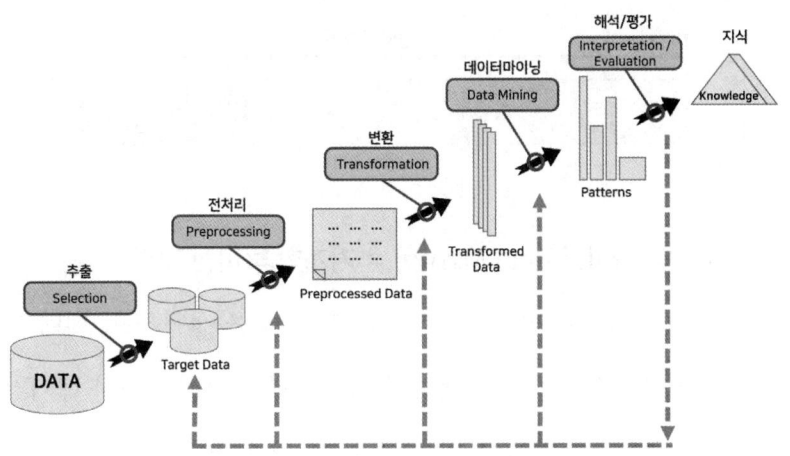

핵심 내용 정리
KDD: Knowledge Discovery in Database

(1) 데이터 셋 선택(Selection) = 추출

- 비즈니스 도메인에 대한 이해와 프로젝트 목표를 정확하게 설정하는 단계
- 데이터 웨어하우스에서 데이터 마이닝에 필요한 목표 데이터(Target Data)를 구성

(2) 데이터 전처리(Preprocessing)

- 데이터 셋에 포함되어 있는 잡음(Noise), 이상값(Outlier), 결측치(Missing Value)를 식별하고, 필요시 제거하거나 의미 있는 데이터로 처리하는 데이터 셋 정제 단계

TIP&MEMO

TIP
데이터 변환(Transformation) 단계의 '선택'은 분석 목적에 맞는 변수를 선택하는 것이고, 데이터셋 선택(selection)단계는 목표를 설정하는 단계이므로 헷갈리지 않게 유의해야한다.

(3) 데이터 변환(Transformation)

- 분석 목적에 맞는 변수를 선택하거나 데이터 차원을 축소하여 데이터 마이닝을 효율적으로 적용할 수 있도록 데이터 셋을 변경하는 프로세스
- 전체 데이터를 학습용 데이터와 검증용 데이터(7:3, 8:2, 6:4)로 분리하는 단계 → 홀드 아웃(Hold Out)

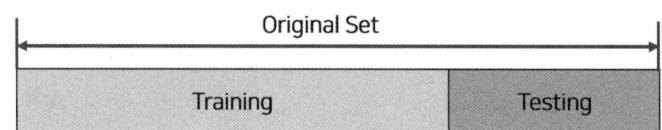

(4) 데이터 마이닝(Data Mining) = 기계학습(머신러닝)

- 분석 목적에 맞는 데이터 마이닝 기법을 선택하고, 데이터 마이닝 알고리즘을 선택하여 데이터의 패턴을 찾거나 데이터를 분류하고 예측하는 마이닝 작업을 시행하는 단계

(5) 데이터 마이닝 결과 평가(Interpretation/Evaluation)

- 데이터 마이닝 결과를 해석하고, 분석 목적과의 일치성을 확인하여 평가하는 단계
- 발견한 지식을 업무에 활용할 수 있는 방안을 찾는 단계

6. CRISP-DM 분석 방법론: 4레벨, 6단계 프로세스

- CRISP-DM(Cross Industry Standard Process for Data Mining)
- 1996년 유럽연합의 ESPRIT에서 있었던 프로젝트에서 시작한 계층적 프로세스 모델(Hierachical Process Model)

(1) CRISP-DM 4레벨 구조

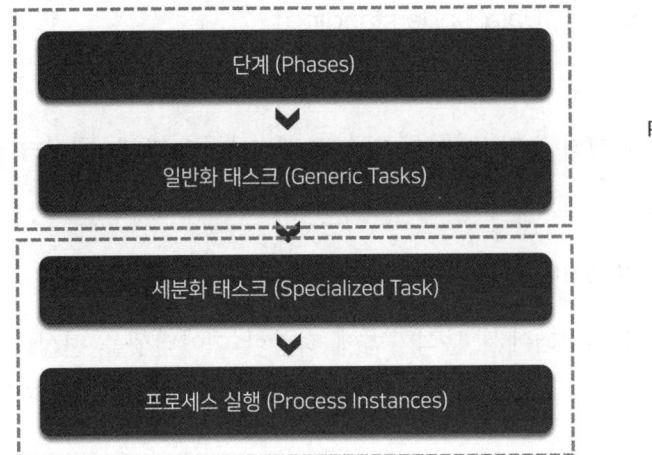

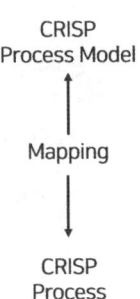

① **단계(Phases)**
  - 일반화 태스크(Generic Tasks)를 포함

② **일반화 태스크**
  - 데이터 마이닝의 단일 프로세스를 완전하게 수행하는 단위 (예) 데이터 정제

③ **세분화 태스크**
  - 일반화 태스크를 구체적으로 수행하는 레벨 (예) 범주형 데이터 정제, 연속형 데이터 정제 등

④ **프로세스 실행**
  - 데이터 마이닝을 위한 구체적인 실행을 포함

(2) CRISP-DM 6단계 프로세스

업무 이해 → 데이터 이해 → 데이터 준비 → 모델링 → 평가 → 전개

① 업무 이해(Business Understanding)
  - 비즈니스 관점에서 프로젝트의 목적과 요구사항을 이해하는 단계

TIP
CRISP-DM 6단계 프로세스는 단계 간 피드백(Feedback)을 통해 단계별 완성도를 높인다는 특징이 있다.
피드백 ①: 업무 이해 ⇌ 데이터 이해
피드백 ②: 데이터준비 ⇌ 모델링

> TIP & MEMO
>
> [TIP]
> 업무 이해 단계에서는 업무 목적 파악, 상황파악, 데이터 마이닝 목표 설정, 프로젝트 계획 수립을 한다.
>
> [핵심 내용 정리]
> **모델 평가**
> 앞서 데이터 준비 단계에서 8:2, 혹은 7:3 등으로 데이터를 학습용과 검증용으로 나누었다. 모델 평가는 학습용 데이터로 훈련을 마친 모델을 검증용 데이터를 사용하여 검증하는 작업이다.
>
> **모델링 단계의 모델 평가와 평가 단계의 모델 적용성 평가**는 다른 것이니 시험에서 헷갈리지 않도록 주의하자. 모델 평가는 여러 모델 중 가장 적합한 모델을 평가하는 일이고, 모델 적용성 평가는 선정한 모델이 업무에 얼마나 잘 적용되었는지 평가하는 일이다.

↘ 업무 목적 파악, 상황 파악, 데이터 마이닝 목표 설정, 프로젝트 계획 수립

② **데이터 이해(Data Understanding)**

↘ 분석을 위한 데이터를 수집하고, 데이터 속성을 이해하는 과정

↘ 초기 데이터 수집, 데이터 기술 분석, 데이터 탐색, 데이터 품질 확인

③ **데이터 준비(Data Preparation)**

↘ 수집된 데이터에서 분석기법에 적합한 데이터셋을 편성하는 단계

↘ 많은 시간이 소요됨

↘ KDD 방식의 전처리 과정 + 데이터 변환 과정과 유사함

↘ 분석용 데이터셋 선택, 데이터 정제, 분석용 데이터셋 편성, 데이터 통합, 데이터 포맷팅

④ **모델링(Modeling)**

↘ 다양한 모델링 기법과 알고리즘을 선택하고 모델링 과정에서 사용되는 파라미터를 최적화해 나가는 단계(hyperparameter tuning)

↘ 데이터 셋이 추가로 필요한 경우 데이터 준비단계를 반복 수행할 수 있음

↘ KDD 방식의 데이터 마이닝 과정과 유사함

↘ 모델링 기법 선택, 모델 테스트 계획 설계, 모델 작성, **모델 평가**

⑤ **평가(Evaluation)**

↘ 모델이 프로젝트 목적에 부합하는지를 평가

↘ 데이터 마이닝 결과를 수용할 것인지 최종적으로 판단

↘ 분석 결과 평가, 모델링 과정 평가, **모델 적용성 평가**

⑥ 전개(Deployment)

- 실 업무에 적용하기 위한 계획을 수립하고 모니터링과 모델의 유지보수 계획을 마련
- 전개 계획 수립, 모니터링과 유지보수 계획 수립, 프로젝트 종료 보고서 작성, 프로젝트 리뷰

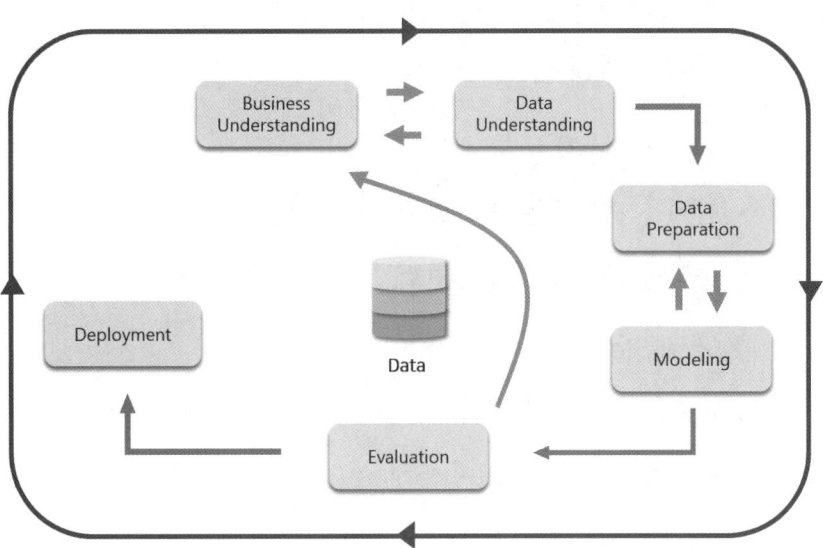

7. 빅데이터 분석 방법론: 3계층, 5단계 프로세스

▶ 방법론의 구성 – 계층적 프로세스 모델(Stepwise Process Model)

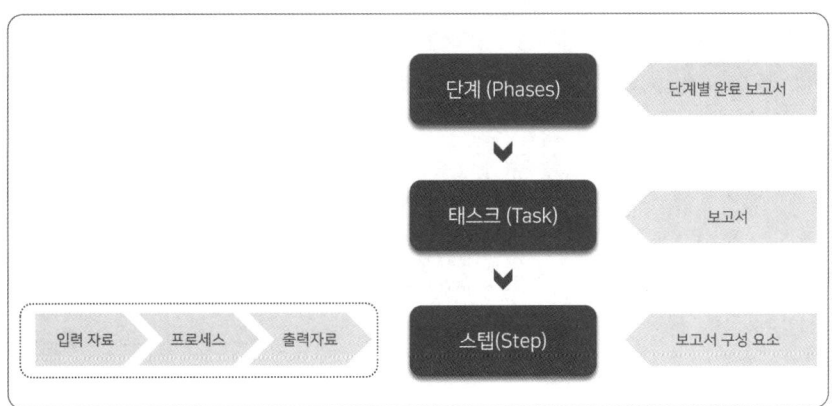

> [TIP]
> 빅데이터 분석 방법론의 5단계는 물론, 각 단계의 하위 태스크와 하위 태스크의 순서까지도 꼼꼼하게 암기해야 한다.
> 단계 > 태스크 > 스텝

(1) 빅데이터 분석 방법론의 3계층 구조

① 단계(Phases)
- 최상위 계층으로, 프로세스 그룹(Process Group)을 통하여 완성된 단계별 산출물 생성
- 기준선(Baseline)으로 설정하여 관리해야 하며 버전 관리 등을 통한 통제 필요
- 여러 개의 태스크로 구성됨

② 태스크(Task)
- 단계를 구성하는 단위 활동
- 물리적 또는 논리적 단위로, 품질검토의 항목

③ 스텝(Step)
- WBS(Work Breakdown Structure)의 워크 패키지에 해당함
- 입력자료(Input), 처리 및 도구(Process & Tool), 출력자료(Output)로 구성된 단위 프로세스(Unit Process)

(2) 빅데이터 분석 방법론 프로세스 5단계

▶ 빅데이터 분석 방법론 프로세스 [5단계]

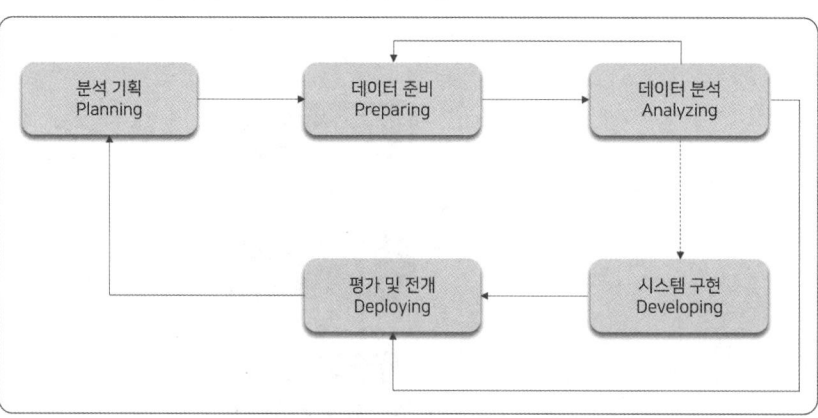

▶ 빅데이터 분석 방법론 (5단계)

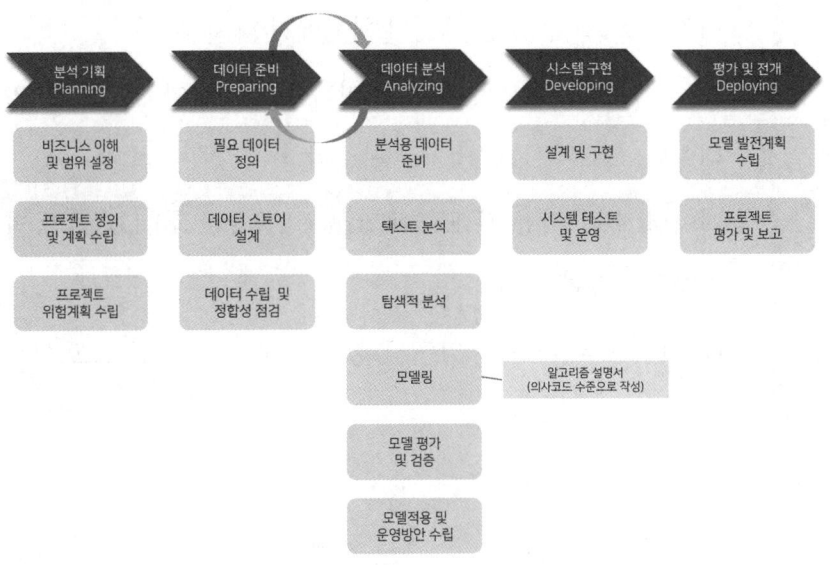

① 분석 기획(Planning) 단계

↘ 비즈니스를 이해하고 도메인의 문제점을 파악하여 빅데이터 분석 프로젝트의 범위를 확장하는 단계

↘ 프로젝트 정의 및 수행계획을 구체적이고 상세하게 수립하여 향후 프로젝트 진행의 기준선이 되도록 준비

태스크(Task)

비즈니스 이해 및 프로젝트 범위 설정 → 프로젝트 정의 및 수행 계획 수립 → 프로젝트 위험계획 수립

    a. 비즈니스 이해 및 프로젝트 범위 설정

    b. 프로젝트 정의 및 수행 계획 수립

    c. 프로젝트 위험계획 수립

        위험 대응 계획 수립은 예상되는 위험에 대해 **회피(Avoid)**, **전이(Transfer)**, **완화(Mitigate)**, **수용(Acccpt)**으로 구분하여 **위험 관리 계획서**를 작성한다.

        위험 관리 계획서: 프로젝트 범위 정의서(SOW), 프로젝트 정의서(WBS)

TIP&MEMO

[TIP] 위험 관리 계획서의 내용에 대한 키워드들은 반드시 외워두도록 한다. 비슷한 단어가 나와도 헷갈리지 않도록 확실히 암기해야 한다.

② 데이터 준비(Preparing) 단계

- 비즈니스 요구사항을 데이터 차원에서 다시 파악
- 프로젝트별로 필요로 하는 데이터를 정의하여 전사 차원의 데이터 스토어(Data Store)를 준비
- 데이터 수집 저장 시 ETL(Extract Transform Load) 등의 다양한 도구를 사용
- 데이터 품질 확보를 위해 품질 통제와 품질보증 프로세스 수행

태스크(Task)

필요한 데이터 정의 → 데이터 스토어 설계 → 데이터 수집 및 정합성 점검

   a. 필요한 데이터 정의

      데이터 정의서 작성 (전사 차원에서 필요한 데이터, 정형·비정형·반정형등의 모든 내·외부 데이터)

   b. 데이터 스토어 설계

   c. 데이터 수집 및 정합성 점검

③ 데이터 분석(Analyzing) 단계

- 데이터 스토어에서 분석에 필요한 데이터셋을 준비하고 탐색적 분석, 모델링과 모델 평가 태스크를 진행
- 비정형 테스트 데이터가 존재

   → 분석기법(텍스트 마이닝, 텍스트 분류 등)

   → 알고리즘을 이용하여 비정형 분석 실시

   → 필요 시 정형 데이터와 결합하여 통합 모델링 수행

   – 분석에 필요한 충분한 데이터 확보를 위해서 데이터 준비 단계를 반복하여 수행(=피드백)

태스크(Task)

분석용 데이터 준비 → 텍스트 분석 → 탐색적 분석 → 모델링 → 모델 평가 및 검증 → 모델 적용 및 운영방안 수립

a. 분석용 데이터 준비

b. 텍스트 분석

c. 탐색적 분석(EDA; Exploratory Data Analysis)

　　다양한 **데이터 시각화**를 활용하여 데이터의 가독성을 명확히 하고 데이터의 형상 및 분포 등 데이터 특성을 파악하는 태스크

d. 모델링

　ⅰ) 데이터 분할(모델의 과적합을 방지하거나 모델의 일반화에 이용함)

　　훈련용 데이터와 테스트용 데이터(=검증용 데이터)로 분할. 주로 7:3이나 8:2 비율로 나눔

　ⅱ) 데이터 모델링

　　훈련용 데이터를 활용하여 분류, 예측, 군집 등의 모델을 만들어 가동중인 시스템에 적용

　　비정형 데이터 분석 결과를 통합적으로 활용하여 통합 모델링 수행

　　모델링 결과 보고서

　ⅲ) 모델 적용 및 운영방안

　　모델에 대한 상세한 알고리즘 설명서 작성이 필요

　　알고리즘 설명서는 시스템 구현 단계에서 중요한 입력자료로 활용되므로 필요시 의사코드(Pseudocode) 수준의 상세한 작성이 필요. 모니터링 방안도 수립

　　알고리즘 설명서, 모니터링 방안의 출력 자료

e. 모델 평가 및 검증

　　테스트용 데이터셋으로 모델의 객관성과 실무 적용성을 검증해야 함(=일반화 과정 구현)

　　모델 튜닝 작업(hyperparameter tuning)

f. 모델 적용 및 운영방안 수립

TIP&MEMO

> **핵심 내용 정리**
>
> **의사코드(Pseudocode)**
> 프로그램의 작동 논리를 프로그래밍 언어가 아닌 일반 언어를 사용하여 알고리즘을 써 놓은 코드로, 가상코드라고도 한다.

④ 시스템 구현(Developing) 단계 (생략 가능한 단계)
- 운영 중인 시스템에 적용하거나 프로토타입(Prototype)을 구현하려는 경우에 진행
- 단순한 데이터 분석이나 데이터 마이닝을 통한 분석 보고서를 작성하는 것으로 프로젝트가 종료되는 경우에는 생략 가능
- 소프트웨어 개발 생명 주기인 SDLC(Software Development Life Cycle)와 커스터마이징(Customizing) 적용 가능

> 태스크(Task)
> 설계 및 구현 → 시스템 테스트 및 운영

⑤ 평가 및 전개(Deploying) 단계
- 분석 기획 단계에서 수립한 프로젝트의 목적을 달성했는지 평가
- 데이터 분석 단계와 시스템 구현 단계에서 구축한 모델의 발전계획을 수립
- 빅데이터 분석 프로젝트의 종료 및 전개 프로세스로 구성됨
- 수행된 프로젝트를 객관적이고 정량적으로 평가하여 내부 활용 및 자산화 추진
- 프로젝트 종료 보고서를 작성하여 의사소통 체계에 따라 보고하고 프로젝트 종료

> 태스크(Task)
> 모델 발전 계획 수립 → 프로젝트 평가 및 보고

연습 문제

01 합리적인 의사결정을 방해하는 요소로 표현 방식 및 발표자에 따라 동일한 사실(Fact)에도 판단을 달리하는 현상을 이르는 말은?

02 다음 중 데이터 분석 방법론의 구성 요소가 아닌 것은?

① 목적(Purpose)

② 방법(Methods)

③ 상세한 절차(Procedure)

④ 도구와 기법(Tools & Techniques)

03 다음 중 CRISP-DM 분석 방법론에서 업무 이해(Business Understanding)에 해당하는 것은?

① 초기 데이터 수집 – 데이터 기술 분석 – 데이터 탐색 – 데이터 품질 확인

② 업무 목적 파악 – 상황 파악 – 데이터 마이닝 목표 설정 – 프로젝트 계획 수립

③ 모델링 기법 선택 – 모델 테스트 계획 설계 – 모델 작성 – 모델 평가

④ 분석 결과 평가 – 모델링 과정 평가 – 모델 적용성 평가

04 다음 중 CRISP-DM 방법론의 모델링 단계에서 수행하는 태스크가 아닌 것은?

① 모델 테스트 계획 설계

② 모델링 기법 선택

③ 모델 평가

④ 모델 적용성 평가

05 다음 중 빅데이터 분석 방법론의 분석 기획 단계에서 프로젝트 위험 대응 계획을 수립할 때 예상되는 위험에 대한 대응 방법의 구분으로 부적절한 것은?

① 회피(Avoid)   ② 관리(Manage)   ③ 완화(Mitigate)   ④ 수용(Accept)

06 다음 중 빅데이터 분석 방법론의 분석 기획 단계에서 수행하는 주요 Task가 아닌 것은?

① 위험 식별

② 프로젝트 범위 설정

③ 프로젝트 정의

④ 필요 데이터 정의

07 다음 중 KDD 분석 방법론의 절차 중 데이터 셋에 포함되어 있는 이상치, 결측치를 식별하고 정제하는 단계는?

① 데이터 마이닝

② 데이터 준비

③ 데이터 전처리

④ 데이터 변환

3 분석 과제 발굴

1. 분석 과제 발굴 방법론

(1) 하향식 접근 방식(Top Down Approach) ↓

- 전통적 방식으로, 문제가 주어지고 이에 대한 해법을 찾는 방식. 각 과정이 체계적으로 수행되는 방식

(2) 상향식 접근 방식(Bottom Up Approach) ↑

- 문제의 정의 자체가 어려운 경우 데이터를 기반으로 문제를 재정의하고 해결방안을 탐색하려 이를 지속적으로 개선하는 방식
- 데이터를 활용하여 생각하지 못했던 인사이트(insight)를 도출하고 시행착오를 통해서 개선해 가는 상향식 접근 방식의 유용성이 점차 증가하고 있는 추세

분석방법 (How)	분석대상 (What)		
		Known	Un-Known
	Known	Optimization	Insight
	Un-Known	Solution	Discovery

과제 도출 방식

- Top-Down Approach (Problem Solving)
- Bottom-Up Approach (Problem Creation)

2. 하향식 접근법(Top Down Approach): 4단계

(1) 문제 탐색 단계(Problem Discovery) →

(2) 문제 정의 단계(Problem Definition) →

(3) 해결방안 탐색 단계(Solution Search) →

(4) 타당성 검토 단계(Feasibility Study)

TIP
하향식 접근법 4단계의 순서는 시험에 자주 출제되며, 문제 보기가 영어로만 출제된 적도 있으니 주의해서 암기하자.

TIP&MEMO

▶ 하향식 접근법 (Top-Down)

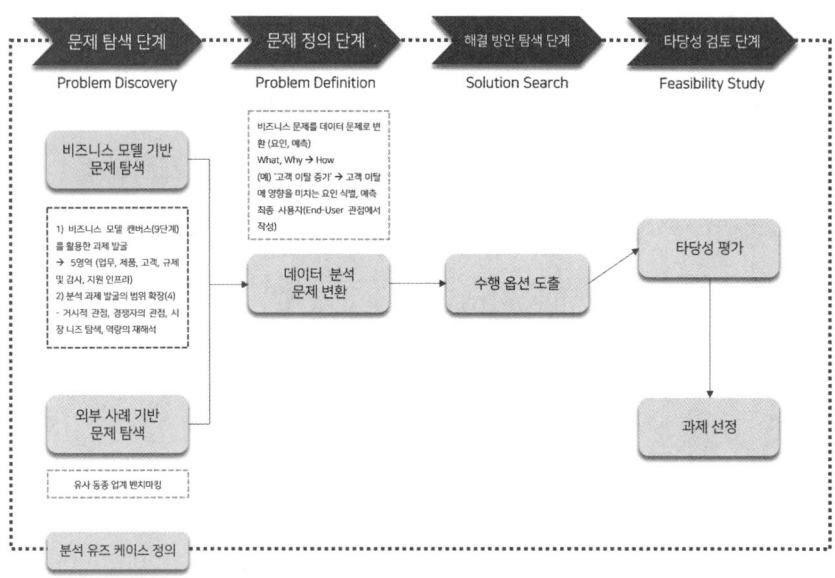

3. 하향식 접근법(Top Down Approach)의 과정

(1) 문제 탐색(Problem Discovery)

- 무엇을(What) 어떤 목적(Why)으로 수행해야 하는지의 관점

① 비즈니스 모델 기반 문제 탐색

- 비즈니스 모델 캔버스 9가지 블록

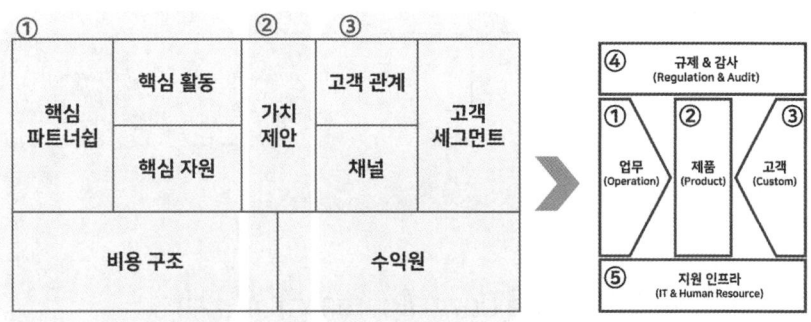

- 9가지 블록
  → <u>5개의 영역(업무, 제품, 고객, 규제&감사, 지원 인프라)으로 단순화</u>하여 기업의 비즈니스 분석에 활용

- 업무(Operation), 제품(Product), 고객(Customer) 단위로 문제를 발굴하고, 이를 관리하는 두가지 영역인 규제와 감사(Regulation & Audit) 영역과 지원 인프라(IT & Human Resource) 영역에 대한 기회를 추가로 과제를 도출하는 작업을 수행

② **분석 기회 발굴의 범위 확장**
 a. 거시적 관점: 사회, 기술, 경제, 환경, 정치(STEEP)
 b. 경쟁자 확대: 대체제, 경쟁자, 신규 진입자
 c. 시장 니즈 탐색: 고객, 채널, 영향자들
- 채널(Channel): 영업사원, 직판 대리점, 홈페이지 등 자체적으로 운영하는 채널뿐만 아니라 최종 고객에게 상품 서비스를 전달하는 과정에 존재하는 모든 채널로 분석 기회를 확대하여 탐색
 d. 역량의 재해석: 내부 역량, 파트너 네트워크

③ **외부 참조 모델 기반 문제 탐색**
- 유사 동종 업계 사례 벤치마킹을 통한 분석 기회 발굴
  → 분석 테마 후보 그룹(Pool)
  → "Quick & Easy" 방식으로 아이디어 도출
  → 워크숍 형태의 브레인 스토밍(Brain Storming)을 통해 빠르게 도출
- 평상시 지속적인 조사와 데이터 분석을 통한 가치 발굴사례를 정리하고, 풀(Pool)로 만들어 정리 필요

④ **분석 유즈 케이스(Analytics Use Case)**
- 풀어야 할 문제에 대한 상세한 설명 및 해당 문제를 해결했을

때 발생하는 효과를 명시함으로써, 향후 데이터 분석 문제로의 전환 및 적합성 평가에 활용할 수 있도록 하는 일

(2) 문제 정의(Problem Definition)

- 문제 탐색에 필요한 데이터 및 기법(How)를 정의하기 위하여 문제를 데이터 분석의 관점으로 변환하는 작업
- 식별된 비즈니스 문제를 정확하게 분석의 관점으로 문제를 재정의 하는 단계

비즈니스 문제 무엇을(What), 어떤 목적으로(Why)	분석 문제 비즈니스 문제를 달성하기 위해 필요한 데이터 및 기법(How)을 정의
고객 이탈 증대	고객의 이탈에 영향을 미치는 요인을 식별하고, 이탈 가능성을 예측
예상치 못한 설비 장애로 인한 판매량 감소	설비의 장애를 이끄는 신호를 감지하여 설비 장애 요인으로 식별하고 장애 발생 시점 및 가능성을 예측
기존 판매정보를 기반으로 한 영업사원의 판단을 통해서는 재고 관리 및 적정 가격 판매가 어려움	내부 판매 정보 외의 수요 예측을 수행할 수 있는 인자의 추출 및 모델링을 통한 수요 예측

- 데이터 분석 문제의 정의 및 요구사항: 해당 문제가 해결되었을 때 효용을 얻을 수 있는 최종 사용자(End-User) 관점에서 이루어져야 함

(3) 해결 방안 탐색(Solution Search)

- 정의된 데이터 분석 문제를 해결하기 위한 다양한 방안 모색
  ① 기존 정보 시스템의 보완으로 분석이 가능한지 고려
  ② 엑셀 등의 간단한 도구로 분석이 가능한지 고려
  ③ 하둡 등 분산 병렬처리를 활용한 빅데이터 분석도구를 통해 체계적이고 심도 있는 방안 고려

(4) 타당성 검토(Feasibility Study)(3가지)

① 경제적 타당성 검토: 비용 대비 편익 분석 관점의 접근

② 데이터 타당성 검토: 데이터의 존재 여부, 분석 시스템 환경, 그리고 분석 역량을 갖춘 상태인지 검토

③ 기술적 타당성 검토: 비즈니스 지식과 기술적 지식이 있는지 검토

4. 상향식 접근법(Bottom Up Approach)

(1) 정의

- 기업에서 보유하고 있는 다양한 원천 데이터로부터 분석을 통하여 통찰력과 지식을 얻는 접근 방법
- 다양한 원천 데이터를 대상으로 분석을 수행하여 가치 있는 모든 문제를 도출하는 일련의 과정

(2) 상향식 접근법의 특징

- 기존의 하향식 접근법의 한계를 극복
- 하향식 접근법은 논리적 단계별 접근법이므로 최근의 복잡하고 다양한 환경에서 발생하는 문제를 해결하기 어렵기 때문에, **디자인적 사고(Design Thinking)** 접근법을 통해 WHY → WHAT 관점으로 존재하는 데이터 그 자체를 객관적으로 관찰하여 문제를 해결하려는 접근법을 사용
- 상향식 접근법은 **비지도 학습 방법**으로 수행되며, 데이터 자체의 결합, 연관성, 유사성을 중심으로 접근함
- 시행 착오를 통한 문제 해결: **프로토타이핑 접근법**

(3) 상향식 접근법의 종류: 4가지

① 디자인 사고(Design Thinking) 접근법

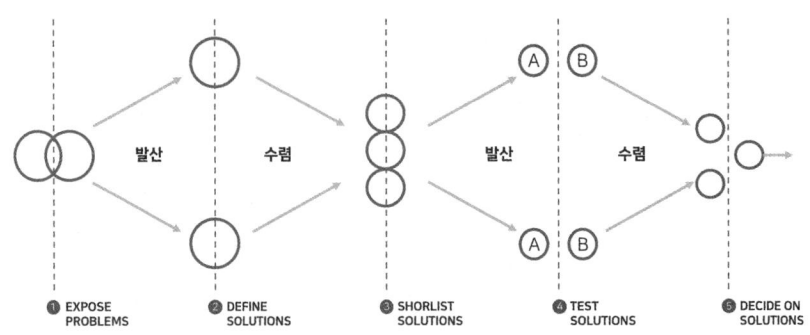

- 상향식 접근 방식의 **발산(Diverge) 단계** + 하향식 접근 방식의 **수렴(Converge) 단계**를 반복적으로 수행
- 상호 보완을 통해 동적인 환경에서 분석의 가치를 높일 수 있는 최적의 의사결정 방식

▶ 디자인 사고 프로세스

- 스탠포드 대학의 d.school에서 전통적인 분석적 사고를 극복하기 위해 고안
- 현장 관찰과 **감정 이입**(상대 관점으로 전환) 수행, 특히 첫 단계인 감정 이입 강조
- Why가 아닌 사물을 있는 그대로 인식하는 What의 관점

② 비지도 학습(Unsupervised Learning) 방법

- 데이터 자체의 결합, 연관성, 유사성 등을 중심으로 데이터의 상태를 표현하는 것
- 새로운 유형의 인사이트 도출에 유용
  (예) 장바구니 분석, 군집 분석, 기술 통계 및 프로파일링

TIP&MEMO

[핵심 내용 정리]

↔ 지도 학습
(Supervised Learning)
데이터 분석의 목적이 명확히 정의된 형태의 특정 필드 값을 구하는 것이다.
하향식 접근 방식에서 활용되며, 분류, 예측, 추출, 최적화를 통해 분석을 실시하고 도출한다. (예) OX 분류

③ 상관관계 분석, 연관 분석을 통한 문제의 해결

- 인과관계(Know-why)에서 상관관계(Know-affinity)로 분석 관점이 이동
- 다량의 데이터 분석을 통해서 "왜" 그러한 일이 발생하는지 역으로 추적하면서 문제를 도출하거나 재정의

④ 시행 착오를 통한 문제 해결 – 프로토타이핑(Prototyping) 접근법

- 사용자가 요구사항이나 데이터를 정확히 규정하기 어렵고 데이터 소스도 명확히 파악하기 어려운 상황에서 일단 분석을 시도해 보고 그 결과를 확인해 가면서 반복적으로 개선해 나가는 방법
- 비록 완전하지 못하다 해도 신속하게 해결책이나 모형을 제시함으로써 이를 바탕으로 문제를 좀 더 명확하게 인식하고 필요한 데이터를 식별하여 구체화할 수 있게 하는 유용한 상향식 접근 방식

프로토타이핑 접근법의 4단계 프로세스

: 가설 생성 → 디자인에 대한 실험 → 테스트 → 통찰 도출 및 가설 확인

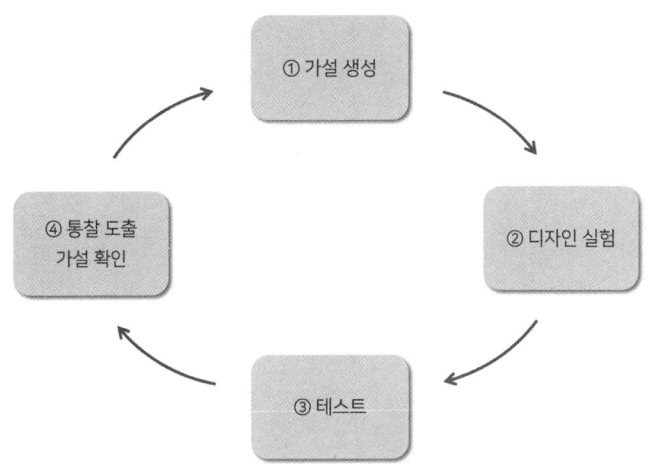

TIP&MEMO

[핵심 내용 정리]

↔ 하향식 접근 방식
문제가 정형화되어 있고 문제 해결을 위한 데이터가 완벽하게 조직에 존재할 경우 효과적이다.

5. 분석 과제 정의

- 분석 과제 정의서를 작성하여 분석별 필요한 소스 데이터, 분석 방법, 데이터 입수 및 분석의 난이도, 분석 검증 오너십, 상세 분석 과정 등을 정의할 수 있다.

연습 문제

01 아래 그림은 비즈니스 모델 캔버스를 활용한 과제 발굴 기법을 보여주고 있다. 각 빈칸에 들어갈 말로 적절한 것은?

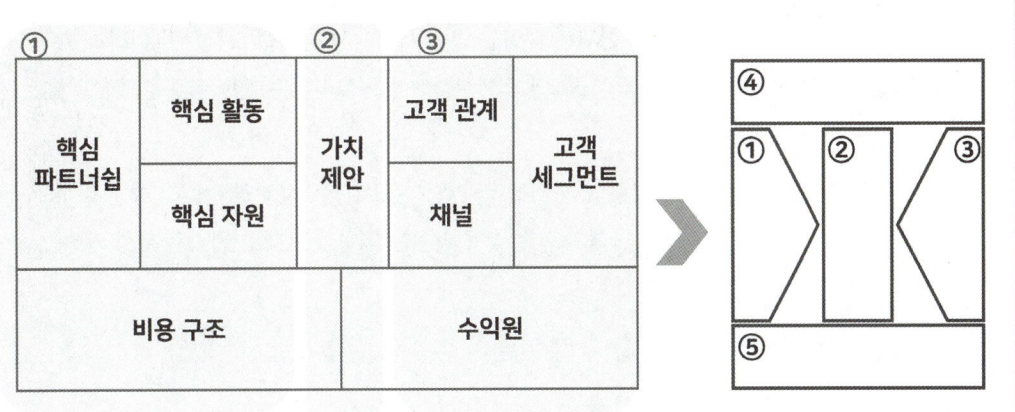

① 1 : 업무, 2 : 제품, 3 : 고객, 4 : 규제&감사, 5 : 지원 인프라

② 1 : 업무, 2 : 가치, 3 : 고객, 4 : 규제&감사, 5 : 지원 인프라

③ 1 : 업무, 2 : 제품, 3 : 고객, 4 : 관리&감독, 5 : 지원&자산

④ 1 : 업무, 2 : 가치, 3 : 고객, 4 : 자원&자산, 5 : 지원 인프라

02 다음 분석 과제 발굴 방식 중 하향식 접근법의 과제 도출 단계로 적절한 것은?

① Problem Discovery – Problem Definition – Solution Search – Feasibility Study

② Problem Discovery – Solution Search – Feasibility Study – Evaluation

③ Problem Search – Problem Discovery – Problem Definition – Solution Search

④ Problem Search – Problem Definition – Problem Solving – Solving

03 상향식 접근 방식의 발산 단계와 도출된 옵션을 분석하고 검증하는 하향식 접근 방식의 수렴 단계를 반복하여 과제를 발굴하는 방법을 무엇이라고 하는가?

04 다음 중 분석 기회 발굴의 범위 확장 방법에 관한 설명으로 부적절한 것은?

① 거시적 관점의 메가트랜드에서는 현재의 조직 및 해당 산업에 폭넓게 영향을 미치는 사회 경제적 요인을 사회 경제 환경 정치 영역으로 나누어서 좀 더 폭넓게 기회 탐색을 수행한다.

② 경쟁자 확대 관점에서는 현재 수행하고 있는 사업 영역의 직접 경쟁사 및 제품, 서비스를 중심으로 현 상황에 대한 분석 기회 발굴의 폭을 넓혀서 탐색한다.

③ 시장의 니즈 탐색 관점에서는 현재 수행하고 있는 사업에서의 직접 고객뿐만 아니라 고객과 접촉하는 역할을 수행하는 채널 및 고객의 구매와 의사결정에 영향을 미치는 영향자들에 대한 폭넓은 관점을 바탕으로 분석 기회를 탐색한다.

④ 역량의 재해석 관점에서는 현재 해당 조직 및 기업이 보유한 역량뿐만 아니라 해당 조직의 비즈니스에 영향을 끼치는 파트너 네트워크를 포함한 활용 가능한 역량을 토대로 폭넓은 분석 기회를 탐색한다.

05 다음 중 프로토타이핑 기법과 가장 관련이 없는 것은?

① 문제 정의가 명확하고 기존에 접한 문제일 경우에는 적용하기 쉽다.

② 반복적으로 개선해 나가는 방법이다.

③ 비록 완전하지는 못하지만 신속하게 해결책이나 모형을 제시한다.

④ 상향식 접근 방법이다.

06 분석 과제를 발굴하기 위한 접근법 중 상향식 접근 방식의 특징으로 올바른 것은?

① 타당성 검토의 과정을 거치며 경제적, 데이터 및 기술적 타당도 등이 있다.

② 일반적으로 상향식 접근 방식의 데이터 분석은 지도 학습 방법에 의해 수행된다.

③ Design thinking 중 Ideate 단계에 해당한다.

④ 인사이트를 도출한 후 반복적인 시행착오를 통해서 수정하며 문제를 도출하는 일련의 과정이다.

07 아래 (   )안에 들어갈 용어로 적절한 것은?

> 현재의 비즈니스 모델 및 유사/동종사례 탐색을 통해서 빠짐없이 도출한 분석 기회들을 구체적인 과제로 만들기 전에 (   )로 표기하는 것이 필요하다. 풀어야 할 문제에 대한 상세설명 및 해당 문제 해결했을 때 발생하는 효과를 명시함으로써 향후 데이터 분석 문제로의 전환 및 적합성 평가에 (   )를 활용하도록 한다.

4 분석 프로젝트 관리 방안

1. 분석 과제의 관리 영역 5가지

- 기존 프로젝트의 영역별 관리(범위, 일정, 품질, 리스크, 의사 소통)뿐만 아니라 <u>5가지 추가 관리가 필요하다</u>.

▶ 분석과제의 주요 5가지 관리영역

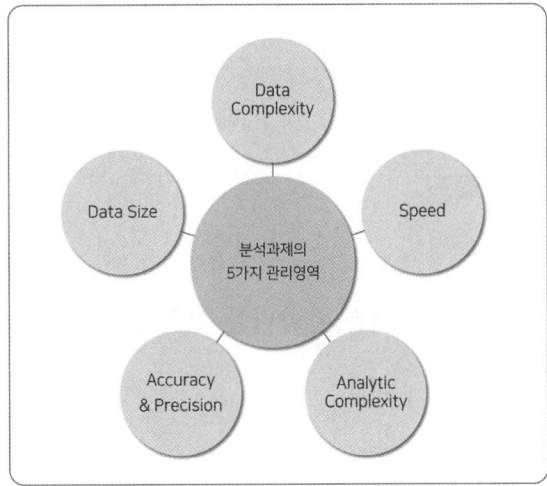

① **Data Size**
- 데이터 양을 고려한 관리 방안 수립 필요
- 하둡 환경의 엄청난 데이터량 기반 분석

② **Data Complexity**
- 비정형 데이터 및 다양한 시스템에 산재되어 있는 원천 데이터들을 통합해서 분석

③ **Speed**
- 분석 결과를 활용하는 시나리오 측면에서의 속도를 고려하여 실시간 수행되어야 한다. (vs 일괄 처리)

④ **Analytic Complexity**
- 분석 모델의 복잡도와 정확도를 고려한 최적 모델을 찾는 방식 모색
- 복잡도와 정확도는 트레이드 오프(Trade off) 관계

TIP & MEMO

[핵심 내용 정리]
Speed
일단위, 주단위, 실적의 경우에는 배치(Batch) 형태의 일괄 처리로 작업이 이루어져도 무방하지만, 실시간으로 사기(Fraud)를 탐지하거나 고객에게 개인화된 상품이나 서비스를 추천하는 경우에는 분석 모델의 적용 및 계산이 실시간으로 수행되어야 하기 때문에 실시간 테스트로 작업이 이루어져야 한다.

[핵심 내용 정리]
복잡도와 정확도의 트레이드 오프 (Trade off) 관계
복잡도를 낮추면(모델에 대한 해석을 쉽게 하면) 정확도가 떨어지는 관계를 의미한다. (두 가지를 동시에 좋은 방향으로 만들 수 없다.)

TIP & MEMO

TIP
분석가가 어떤 측면을 강조하느냐에 따라 사용되는 지표가 달라지므로 accuracy와 precision의 장점을 정확하게 파악하는 게 중요하다

핵심 내용 정리
Accuracy와 Precision은 트레이드 오프 관계
Accuracy가 올라가면 Precision은 내려가고, Precision이 올라가면 Accuracy는 내려간다. 두 지표를 함께 높일 수는 없다. 출제된 적이 있으니 기억하자.

핵심 내용 정리
어자일(Agile) 모델
전체적인 플랜을 짜고 문서를 통해 주도해 나가던 과거의 방식(Waterfall 모델)과 달리 앞을 예측하며 개발하지 않고, 일정한 주기를 가지고 끊임없이 프로토 타입을 만들어내며 필요할 때마다 요구 사항을 더하고 수정하여 커다란 소프트웨어를 개발해 나가는 방식을 의미한다.

---

⑤ Accuracy & Precision
- Accuracy(정확도): 높을수록 모델과 실제값 사이의 차이가 적음
- Precision: 높을수록 모델을 지속적으로 반복했을 때 편차의 수준으로써 일관적으로 동일한 결과를 제시함
- 분석의 활용 측면에서는 Accuracy가 중요하지만, 안정성 측면에서는 Precision이 중요함

2. 분석 프로젝트의 특징

(1) 분석가의 목표
- 개별적인 분석 업무 수행뿐만 아니라 전반적인 프로젝트 관리 또한 중요

(2) 분석가의 입장
- 데이터 영역과 비즈니스 영역의 현황을 이해하고, 프로젝트의 목표인 분석의 정확도 달성과 결과에 대한 가치 이해를 전달하는 조정자로서 분석가의 역할이 중요

(3) 프로토타이핑 방식의 어자일(Agile) 프로젝트 관리 방식 고려
- 분석 프로젝트는 도출된 결과의 재해석을 통한 지속적인 반복 및 정교화가 수행되는 경우가 대부분이므로, 프로토타이핑 방식의 **어자일(Agile) 프로젝트 관리 방식**에 대한 고려도 필요

> **핵심 내용 정리**
>
> **어자일(Agile) 프로젝트 관리방식**
> 데이터 분석의 지속적인 반복 및 개선을 통하여 점진적으로 의도했던 결과에 더욱 가까워지는 형태
>
> ▶ Waterfall 방식과 Agile 관리 방식 비교
>
>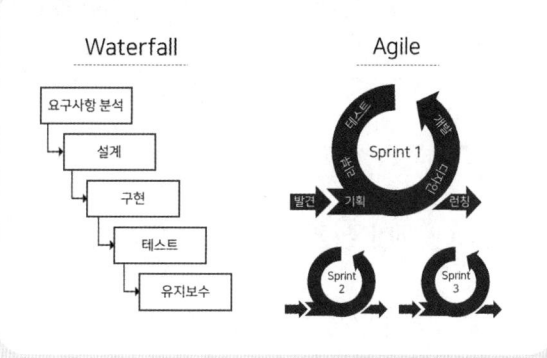

3. 분석 프로젝트 영역별 주요 관리 방안: 10가지 주제 그룹

- 범위, 시간, 원가, 품질, 통합, 조달, 자원, 리스트, 의사소통, 이해관계자

이해관계자(stakeholder):

- 데이터 분석 프로젝트는 데이터전문가, 비즈니스전문가, 분석전문가, 시스템전문가 등 다양한 전문가가 참여하므로 이해관계자의 식별과 관리가 필요함

연습 문제

01 빅데이터 분석 과제를 수행할 때 아래와 같은 역할을 수행하는 전문가를 일컫는 말은?

02 분석 과제의 특징 중 Accuracy와 Precision에 대한 설명으로 가장 부적절한 것은?

① 분석의 활용적인 측면에서는 Accuracy가 중요하며 안정성 측면에서는 Precision이 중요하다.

② Accuracy는 모델과 실제 값과의 차이를 평가하는 정확도를 의미한다.

③ Precision은 모델을 지속적으로 반복했을 때 편차의 준으로써, 일관적으로 동일한 결과를 제시한다는 의미를 가진다.

④ Accuracy와 Precision은 Trade-Off 관계가 없다.

03 다음 중 분석 프로젝트 관리에 대한 설명으로 가장 부적절한 것은?

① 분석 프로젝트 관리는 KSA ISO 21500:2013을 가이드로 활용할 수 있다.

② 데이터 분석 모델의 품질을 평가하기 위해서 SPICE를 활용할 수 있다.

③ 분석 프로젝트의 일정 계획 수립 시 데이터 수집에 대한 철저한 통제와 관리가 필요하다.

④ 분석 프로젝트의 최종 산출물이 보고서 또는 시스템인지에 따라 프로젝트 관리에 차이가 있다.

04 다음 중 제품과 서비스의 결합을 나타내는 용어는 무엇인가?

① Mass Customization

② Product service approach

③ Service oriented approach

④ Servitization

5 분석 마스터 플랜 수립 프레임워크

1. 분석 마스터 플랜 수립 프레임워크

- 분석 과제를 대상으로 다양한 기준을 고려해 적용 **우선순위를 설정**하고, 데이터 분석 구현을 위한 **로드맵을 수립**한다.

분석 과제 우선순위 결정 시 고려 요소	분석 적용 범위/방식 고려 요소
1) 전략적 중요도 2) 비즈니스 성과/ROI 3) 실행 용이성	1) 업무 내재화 적용 수준 2) 분석 데이터 적용 수준 3) 기술 적용 수준

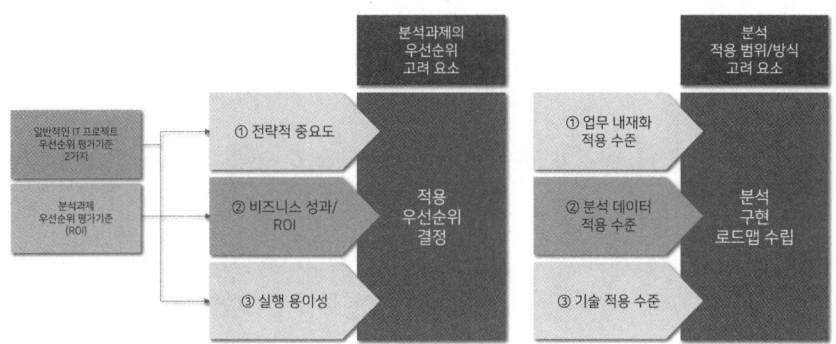

2. ISP(Information Strategy Planning, 정보화전략기획)

- 정보 기술 또는 정보 시스템을 전략적으로 활용하기 위하여 조직 내·외부 환경을 분석하여 기회나 문제점을 도출하고 사용자의 요구사항을 분석하여 시스템 구축 우선순위를 결정하는 등 중장기 마스터 플랜을 수립하는 절차이다.

3. 마스터 플랜 수행 과제 우선순위 평가 기준 2가지

- 우선순위 평가는 정의된 데이터 과제에 대한 실행 순서를 정하는 일을 의미한다.
(1) 일반적인 IT 프로젝트 우선순위 평가 기준 - 전략의 중요도, 실행 용이성
(2) ROI요소/분석우선순위 기준 - 시급성, 난이도

TIP
ISP는 단답형 문항의 정답으로 출제될 수도 있으니 잘 외워둬야한다.

TIP&MEMO

① 일반적인 IT 프로젝트 우선순위 평가 기준

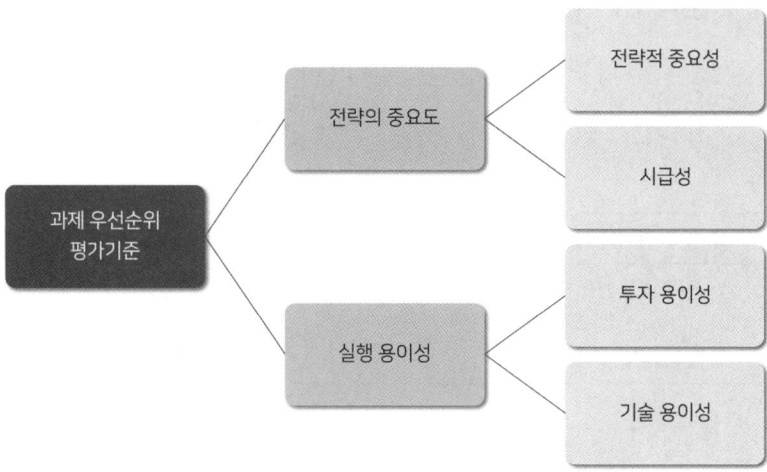

② 우선순위 평가에 활용하기 위한 ROI(투자대비수익률) 관점에서 빅데이터의 핵심 특징

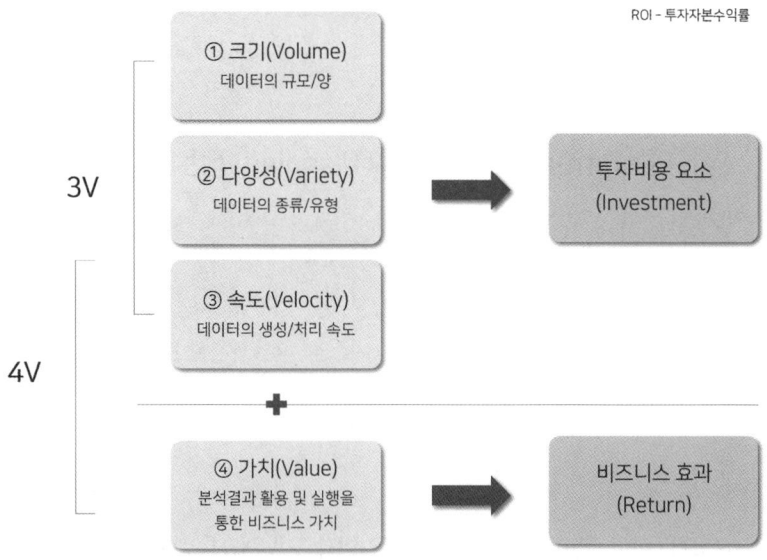

4. 마스터 플랜 분석 과제 우선순위 선정

- 분석 과제의 우선순위 평가 기준인 **난이도(Easy, Difficult)**와 **시급성(현재, 미래)**을 고려해야 한다.

▶ 빅데이터 특징을 고려한 분석 ROI 요소

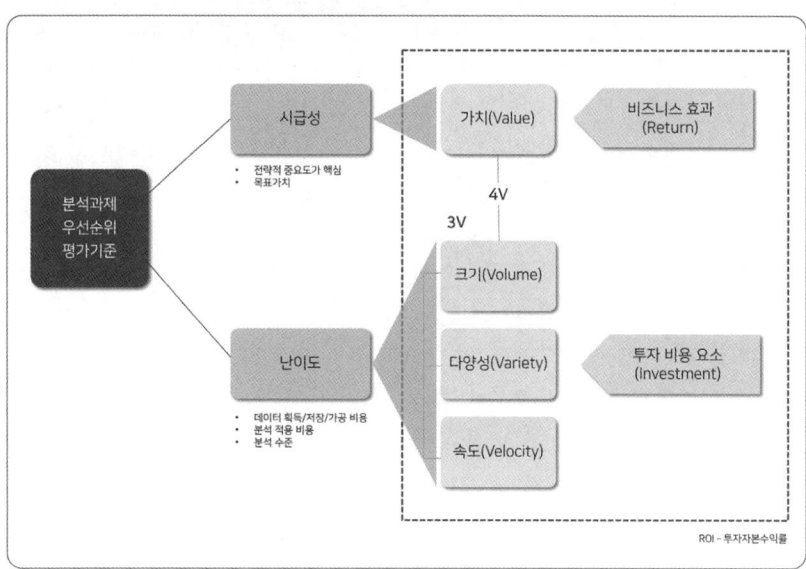

- Value → 시급성: 전략의 중요도와 목표가치를 평가 요소로 삼음
- 3V(Volume, Variety, Velocity) → 난이도: 데이터 획득/저장/가공 비용, 분석 적용 비용, 분석 수준을 평가 요소로 삼음

5. 포트폴리오 사분면(Quadrant) 분석을 통한 과제 우선순위 선정

- 우선순위가 가장 높은 영역: 3사분면
- 우선순위가 가장 낮은 영역: 2사분면
- 시급성 기준 우선순위: III → IV → II
- 난이도 기준 우선순위: III → I → II

TIP&MEMO

핵심 내용 정리
우선순위가 가장 높은 분석 과제:
난이도-Easy, 시급성-현재
우선순위가 가장 낮은 분석 과제:
난이도-Difficult, 시급성-미래

TIP&MEMO

▶ 분석과제 우선순위 선정 매트릭스(포트폴리오 사분면 분석)

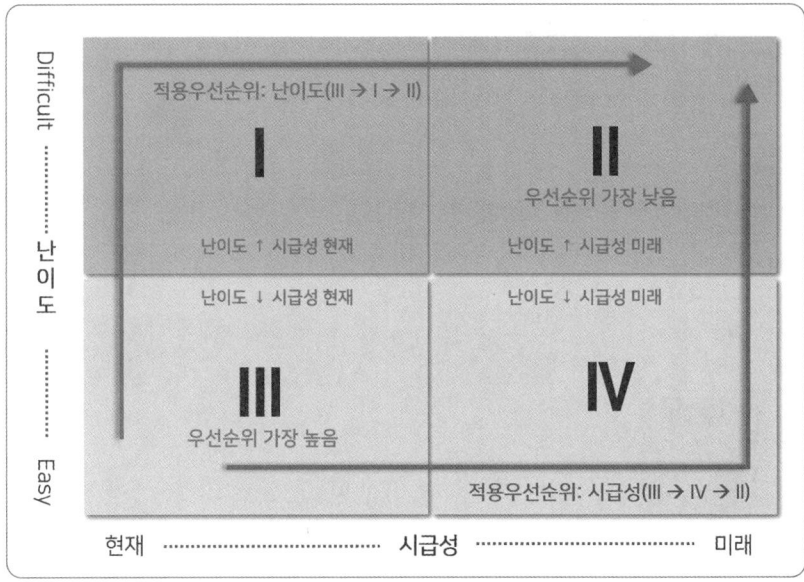

- 적용 우선순위는 조정 가능
  - 경영진/실무 담당자 의사결정에 따른 난이도 조절
  - 기술적 요소에 따른 우선순위 조정
  - 분석범위에 따른 우선순위 조정

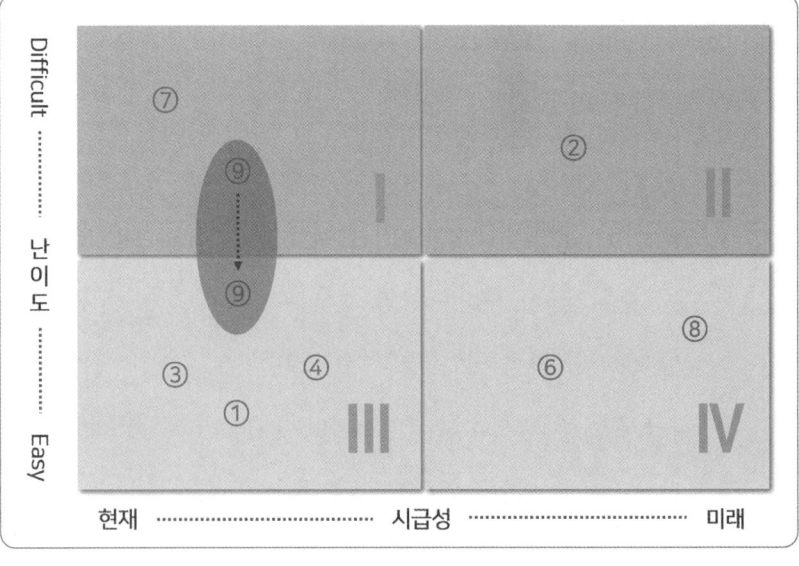

6. 이행계획 수립

(1) 로드맵 수립

① 분석 과제에 대한 포트폴리오 사분면 분석을 통해 과제의 1차 우선순위를 결정

② 분석 과제별 적용 범위 및 방식을 고려하여 최종적인 실행 우선순위를 결정한 후 단계적 구현 로드맵을 수립

③ 단계별로 추진하고자 하는 목표를 정의

④ 추진 과제별 선·후행 관계를 고려하여 단계별 추진 내용을 정렬

(2) 세부 이행 계획 수립

- 데이터 분석 체계는 고전적인 폭포수(Water-Fall) 방식도 있으나, 반복적인 정련 과정을 통하여 프로젝트의 완성도를 높이는 상향식 방식을 주로 사용

- 반복적인 분석체계는 모든 단계를 반복하기보다는, 데이터 수집과 확보 분석 데이터를 준비하는 단계는 순차적으로 진행하고 모델링 단계만 반복적으로 수행하는 혼합형을 많이 적용하며, 이러한 특징을 고려하여 세부 일정계획을 수립해야 함

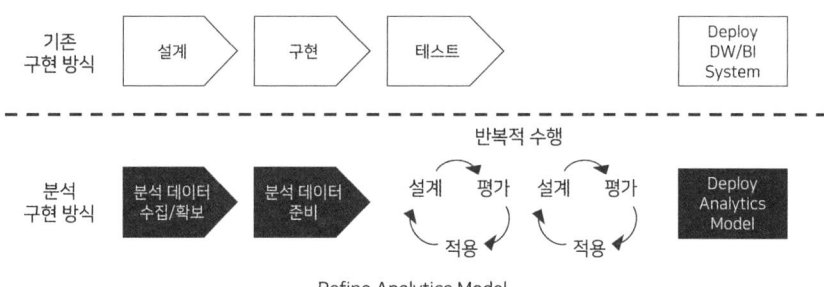

연습 문제

01 아래 (가) 안에 공통적으로 들어갈 용어는?

기업 및 공공기관에서는 시스템의 중장기 로드맵을 정의하기 위한 (가)(을)를 수행한다. (가)(은)는 정보기술 또는 정보 시스템을 전략적으로 활용하기 위하여 조직 내외부 환경을 분석하여 기회나 문제점을 도출하고 사용자의 요구사항을 분석하여 시스템 구축 우선순위를 결정하는 등 중장기 마스터 플랜을 수립하는 절차이다.

02 다음 중 분석 마스터 플랜을 수립할 때 적용 범위 및 방식에 대한 고려요소가 아닌 것은?

① 업무 내재화 적용 수준 ② 분석 데이터 적용 수준
③ 투입 비용 수준 ④ 기술 적용 수준

03 아래는 분석 과제 우선순위 선정 매트릭스이다. 분석 과제의 적용 우선순위를 시급성에 두었을 때 결정해야 할 우선순위로 적절한 것은?

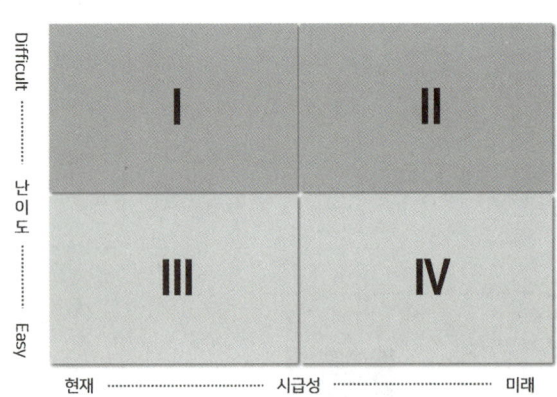

① Ⅲ – Ⅱ – Ⅰ ② Ⅲ – Ⅳ – Ⅱ
③ Ⅲ – Ⅱ – Ⅳ ④ Ⅲ – Ⅰ – Ⅱ

04 분석 과제의 우선순위 선정 시 시급성과 난이도를 모두 우선순위로 둘 때 가장 먼저 추진해야 하는 것은?

① 시급성 – 현재, 난이도 – Difficult
② 시급성 – 현재, 난이도 – Easy
③ 시급성 – 미래, 난이도 – Easy
④ 시급성 – 미래, 난이도 – Difficult

05 빅데이터의 특징을 고려한 분석 ROI 요소와 분석 우선순위 평가 기준에 대한 설명으로 가장 부적절한 것은?

① 분석 과제의 우선순위 평가에서 시급성은 전략적 중요도, 데이터 수집비용 등을 평가하고 난이도는 분석 수준과 복잡도를 평가한다.
② 분석 난이도는 분석 준비도와 성숙도 진단 결과에 따라 해당 기업의 분석 수준을 파악한 것으로 결정된다.
③ 시급성이 높고 난이도가 높은 분석 과제는 경영진 또는 실무 담당자의 의사결정에 따라 적용 우선순위가 조정될 수 있다.
④ 시급성이 높고 난이도가 낮은 분석 과제는 우선순위가 높다.

06 다음 중 빅데이터의 핵심적인 특징을 설명할 수 있는 4V에 속하지 않은 것은?

① Volume ② Variety ③ Visually ④ Velocity

07 다음 빅데이터의 특징 중 투자비용 요소 또는 난이도를 평가하는 요소가 아닌 것은?

① Volume ② Variety ③ Value ④ Velocity

6 분석 거버넌스 체계 수립

1. 분석 거버넌스 개요

- 기업에서 데이터를 이용한 의사결정이 강조될수록 분석과 활용을 위한 체계적인 관리가 중요해지고, 어떤 데이터를 어떻게 분석에 활용할 것인지가 중요해진다.
- 기업 내의 전체적인 분석 기준과 환경 등을 분석하여 타 경쟁사 및 유사업종과 비교하여 어느 수준에 있는지 평가도 필요하다.
- 분석을 할 수 있는 분석 조직, 분석 인력에 대한 교육을 통해 분석 거버넌스를 수립하는 것도 중요하다.

2. 분석 거버넌스 체계 구성 요소

▶ 분산 거버넌스 체계 구성요소

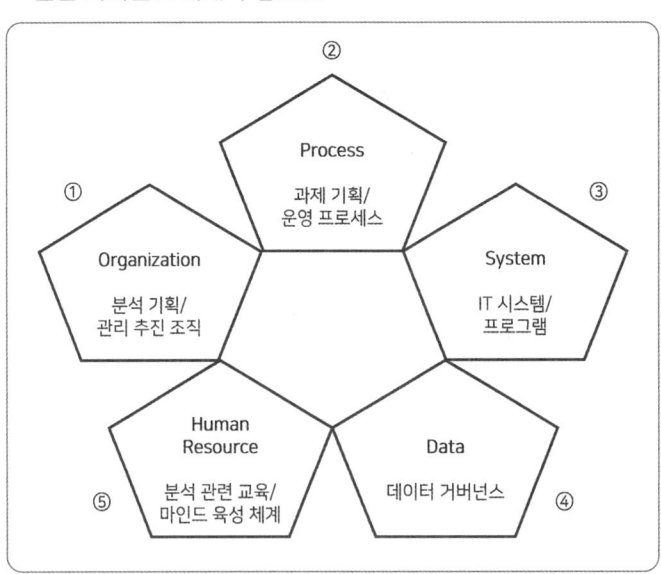

① 조직(Organization) - 분석 기획 및 관리를 수행하는 조직

② 프로세스(Process) - 과제 기획 및 운영 프로세스

③ 시스템(System) - 분석 관련 IT 시스템과 프로그램

④ 데이터(Data) - 데이터 거버넌스

⑤ Human Resource - 분석 관련 교육 및 마인드 육성 체계

TIP&MEMO

핵심 내용 정리

거버넌스(Governance)

government보다는 폭 넓은 의미로 진화하여 기업, 비영리 기관 등에서 규칙, 규범 및 행동이 구조화되고, 유지되고, 규제되고 책임을 지는 방식 및 프로세스를 지칭한다. 따라서, 분석 거버넌스는 기업에서 데이터가 어떻게 관리되고, 유지되고, 규제되는지에 대한 내부적인 관리 방식이나 프로세스를 의미한다.

3. 데이터 분석 수준 진단 프레임워크

▶ 분석 준비도(6개 영역) + 분석 성숙도(3개부문, 4단계)

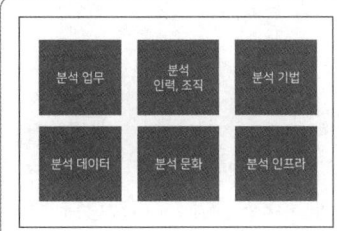
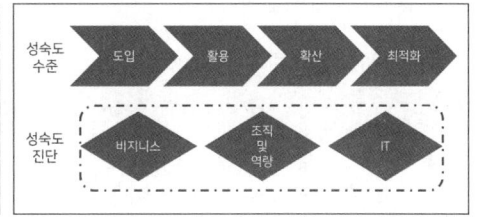

분석 성숙도 모델(CMMI 기반)

4. 분석 준비도(6가지 영역)

- 기업의 데이터 분석 도입의 수준을 파악하기 위한 진단 방법
- 분석 업무 파악, 인력 및 조직, 분석 기법, 분석 데이터, 분석 문화, IT인프라

분석 업무 파악	인력 및 조직	분석 기법
• 발생한 사실 분석 업무 • 예측 업무 분석 • 시뮬레이션 분석 업무 • 최적화 분석 업무 • 분석 업무 정기적 개선	• 분석 전문가 직무 존재 • 분석 전문가 교육 훈련 프로그램 • 관리자들의 기본적 분석 능력 • 전사 분석 업무 총괄 조직 존재 • 경영진의 분석 업무 이해 능력	• 업무별 적합한 분석 기법 사용 • 분석 업무 도입방법론 • 분석 기법 라이브러리 • 분석 기법 효과성 평가 • 분석 기법 정기적 개선
분석 데이터	분석 문화	IT 인프라
• 분석 업무를 위한 데이터 충분성 • 분석 업무를 위한 데이터 신뢰성 • 분석 업무를 위한 데이터 적시성 • 비구조적 데이터관리 • 외부 데이터 활용 체계 • 기준 데이터 관리(MDM)	• 사실에 근거한 의사결정 • 관리자의 데이터 중시 정도 • 회의 등에서 데이터 활용 상황 • 경영진의 직관 vs 데이터 기반의 의사결정 • 데이터 공유 및 협업 문화	• 운영시스템 데이터 통합 • EAI, ETL 등 데이터 유통체계 • 분석 전용 서버 및 스토리지 • 빅데이터 분석 환경 • 통계분석 환경 • 비주얼 분석 환경

TIP & MEMO

TIP
CMMI 모델은 단답형으로 출제된 적이 있기에 반드시 암기한다.

연습문제
CMMI모델을 이용하여 조직의 성숙도를 평가할 때 조직역량부문에서 전사 모든 부서 수행, 분석 COE 운영, 데이터사이언티스트 확보는 성숙도 수준 중 어디에 해당하는가?
정답: 확산단계

5. 조직의 분석 성숙도 평가 도구

CMMI(Capability Maturity Model Integration) 모델
: 소프트웨어공학에서 시스템 개발 업무 능력과 조직의 성숙도를 파악하기 위해서 사용하는 모델

▶ 성숙도 진단(3개 부문): 비즈니스 부문, 조직역량 부문, IT 부문
성숙도 수준(4단계): 도입단계 → 활용단계 → 확산단계 → 최적화단계

단계	도입	활용	확산	최적화
	분석 시작, 환경과 시스템구축	분석 결과를 업무에 적용	전사 차원에서 분석 관리, 공유	분석을 진화시켜 혁신 및 성과 향상에 기여
비즈니스 부문	• 실적 분석 및 통계 • 정기 보고 수행 • 운영 데이터 기반	• 미래결과 예측 • 시뮬레이션 • 운영데이터 기반	• 전사성과 실시간 분석 • 프로세스혁신3.0 • 분석규칙 관리 • 이벤트 관리	• 외부환경 분석 활용 • 최적화 업무 적용 • 실시간 분석 • 비즈니스 모델 진화
조직·역량 부문	• 일부 부서에서 수행 • 담당자 역량에 의존	• 전문담당부서 수행 • 분석기법 도입 • 관리자가 분석 수행	• 전사 모든 부서 수행 • 분석 COE 운영 • 데이터사이언티스트 확보	• 데이터 사이언스 그룹 • 경영진 분석 활용 • 전략 연계
IT 부문	• 데이터 웨어하우스 • 데이터 마트 • ETL/EAI • OLAP	• 실시간 대시보드 • 통계분석 환경	• 빅데이터 관리 환경 • 시뮬레이션·최적화 • 비주얼 분석 • 분석 전용 서버	• 분석 협업 환경 • 분석 SandBox • 프로세스 내재화 • 빅데이터 분석

6. 분석 준비도 및 성숙도 진단 결과

■ 기업의 현재 분석 수준을 객관적으로 파악할 수 있다.
■ 경쟁사의 분석 수준 비교 평가를 통해 분석 경쟁력 확보 및 강화를 위한 목표 수준 설정이 가능하다.

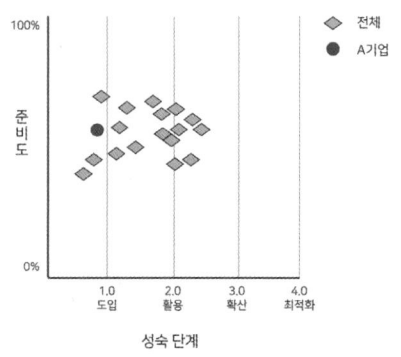

7. 분석 관점에서의 사분면 분석(Analytics Quadrant): 준비형, 정착형, 도입형, 확산형

▶ 분석 수준 진단 결과 사분면 분석

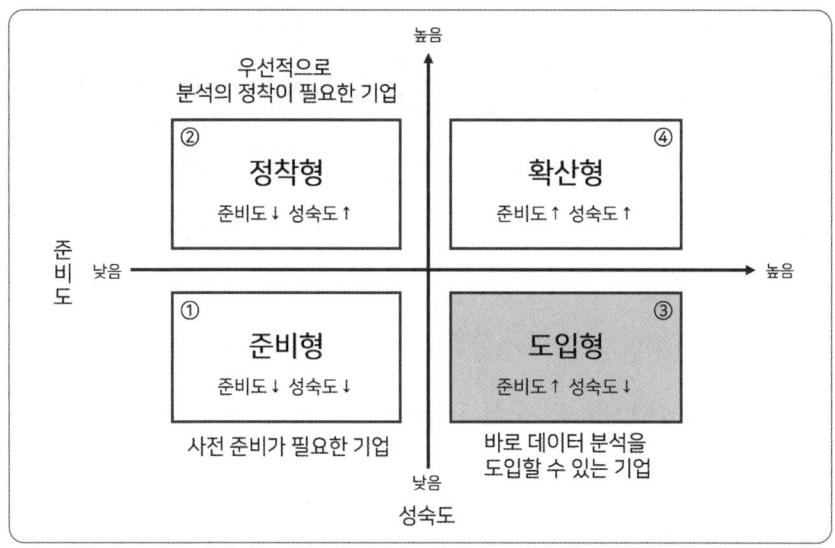

(1) 준비형: 낮은 준비도, 낮은 성숙도
  - 분석을 위한 데이터, 조직 및 인력, 분석 업무 등이 적용되지 않았으므로 사전준비가 필요한 기업

(2) 정착형: 낮은 준비도, 높은 성숙도
  - 준비도는 낮은 편이지만 조직, 인력, 분석 업무 등을 기업 내부에서 제한적으로 사용하고 있는 기업
  → 우선적으로 정착이 필요한 기업

(3) 도입형: 높은 준비도, 낮은 성숙도
  - 기업에서 활용하는 분석 업무 및 분석 기법 등은 부족한 상태지만, 조직 및 인력 등 준비도가 높은 기업
  → **바로 데이터 분석을 도입할 수 있는 기업**

(4) 확산형: 높은 준비도, 높은 성숙도
  - 데이터 분석을 위해 기업에 필요한 6가지 분석 구성 요소를 모두 갖추고 있으며, 현재 부분적으로 도입하여 지속적인 확산이 가능한 기업

TIP&MEMO

= 연습문제

분석관점에서 사분면 분석시 기업에서 활용하는 분석 업무 및 분석 기법 등은 부족한 상태이지만, 조직 및 인력 등 준비도가 높은 유형에 속하며 바로 데이터 분석을 도입할 수 있는 기업은 어느 유형에 속하는가?
정답: 도입형

7. 데이터 거버넌스 체계 수립

(1) 데이터 거버넌스 개요

- 전사 차원의 모든 데이터에 대하여 정책 및 지침, 운영조직 및 책임 등의 표준화된 관리 체계를 수립하고 운영을 위한 프레임워크(Framework) 및 저장소(Repository)를 구축하는 것
- 마스터 데이터(Master Data), 메타데이터(Meta Data), 데이터 사전(Data Dictionary)은 데이터 거버넌스의 중요한 관리 대상

(2) 데이터 거버넌스의 구성 요소(3가지): 원칙, 조직, 프로세스

① 원칙(Principle)
- 데이터를 유지 관리하기 위한 지침과 가이드
- 보안, 품질기준, 변경관리

② 조직(Organization)
- 데이터를 관리할 조직의 역할과 책임
- 데이터 관리자, 데이터베이스 관리자, 데이터 아키텍트

③ 프로세스(Process)
- 데이터 관리를 위한 활동과 체계
- 작업 절차, 모니터링 활동, 측정 활동

(3) 데이터 거버넌스 체계

- 데이터의 표준화, 데이터의 관리체계, 데이터 저장소 관리, 표준화 활동

TIP & MEMO

[핵심 내용 정리]
마스터 데이터(Master Data)
자주 변하지 않고 자료 처리 운용에 기본 자료로 제공되는 자료의 집합. 마스터 파일의 내용을 뜻하기도 한다.

[핵심 내용 정리]
데이터 사전(Data Dictionary)
데이터에 관한 정보를 수집, 보관, 제공하기 위한 장치. 데이터 사전은 데이터 자원관리의 중요한 요소의 하나로, 자료의 이름, 표현 방식, 자료의 의미와 사용 방식, 다른 자료와의 관계를 저장한다.

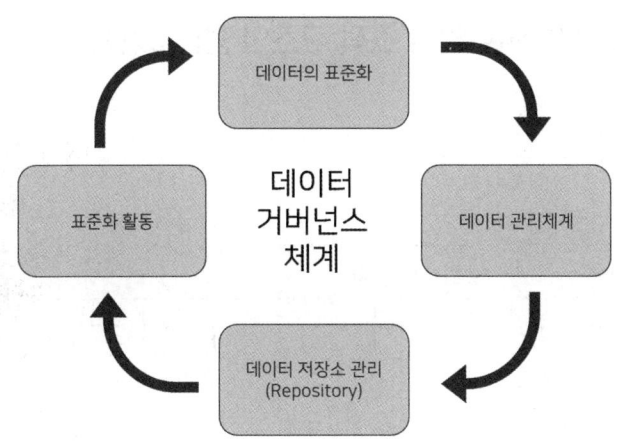

① 데이터 표준화
- 데이터 표준용어 설정, 명명규칙, 메타데이터 구축, 데이터 사전 구축 등의 업무로 구성

② 데이터 관리 체계
- 데이터 정합성, 활용 및 효율성을 위하여 표준 데이터, 메타데이터, 데이터 사전의 관리 원칙을 수립
- 빅데이터의 경우 데이터의 생명 주기 관리방안(Data Life Cycle Management)을 수립하지 않으면 데이터 가용성 및 관리비용 증대 문제에 직면하게 될 수도 있음

③ 데이터 저장소 관리(Repository)
- 메타데이터 및 표준 데이터를 관리하기 위한 전사 차원의 저장소 구성
- 저장소는 데이터 관리 체계 지원을 위한 **워크플로우(Workflow)** 및 관리용 응용 소프트웨어를 지원하고 관리 대상 시스템과의 인터페이스를 통한 통제를 진행해야 함
- 데이터 구조 변경에 따른 **사전 영향 평가**도 함께 수행해야 효율적인 활용 가능

④ 표준화 활동
- 데이터 거버넌스 체계를 구축한 후 표준 준수 여부를 주기적으로 점검하고 모니터링을 실시해야 함

연습문제

데이터 거버넌스 체계 중 데이터 저장소 관리에서 데이터 구조 변경에 따른 (　　　)도 반드시 수행되어야 효율적인 활용이 가능하다.
정답: 사전 영향 평가

TIP&MEMO

핵심 내용 정리

집중 조직 구조와 분산 조직 구조의 차이

분산 조직 구조의 DSCoE는 다른 부서와 동일한 결정권자의 아래에 있는 하위 부서가 아니라, 다른 부서와는 별개로 DSCoE만의 소속 결정권자가 따로 존재한다.

8. 데이터 분석을 위한 조직 구조의 형태 3가지

▶ 분석 조직 구조

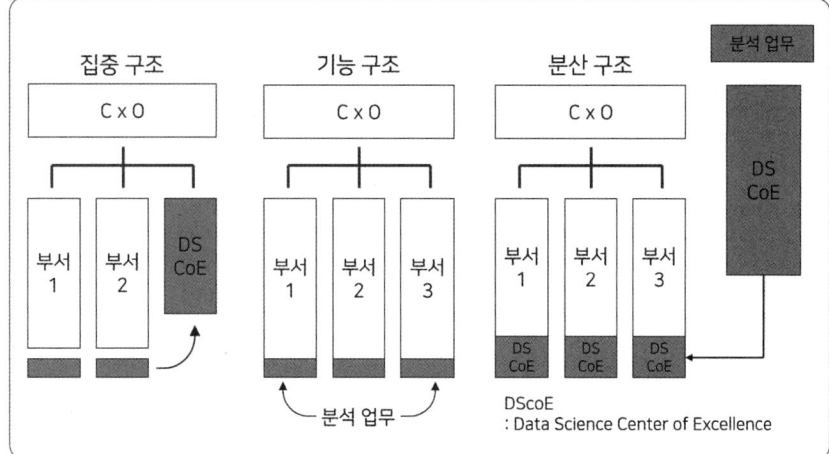

집중 조직 구조	기능 중심 조직 구조	분산 조직 구조
• 전사 분석 업무를 별도의 분석 조직에서 담당 • 전략적 중요도에 따라 분석 조직이 우선순위를 정해 진행 • 현업 업무 부서와 이원화/이중화 가능성 높음	• 일반적 분석 수행 구조 • 별도 분석 조직 없고 해당 업무 부서에서 분석 수행 • 전사적 핵심 분석 어려움 • 과거 실적에 국한된 분석을 수행할 가능성 높음	• 분석 조직 인력을 현업 부서로 직접 배치해 분석 업무 수행 • 전사 차원의 우선순위 수행 • 분석 결과에 따른 신속한 Action가능 • 베스트 프랙티스 공유 가능 • 부서 분석 업무와 역할 분담 명확화 필요

연습문제

분석 과제 관리 프로세스는?
정답: 과제발굴 – 과제 수행

연습문제

데이터 분석을 위한 조직 구조 형태 중 전사 분석 업무를 별도의 분석 조직에서 담당하고 있고, 전략적 중요도에 따라 분석 조직이 우선순위를 정해 진행하며, 현업 업무 부서와 이원화/이중화 가능성이 높은 조직은?
정답: 집중 조직 구조

9. 분석 과제 관리 프로세스 수립

■ 분석 과제 관리 프로세스: 1) 과제 발굴 → 2) 과제 수행

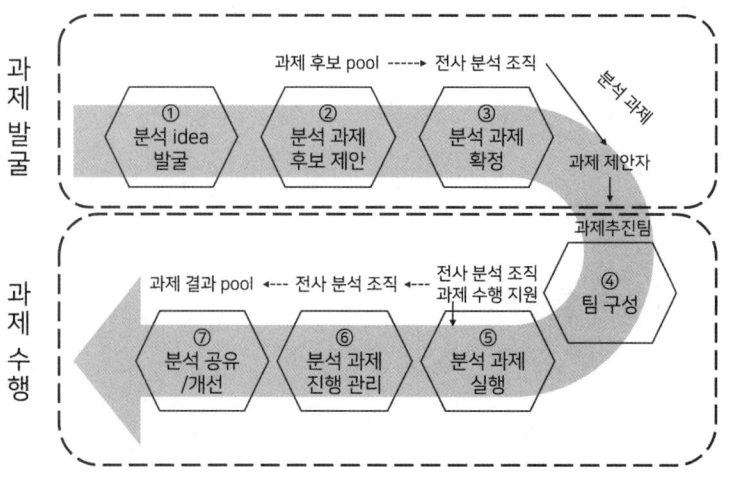

(1) 과제 발굴: 분석 아이디어 발굴 – 분석 과제 후보 제안 – 분석 과제 확정
(2) 과제 수행: 팀 구성 – 분석 과제 실행 – 분석 과제 진행 관리 – 결과

연습 문제

01 아래 (가)에 들어갈 적절한 용어를 쓰시오.

> 데이터 거버넌스 체계에서 데이터 저장소(Repository) 관리는 메타데이터 및 표준 데이터를 관리하기 위한 전사 차원의 저장소를 구성하는 것이다. 저장소는 데이터 관리 체계 지원을 위한 워크플로우 및 관리용 응용 소프트웨어를 지원하고 관리 대상 시스템과의 인터페이스를 통한 통제를 진행해야 한다. 또한, 데이터 구조 변경에 따른 (가)도 수행되어야 효율적인 활용이 가능하다.

02 데이터 분석을 위한 조직 구조 중 아래에 해당하는 것은?

> ▶ 전사 분석 업무를 별도의 분석 전담 조직에서 담당
> ▶ 전략적 중요도에 따라 분석 조직이 우선순위를 정해서 진행 가능
> ▶ 현업 업무 부서의 분석 업무와 이중화/이원화 가능성 높음

① 분산 구조　② 기능 구조　③ 집중 구조　④ 복합 구조

03 다음 중 분석 조직 인력들을 현업 부서로 직접 배치하여 분석 업무 수행, 분석 결과에 따른 신속한 처리 가능한 조직 구조는 무엇인가?

① 집중형 구조　② 분산형 구조　③ 기능형 구조　④ 책임형 구조

04 다음 중 분석 거버넌스 체계 구성 요소로 보기 어려운 것은?

① 과제 기획 및 운영 프로세스
② 분석 기획 및 관리 수행 조직
③ 분석 관련 교육 및 마인드 육성 체계
④ 과제 예산 및 비용 집행

05 아래 ( )안에 각각 들어갈 용어로 적절한 것은?

> 분석 과제 관리 프로세스는 크게 과제 발굴과 (가)(으)로 나누어진다. 조직이나 개인이 도출한 분석 아이디어를 발굴하고 이를 과제화하여 분석 과제 풀(Pool)로 관리하면서 분석 과제가 확정되면 (나), (다), 분석 과제 결과 공유/개선의 분석 과제 관리 프로세스를 수행하게 된다.

06 아래의 (㉠)에 들어갈 용어로 적절한 것은?

> 분석적 기업으로 도약을 위해서는 가장 먼저 조직의 분석(Analytics) 도입 여부 및 활용 수준에 대한 명확한 진단이 요구된다. 특히 분석 수준 진단 방법 중 조직의 분석 및 활용을 위한 역량수준을 파악하기 위해 '도입 ― (㉠) ― 확산 ― 최적화'의 분석 성숙도(Maturity) 단계 포지셔닝을 파악한다.

07 아래의 내용 중 빅데이터 거버넌스에 대한 설명으로 가장 적절한 것은?

> ㉠ 빅데이터 분석은 다양한 데이터를 활용하기 위하여 회사 내 모든 데이터를 활용해야 한다.
> ㉡ ERD는 운영 중인 데이터베이스와 일치하기 위하여 철저한 변경관리가 필요하다.
> ㉢ 빅데이터 거버넌스는 산업분야별, 데이터 유형별, 정보 거버넌스 요소별로 구분하여 작성한다.
> ㉣ 빅데이터 분석은 고품질의 데이터 확보가 필요하므로 데이터 수명주기 관리 보다는 품질 관리가 중요하다.

① ㉠, ㉡ ② ㉢, ㉣ ③ ㉠, ㉡, ㉢ ④ ㉡, ㉢, ㉣

08 다음 중 데이터 거버넌스와 빅데이터 거버넌스의 차이점으로 적절하지 않은 것은?

① 데이터 생명 주기 관리   ② 데이터 백업 주기 변경
③ 데이터의 관리 체계   ④ 개인정보보안 및 보호

이론 · 및 · 연습 문제

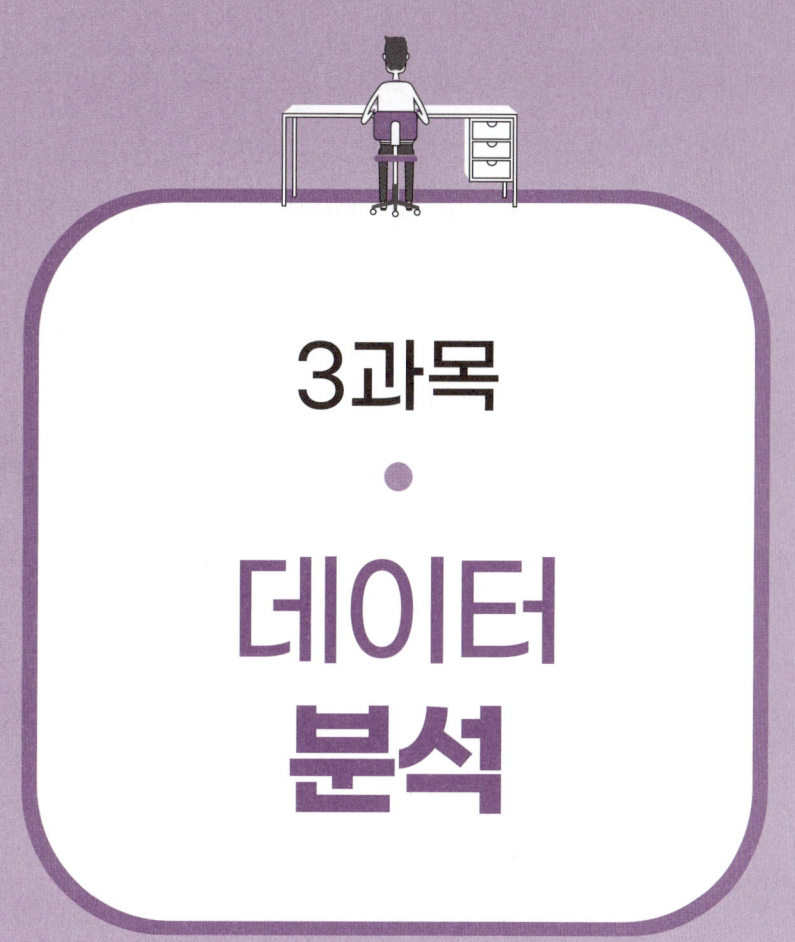

3과목

데이터 분석

016# 3과목 | 데이터 분석

TIP&MEMO

Part 1 R 프로그래밍

1 R 프로그래밍

1. R의 특징

- 오픈소스 프로그램으로 통계, 데이터 마이닝과 그래프를 위한 언어이다.
- 다양한 최신 통계분석 및 마이닝 기능을 R 플랫폼에서 제공한다.
- 뛰어난 그래픽 처리, 데이터 처리 및 계산 능력, 다양한 패키지를 제공한다.
- 주기억장치를 이용하여 처리 속도가 빠르다.
- 모든 운영체제에서 사용할 수 있다. (윈도우, 맥, 리눅스)
- 객체지향언어이면서 함수형 언어이다.

2. R 데이터 타입

(1) 숫자형

① 정수형

(예) 625

② 실수형

(예) 125.4

(2) 문자형

- 문자로 된 자료형. 반드시 따옴표를 앞뒤로 붙여야 한다.
  (예) "R 프로그래밍", "100"

(3) 논리형

- 참(TRUE) 혹은 거짓(FALSE)의 값을 가지는 데이터 타입

3. R의 데이터 구조

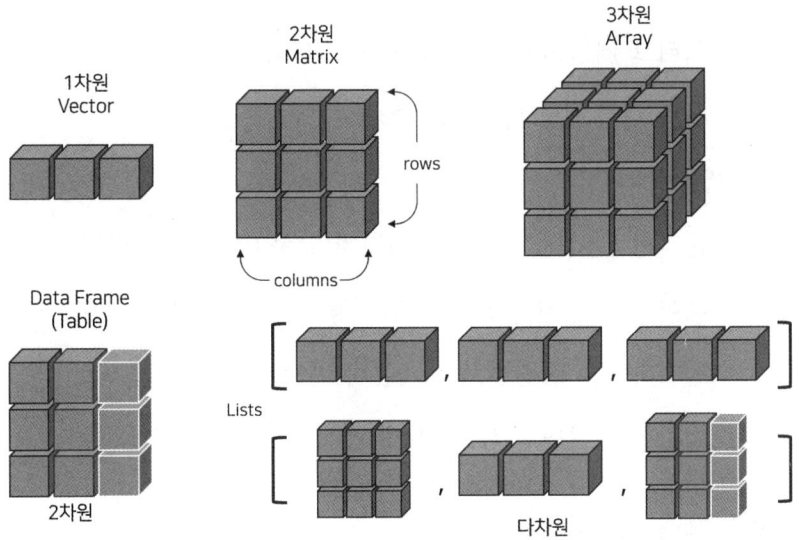

(1) 벡터(vector)

- 하나의 스칼라 값, 혹은 하나 이상의 스칼라 원소들을 갖는 단순한 형태의 집합. 모든 원소가 같은 자료형(모드)여야 함

(2) 행렬(matrix)

- 행과 열을 갖는 m×n 형태의 직사각형의 데이터를 나열한 데이터 구조
- matrix 명령어를 사용하여 행렬을 생성함
- 모든 원소가 같은 자료형(모드)여야 함

(3) 배열(array)

- 데이터의 형태가 3차원 이상으로 구성된 자료 구조. 행렬의

> TIP&MEMO

> **TIP**
> R의 데이터 구조 중 모든 데이터의 타입이 같지 않아도 되는 데이터 구조는 데이터 프레임과 리스트 2가지이다.

확장 개념

(4) 데이터 프레임(data frame)
- 행렬과 유사한 2차원 목록 데이터 구조
- 열은 같은 데이터 타입이어야 하지만, 행은 **데이터 타입이 같지 않아도 됨**
- 가장 많이 사용되는 데이터 구조

(5) 리스트(list)
- 벡터(vector), 요인(factor), 행렬(matrix), 배열(array), 데이터 프레임(data frame)과 리스트까지 원소로 가질 수 있음
- **서로 다른 데이터 타입을 허용**

(6) 요인(factor)
- 문자형 데이터가 저장된 벡터의 일종 (예) 성별, 혈액형 등
- 데이터를 질적자료(또는 범주형 자료)로 변환해 주는 기능, 질적자료는 집단별로 통계분석 가능
- 범주형 데이터 종류: 명목형 데이터, 서열형 데이터

Q 기출문제로 연습하기

아래의 R 스크립트를 실행하며 얻게 되는 결과로 가장 적절한 것은?
```
> x <- c(1, 2, 3)
> y <- c(2, x, 3, 4)
> x + y
```

A 정답 확인하기

정답: 3 3 5 4 5 7
```
풀이: > x <- c(1, 2, 3)
      > y
      > x + y
      [1] 3 3 5 4 5 7
      > # 풀이
      > x
      [1] 1 2 3
      > y
      [1] 2 1 2 3 3 4
      > x + y
      [1] 3 3 5 4 5 7
```

4. R의 기초 함수

(1) 벡터의 수열 생성하기

① rep(반복할 내용, 반복수): 같은 값의 단순 반복

```
> v3 <- rep(c("a", "b"), times=3)
> v3
[1] "a" "b" "a" "b" "a" "b"
```

② seq(from=시작점, to=끝점, by=간격): 일정한 간격으로 숫자를 나열

```
> v1 <- seq(from=1, to=5, by=1)
> v1
[1] 1 2 3 4 5
> v2 <-seq(from=1, to=5, by=0.5)
> v2
[1] 1.0 1.5 2.0 2.5 3.0 3.5 4.0 4.5 5.0
```

③ 시작값: 끝값

1:5나 5:1처럼 1씩 증가 혹은 감소만 가능함

```
> v1 <- 1:5
> v1
[1] 1 2 3 4 5
```

TIP & MEMO

Q 기출문제로 연습하기

다음 중 나머지 3개의 다른 결과를 주는 명령은 무엇인가?

① seq(1, 10, 2)
② seq(b=2, f=1, t=10)
③ seq(from=1, to=10, length=5)
④ 1:5*2-1

A 정답 확인하기

정답: ③

풀이:
```
> # ① seq(1, 10, 2)
> seq(1, 10, 2)
[1] 1 3 5 7 9
> # ② seq(b=2, f=1, t=10)
> seq(b=2, f=1, t=10)
[1] 1 3 5 7 9
> # ③ seq(from=1, to=10, length=5)
> seq(from=1, to=10, length=5)
[1] 1.00 3.25 5.50 7.75 10.00
> # ④ 1:5*2-1
> 1:5*2-1
[1] 1 3 5 7 9
```

5. 기본적인 통계량 계산

기능	함수	기능	함수
평균	mean()	중간값	median()
표준편차	sd()	분산	var()
공분산	cov()	상관계수	cor()

> **TIP**
> R의 기본 통계량 함수는 쉬우면서도 자주 출제되는 문제이기에 반드시 통계 함수의 이름을 외워야 한다.

Q) 기출문제로 연습하기

아래는 R 명령을 수행시킨 결과이다. 다음의 서술 중 가장 부적절한 것은?

```
> summary(iris)
  Sepal.Length    Sepal.Width     Petal.Length    Petal.Width          Species  
 Min.   :4.300   Min.   :2.000   Min.   :1.000   Min.   :0.100   setosa    :50  
 1st Qu.:5.100   1st Qu.:2.800   1st Qu.:1.600   1st Qu.:0.300   versicolor:50  
 Median :5.800   Median :3.000   Median :4.350   Median :1.300   virginica :50  
 Mean   :5.843   Mean   :3.057   Mean   :3.758   Mean   :1.199
 3rd Qu.:6.400   3rd Qu.:3.300   3rd Qu.:5.100   3rd Qu.:1.800
 Max.   :7.900   Max.   :4.400   Max.   :6.900   Max.   :2.500
```

① 데이터 프레임 iris는 5개의 변수를 포함한다.
② 데이터 프레임 iris에 속한 변수 중 1개의 변수는 요인(factor)이다.
③ 데이터 프레임 iris는 제1사분위수가 0.3인 변수를 포함한다.
④ 데이터 프레임 iris는 100개의 관측치를 갖는다.

A) 정답 확인하기

정답: ④

Species 컬럼은 iris 데이터셋의 Factor형 변수로 각 꽃의 종류별 개수를 summary() 함수에서 볼 수 있으며 총 150개의 관측치가 있는 것으로 확인되므로 4번이 틀린 보기이다. Summary() 함수는 Factor형 자료만 개수를 세어 준다. Character형 자료는 개수를 세어주지 않으므로 주의해야 한다.

```
> str(iris)
'dat.Frame':  150 obs. of 5 variables:
 $ Sepal.Length: num  5.1 4.9 4.7 4.6 5 5.4 4.6 5 4.4 4.9 ...
 $ Sepal.Width : num  3.5 3 3.2 3.1 3.6 3.9 3.4 3.4 2.9 3.1 ...
 $ Petal.Length: num  1.4 1.4 1.3 1.5 1.4 1.7 1.4 1.5 1.4 1.5 ...
 $ Petal.Width : num  0.2 0.2 0.2 0.2 0.2 0.4 0.3 0.2 0.2 0.1 ...
 $ Species     : Factor w/ 3 levels "setosa","versicolor",..: 1 1 1 1
```

6. R 그래픽 기능

(1) 산점도 그래프: plot(x축, y축) 함수

- x 변수와 y 변수의 값을 한눈에 살펴볼 수 있도록 평면에 점을 찍어 표현한 그래프
  이상치를 한눈에 시각적으로 확인하기 편리함

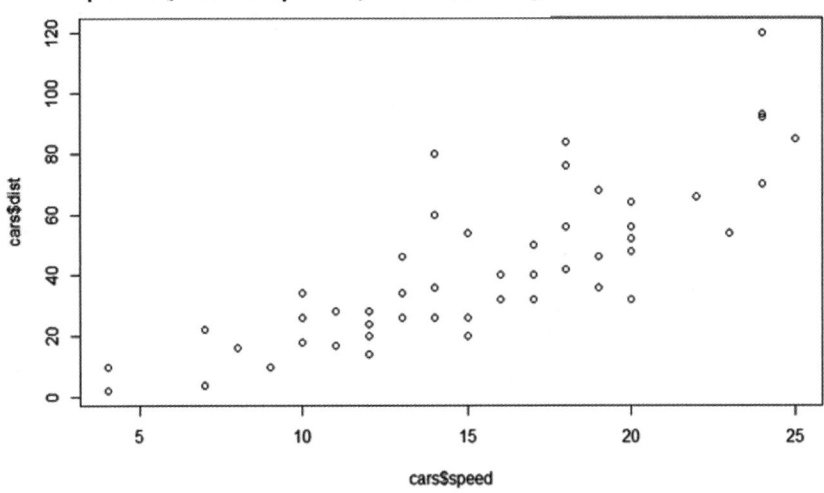

```
> plot(cars$speed, cas$dist)
```

(2) 산점도 행렬: pairs() 함수

- 여러 차원의 변수들에 대해서 각각의 산점도를 한 눈에 살펴볼 수 있도록 확장한 그래프
- 여러 변수들을 한 공간에 표현하기 위해서는 4차원, 5차원 등의 공간이 도입되어야 하므로 이를 극복하기 위해 도입된 그래프
- x값이 증가할수록 y값이 증가하는 양상을 양의 상관관계, x값이 증가할수록 y값이 줄어드는 양상을 음의 상관관계라고 함

TIP&MEMO

[핵심 내용 정리]
산점도 행렬
3차원 이상의 데이터(3개 이상의 컬럼)를 2차원에 표현할 수 있는 그래프이다.

```
> pairs(iris[, 1:4])
```

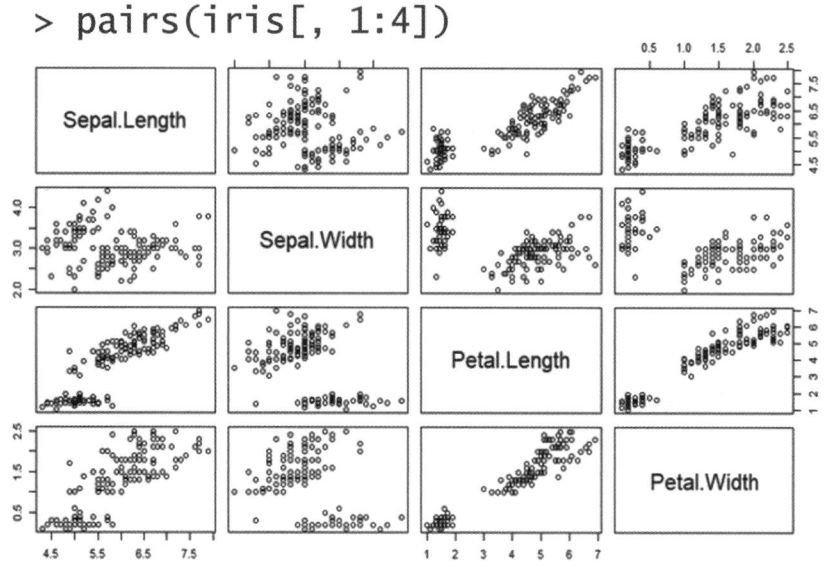

(3) 히스토그램: hist()

- 연속형 데이터를 일정하게 나눈 구간(계급)을 가로축, 각 구간에 해당하는 데이터의 수(도수)를 세로축으로 그린 그래프

나이(세)	인원(명)
20 - 25	2
26 - 30	9
31 - 35	15
36 - 40	7
41 - 45	4
46 - 50	3

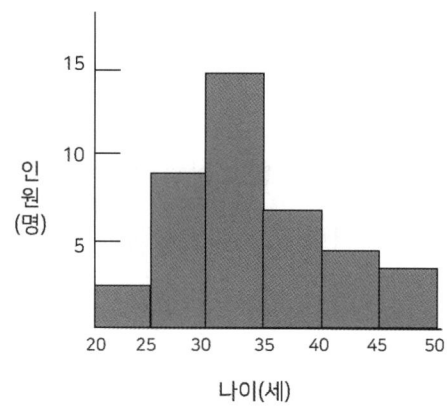

(4) 상자 그림: boxplot()

- 연속형 데이터일 때 그릴 수 있으며, 최대값과 최소값과 같은 범위를 알려주기 때문에 이상치를 찾을 때 많이 사용함
- 사분위수, 즉 Q1부터 Q4까지는 전체 데이터를 4등분하는 값을 의미하며, 전체 데이터의 50%가 속하는 Q3 - Q1 범위를 사분위범위(Inter Quartile Range, IQR)라고 부름

> TIP
> 사분위 범위 IQR에는 전체 데이터의 50%가 포함되어 있다.

```
> boxplot(iris$Petal.Length~iris$Species)
```

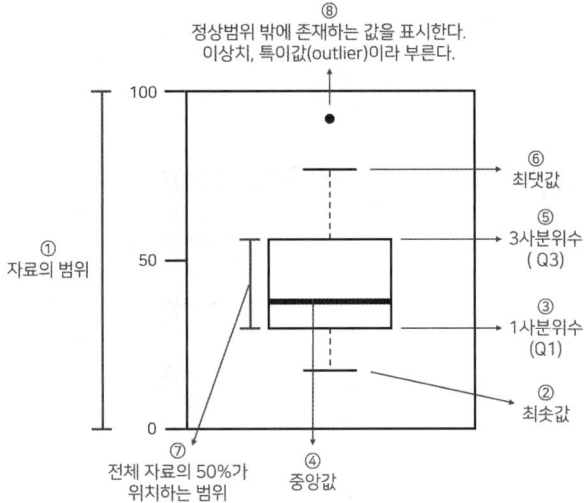

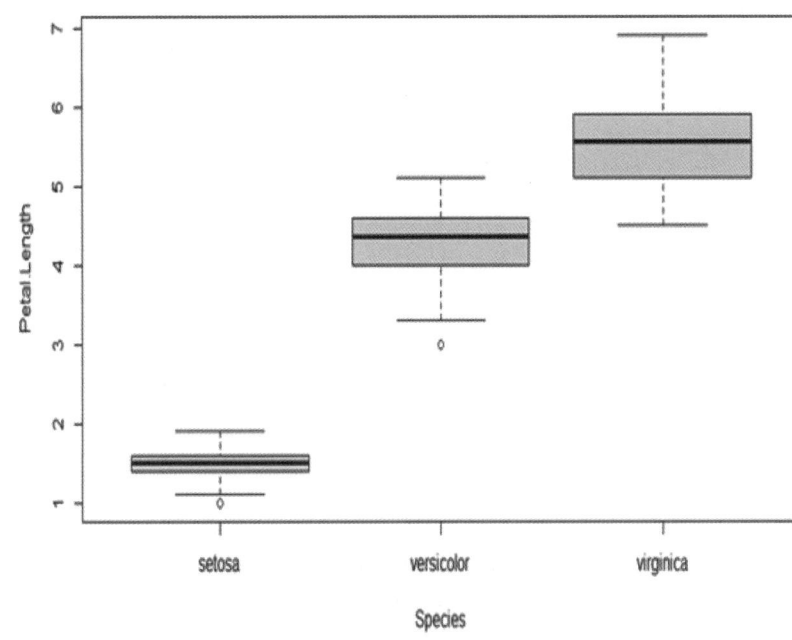

품종별 꽃잎의 길이

TIP&MEMO

Q 기출문제로 연습하기

여섯 가지 종류의 닭 사료 첨가물의 효과를 비교하기 위한 데이터와 그래프이다. 아래의 대한 설명으로 다음 중 적절하지 않은 것은 무엇인가?

```
> summary(chickwts)
 weight              
 Min.   :108.0   casein  :12
 1st Qu.:204.5   horsebea:10
 Median :258.0   linseed :12
 Mean   :261.3   meatmeal:11
 3rd Qu.:323.5   soybean :14
 Max.   :423.0   sunflowe:12
> boxplot(weight~feed, data=chickwts)
```

① weight의 중앙값은 horsebean 그룹이 가장 작다.
② 이상값은 존재하지 않는다.
③ meatmeal 그룹과 linseed 그룹의 weight의 평균이 유의한 차이가 있는지 알 수 없다.
④ horsebean 그룹에서 weight가 150보다 작은 개체가 약 50%가량 된다.

A 정답 확인하기

정답: ②

연습 문제

01 다음 중 통계 패키지 R에 대한 설명으로 가장 부적절한 것은?

① R은 오픈소스 프로그램이다.

② 다양한 최신 통계분석과 데이터 마이닝 기능을 제공한다.

③ Linux 환경에서는 사용이 불가능하다.

④ 사용자들이 여러 예시들을 공유한다.

02 다음 중 08/23/2019을 "2019-08-23"으로 나타내는 코드로 올바른 것은?

① as.Date('08/23/2019', '%m/%d/%Y')

② as.Date('08/23/2019', '%m/%D/%Y')

③ as.Date('08/23/2019', '%M/%d/%Y')

④ as.Date('08/23/2019', '%M/%D/%Y')

03 다음 중 아래 코드의 결과로 적절한 것은?

```
> s <- c("Monday", "Tuesday", "Wednesday")
> substr(s, 1, 2)
```

① "Monday" "Tuesday" ② "Mo" "Tu" "We"

③ "Mo" "Tu" ④ "Monday"

04 다음 중 아래의 프로그램을 통해 생성된 벡터 xy에 대한 설명으로 옳지 않은 것은?

```
> x ← c(1:4)
> y ← c("apple", "banana", "orange")
> xy ← c(x, y)
```

① xy는 문자형 벡터이다. ② xy의 길이는 7이다.

③ xy[1]+xy[2]의 결과는 3이다. ④ xy[5:7]은 y와 동일하다.

05 아래 R 코드로 생성되는 행렬 A에서 일부 원소를 추출하기 위한 코드 중 나머지 보기와 결과가 다른 것은?

```
> A ← cbind(c(1, 2, 3), c(4, 5, 6), c(7, 8, 9)
> colnames(A) ← c("A", "B", "C")
> rownames(A) ← c("r1", "r2", "r3")
```

① A[, "A"]   ② A[-c(2,3),]   ③ A[,1]   ④ A[, -(2:3)]

06 R의 데이터 구조 중 벡터에서 숫자형 벡터, 문자형 벡터, 논리 연산자 벡터를 모두 합쳐 하나의 벡터를 구성하였을 경우 합쳐진 벡터의 형식으로 옳은 것은?

① 논리 연산자 벡터   ② 숫자형 벡터   ③ 문자형 벡터   ④ 데이터 프레임

07 R에서 데이터 타입이 같지 않은 객체들을 하나의 객체로 묶어 놓을 수 있는 자료구조는 어떤 것인가?

① 행렬(Matrix)   ② 배열(Array)   ③ 리스트(List)   ④ 문자열(String)

08 R에서 matrix 명령어를 활용하여 벡터를 행렬로 아래와 같이 변환하였다고 할 때 생성된 mx의 결과로 옳은 것은?

```
mx = matrix(c(1,2,3,4,5,6), ncol=2, byrow=T)
```

①   [,1] [,2]
  [1,] 1   2
  [2,] 3   4
  [3,] 5   6

②   [,1] [,2]
  [1,] 1   4
  [2,] 2   5
  [3,] 3   6

③   [,1] [,2] [,3]
  [1,] 1   2   3
  [2,] 4   5   6

④   [,1] [,2] [,3]
  [1,] 1   3   5
  [2,] 2   4   6

2 데이터 마트/데이터 가공처리/그래프

1. 데이터 마트

- 데이터 웨어하우스와 사용자 사이의 중간층에 위치한다.
- 데이터의 한 부분으로서 특정 사용자가 관심을 갖는 하나의 부서 중심의 데이터 웨어하우스라고 할 수 있다.
- reshape 패키지, sqldf 패키지, plyr 패키지, data.table 패키지를 활용하여 데이터 마트를 구성할 수 있다.

2. reshape 패키지

- 2개의 핵심적인 함수로 구성: melt(), cast()

melt()	녹이는 함수 쉬운 casting을 위해 데이터를 적당한 형태로 만들어주는 함수 Wide Format to Long Format(행 위주를 열 위주의 형태로)
cast()	모양을 만드는 함수 데이터를 원하는 형태로 계산 또는 변형시켜주는 함수 Long Format to Wide Format(열 위주를 행 위주의 형태로)

> **Q 기출문제로 연습하기**
>
> 아래 '가'의 R 코드를 수행한 후 '나'와 같이 재구성된 데이터를 얻기 위해 사용해야 하는 cast 함수는?

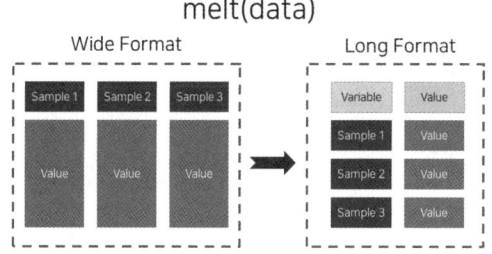

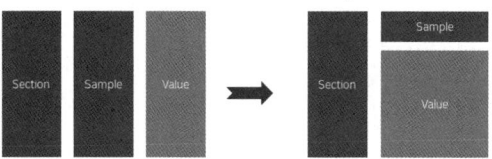

TIP & MEMO

핵심 내용 정리
패키지(package)
함수가 여러 개 들어 있는 꾸러미를 의미한다. 하나의 패키지 안에는 다양한 함수가 들어 있으며, 이 함수를 사용하려면 패키지를 먼저 설치해야 한다.

핵심 내용 정리
R에서 패키지를 사용하는 방법
1) 패키지 설치: install.packages("패키지명")
패키지 다운로드하여 설치하는 단계. 패키지 이름 앞뒤로 반드시 따옴표를 넣어야 한다. 따옴표를 넣지 않아 틀린 선택지가 출제된 적이 있다.

2) 패키지를 메모리에 로드하기: library(패키지명)
메모리(주기억장치)로 패키지를 로딩하는 단계. 따옴표를 넣어도 되고 넣지 않아도 된다.

TIP&MEMO

〈아래〉

```
> # 가.
> df
    age gender income region
1    20      F   1000      S
2    30      M   2000      S
3    40      M   3000      G
4    50      F   4000      G
> df.melt <- melt(df, id.vars=c("gender", "region"))
> # 나.
> cast(df.melt, gender ~ region + variable)
  gender G_age G_income S_age S_income
1      F    50     4000    20     1000
2      M    40     3000    30     2000
```

A 정답 확인하기

정답: cast(df.melt, gender ~ region + variable)

풀이:
```
> # 가.
> df
    age gender income region
1    20      F   1000      S
2    30      M   2000      S
3    40      M   3000      G
4    50      F   4000      G
> df.melt <- melt(df, id.vars=c("gender", "region"))
> df.melt
  gender region variable value
1      F      S      age    20
2      M      S      age    30
3      M      G      age    40
4      F      G      age    50
5      F      S   income  1000
6      M      S   income  2000
7      M      G   income  3000
8      F      G   income  4000
> # 나.
> cast(df.melt, gender ~ region + variable)
  gender G_age G_income S_age S_income
1      F    50     4000    20     1000
2      M    40     3000    30     2000
```

핵심 내용 정리

sqldf 패키지

R에서 SQL 명령을 이용하여 데이터를 다룰 수 있게 해주는 패키지이다.

핵심 내용 정리

sqldf("select * from iris")

iris라는 데이터 프레임에 있는 모든 자료(*)를 검색하는 명령이다.

3. sqldf 패키지

- R에서 SQL 명령을 사용하게 해주는 패키지이다.

  (예) sqldf("select * from iris")

```
> library(sqldf)
> sqldf("select count(*) from iris")
  count(*)
1      150
```

4. plyr 패키지

- apply 함수를 기반으로 데이터와 출력변수를 동시에 배열로 치환하여 처리하는 패키지이다.
- split - apply - combine(분리-처리-결합) 방식으로 데이터를 분리하고 처리한 다음, 다시 결합하는 가장 필수적인 데이터 처리 기능을 제공한다.

		입력되는 데이터 형태		
		데이터 프레임 (dataframe)	리스트 (list)	배열 (array)
출력되는 데이터 형태	데이터 프레임	ddply	ldply	adply
	리스트	dlply	llply	alply
	배열	daply	laply	aaply

TIP
OOply에서 첫 글자는 입력되는 데이터 형태, 두 번째 글자는 출력되는 데이터 형태를 가리킨다. 따라서 d-데이터 프레임(data frame), l-리스트(list), a-배열(array)을 알면 기억하기 더 쉽다.

5. data.table 패키지

- R에서 가장 많이 사용하는 데이터 핸들링 패키지 중 하나로 대용량 데이터의 탐색, 연산, 병합에 유용하다.
- 기존 data.frame 방식보다 월등히 빠른 속도를 가지고 있다.
- 특정 컬럼을 key 값으로 색인을 지정한 후 데이터를 처리한다.
- 빠른 grouping과 ordering, 짧은 문장 지원 측면에서 데이터 프레임보다 유용하다.

Q 기출문제로 연습하기

아래의 R 코드를 실행했을 때 출력되는 결과는 무엇인가?

```
> x <- matrix(c(1:12), 3,4)
> min(apply(x,1,mean)+max(apply(x,2,mean)))
```

핵심 내용 정리
apply()의 문법은 직관적으로 바꿔보면 apply(적용대상, 적용방향, 적용할 함수) 이다. 여기서 적용방향은 1은 행방향, 2는 열방향을 의미한다.

TIP&MEMO

> **A** 정답 확인하기

```
> x <- matrix(c(1:12), 3,4)
> x
     [,1] [,2] [,3] [,4]
[1,]    1    4    7   10
[2,]    2    5    8   11
[3,]    3    6    9   12
> min(apply(x,1,mean))
[1] 5.5
> (1+4+7+10)/4
[1] 5.5
> max(apply(x,2,mean))
[1] 11
> (10+11+12)/3
[1] 11
> min(apply(x,1,mean))+max(apply(x,2,mean))
[1] 16.5
```

[TIP] R에서 결측값은 NA로 표시된다.

6. 결측값과 결측값 처리

(1) 결측값: NA

- 결측값(Missing data) 처리를 위해 많은 시간을 쓰는 것은 비효율적
- R에서는 결측값을 NA(not available)로 처리
- cf) $\sqrt{-25}$처럼 불가능한 값은 NaN(not a number)로 처리
- **결측값을 입력하는 방법: 결측값을 입력할 자리에 NA로 표기**

결측값 처리 함수 2가지

① is.na() → 결측값 인지 여부 확인하는 함수, 결측값이면 TRUE, 결측값이 아니면 FALSE

② na.omit() → 결측값을 가진 행 제거하는 함수

Q 기출문제로 연습하기

아래의 자료는 airquality 데이터 프레임의 일부이다. 본 데이터는 다수의 결측치(NA)를 포함하고 있다. 다음 중 결측치가 포함된 관측치를 제거한 데이터 프레임을 얻기 위한 명령어로 가장 적절한 것은?

```
> airquality
   Ozone Solar.R Wind Temp Month Day
1     41     190  7.4   67     5   1
2     36     118  8.0   72     5   2
3     12     149 12.6   74     5   3
4     18     313 11.5   62     5   4
5     NA      NA 14.3   56     5   5
6     28      NA 14.9   66     5   6
7     23     299  8.6   65     5   7
8     19      99 13.8   59     5   8
9      8      19 20.1   61     5   9
10    NA     194  8.6   69     5  10
```

A 정답 확인하기

정답: na.omit(airquality)

풀이:
```
> na.omit(airquality)
   Ozone Solar.R Wind Temp Month Day
1     41     190  7.4   67     5   1
2     36     118  8.0   72     5   2
3     12     149 12.6   74     5   3
4     18     313 11.5   62     5   4
7     23     299  8.6   65     5   7
8     19      99 13.8   59     5   8
9      8      19 20.1   61     5   9
12    16     256  9.7   69     5  12
```

(2) 결측값 처리 방식

① 단순 대치법(single imputation)

    a. completes analysis: 결측값을 갖는 레코드를 삭제

    b. 평균 대치법

       ↘ 관측 및 실험을 통해 얻어진 데이터의 평균으로 대치

       ↘ 비조건부 평균 대치법: 관측 데이터의 평균으로 대치

       ↘ 조건부 평균 대치법: 회귀분석을 통해 데이터를 대치

    c. 단순확률 대치법

TIP&MEMO

핵심 내용 정리

completes analysis(완전 분석법): 분석이 쉽다는 장점이 있지만 부분적으로 관측된 데이터를 무시하므로 효율성 상실과 통계적 추론의 타당성 문제가 있다.

평균 대치법: completes analysis에 비해 효율성이 높다는 장점이 있지만 추정값(평균 등)으로 결측값을 대치함으로써 통계량의 표준오차가 과소 추정되는 문제가 있다.

단순 확률 대치법: 평균 대치법에서의 추정량 표준오차의 과소 추정문제를 보완하고자 고안된 방법이다. 하지만 추정량의 표준오차 계산 자체가 어려운 문제가 있다.

↘ 평균 대치법에서 추정량 표준 오차의 과소 추정 문제를 보완한 방법으로, Hot-deck 방법, nearest Neighbor 방법이 있음

② 다중 대치법(multiple imputation)

↘ 단순 대치법을 m번 실시하여, m개의 가상적 자료를 만들어 대치하는 방법

(3) R의 결측값(NA) 처리 관련 함수

complete.cases()	데이터내 레코드에 결측값이 있으면 FALSE, 없으면 TRUE를 반환
is.na()	결측값이 NA인지의 여부를 TRUE/FALSE로 반환
na.omit()	결측치를 포함한 행 제거
Amelia 패키지 Amelia()	time-series-cross-sectional data set (여러 국가에서 매년 측정된 자료)에서 활용

2. 이상값(Outlier)과 이상값 처리

(1) 이상값(Outlier)

↘ 의도하지 않은 현상으로 입력된 값 또는 의도한 극단값

↘ 잘못 입력된 값 또는 의도하지 않은 현상으로 입력된 값이지만 분석 목적에 부합하지 않는 값

↘ **부정사용방지시스템(Fraud Detection System, FDS)에서 규칙을 발견하는 데에 사용 가능**

(2) 이상값의 인식

① ESD(Extreme Studentized Deviation) 알고리즘

↘ ESD: 평균으로부터 k*표준편차만큼 떨어져 있는 값들을 이상값으로 판단함. 일반적으로 k=3

② 기하평균−2.5*표준편차 < data < 기하평균+2.5*표준편차

③ Q1 − 1.5*IQR < data < Q3 + 1.5*IQR

　cf) IQR(Inter Quantile Range) = Q3 − Q1

④ 이상값을 상자그림(boxplot)으로도 식별할 수 있다.

⑤ outliers 패키지를 사용

(3) 이상값의 처리

① 절단(trimming) – 이상값이 포함된 레코드를 삭제

② 조정(winsorizing) – 이상값을 상한 또는 하한값으로 조정

Q 기출문제로 연습하기

여섯 가지 종류의 닭 사료 첨가물의 효과를 비교하기 위한 데이터와 그래프이다. 아래의 대한 설명으로 다음 중 적절하지 않은 것은 무엇인가?

```
> summary(chickwts)
    weight             
 Min.   :108.0   casein  :12
 1st Qu.:204.5   horsebea:10
 Median :258.0   linseed :12
 Mean   :261.3   meatmeal:11
 3rd Qu.:323.5   soybean :14
 Max.   :423.0   sunflowe:12
> boxplot(weight~feed, data=chickwts)
```

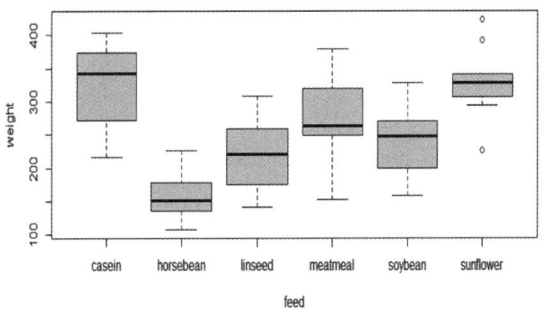

① weight의 중앙값은 horsebean 그룹이 가장 작다.
② 이상값은 존재하지 않는다.
③ meatmeal 그룹과 linseed 그룹의 weight의 평균이 유의한 차이가 있는지 알 수 없다.
④ horsebean 그룹에서 weight가 150보다 작은 개체가 약 50%가량 된다.

A 정답 확인하기

정답: ②

Weight는 연속형 데이터, feed는 factor형 데이터이다. 또한 boxplot(weight~feed, data=chickwts)와 상자 그림을 비교해 보면 X가 feed, Y가 weight임을 알 수 있으며, boxplot 함수를 사용하려면 bloxplot(Y~X) 순서로 작성해야 함을 알 수 있다. 이때 X에는 범주형 데이터가 들어간다.

② Sunflower를 보면 이상치가 존재한다.
③ 추후에 배울 T-Test를 활용해야 평균에 유의한 차이가 있는지 알 수 있다.

연습 문제

01 이상값 탐색을 위해 상자그림(boxplot)을 사용하려 한다. 아래와 같은 데이터 요약 결과가 있을 때, 다음 중 이상값을 판단하는 하한선, 상한선으로 옳은 것은?

```
> summary(x)
Min.  1st Qu.  Median  Mean  3rd Qu.  Max.
 0      4       7     9.615    12      39
```

① (−12, 36) ② (4, 12) ③ (−2, 34) ④ (−8, 24)

02 자료의 특징이나 분포를 한 눈에 보기 쉽도록 시각화하는 작업은 매우 중요하다. 다음 중 상자 그림(Box Plot)에 대한 설명으로 부적절한 것은?

① 자료의 크기 순서를 나타내는 5가지 순서통계량(최소값, 최대값, 제1사분위수, 중앙값, 제3사분위수)을 이용하여 시각화하는 방법이다.
② 사분위수를 한 눈에 볼 수 있다.
③ 순서통계량을 사용하기 때문에 이상치 판단에 사용하는 것은 적합하지 않다.
④ 자료의 범위에 대한 분포 정도를 한 눈에 볼 수 있다.

03 이상값(outlier) 탐색 기법 중 하나의 평균으로부터 k*표준편차만큼 떨어져 있는 값들을 이상값으로 판단하는 방법은 무엇인가?

04 데이터 분석 시 원 데이터는 불완전한 내용을 담고 있는 경우가 많다. 데이터 전처리는 이를 제거하거나 보정하여 데이터의 품질을 높이는 작업이라 할 수 있다. 데이터 전처리 작업 중 이상치(outlier) 검색은 분석에서 전처리를 어떻게 할지 결정할 때 사용한다. 다음 이상치 판정 방법 중 가장 부적절한 것은?

① 3-sigma 방법은 "평균으로부터 표준편차의 3배가 넘는 범위의 데이터"를 비정상이라 규정한다.

② 회귀분석 적합 후 잔차분석을 실시하여 이상치를 판정하는 방법이 있다.

③ Q2(중위수) + 1.5*IQR 보다 크거나 작은 데이터를 이상치로 규정한다.

④ 통계 모형에 기반한 방법으로는 Grubb's Test, Hotellings's T2 test 등이 있다.

05 이상치를 찾는 것은 데이터 분석에서 데이터 전처리를 어떻게 할지 검정할 때 사용할 수 있다. 다음 중 상자그림을 이용하여 이상치를 판정하는 방법에 대한 설명으로 가장 부적절한 것은?

① IQR =Q3 −Q1 이라고 할 때, Q1 −1.5* IQR 〈 x 〈Q3 +1.5 * IQR을 벗어나는 x를 이상치라고 규정한다.

② 평균으로부터 3*표준편차 벗어나는 것들을 비정상이라 규정하고 제거한다.

③ 이상치는 변수의 분포에서 벗어난 값으로 상자 그림을 통해 확인할 수 있다.

④ 이상치는 분포를 왜곡할 수 있으나 실제 오류인자에 대해서는 통계적으로 실행하지 못하기 때문에 제거여부는 실무자들을 통해서 결정하는 것이 바람직하다.

06 데이터의 한 부분으로 특정 사용자가 관심을 갖고 있는 데이터를 담은 비교적 작은 규모의 데이터 웨어하우스는 무엇이라고 하는가?

① 데이터베이스

② 데이터 마트

③ 데이터 마이닝

④ 데이터 프레임

07 R의 plyr 패키지는 apply 함수에 기반해 데이터와 출력변수를 동시에 배열로 치환하여 처리하는 패키지로 빠른 처리 속도를 보인다. 다음 중 입력되는 데이터 형태가 리스트이고 출력되는 데이터 형태가 데이터 프레임일 때 사용되는 함수는?

① ddply()

② adply()

③ ldply()

④ laply()

08 R에서 반복문을 다중으로 사용할 경우 계산 시간이 현저하게 떨어지는 단점이 있다. 다음 함수 중 multi-core를 사용하여 반복문을 사용하지 않고 매우 간단하고 빠르게 처리할 수 있는 데이터 처리 함수를 포함하고 있는 패키지로 적절한 것은?

① plyr

② sqldf

③ caret

④ party

Part 2 통계와 회귀분석

1 기초 통계

1. 통계분석 개요

(1) **통계학 개론:** 모집단/표본(sample), 표본 추출 방법(4가지), 자료의 종류(4가지)

(2) **기초 통계분석:** 기술 통계/추측 통계, 회귀분석

(3) **다변량 분석:** 상관분석(상관계수), 다차원 척도법(MDS), 주성분 분석(PCA)

(4) **시계열 예측**

2. 통계

- 특정 집단을 대상으로 수행한 조사나 실험을 통해 나온 결과에 대한 요약된 형태의 표현이다.
- 통계 자료의 획득 방법: 총조사/전수조사(census), 표본조사(sampling)

3. 모집단과 표본

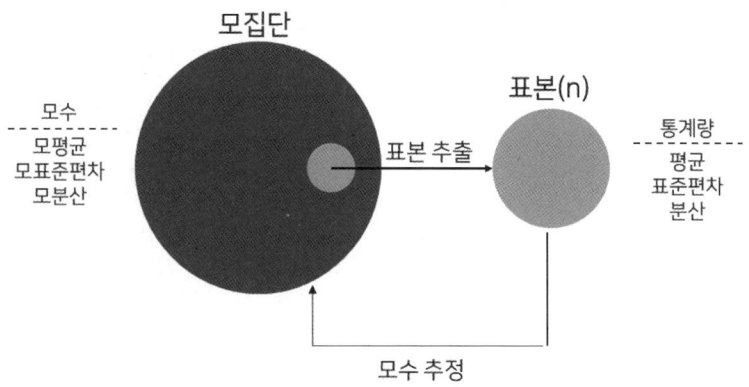

- 모집단을 전부 전수조사한다는 것은 극히 드물고 어려운 일이기 때문에 표본을 추출하여 조사한다.

> **TIP**
> 3과목 30문제 중 매년 기초 통계 파트에서 4-5문제가 출제될 정도로 꾸준히 높은 출제율을 보이고 있으니 Part 2는 특히 꼼꼼히 공부하는 것이 좋다.

- 표본의 평균, 표본의 표준편차, 표준의 분산 등 표본에서 요약하여 정리한 데이터를 통계량이라고 한다. 또한, 실제 모집단의 평균, 표준편차, 분산 등을 모수라고 하며, 통계량으로 모수 추정을 할 수 있다. 이때 추정한 모수와 실제 모수가 얼마나 비슷한지 검정 과정을 거친다.

> **핵심 내용 정리**
> 모수는 모집단을 대표하는 값이고, 통계량은 표본에서 요약 정리한 데이터다.

4. 표본 추출 방법(4가지, 확률표본 추출)

(1) 단순랜덤추출법(simple random sampling)

- N개의 원소로 구성된 모집단에서 n개의 표본을 추출할 때 각 원소에 1, 2, 3, …, N까지의 번호를 부여, n개의 번호를 임의로 선택해 그 번호에 해당하는 원소를 표본 추출 (복원/비복원 방법)

> **핵심 내용 정리**
> **복원/비복원 방법**
> 복원 방법: 한 번 뽑힌 번호를 다시 뽑을 수 있음
> 비복원 방법: 한 번 뽑힌 번호는 다시 뽑히지 않음

(2) 계통추출법(systematic sampling)

- 모집단의 모든 원소들에게 1, 2, 3, …, N의 일련번호를 부여하고 이를 순서대로 나열한 후에 K개(K=N/n)씩 n개의 구간으로 나눈 후, 첫 구간(1, 2, 3, …, K)에서 하나의 임의로 선택한 후 K개씩 띄어서 표본 추출

(3) 집락추출법(cluster sampling)

- 모집단이 몇 개의 집락(cluster)이 결합된 형태로 구성되어 있고, 각 집단에서 원소들에게 일련번호를 부여할 수 있는 경우에 이용함
- 집락 내부는 이질적, 집락 간에는 동질적 특성
- 일부 집락을 랜덤으로 선택하고 선택된 각 집락에서 표본을 임의로 선택

(4) 층화추출법(stratified sampling)

- 상당히 이질적인 원소들로 구성된 모집단에서 각 계층을 고루 대표할 수 있도록 표본을 추출하는 방법
- 이질적인 모집단의 원소들을 서로 유사한 것끼리 몇 개의 층(stratum)으로 나눈 후, 각 층에서 표본을 랜덤하게 추출
- 집락 내부는 동질적 특성, 집락 간에는 이질적 특성

Q 기출문제로 연습하기

조사하고자 하는 대상 집단 전체인 모집단 모두를 조사하는 것은 많은 비용과 시간이 소요되므로 모집단을 적절히 대표할 수 있는 일부 원소들을 뽑아 관찰 파악하여 모집단에 대해 유추한다. 이때 추출한 모집단의 부분 집합을 지칭하는 것은 무엇인가?

A 정답 확인하기

정답: 표본(sample)

Q 기출문제로 연습하기

아래에서 설명하는 표본 추출 방법은 무엇인가?
상당히 이질적인 원소들로 구성된 모집단에서 각 계층을 고루 대표할 수 있도록 표본을 추출하는 방법이다. 이질적인 모집단의 원소들로 서로 유사한 것끼리 몇 개의 층을 나눈 후, 각 계층에서 표본을 랜덤하게 추출한다.

A 정답 확인하기

정답: 층화추출법

5. 자료의 측정 방법 = 자료의 척도(4가지)

- 명목척도, 순서척도, 구간척도, 비율척도

질적자료 (이산형 자료)	명목척도	측정대상이 어느 집단에 속하는지 분류할 때 사용되는 척도 구분을 위한 분류로, 순서 및 위계가 없음 (예) 성별(남, 여), 출생지(서울시, 부산시, 경기도 등), 혈액형, 주소
	순서척도	측정대상 특성이 가지는 서열 관계를 관측하는 척도 선택사항이 일정한 순서로 되어 있음 특정 서비스의 선호도를 (아주 좋아한다, 좋아한다, 그저 그렇다, 싫어한다, 아주 싫어한다)로 구분해 묻는 경우에 관측된 자료 (예) 직급, 계급, 순위, 등급, 선호도조사
양적자료 (연속형 자료)	구간척도	측정대상이 갖고 있는 속성의 양을 측정 측정 결과가 숫자로 표현되지만 해당 속성이 전혀 없는 상태인 절대적인 원점(0)이 없음 연산(+,−,*) 가능 (예) 섭씨 온도, 지능 지수
	비율척도	절대적 기준값 0이 존재하고 연산(+,−,*,/) 가능 가장 많은 정보를 갖는 척도 (예) 무게, 나이, 연간소득, 제품가격, 절대 온도, 농도, 키, 몸무게 등

- 자료의 척도가 가지는 정보량

기준	구분	순서	구간(간격)	비율
명목척도	O	X	X	X
순서척도	O	O	X	X
구간척도	O	O	O	X
비율척도	O	O	O	O

Q 기출문제로 연습하기

측정 대상이 어느 집단에 속하는지 분류할 때 사용되는 척도로 성별(남, 여) 구분, 출생지(서울특별시, 부산광역시 경기도 등) 구분 등을 할 때 사용되는 척도는 무엇인가?

A 정답 확인하기

정답: 명목 척도

6. 통계적 분석 방법

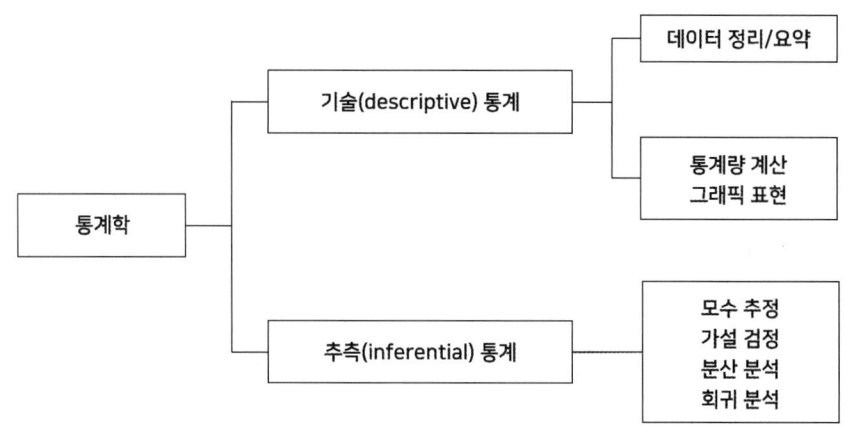

(1) 기술 통계(descriptive statistic)

- 수집된 자료를 정리·요약하기 위해 사용되는 기초 통계
- 숫자로 표현하는 방식: **평균, 표준편차, 중위수, 최빈값**, %
- 그림으로 표현하는 방식: 막대 그래프, 원 그래프, 꺾은선 그래프
- 기술 통계 자체도 여러 용도에 사용되지만 대개 자세한 통계적 분석을 위한 전 단계 역할을 함

(2) 추론(추측, inferential) 통계

- 모수 추정, 가설검정(hypothesis test), 회귀 검정, 예측(forecasting)

7. 확률(probability)

(1) 확률

- 특정 사건이 일어날 가능성의 척도
- 표본공간(sample space, Ω): 나타날 수 있는 모든 결과들의 집합
- 원소(element): 나타날 수 있는 개개의 결과

- 사건(event): 표본공간의 부분 집합
- 기댓값: $E(x) = \Sigma x f(x)$

Q 기출문제로 연습하기

확률변수 X의 확률은 다음과 나타낼 수 있다. X의 기댓값은?

x	1	2	3
f(x)	1/3	1/6	1/2

A 정답 확인하기

X의 기댓값은 $\frac{1}{3} \times 1 + \frac{1}{6} \times 2 + \frac{1}{2} \times 3 = \frac{13}{6}$이다.

(2) 조건부 확률(conditional probability)

- 사건 A가 일어났다는 가정 하의 사건 B의 확률
- 사건 A가 주어졌을 때 조건부 확률 = $P(B|A)$

  $P(B|A) = \frac{P(A \cap B)}{P(A)}$, $P(A) > 0$

- 두 사건 A, B가 서로 독립이면,

  $P(A \cap B) = P(A) \cdot P(B)$

- 두 사건 A, B가 서로 독립일 때, 사건 A가 일어났다는 가정 하의 사건 B의 확률

  $P(B|A) = \frac{P(A) \cdot P(B)}{P(A)}$, $P(A) > 0$

Q 기출문제로 연습하기

P(A)=0.3, P(B)=0.4이다. 두 사건 A와 B가 독립일 경우 P(B|A)는 얼마인가?

A 정답 확인하기

P(B|A)=(0.3·0.4)/0.3=0.4

TIP
시험에서 분산과 표준편차를 계산하라고 요구하지는 않지만, 원리를 이해하고 넘어가야 추후 통계를 공부할 때 더욱 편리하다.

(3) 분산, 표준편차, 백분위수

① 확률변수의 흩어진 정도 → 분산과 표준편차, X는 관측치 μ는 X의 기댓값(산술평균)

분산: $Var(X) = E(X-\mu)^2$

표준편차: $sd(X) = \sqrt{Var(X)}$

② 백분위수

$P(X \leq x_q) = q/100$, $0 \leq q \leq 100$

8. 확률변수 및 확률변수의 종류

(1) 확률변수(random variable)

- 특정 값이 나타날 가능성이 확률적으로 주어지는 변수

(2) 확률변수와 확률분포의 종류

① **이산형 확률변수(discrete variable)**

- 0이 아닌 확률값을 갖는 셀 수 있는 실수 값

(예) 베르누이, 이항분포, 기하분포, 다항분포, 포아송분포 등

　a. 베르누이 분포: 결과가 2개만 나오는 경우 (예) 동전 던지기

　b. 이항분포: 베르누이 시행을 n번 반복했을 때 k번 성공할 확률

　c. 포아송분포: 시간과 공간 내에서 발생하는 사건의 발생 횟수에 대한 확률분포

② **연속형 확률변수(continuous variable)**

- 특정 실수 구간에서 0이 아닌 확률을 갖는 확률변수
- 사건의 확률을 확률 밀도함수의 면적으로 표현

(예) 균일분포, 정규분포(z-분포), 지수분포, t-분포, X^2-분포, F-분포 등

TIP
두 집단간의 평균이 동일한지 검정(평균 검정): t-분포, z-분포
두 집단간 분산의 동일성 검정(분산 검정): F-분포
범주형 자료에 대한 두 집단간 동질성 검정: X^2-분포

(3) 정규분포(Normal Distribution)

- 특정 값의 출현 비율을 그렸을 때, 중심(평균값)을 기준으로 좌우 대칭 형태로 나타나며, 종 모양으로 나타남
- **표준 정규분포**(Standard normal distribution)는 **평균이 0이고 표준편차가 1인 분포**이며, z-분포라고 부르기도 한다.

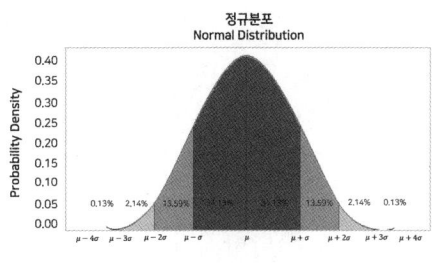

- 특정값의 출현 비율을 그렸을 때, 중심(평균값)을 기준으로 좌우 대칭 형태 (종의 모양)

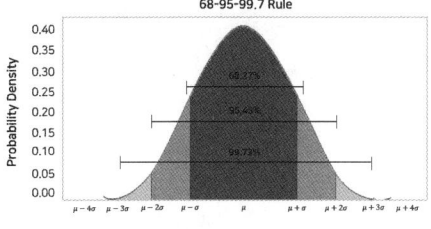

- 표준 정규분포(Standard normal distribution)
  -> 평균이 0이고 표준편차가 1인 분포
  -> z-분포라고 부르기도 함

(4) t-분포(t-distribution)

- 표준 정규분포와 같이 평균이 0을 중심으로 좌우가 동일한 분포
- 정규분포보다 퍼져 있고 자유도가 커질수록 정규분포에 가까워짐 ($n \geq 30$)
- 두 집단의 평균이 동일한지 알고자 할 때 검정통계량 활용

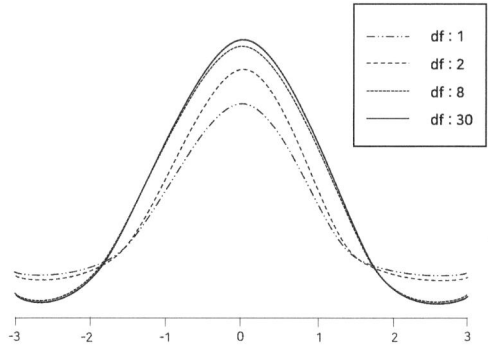

(5) 중심극한정리
- 표본의 크기가 커질수록(n≥30) 표본 평균의 분포는 모집단의 분포 모양과는 관계없이 정규분포에 가까워지는 것

9. 점 추정과 구간추정

■ 추정(estimation)
- 표본으로부터 미지의 모수를 추측하는 것

(1) 점 추정(point estimation)
- 모수가 특정한 값일 것이라고 추정하는 것
- 사실상 추정이 얼마나 정확한가를 판단하기가 불가능

(2) 구간추정(interval estimation)
- 점 추정의 정확성을 보완하는 방법
- 일정한 크기의 신뢰수준으로 모수가 특정한 구간에 있을 것이라고 선언하는 것
- 추정한 구간 → 신뢰구간
- 일반적인 신뢰구간: 90%, 95%, 99% 확률 이용 (주로 95% 이용)
- 신뢰수준 95%의 의미:
한 개의 모집단에서 동일한 방법으로 동일한 자료의 개수의 확률표본을 무한히 많이 추출하여 각 확률표본마다 신뢰구간을 구하면, 이 무한히 많은 신뢰구간 중에서 95%의 신뢰구간이 미지의 모수를 포함한다는 의미

10. 가설검정

(1) 가설검정
- 모집단에 대한 어떤 가설을 설정한 후, 그 가설의 채택 여부를 결정하는 방법

핵심 용어 정리
확실하게 증명하고 싶은 가설, 뚜렷한 증거가 있어야 채택할 수 있는 가설은 대립가설이다.

(2) 가설의 종류

① **귀무가설(H0)**: 모수에 대한 가설 중 간단하고 구체적인 표현 설정

② **대립가설(H1)**: 확실하게 증명하고 싶은 가설로, 뚜렷한 증거가 있어야 채택할 수 있는 가설

(3) 가설검정
표본 관찰 또는 실험을 통해 귀무가설(H0)과 대립가설(H1) 중에서 하나를 선택하는 과정

(4) 가설검정의 절차

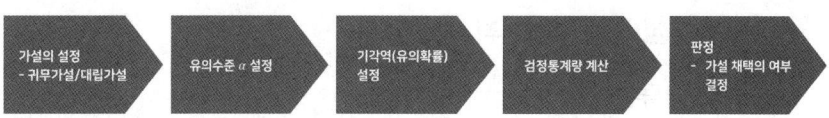

① 가설의 설정 − 귀무가설(H0), 대립가설(H1)

② 유의 수준 α 결정: 보통 0.1, 0.05, 0.01 중 하나 선택

③ 기각역(유의확률) 설정: 검정통계량의 분포를 이용하여 기각역 설정

④ 검정통계량 계산: 표본으로부터 검정통계량 계산

⑤ 가설 채택의 여부 결정: 검정통계량과 기각치를 비교하여 귀무가설의 채택 여부를 결정

(5) 검정통계량
표본평균과 표본분산 통계량이 사용됨

(6) p−값(p−value)
관측된 검정통계량의 값보다 대립가설을 지지하는 방향으로 검정통계량이 나올 확률

(7) p−값이 미리 주어진 기준값(0.01, 0.05, 0.1 중 한 개의 값)의 유의수준보다 작으면
⇒ 귀무가설이 나올 가능성이 적다고 판단 ⇒ 귀무가설 기각, 대립가설 채택

(8) 유의 수준은 보통 0.05를 사용

(9) 기각역(critical region, C)
귀무가설을 기각하는 통계량의 영역

[핵심 내용 정리]
p−value 가 0.05보다 작으면(95% 신뢰구간) 귀무가설이 기각되고 대립가설이 채택된다.

[핵심 내용 정리]
p−value 가 0.05보다 작으면(95% 신뢰구간) 귀무가설이 기각되고 대립가설이 채택된다.

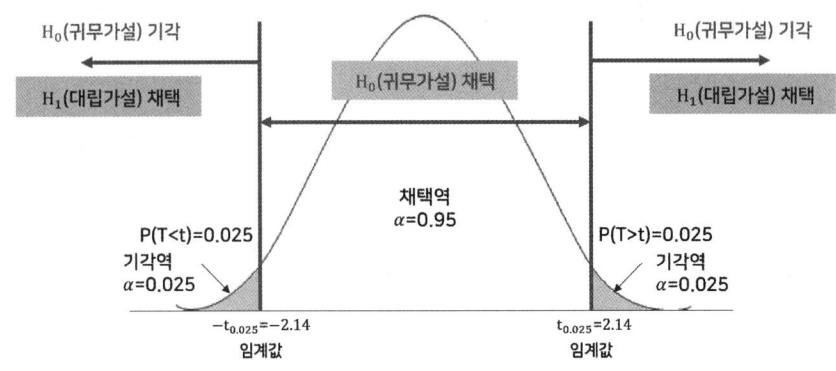

11. 가설검정에서의 오류(error)

(1) 제1종 오류(Type I error: α)
- 귀무가설 H_0이 옳은데도 H0을 기각하는 오류

(2) 제2종 오류(Type II error: β)
- 귀무가설 H_0이 옳지 않은데도 H0을 채택하는 오류

두 가지 오류는 서로 상충 관계
- 일반적으로 제1종 오류(α)의 크기를 0.01, 0.05, 0.1 등으로 고정시키고, 제2종 오류(β)가 최소가 되도록 기각역을 설정

가설검정결과 정확한 사실	H_0이 사실이라고 판정	H_0이 사실이 아니라고 판정
H_0이 사실임	옳은 결정	제1종 오류(α)
H_0이 사실이 아님	제2종 오류(β)	옳은 결정

[핵심 내용 정리]
귀무가설이 옳은데도 귀무가설을 기각하는 오류를 제1종 오류(α)라고 한다.

12. 모집단의 모수에 대한 검정 방법

	모수적 검정 (parametric method)	비모수적 검정 (nonparametric method)
가설의 설정	가정된 분포의 모수(모평균, 모비율, 모분산)에 대해 가설을 설정	가정된 분포가 없으므로, 가설은 '분포의 형태가 동일하다' 또는 '분포의 형태가 동일하지 않다'와 같이 분포의 형태에 대해서 설정
가설의 검정	관측된 자료(표본평균, 표본분산 등)를 이용해 검정을 실시	관측값들의 순위(rank)나 두 관측값의 차이의 부호(sign) 등을 이용해 검정 (예) 부호 검정(sign test) 윌콕슨의 순위합검정(rank sum test) 윌콕슨의 rank test 만-위트니의 U 검정 런 검정(run test) 스피어만 순위상관계수

> **핵심 내용 정리**
>
> **비모수적 검정 방법**
> 모집단에 대해서 가정된 분포가 없을 때 사용하는 검정 방법. 비모수적 검정 방법은 분포의 모수를 사용할 수 없으므로 관측값들의 순위나 부호 등을 이용하여 가설을 검정하는 방법이다.

Q 기출문제로 연습하기

아래는 chickwts 데이터 프레임을 분석한 것이다. 다음 중 결과에 대한 해석이 잘못된 것은?

```
> t.test(chickwts$weight)

        One Sample t-test

data:  chickwts$weight
t = 28.202, df = 70, p-value < 2.2e-16
alternative hypothesis: true mean is not equal to 0
95 percent confidence interval:
 242.8301 279.7896
sample estimates:
mean of x
 261.3099
```

① 전체 관측치 수는 70개이다.
② 99% 신뢰구간을 구하기 위해서는 "conf.level=0.99"라는 옵션을 사용할 수 있다.
③ 닭 무게의 점 추정량은 261.3이며, 95% 신뢰구간은 242.8에서 279.8이다.
④ 닭 무게에 대한 p-value는 p-value<2.2e-16이므로 귀무가설이 기각된다.

A 정답 확인하기

정답: ①

풀이: 닭의 모이에 첨가물을 넣었을 때 닭의 무게가 증가하는지 검정하기 위한 테스트이다. 표본(sample)의 평균이 모평균과 같은지 검정하기 위해 t-test를 진행하였다. p-value가 0.05보다 작으면 대립가설이 채택된다. 2.2e-16은 0.05보다 현저히 작은 값이므로 귀무가설(모집단과 샘플의 평균의 차이가 없다)을 기각하고 대립가설(모집단과 샘플의 평균의 차이가 있다=첨가물을 넣은 모이를 먹은 닭의 무게가 더 무겁다)을 채택한다.

① 관측치의 수는 71개이다. 자유도(df)는 실제 관측치에서 1을 뺀 값(n-1)이다.

```
> # 풀이
> # t-검정의 가설
> # H0(귀무가설): 모집단과 샘플의 평균의 차이가 없다.
> # H1(대립가설): 모집단과 샘플의 평균의 차이가 있다.
> # 1)
> str(chickwts) #71개 관측치
'data.frame':   71 obs. of  2 variables:
 $ weight: num  179 160 136 227 217 168 108 124 143 140 ...
 $ feed  : Factor w/ 6 levels "casein","horsebean",..: 2 2 2 2 2
> # 2)
> t.test(chickwts$weight, conf.level = 0.99)

        One Sample t-test

data:  chickwts$weight
t = 28.202, df = 70, p-value < 2.2e-16
alternative hypothesis: true mean is not equal to 0
99 percent confidence interval:
 236.7753 285.8444
sample estimates:
mean of x
 261.3099
```

연습 문제

01 다음 중 모수를 추정하기 위해 구하는 표본의 값들을 나타내는 용어로 옳은 것은?

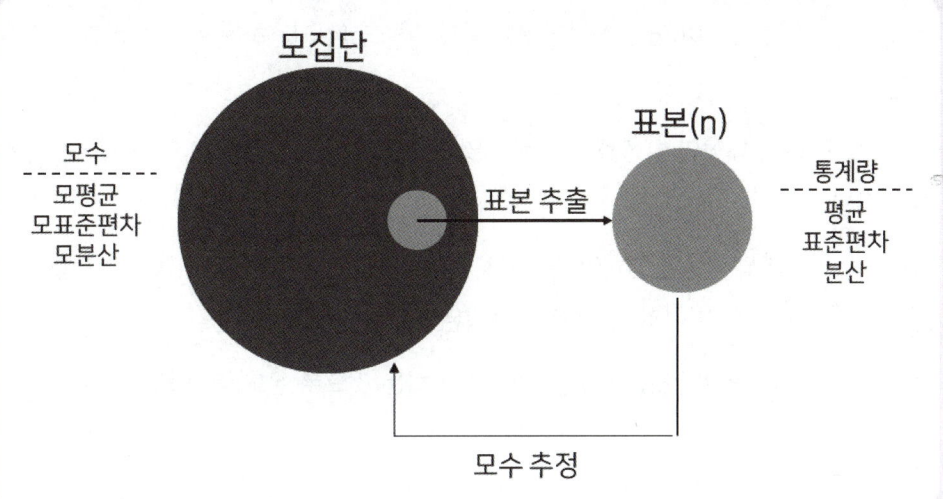

① 통계량

② 총 조사

③ 표본 추출

④ 모집단

02 아래에서 설명하는 표본 추출 방법은 무엇인가?

> 상당히 이질적인 원소들로 구성된 모집단에서 각 계층을 고루 대표할 수 있도록 표본을 추출하는 방법이다. 이질적인 모집단의 원소들로 서로 유사한 것끼리 몇 개의 층을 나눈 후, 각 계층에서 표본을 랜덤하게 추출한다.

03 표본조사나 실험을 실시하는 과정에서 추출된 원소들이나 실험 단위로부터 주어진 목적에 적합하도록 관측해 자료를 얻는 것을 측정이라고 한다. 다음 중 자료의 종류에 대한 설명으로 부적절한 것은?

① 명목척도 – 측정 대상이 어느 집단에 속하는지 분류할 때 사용하는 척도로 성별 구분 등이 해당한다

② 순서척도 – 측정 대상의 특성을 가지는 서열 관계를 관측하는 척도로 특정 서비스의 선호 등이 해당된다.

③ 비율척도 – 절대적 기준인 원점이 존재하지 않으며 모든 사칙연산이 가능하고 제일 많은 정보를 가지고 있는 척도로 나이, 무게 등이 해당된다.

④ 구간척도 – 측정 대상이 갖는 속성의 양을 측정하는 것으로 온도 등이 해당된다.

04 측정 대상이 어느 집단에 속하는지 분류할 때 사용되는 척도로, 성별(남, 여) 구분, 출생지(서울특별시, 부산광역시, 경기도 등) 구분 등을 할 때 사용되는 척도는 무엇인가?

① 명목척도　　② 순서척도　　③ 구간척도　　④ 비율척도

05 아래는 만족도를 5점 척도로 조사하고자 하는 설문이다. 아래에서 사용된 척도는 무엇인가?

> 1점 : 매우 불만족하다.　　2점 : 불만족하다.
> 3점 : 보통이다.　　4점 : 만족하다.
> 5점 : 매우 만족하다.

① 비율척도　　② 명목척도　　③ 순서척도　　④ 구간척도

2 기술 통계/추론 통계

1. 기술 통계(description statistic)

- 자료의 특성을 표, 그림, 통계량 등을 사용해 쉽게 파악할 수 있도록 정리 및 요약하는 것이다.

(1) 통계량에 의한 자료 정리

① 중심 위치 측도: 표본평균, 중앙값, 최빈값

중심 위치의 대표값을 선정하는 기준

a. 명목 척도로 측정된 데이터 → 최빈값 사용

b. 분포가 대칭이고 이상값이 존재하지 않음 → 표본평균 사용

c. 비대칭이거나 이상값 존재 → 중앙값 사용하고 표본평균은 참고 값으로 비교

d. 순위 척도로 측정된 데이터 → 중앙값 사용

> **핵심 용어 정리**
> **함수 이름**
> 평균 mean()
> 중앙값 median()
> (Part 1 (1) R 프로그래밍 참고)

② 산포의 측도

↘ 표본분산, 표본표준편차, 범위, 사분위수범위, 변동계수, 백분위수

> **핵심 용어 정리**
> **사분위범위 IQR**
> Q3 − Q1은 전체 데이터의 50%를 차지한다.
> (Part 1 (1) R프로그래밍의 boxplot() 참고)

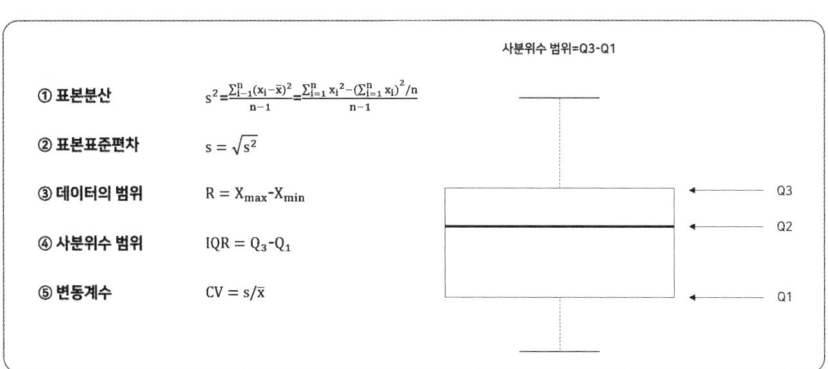

> **TIP**
> 산포는 지나치게 흩어진 것보다 어느 정도 모여 있는 형태가 분석하기에 좋다. 만일 산포가 너무 넓게 펼쳐져 있다면 y 종속변수에 log를 씌워 정규분포 모양에 가깝게 바꾸어 분석하는 경우도 있다.

TIP&MEMO

[TIP]
정규분포의 왜도는 0, 첨도는 3이다.

[TIP]
자료의 유형에 따라 그릴 수 있는 그래프의 종류가 달라진다.

③ 분포 형태에 대한 측도: 왜도, 첨도

- 왜도: 분포의 비대칭 정도를 나타내는 측도, 정규분포의 왜도는 0.
- 첨도: 분포의 중심에서 뾰족한 정도를 나타내는 측도, 정규분포의 첨도는 3. 첨도가 클수록 뾰족함

왜도

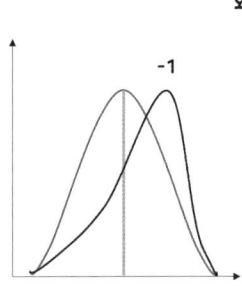
Negative Skew
(large tail to the left)

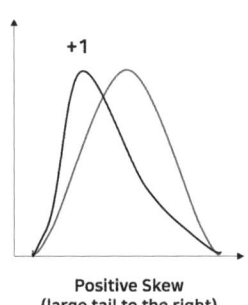
Positive Skew
(large tail to the right)

첨도

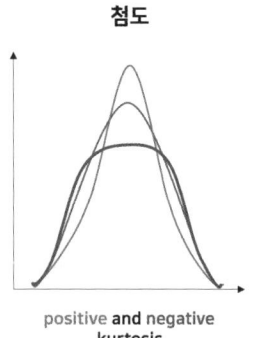
positive and negative kurtosis

(2) 그래프에 의한 자료 정리

① 범주형 자료: 막대그래프, 파이차트, 모자이크 플랏 등

- 데이터가 범주형 자료일 때, 개수를 막대 그래프 혹은 파이차트로 나타낼 수 있으며, 변수가 2개 이상이라면 모자이크 플랏으로 빈도수를 표현할 수 있다.

② 연속형 자료: 히스토그램, 줄기-잎 그림, 상자그림, 산점도 등

- 데이터가 연속형 자료일 때, 히스토그램으로 분포를 나타내는 방법이 가장 대표적이며, 히스토그램은 막대 그래프와 달리 구간과 구간 사이에 간격이 벌어지지 않는다. 줄기-잎 그림은 앞자리를 줄기로, 뒷자리를 잎으로 나타내어 간단히 분포를 확인할 수 있는 방법이며, 상자 그림(box plot)은 최대값과 최소값을 벗어나는 이상치를 한 눈에 볼 수 있는 편리한 그래프이다.

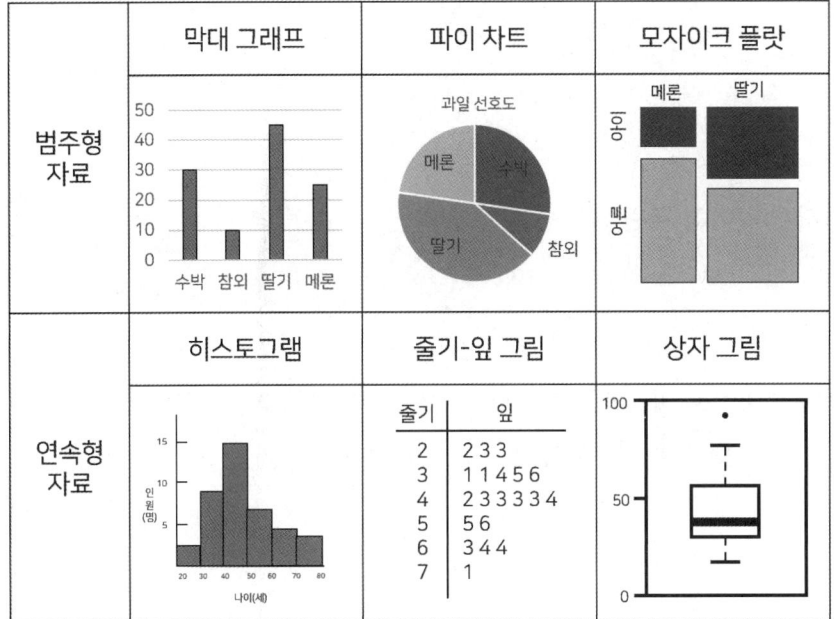

연습 문제

01 동전을 연속으로 3번 던져서 앞면이 한번 나올 확률은 얼마인가?

02 아래는 남학생과 여학생이 좋아하는 과일에 대한 빈도 교차표이다. 전체에서 1명을 뽑았을 때 그 학생이 남학생일 경우 그 남학생이 사과를 좋아할 확률은 얼마인가?

	사과	딸기
남학생	30	40
여학생	10	20

① 3/10   ② 3/7   ③ 4/10   ④ 6/10

03 실험 결과가 단지 성공과 실패만 있다고 가정하자. 성공일 경우 확률변수는 1의 값을 가지며, 실패일 경우 확률변수는 0의 값을 가진다. 이때 성공일 확률은 0.3이다. 이 경우 기댓값은 얼마인가?

04 P(A)=0.3, P(B)=0.4이다. 두 사건 A와 B가 독립일 경우 P(B|A)는 얼마인가?

05 다음 중 중앙 50%의 데이터들이 흩어진 정도를 의미하는 것은 무엇인가?

① 사분위 범위(interquartile range)

② 중앙값(median)

③ 표준편차(standard deviation)

④ 평균(mean)

06 다음 중 소득 수준과 같이 정규분포를 따르지 않고 오른쪽 꼬리가 긴(right-skewed) 분포를 나타내는 자료의 평균과 중앙값의 관계로 옳은 것은?

① 자료의 크기(scale)에 따라 달라진다.

② 평균이 중앙값보다 작은 경향을 보인다.

③ 평균과 중앙값이 일치하는 경향을 보인다.

④ 평균이 중앙값보다 큰 경향을 보인다.

07 다음 중 연속형 확률변수의 분포 중 정규분포로부터 유도되었으며, 정규분포의 평균을 측정할 때 주로 사용되는 분포로 두 집단의 평균 차이 검증 등에 활용되는 분포는?

① 균일 분포(uniform distribution)

② 지수 분포(exponential distribution)

③ t-분포(t-distribution)

④ F-분포(F-distribution)

08 다음 중 이산형 확률분포에 해당하지 않는 것은?

① 기하분포   ② 이항분포

③ 지수분포   ④ 초기하분포

09 이산형 확률분포 중 하나로 개별 사건이 두 가지 경우만 존재하며, 각 사건이 성공할 확률이 일정하고 전후 사건에 독립적인 특수한 상황의 확률분포를 나타내는 것은?

① 포아송분포   ② 지수분포

③ 다항분포   ④ 베르누이 확률분포

10 이산형 확률분포 중 주어진 시간 또는 영역에서 어떤 사건의 발생 횟수를 나타내는 확률분포는 무엇인가?

11 다음 중 확실하게 증명하고 싶은 가설, 뚜렷한 증거가 있어야 채택할 수 있는 가설(hypothesis)은?

① 대립가설 ② 영가설 ③ 귀무가설 ④ 기각가설

12 다음 중 비모수 검정 방법 중 하나로 표본들이 서로 관련되어 있는 경우 짝지어진 두 개의 관찰치들의 크고 작음을 표시하여 그 개수를 가지고 두 분포의 차이가 있는지에 대한 가설을 검증하는 방법은?

① 런 검정(run test)

② 만-위트니의 U검정

③ 부호검정(sign test)

④ 스피어만 순위상관계수

13 다음 중 구간추정 방법과 신뢰 구간에 대한 설명으로 옳지 않은 것은?

① 일정한 크기의 신뢰수준으로 모수가 특정한 구간에 있을 것이라고 선언하는 것이다.

② 95% 신뢰구간은 '주어진 한 개의 신뢰구간에 미지의 모수가 포함되지 않을 확률이 95%다' 라는 의미이다.

③ 신뢰수준이 높아지면 신뢰수준의 길이는 길어진다.

④ 표본의 수가 많아지면 신뢰구간의 길이는 짧아진다.

14 다음 중 가설검정과 관련된 내용 중 가장 부적절한 것은?

① 귀무가설을 기각시키는 검정통계량들의 범위를 기각역이라 한다.

② 가설을 검정하기 위한 기준으로 사용하는 값을 검정통계량이라 한다.

③ 현재까지 주장되어 온 것이거나 변화나 차이가 없음을 설명하는 가설을 귀무가설이라 한다.

④ p-value값이 미리 정해 놓은 유의수준(alpha) 값보다 클 경우, 귀무가설을 기각하므로 대립가설의 가정이 옳다고 할 수 있다.

15 아래는 chickwts 데이터 프레임을 분석한 것이다. 다음 중 결과에 대한 해석이 잘못된 것은?

```
> t.test(chickwts$weight)

        One Sample t-test

data:  chickwts$weight
t = 28.202, df = 70, p-value < 2.2e-16
alternative hypothsis: true mean is not equal to 0
95 percent confidence interval:
 242.8301 279.7896
Sample estimates:
mean of x
 261.3099
```

① 99% 신뢰구간을 구하기 위해서는 "conf.level=0.99"라는 옵션을 사용할 수 있다.

② 닭 무게에 대한 p-value는 p-value<2.2e-16이므로 귀무가설이 기각된다.

③ 닭 무게의 점 추정량은 261.30이며, 95% 신뢰구간은 242.8에서 279.80이다.

④ 전체 관측치 수는 70개이다.

3 상관계수/상관분석

1. 공분산과 상관계수

(1) 용어 정의

- 종속변수(반응변수, Y): 다른 변수에 영향을 받는 변수로, 분석 대상이며, 1개임
- 독립변수(설명변수, X): 종속변수에 영향을 주는 변수로, 여러 개일 수 있음
- 종속변수와 독립변수의 관계를 산점도 그래프로 표시할 수 있음
- 산점도: 가장 기본이 되는 그래프로, x축과 y축으로 구성된 좌표 위에 이차원 자료를 점으로 두 변수 간의 관계를 나타내는 데 사용

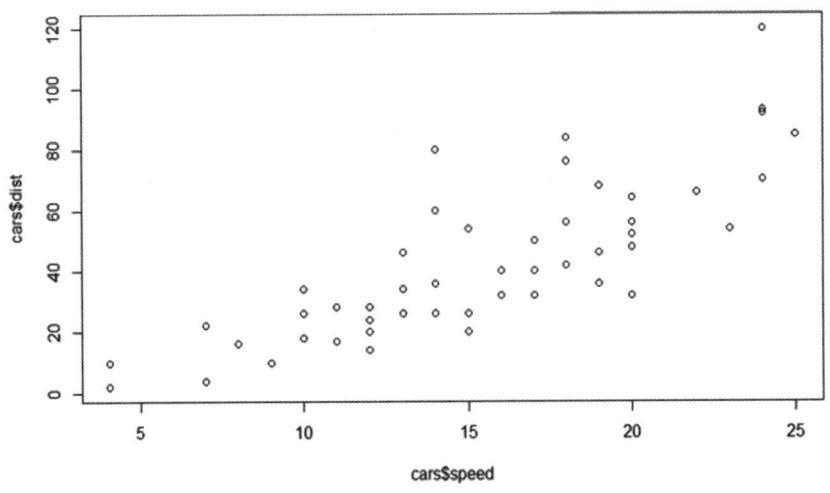

- 산점도에서 확인해야 할 사항 4가지

    ① 두 변수 사이의 선형(직선) 관계가 성립하는가?

    ② 두 변수 사이의 함수 관계(직선 혹은 곡선)가 성립하는가?

    ③ 이상값이 존재하는가?

    ④ 몇 개의 집단으로 구분되는가?

(2) 공분산(covariance): cov()

- 공분산은 두 확률변수가 함께 변하는지를 측정

$$r_{xy} = \frac{\sum_i^n (X_i - \overline{X})(Y_i - \overline{Y})}{\sqrt{\sum_i^n (X_i - \overline{X})} \sqrt{\sum_i^n (Y_i - \overline{Y})}}$$

- 한 변수가 커질 때 다른 변수가 함께 커지거나, 한 변수가 작아질 때 다른 변수가 함께 작아지는 것과 같이 크기 변화의 방향이 같다면 공분산은 양의 값을 가짐
- 반대로 한 변수가 커질 때 다른 변수가 작아지거나, 한 변수가 작아질 때 다른 변수가 커지면 공분산은 음의 값을 가짐
- 만약 두 변수의 값이 서로 상관없이 움직인다면 공분산은 0

(3) 상관계수(correlation): cor()

- 두 변수 X 와 Y 간의 선형 상관관계를 계량화한 수치
- 두 확률변수 X, Y의 공분산을 각 확률변수의 표준 편차의 곱으로 나눈 값

$$r_{xy} = \frac{\sum_i^n (X_i - \overline{X})(Y_i - \overline{Y})}{\sqrt{\sum_i^n (X_i - \overline{X})} \sqrt{\sum_i^n (Y_i - \overline{Y})}}$$

- 이렇게 계량화한 상관계수 r은 +1과 -1 사이의 값을 가지게 됨($-1 \leq r \leq 1$)
- r=+1은 완벽한 양의 선형 상관관계
- r=0은 선형 상관관계 없음 → **관계가 없기 때문에 분석할 필요 없음**
- r=-1은 완벽한 음의 선형 상관관계를 의미

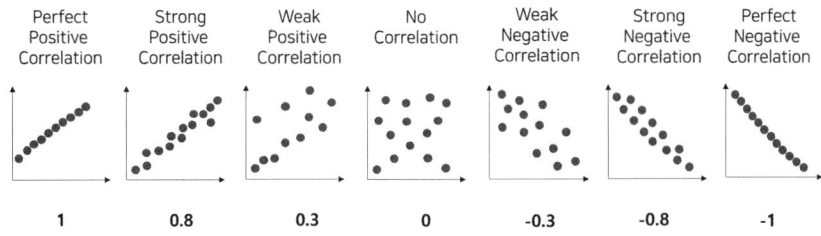

TIP&MEMO

> [TIP]
> 피어슨의 상관계수를 구하는 R 함수는 cor()이고, 상관분석을 해주는 R 함수는 cor.test()이다.

(4) 상관계수의 종류

① 피어슨 상관계수

- 등간 척도 이상으로 측정되는 두 변수의 상관관계 측정
- 두 변수간의 선형 관계의 크기를 측정하는 값으로 비선형적인 상관관계는 나타내지 못함

(예) 공분산과 상관계수

```
> cov(iris[,1:4]) #연속형변수의 공분산
             Sepal.Length Sepal.Width Petal.Length Petal.Width
Sepal.Length    0.6856935  -0.0424340    1.2743154   0.5162707
Sepal.Width    -0.0424340   0.1899794   -0.3296564  -0.1216394
Petal.Length    1.2743154  -0.3296564    3.1162779   1.2956094
Petal.Width     0.5162707  -0.1216394    1.2956094   0.5810063
> cor(iris[,1:4]) #연속형변수의 상관관계
             Sepal.Length Sepal.Width Petal.Length Petal.Width
Sepal.Length    1.0000000  -0.1175698    0.8717538   0.8179411
Sepal.Width    -0.1175698   1.0000000   -0.4284401  -0.3661259
Petal.Length    0.8717538  -0.4284401    1.0000000   0.9628654
Petal.Width     0.8179411  -0.3661259    0.9628654   1.0000000
```

공분산과 상관계수 읽는 법

대각선을 긋고, 거의 대칭이므로 한 쪽 삼각형만 읽는다.

공분산만으로는 양의 관계, 음의 관계, 또는 관계없음 정도만 알 수 있다.

상관관계는 -1에서 +1까지의 수치를 찾기가 매우 쉽다.

가령 Petal.Length와 Petal.Width의 상관관계는 0.9628654로 1에 매우 가까운 수치이다. 따라서 꽃잎의 길이가 길면 너비도 넓다는 결론을 내릴 수 있다.

```
> cov(iris[,1:4]) #연속형변수의 공분산
             Sepal.Length Sepal.Width Petal.Length Petal.Width
Sepal.Length    0.6856935  -0.0424340    1.2743154   0.5162707
Sepal.Width    -0.0424340   0.1899794   -0.3296564  -0.1216394
Petal.Length    1.2743154  -0.3296564    3.1162779   1.2956094
Petal.Width     0.5162707  -0.1216394    1.2956094   0.5810063
> cor(iris[,1:4]) #연속형변수의 상관관계
             Sepal.Length Sepal.Width Petal.Length Petal.Width
Sepal.Length    1.0000000  -0.1175698    0.8717538   0.8179411
Sepal.Width    -0.1175698   1.0000000   -0.4284401  -0.3661259
Petal.Length    0.8717538  -0.4284401    1.0000000   0.9628654
Petal.Width     0.8179411  -0.3661259    0.9628654   1.0000000
```

② **스피어만 상관계수**
- 서열 척도인 두 변수의 상관관계 측정하는데 사용
- **비선형 상관관계도** 표시

    (예) 국어 점수와 영어 점수 간의 상관관계 → 피어슨 상관계수
    국어 성적 석차와 영어 성적 석차의 상관관계 → 스피어만 상관계수

- 피어슨 상관계수와 스피어만 상관계수 비교

구분	피어슨 상관계수	스피어만 상관계수
개념	등간척도 이상으로 측정된 두 변수의 상관관계 측정	순서(서열)척도인 두 변수들간의 상관관계 측정
특징	연속형 변수, 정규성 가정	순서형 변수, 비모수적 방법
상관계수	피어슨 r(적률상관계수)	순위상관계수 ρ(로우)
R 코드	cor(x, y, method=c('pearson', 'spearman'))	

> TIP
> 서열 척도의 두 변수의 상관관계를 측정할 때 사용하는 상관계수는 스피어만의 상관계수이다.

2. 상관분석(Correlation Analysis): cor.test()

- 두 변수 간의 관계인 상관계수만으로는 유의미하다고 볼 수 없다.
- 상관분석: 상관계수가 통계적으로 유의한 지를 검정하는 분석

(예)
```
> # 상관계수
> cor(cars$speed, cars$dist)
[1] 0.8068949
> # 상관분석
> cor.test(car$speed, cars$dist, method="pearson")

        Pearson's product-moment correlation

data: cars $speed and cars $dist
t = 9.464, df = 48, p-value = 1.49e-12
alternative hypothesis: true correlation is not equal to 0
95 percent confidence interval:
  0.6816422    0.8862036
sample estimates:
      cor
0.8068949
```

cars 데이터셋에서 speed(속도) 변수와 dist(제동거리) 변수 사이의 피어슨 상관계수는 0.8068949이다. 1에 가까운 값이므로

양의 상관관계, 즉 속도가 빠를수록 제동거리가 길어진다는 결론을 내릴 수 있다. 상관계수에 대한 상관분석 결과, p-value가 1.49e-12이므로 유의수준 0.05보다 작으므로 통계적으로 유의한 상관계수이다.

─상관분석 연습하기

(1) 1단계: 산점도 그래프를 그려서 두 변수의 상관의 정도를 시각화한다.

> plot(drat, disp)

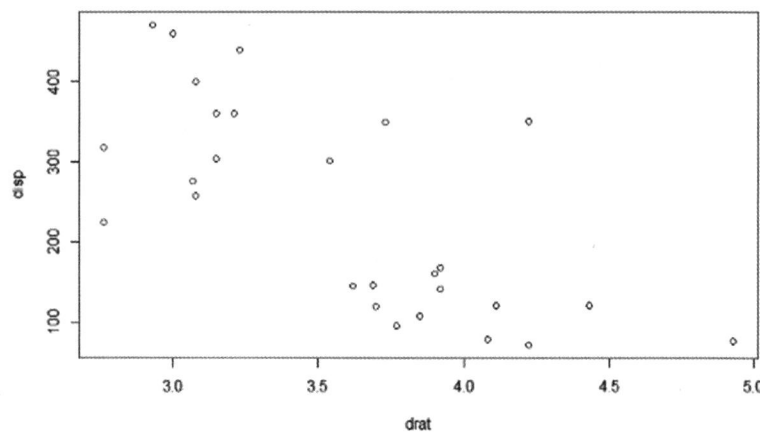

(2) 2단계: 상관계수를 구해본다.

```
> cor (drat, disp)
[1] -0.7102139
```

(3) 3단계: 상관분석을 하여 상관계수의 통계적 유의성을 검정한다.

↘ Hmisc 패키지의 rcorr() 함수를 이용하면 상관계수와 상관분석을 동시에 진행할 수 있음

```
> rcorr(as.matrix(utcars), type="pearson")
          mpg   cyl  disp    hp  drat    wt  qsec    vs    am  gear  carb dratdisp
mpg      1.00 -0.85 -0.85 -0.78  0.68 -0.87  0.42  0.66  0.60  0.48 -0.55   -0.85
cyl     -0.85  1.00  0.90  0.83 -0.70  0.78 -0.59 -0.81 -0.52 -0.49  0.53    0.90
disp    -0.85  0.90  1.00  0.79 -0.71  0.89 -0.43 -0.71 -0.59 -0.56  0.39    1.00
hp      -0.78  0.83  0.79  1.00 -0.45  0.66 -0.71 -0.72 -0.24 -0.13  0.75    0.79
drat     0.68 -0.70 -0.71 -0.45  1.00 -0.71  0.09  0.44  0.71  0.70 -0.09   -0.71
wt      -0.87  0.78  0.89  0.66 -0.71  1.00 -0.17 -0.55 -0.69 -0.58  0.43    0.89
qsec     0.42 -0.59 -0.43 -0.71  0.09 -0.17  1.00  0.74 -0.23 -0.21 -0.66   -0.43
vs       0.66 -0.81 -0.71 -0.72  0.44 -0.55  0.74  1.00  0.17  0.21 -0.57   -0.71
am       0.60 -0.52 -0.59 -0.24  0.71 -0.69 -0.23  0.17  1.00  0.79  0.06   -0.59
gear     0.48 -0.49 -0.56 -0.13  0.70 -0.58 -0.21  0.21  0.79  1.00  0.27   -0.56
carb    -0.55  0.53  0.39  0.75 -0.09  0.43 -0.66 -0.57  0.06  0.27  1.00    0.39
dratdisp -0.85 0.90  1.00  0.79 -0.71  0.89 -0.43 -0.71 -0.59 -0.56  0.39

n= 32

P
          Mpg    cyl    disp   hp     drat   wt     qsec   vs     am     gear   carb   dratdisp
mpg              0.0000 0.0000 0.0000 0.0000 0.0000 0.0171 0.0000 0.0003 0.0054 0.0011 0.0000
cyl       0.0000        0.0000 0.0000 0.0000 0.0004 0.0000 0.0000 0.0022 0.0042 0.0019 0.0000
disp      0.0000 0.0000        0.0000 0.0000 0.0000 0.0131 0.0000 0.0004 0.0010 0.0253 0.0000
hp        0.0000 0.0000 0.0000        0.0100 0.0000 0.0000 0.0000 0.1798 0.4930 0.0000 0.0000
drat      0.0000 0.0000 0.0000 0.0100        0.0000 0.6196 0.0117 0.0000 0.0000 0.6212 0.0000
wt        0.0000 0.0000 0.0000 0.0000 0.0000        0.3389 0.0010 0.0000 0.0005 0.0146 0.0000
qsec      0.0171 0.0004 0.0131 0.0000 0.6196 0.3389        0.0000 0.2057 0.2425 0.0000 0.0131
vs        0.0000 0.0000 0.0000 0.0000 0.0117 0.0010 0.0000        0.3570 0.2579 0.0007 0.0000
am        0.0003 0.0022 0.0004 0.1798 0.0000 0.0000 0.2057 0.3570        0.0000 0.7545 0.0004
gear      0.0054 0.0042 0.0010 0.4930 0.0000 0.0005 0.2425 0.2579 0.0000        0.1290 0.0010
carb      0.0011 0.0019 0.0253 0.0000 0.6212 0.0146 0.0000 0.0007 0.7545 0.1290        0.0253
dratdisp  0.0000 0.0000 0.0000 0.0000 0.0000 0.0000 0.0131 0.0000 0.0004 0.0010 0.0253
```

↘ rcorr()함수에는 as.matrix(mtcars)처럼 반드시 **데이터 프레임이 아닌 매트릭스 형태**가 들어가야 한다.

연습 문제

01 두 변수 간 선형 관계의 크기를 측정하는 공분산의 크기가 단위에 따라 영향을 받지 않도록 한 피어슨 상관계수에서 두 변수의 상관관계가 존재하지 않을 경우 도출되는 값은?

① −1 ② NA
③ 1   ④ 0

02 다음 중 한 변수를 단조 증가 함수로 변환하여 다른 변수를 나타낼 수 있는 정도를 나타내며 두 변수의 선형 관계의 크기뿐만 아니라 비선형적인 관계도 나타낼 수 있는 상관계수는 무엇인가?

① 코사인 유사도   ② 피어슨 상관계수
③ 스피어만 상관계수 ④ 자카드 인덱스

03 아래는 응답자의 키와 몸무게를 나타낸 표이다. 다음 중 응답자 1과 응답자 2의 피어슨 상관계수(Pearson correlation)은 얼마인가?

응답자 ID	키	몸무게
1	165	65
2	170	70
3	175	75
4	180	80
5	185	85

① 1   ② 0.5
③ 0   ④ −0.5

04 Credit 데이터는 400명의 신용카드 고객에 대한 신용카드와 관련된 변수들이 포함되어 있다. 아래 변수간의 산점도와 피어슨 상관계수를 나타내고 있다. 아래 그림을 보고 설명이 부적절한 것은?

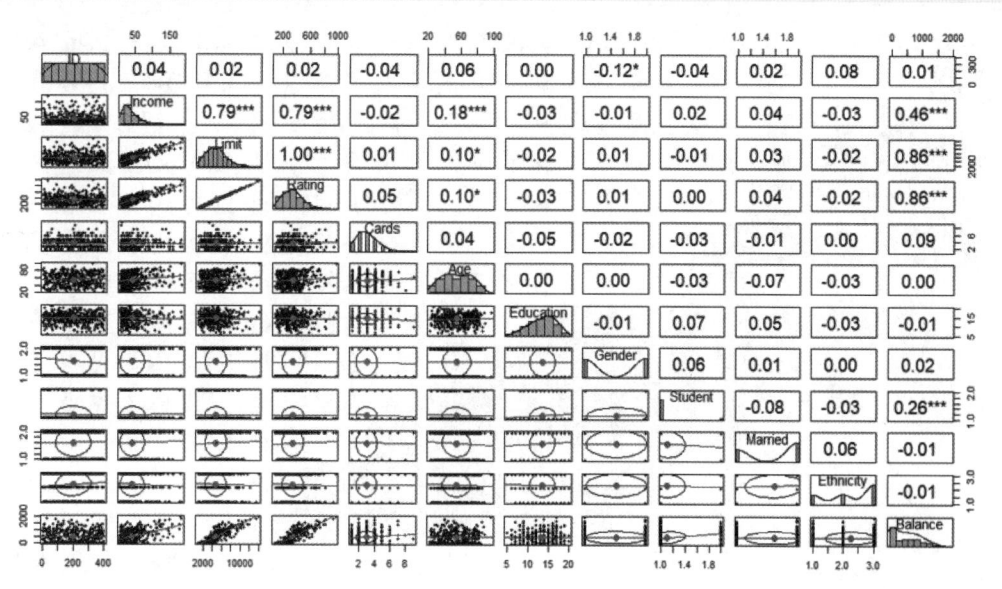

\# 1~7열의 변수명은 순서대로 Income, Limit, Rating, Cards, Age, Education, Balance입니다.

① Income의 분포는 아래쪽으로 꼬리가 긴 분포를 가진다.

② Limit와 Ratting은 거의 완벽한 선형 관계를 가진다.

③ Balance와 가장 상관관계가 높은 변수는 Income이다.

④ Age와 Balance는 거의 상관관계가 없다.

05 Hitters 데이터셋은 메이저리그에서 활약하는 322명의 선수에 대한 타자 기록으로 연봉을 비롯한 17개의 변수를 포함하고 있다. 아래는 변수들 간의 상관계수를 나타낸다. 다음 중 아래에 대한 설명으로 가장 부적절한 것은?

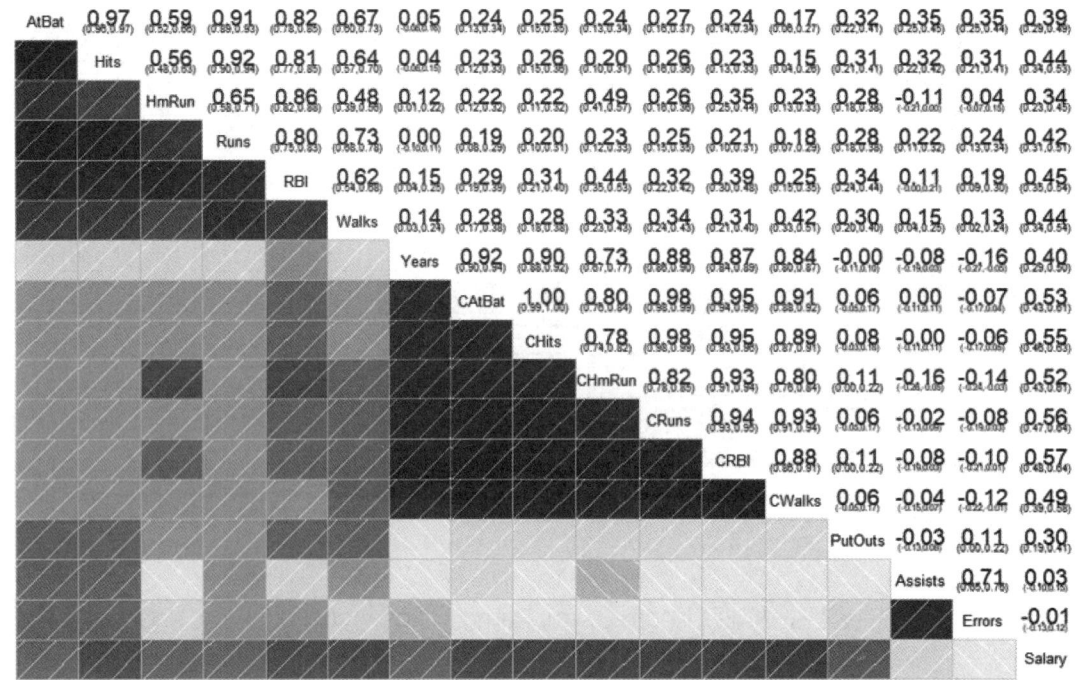

① Salary와의 상관계수가 가장 작은 변수는 Errors이다.

② Salary와 CRuns의 상관계수는 통계적으로 유의하다.

③ Salary와 Errors간에 음의 상관관계가 있다.

④ Salary를 종속변수로 나머지 변수들을 독립변수로 하는 회귀모형을 적합할 때 다중공선성이 존재할 가능성이 크다.

4 회귀분석

1. 회귀 분석의 개요

(1) 회귀 분석의 정의

- 하나 또는 그 이상의 독립변수들이 종속변수에 미치는 영향을 추론하는 통계 기법
- 변수의 종류
    ① 종속변수(반응변수, Y): 영향을 받는 변수, 분석의 대상이 되는 변수
    ② 독립변수(설명변수, X1, X,2 , …): 종속변수에 영향을 주는 변수
- 회귀 분석의 종류: 단순회귀분석과 다중회귀분석
    ① 단순회귀분석: 하나의 독립변수가 사용된 회귀 분석
        $y = wx + b$ w: 계수(가중치), b: 절편(편향)
    ② 다중회귀분석: 두개 이상의 독립변수가 사용된 회귀 분석
        $y = w_0x_0 + w_1x_1 + w_2x_2 + \cdots + w_nx_n + b$
- **회귀계수 추정법: 최소제곱법**
    실제 참값과 회귀 모델이 출력한 예측값 사이의 잔차의 제곱의 합을 최소화하는 w(계수)와 b(절편)를 구하는 것이 목적
    → Least Square, 최소 제곱법
    $$Cost_{tr} = \sum_i (Y_i - \hat{Y}_i)^2$$
    잔차(e1, e2, e3, …)의 제곱의 합이 가장 작은 회귀선을 선택

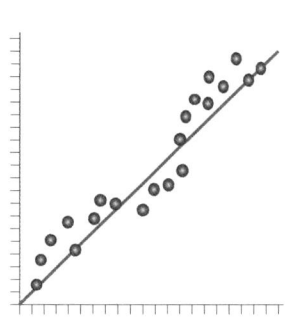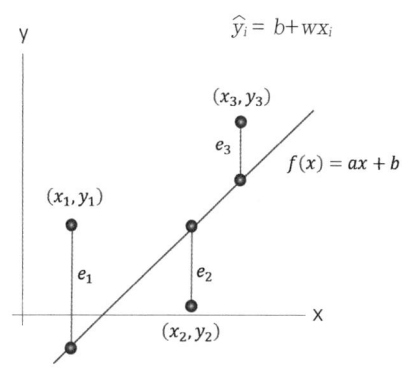

> **핵심 용어 정리**
> 회귀 분석은 많은 회귀선 중에서 실제 값과 회귀모델이 예측한 값 사이의 잔차의 제곱합을 최소로 하는 회귀계수와 절편을 가지는 회귀선을 구하는 것이다.

> **TIP&MEMO**
>
> - **단순선형 회귀모형**
>   - 두 확률변수 X, Y에서 X가 독립변수이고, Y가 종속변수일 경우 독립변수 X의 개별값 $x_1, x_2, \cdots, x_n$에 대응하는 종속변수 Y의 관찰값 $y_1, y_2, \cdots, y_n$에 대해 다음과 같은 모형을 단순선형 회귀모형이라고 합니다.
>
> $$y_i = \beta_0 + \beta_1 x_{1i} + \varepsilon_i \quad i=1,2,\ldots,n,\ \varepsilon_i \sim N(0, \sigma^2)$$
>
> - **회귀계수**
>   - 위의 식에서 두 상수 β_0, β_1을 (모집단)회귀계수라 하는데, 이는 각각 직선의 방정식에서 절편과 기울기의 역할을 합니다.
>   - 두 상수는 미지의 모수로, 표본으로부터 추정을 통해 구합니다.
>   - 추정된 회귀계수를 이용하여 구한 식으로 나타내는 직선 → '추정된 회귀직선'

(2) 회귀 분석의 검정

- 회귀식(모형)에 대한 검증: F-검정
- 회귀계수들에 대한 검증: t-검정
- 모형의 설명력은 결정계수(R^2), 결정계수는 0~1사이의 값
- **단순회귀분석의 결정계수는 상관계수의 제곱과 같음**
- 단순회귀에서의 상관계수=$\sqrt{R^2}$, 부호는 기울기 상관계수와 동일

Q 기출문제로 연습하기

아래는 기대수명(Life.Exp)과 문맹률(illiteracy)와의 관계를 나타내는 회귀분석 결과이다. 이를 사용하여 계산한 기대수명과 문맹률 간의 피어슨 상관계수로 적절한 것은? 기각된다.

```
Call:
lm(formula = Life.Exp ~ Illiteracy, data = st)

Residuals:
    Min      1Q  Median      3Q     Max
-2.7169 -0.8063 -0.0349  0.7674  3.6675

Coefficients:
            Estimate Std. Error t value Pr(>|t|)
(Intercept)  72.3949     0.3383 213.973  < 2e-16 ***
Illiteracy   -1.2960     0.2570  -5.043 6.97 e-06 ***
---
Signif. codes:  0 '***' 0.001 '**' 0.01 '*' 0.05 '.' 0.1 ' ' 1

Residual standard error: 1.097 on 48 degrees of freedom
Multiple R-squared: 0.3463,    Adjusted R-squared: 0.3327
F-statistic: 25.43 on 1 and 48 DF,  p-value: 6.969e-06
```

> **A 정답 확인하기**
>
> 선형회귀분석 상관계수는 결정계수에 제곱근(root)를 씌운 값과 같으며, 부호는 기울기(illiteracy)의 부호를 따른다.
>
> 상관계수$=-\sqrt{R^2}=-\sqrt{0.3463}$
>
> ```
> > -sqrt(0.3463)
> [1] -0.5884726
> > cor(st[,"Life.Exp"], st["Illiteracy"])
> [1] -0.5884779
> ```

(3) 회귀 모델의 평가 기준: MAE, MSE, RMSE, R2

① Residuals(잔차): 실제 값과 예측 값의 차이(오차)

Residual Error=$y-\hat{y}$

② Mean Squared Error(MSE, 평균제곱오차): 잔차를 제곱의 합으로 계산

$MSE=\frac{1}{n}\Sigma_{i=1}^{n}(y_i-\hat{y})^2$

③ Root Mean Squared Error(RMSE): MSE에 루트를 씌워 실제 값과 유사한 값으로 변경

$RMSE=\sqrt{\frac{1}{n}\Sigma_{i=1}^{n}(y_i-\hat{y})^2}$

④ R^2(결정계수)

$R^2=\frac{\Sigma(\hat{y}_i-\bar{y})}{\Sigma(y_i-\bar{y})^2}=\frac{회귀선에 의해 설명되는 변동}{전체 변동}$

↘ 학습한 회귀 모델이 얼마나 데이터를 잘 표현하는 지에 대한 정도를 나타내는 통계적인 척도

↘ 0과 1사이의 값을 가짐. 1에 가까울수록 회귀모델이 데이터를 잘 표현한다는 것을 의미

TIP
회귀 모델의 평가 기준으로 가장 많이 쓰이는 기준은 RMSE이다.

⑤ Adjusted R^2(수정된 결정계수)

$$\text{adjusted } R^2 = 1 - \frac{n-1}{(n-p-1)(1-R^2)}$$

- 독립변수 개수가 많아질수록 결정계수의 값이 커지게 되는 것을 보정한 것이 수정된 결정계수
- 표본의 크기와 독립변수의 수를 고려하여 계산하게 되며, 다중회귀분석일 경우에 사용

2. 단순선형회귀

- 하나의 독립변수가 사용된 선형회귀분석이다.

단순선형 회귀모형

- 두 확률변수 X, Y에서 X가 독립변수이고, Y가 종속변수일 경우 독립변수 X의 개별값 $x_1, x_2, \cdots, x_n$에 대응하는 종속변수 Y의 관찰값 $y_1, y_2, \cdots, y_n$에 대해 다음과 같은 모형을 단순선형 회귀모형이라고 합니다.

$$y_i = \beta_0 + \beta_1 x_{1i} + \varepsilon_i \qquad i = 1, 2, \ldots, n, \; \varepsilon_i \sim N(0, \sigma^2)$$

회귀계수

- 위의 식에서 두 상수 β_0, β_1을 (모집단)회귀계수라 하는데, 이는 각각 직선의 방정식에서 절편과 기울기의 역할을 합니다.
- 두 상수는 미지의 모수로, 표본으로부터 추정을 통해 구합니다.
- 추정된 회귀계수를 이용하여 구한 식으로 나타내는 직선 → ' 추정된 회귀직선 '

Q 기출문제로 연습하기

아래는 자동차의 속도(speed)와 제동거리(dist)의 관계를 분석한 회귀분석 결과이다. 회귀분석의 가정이 모두 만족되었다고 할 때, 10mile 속도로 달리고 있는 자동차의 제동거리를 예측하시오.

```
Call:
lm(formula = dist ~ speed, data = cars)

Residuals:
    Min      1Q  Median      3Q     Max
-29.069  -9.525  -2.272   9.215  43.201

Coefficients:
            Estimate Std. Error t value Pr(>|t|)
(Intercept) - 17.5791     6.7584  -2.601   0.0123 *
speed         3.9324     0.4155   9.464 1.49e-12 ***
---
Signif. codes:  0 '***' 0.001 '**' 0.01 '*' 0.05 '.' 0.1 ' ' 1

Residual standard error: 15.38 on 48 degrees of freedom
Multiple R-squared: 0.6511,    Adjusted R-squared: 0.6438
F-statistic: 89.57 on 1 and 48 DF,  p-value: 1.49e-12
```

A 정답 확인하기

정답: >dist = -17.5791 + 3.9324 * 10
       >dist
       [1] 21.7449

풀이:
p-value가 0.05보다 작으므로 이 검정은 유의미하다.
Coefficients를 보면 회귀계수를 알 수 있다.
y = wx + b에서 w는 3.9324, b는 -17.5791이다. x는 speed = 10이다. y를 계산하면 21.7449가 나온다.
추가로, Multiple R-squared를 보면 R2=65%로, 회귀 모델이 데이터를 65% 정도로 잘 표현하고 있음을 알 수 있다.
만일 단순회귀분석이었다면, 0.6에 루트를 씌운 값이 상관계수가 된다.
실제 기출문제는 선택지를 주고, 옳거나 그르게 분석한 선택지를 묻는 방식으로 출제된다.

Q 기출문제로 연습하기

아래는 기대수명(Life.Exp)과 문맹률(illiteracy)와의 관계를 나타내는 회귀분석 결과이다. 이를 사용하여 계산한 기대수명과 문맹률 간의 피어슨 상관계수로 적절한 것은?

```
Call:
lm(formula = dist ~ speed, data = cars)

Residuals:
    Min     1Q  Median     3Q    Max
-29.069 -9.525  -2.272  9.215 43.201

Coefficients:
            Estimate Std. Error t value Pr(>|t|)
(Intercept) - 17.5791    6.7584  -2.601   0.0123 *
speed          3.9324    0.4155   9.464 1.49e-12 ***
---
Signif. codes: 0 '***' 0.001 '**' 0.01 '*' 0.05 '.' 0.1 ' ' 1

Residual standard error: 15.38 on 48 degrees of freedom
Multiple R-squared: 0.6511,    Adjusted R-squared: 0.6438
F-statistic: 89.57 on 1 and 48 DF,  p-value: 1.49e-12
```

TIP&MEMO

> **A) 정답 확인하기**
>
> 정답: $-\sqrt{(0.3463)}\,(=-0.58)$
>
> 풀이:
> 선형회귀식: 기대수명 = 회귀계수*문맹률 + 편차 = -1.296*문맹률 + 72.3949
> 회귀계수들의 p값도 모두 0.05보다 작으므로 유의하다.
> $R^2 = 0.3463$, 회귀모형의 유의수준이 6.969e−06으로 설명력이 좋다.
>
> 선형회귀분석에서의 상관계수는 결정계수에 제곱근(root)를 씌운 값과 같으며, 부호는 기울기(−1.296)의 부호를 따른다.
>
> 상관계수 $= -\sqrt{(R^2)} = -\sqrt{(0.3463)}$
>
> ```
> > -SQRT(0.3463)
> [1] -0.5884726
> > cor(st[,"Life.Exp"], st[,"Illiteracy"])
> [1] -0.5884779
> ```

3. 다중회귀분석(중회귀분석)

(1) 다중선형회귀분석

- 두개 이상의 독립변수가 사용된 선형회귀 분석
- 여러 독립 변수가 +로 연결해 나열하여 다중선형회귀 모델을 만듦
- lm() 함수로 중선형회귀를 진행한 후 summary()로 결과 확인
- summary()의 결과를 읽는 방법은 선형회귀와 동일
- F-통계량 해석에는 차이가 있음

  단순선형회귀 귀무가설: '$H_0 : \beta_1 = 0$이다.'

  다중선형회귀 귀무가설: 'H_0 : 모든 계수가 0이다."

  ($\beta_0 = \beta_1 = \beta_2 = \ldots \beta_p = 0$)

  ⇒ p-value < 0.05이면 하나 이상의 설명변수의 계수가 0이 아니다.

- **다중회귀모형** $y_i = \beta_0 + \beta_1 x_{1i} + \beta_2 x_{2i} + \cdots + \beta_k x_{ki} + \varepsilon_i, i = 1, 2, \ldots, n$

- **회귀계수** $\beta_0 = $ 절편, $\beta_1, \beta_2, \ldots, \beta_k = $ 각 독립변수의 기울기

- **오차항** $\varepsilon_i \sim N(0, \sigma^2)$

다중선형회귀분석 연습하기

```
Call:
lm(formula = Fertility ~ ., data = swiss)

Residuals:
     Min      1Q  Median      3Q     Max
-15.2743 -5.2617  0.5032  4.1198 15.3213

Coefficients:
                 Estimate Std. Error t value Pr(>|t|)
(Intercept)      66.91518   10.70604   6.250 1.91e-07 ***
Agriculture      -0.17211    0.07030  -2.448  0.01873 *
Examination      -0.25801    0.25388  -1.016  0.31546
Education        -0.87094    0.18303  -4.758 2.43e-05 ***
Catholic          0.10412    0.03526   2.953  0.00519 **
Infant.Mortality  1.07705    0.38172   2.822  0.00734 **
---
Signif. codes:  0 '***' 0.001 '**' 0.01 '*' 0.05 '.' 0.1 ' ' 1
Residual standard error: 7.165 on 41 degrees of freedom
Multiple R-squared:  0.7067,    Adjusted R-squared:  0.671
F-statistic: 19.76 on 5 and 41 DF,  p-value: 5.594e-10
```

Y: 스위스의 출산율(fertility)

X: Agriculture, Examination, Education, Catholic, Infant.Mortality

회귀식: y = 66.91 + 회귀계수*x1 + 회귀계수*x2 + ⋯

유의성 검정: p-value인 5.594e-10가 0.05보다 작으므로 유의미하다.

회귀계수 추정치의 유의성 검정: Examination은 0.31546으로, 0.05보다 큰 값이므로 회귀계수 추정치인 −0.25801은 통계적으

로 유의하지 않다. 따라서 회귀식에서 해당 회귀계수는 제외하는 것이 좋다.

Multiple R-squared와 Adjusted R-squared가 있다. 원칙적으로 분석 결과를 수정 결정계수로 해석해야 하지만, 시험에서 수정된 결정계수가 아닌 일반 결정계수를 제시한다고 해서 틀린 해석이 되지는 않는다.

(2) 다중선형회귀분석의 다중공선성
- 다중회귀분석에서 설명변수(X)들 사이에 선형 관계가 존재하면 회귀계수의 정확한 추정이 곤란해지는 현상

(3) 다중공선성의 검사
- 분산팽창요인(VIF)이 10보다 크면 다중공선성이 있는 것으로 간주
- 10이상이면 문제가 있다고 보고, 30보다 크면 심각, 선형 관계가 강한 변수는 제거

4. 선형회귀모형의 유의성 검정

(1) 모형(회귀식)이 통계적으로 유의미한가?
- F 통계량 확인, 유의수준 5% 하에서 F 통계량의 p-값이 0.05보다 작으면 추정된 회귀식은 통계적으로 유의

(2) 회귀계수들이 유의미한가?
- 해당 계수의 t통계량과 p-값 또는 이들의 신뢰구간을 확인한다. (p-값이 0.05 보다 작으면 회귀계수 유의)

(3) 모형이 얼마나 설득력을 갖는가?
- 결정계수(R^2)를 확인한다. 결정계수가 0에서 1사이의 값을 가지며, 높은 값을 가질수록 추정된 회귀식의 설명력이 높음

핵심 용어 정리

다중공선성
다중선형회귀분석에서 설명변수들이 여러개 있을 때 설명변수들끼리 선형 관계가 존재하여 결정변수에 영향을 미치는 것으로 회귀계수의 정확한 추정이 곤란해지는 현상을 의미하며, 다중선형회귀분석 시에 반드시 고려해야 하는 문제이다.

연습문제
선형회귀분석에서 잔차항이 정규분포를 이루어야하는 것을 무엇이라고 하는가?
정답: 정상성

5. 선형회귀분석의 가정 5가지

① 선형성(독립변수의 변화에 따라 종속변수도 일정크기로 변환)

② 독립성(잔차와 독립변수의 값이 관련되어 있지 않음)

③ 등분산성(독립변수의 모든 값에 대해 오차들의 분산이 일정)

④ 비상관성(관측치들의 잔차들끼리 상관이 없어야 함)

⑤ **정상성(잔차항이 정규분포를 이루어야 함)**

→ 정규분포 확인: Q-Q Plot, Shapiro-Wilk 검정

연습문제
선형회귀분석에서 잔차항이 정규분포를 이루어야 한다는 정상성을 검정하기 위해 사용하는 방법은?
정답: Shapiro-Wilk(샤피로-윌크) 검정

TIP
잔차 그래프를 보고 선형회귀분석의 가정 중 어떤 가정에 위배되는지 알 수 있어야한다.

6. 잔차 그래프로 살펴본 선형회귀분석의 가정 → 잔차 분석

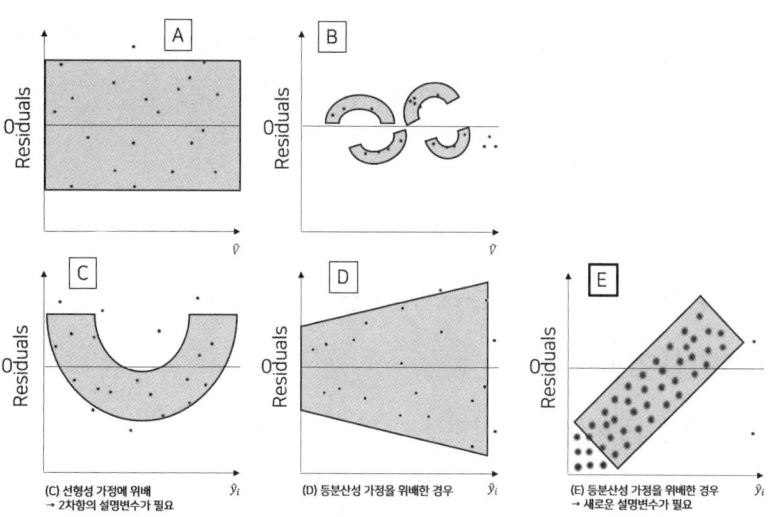

(C) 선형성 가정에 위배 → 2차항의 설명변수가 필요
(D) 등분산성 가정을 위배한 경우
(E) 등분산성 가정을 위배한 경우 → 새로운 설명변수가 필요

A) 잔차가 특별한 형태가 없이 무작위로 퍼져 있으므로 매우 바람직한 잔차 그래프

B) 잔차들이 뭉쳐 세트(set)를 이루고 있기 때문에 독립성 가정에 위배되는 것으로 보임

C) 잔차 형태가 U자를 띄고 있기 때문에 선형성 가정에 위배되는 것으로 보임

→ 2차항의 설명변수가 필요함

D) 잔차의 분포가 점점 커지고 있기 때문에 등분산성 가정에 위배

되는 것으로 보임

E) 잔차의 분포를 보았을 때, X값이 커짐에 따라 잔차가 커지는 모습을 보여 잔차와 입력변수 간에

아무런 관련성이 없다고 보기 어려움 → 새로운 설명변수 필요

7. 정상성(정규성) 검정

(1) 정규성 검정

- 데이터 셋의 분포가 정규분포(Normal Distribution)을 따르는지 검정하는 것
- 통계적인 여러 검정법들이 데이터의 정규분포를 가정하고 수행되기 때문에 데이터 자체의 정규성을 확인하는 검정 과정이 필수적

(2) 정규성 검정 종류

① 샤피로-윌크 검정(Shapiro-Wilk test)

② Q-Q plot(Quantile-Quantile plot)

(3) 정규성 검정의 가설

- H0(귀무가설): 데이터셋이 정규분포를 따른다.
- H1(대립가설): 데이터셋이 정규분포를 따르지 않는다.

(4) 정규성 검정 예제

- bmi가 정규분포를 따르는지 확인하는 예제. Q-Q plot보다 샤피로-윌크 검정이 더 정확한 검정 방법

① 샤피로-윌크 검정(Shapiro-Wilk test)

shapiro.test(bmi)

shapiro-Wilk normality test

data: bmi

W = 0.99104, p-value = 0.2523

해석) p-value가 0.2523으로 0.05보다 큰 값이므로 귀무가설

이 기각되지 않는다.

즉, bmi는 정규분포를 따른다고 할 수 있다.

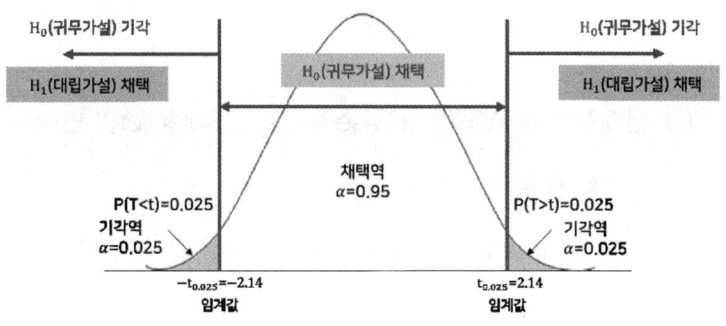

② Q-Q plot

qqnorm(bmi)

qqline(bmi)

해석) QQ plot의 점들이 기울기의 직선상에 놓이면 자료가 해당 분포를 잘 따른다고 볼 수 있다.

데이터셋의 점들이 라인을 따라서 잘 붙어있으므로 정규성을 따른다고 할 수 있다.

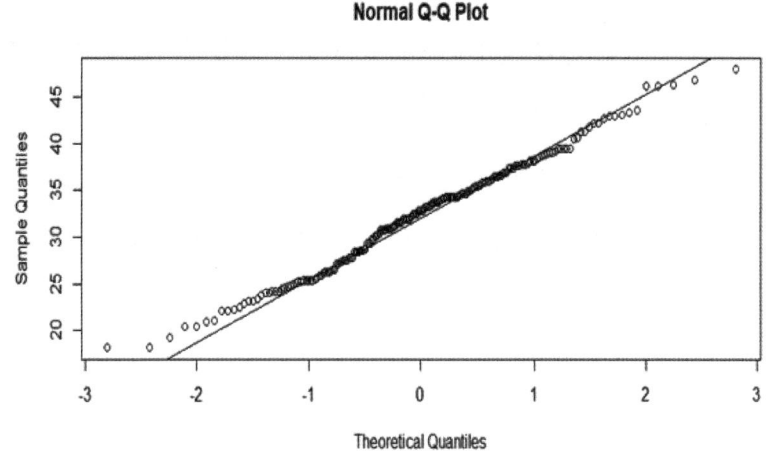

8. 최적회귀방정식 – 설명변수의 선택법

- 가능한 범위 내에서 되도록 적은 수의 설명변수를 포함하는 것이 좋음

(1) 단계적 변수 선택(Stepwise Variable Selection): 변수의 선택기준
→ <u>AIC가 낮은 것부터 선택</u>

AIC(Akaike information cirterion): 모델의 상대적 품질 평가 척도

① 전진 선택법(forward selection)
- 절편만 있는 상수 모형으로부터 시작해 중요하다고 생각되는 설명변수부터 차례로 모형에 추가
- 제곱합의 기준으로 가장 설명을 잘하는 변수를 고려하여 그 변수가 유의하면 추가, 그렇지 않으면 추가를 멈춤

② 후진 제거법(backward elimination)
- 독립변수(설명변수) 후보 모두를 포함한 모형에서 출발해 제곱합의 기준으로 가장 적은 영향을 주는 변수부터 하나씩 제거하면서 더이상 유의하지 않은 변수가 없을 때까지 설명변수를 제거하고 이 때의 모형을 선택

③ 단계별 방법(stepwise method) = 전진선택법 + 후진 제거법
- 전진선택법에 의해 변수를 추가하면서 새롭게 추가된 변수에 기인해 기존변수가 그 중요도가 약화되면 해당변수를 제거하는 등 단계별로 추가 또는 제거되는 변수의 여부를 검토해 더 이상 필요 없을 때 중단.

(2) 단계적 변수 선택법의 step() 함수
- 형식: step(lm(종속변수~설명변수, 데이터세트), scope=list(lower=~1,upper=~설명변수), direction=" 변

■ 연습문제

최적회귀방정식에서 설명변수(독립변수) 후보 모두를 포함한 모형에서 출발하여 가장 적은 영향을 주는 변수부터 하나씩 제거하면서 더이상 유의하지 않은 변수가 없을 때까지 설명변수를 제거하는 방식을 무엇이라고 하는가?

정답: 후진 제거법

수선택방법")

① 전진선택법

step(lm(Pemax~1, Bio), scope=list(lower=~1, upper=나이+키+체중+BMP+RV+FRC+TCL), direction="forward")

② 후진제거법

step(lm(Pemax~나이+키+체중+BMP+RV+FRC+TCL, direction="backward")

③ 단계별방법

step(lm(Pemax ~1, Bio), scope=list(lower=~1, upprer=나이+키+체중+BMP+RV+FRC+TCL), direction="both")

Q 기출문제로 연습하기

아래는 1888년 스위스의 47개 지역의 출산율 자료를 사용해 회귀분석을 실시한 결과이다. 최적화회귀방정식을 선택하기 위해 후진제거법(backward elimination)으로 설명변수를 선택하려고 한다. 이때 가장 먼저 제거되어야 하는 설명변수는 무엇인가?

```
Call:
lm(formula = Fertility ~., data = swiss)

Residuals:
     Min      1Q  Median      3Q     Max
-15.2743 -5.2617  0.5032  4.1198 15.3213

Coefficients:
                Estimate Std. Error t value Pr(>|t|)
(Intercept)     66,91518   10.70604   6.250 1.91e-07 ***
Agriculture     -0.17211    0.07030  -2.448 0.01873 *
Examination     -0.25801    0.25388  -1.016 0.31546
Education       -0.87094    0.18303  -4.758 2.43e-05 ***
Catholic         0.10412    0.03526   2.953 0.00519 **
Infant.Mortality 1.07705    0.38172   2.822 0.00734 **
---
Signif. codes:  0 '***' 0.001 '**' 0.01 '*' 0.05 '.' 0.1 ' ' 1

Residual standard error: 7.165 on 41 degrees of freedom
Multiple R-squared:  0.7067,    Adjusted R-squared:  0.671
F-statistic: 19.76 on 5 and 41 DF,  p-value: 5.594e-10
```

① Agriculture　　② Examination
③ Education　　④ Catholic

연습문제

최적회귀 방정식에서 단계별방법을 쓰고자 할 때 괄호에 들어갈 것은?
step(lm(Pemax ~1, Bio),
scope=list(lower=~1,
upprer=나이+키+체중
+BMP+RV+FRC+TCL),
direction=(　　))
정답: "both"

TIP&MEMO

> **A 정답 확인하기**
>
> 정답: ②
> 풀이: 유의성이 가장 낮은 설명변수인 Examination을 먼저 제거해야 한다. (p-value=0.31546)
> 만일 전진선택법으로 출제되었다면, 가장 유의하다고 나오는 Education을 제일 먼저 선택해야 한다. (p-value=2.43e-05)

연습 문제

01 아래는 스위스의 47개 프랑스어 사용지역의 출산율(Fertility)과 관련된 변수들을 사용하여 얻은 결과이다. 다음 중 회귀모형에 관한 설명 중 옳지 않은 것은?

```
> data("swiss")
> summary(lml <- lm(Fertility~., data=swiss))

Call:
lm(formula = Fertility ~., data = swiss)

Residuals:
     Min      1Q   Median      3Q     Max
 -15.2743 -5.2617   0.5032  4.1198  15.3213

Coefficients:
                Estimate Std. Error t value Pr(>|t|)
(Intercept)     66.91518   10.70604   6.250 1.91e-07 ***
Agriculture     -0.17211    0.07030  -2.448  0.01873 *
Examination     -0.25801    0.25388  -1.016  0.31546
Education       -0.87094    0.18303  -4.758 2.43e-05 ***
Catholic         0.10412    0.03526   2.953  0.00519 **
Infant.Mortality 1.07705    0.38172   2.822  0.00734 **
---
Signif. codes: 0 '***' 0.001 '**' 0.01 '*' 0.05 '.' 0.1 ' ' 1

Residual standard error: 7.165 on 41 degrees of freedom
Multiple R-squared: 0.7067,    Adjusted R-squared: 0.671
F-statistic: 19.76 on 5 and 41 DF,  p-value: 5.594e-10
```

① 유의 수준 0.05 하에서 위의 회귀모형은 유의적으로 출산율을 설명한다.

② 위의 설명변수들이 출산율 변동의 원인임을 보여준다.

③ 위의 회귀모형은 출산율 변동의 70.67%를 설명한다.

④ 수정결정계수는 0.671이다.

02 회귀분석의 가정 중 정상성이란 (가)이(가) 정규분포를 이뤄야 함을 가정한다. (가)에 들어갈 알맞은 용어는?

03 회귀모형의 가정 중 잔차항이 정규분포를 이루어야 하는 가정을 의미하는 용어는?

04 다음 중 회귀모형에서 사용된 독립 변수 간의 상관관계가 존재하여 회귀계수 추정치가 불안하고 해석하기 어려워지는 현상을 나타내는 것은?

① 다중공선성　　② 등분산성　　③ 정상성　　④ 독립성

5 주성분 분석/다차원척도법/시계열분석

1. 시계열 자료(Time-series Data)

- 시간의 흐름에 따라 관측된 데이터로, X축이 시간의 흐름을, Y축이 관측된 데이터를 나타낸다.
  (예) 시간에 따른 주가 변동, 일주일간의 날씨 등

2. 정상성(Stationary)

- 시점에 상관없이 시계열의 특성이 일정하다는 것을 의미하며 아래의 조건을 만족해야 한다.
  (1) 평균이 일정(모든 시점에서 일정한 평균을 가짐)
  (2) 분산이 일정
  (3) 공분산은 단지 시차에만 의존, 시점에는 의존하지 않음

- 비정상 시계열을 정상 시계열로 바꾸는 방법
  (1) 추세를 보이는 경우(평균이 일정하지 않은) → 차분(difference)을 통해 정상화
  (2) 시간에 따라 분산이 일정하지 않은 경우 → 변환(transformation)을 통해 정상화

- 차분
  (1) 일반 차분 = 현시점의 자료값 – 전 시점의 자료값
  (2) 계절 차분(Seasonal Difference) – 현재 시점에서 여러 시점 전의 자료를 빼는 것
    → 계절성을 갖는 비정상 시계열을 정상 시계열로 바꿀 때 계절 차분을 사용

TIP&MEMO

[핵심 용어 정리]
정상성(Stationary)
시계열의 수준과 분산에 체계적인 변화가 없고, 엄밀하게 주기적 변동이 없다는 것으로, 미래는 확률적으로 과거와 동일하다는 것을 뜻한다.
다음 3개의 조건 중 하나라도 만족하지 못하는 경우 비정상시계열이라고 말한다.

[TIP]
시계열분석을 하고자 하는 데이터가 정상성을 띄지 않는 경우 차분이나 변환을 통하면 정상성을 띈 자료로 바꾸어 시계열분석을 진행하면 된다.

3. 시계열 모형(4가지) - AR, MA, ARIMA, 분해시계열

(1) 자기회귀 모형(Autoregressive model, AR 모형)

- 현 시점 자료가 p 시점 전의 유한개의 과거자료로 설명될 수 있다는 의미. AR(p) 모형

$Z_t = \phi_1 Z_{t-1} + \phi_2 Z_{t-2} + \cdots + \phi_p Z_{t-p} + \alpha_t$

Z_t : 현재 시점의 시계열 자료

$Z_{t-1}, Z_{t-2}, \cdots, Z_{t-p}$: 1 ~ p 시점 이전의 시계열 자료

ϕ_p : p 시점이 현재 시점에 어느 정도 영향을 주는지 나타내는 모수

α_t : 백색잡음과정(White noise process, 대표적 정상 시계열), 시계열분석에서 오차항을 의미

(2) 이동평균모형(MA 모형)

$Z_t = \alpha_t - \theta_1 \alpha_{t-1} - \theta_2 \alpha_{t-2} - \cdots - \theta_p \alpha_{t-p}$

- 이동평균모형(Moving Average model)
- 이동평균모형은 현 시점의 자료를 유한개의 백색잡음의 선형결합으로 표현되었기 때문에
  → 항상 정상성을 만족
  → 정상성 가정이 필요 없음

(3) 자기회귀누적이동평균모형(ARIMA 모형)

- 대부분의 많은 시계열 자료가 자기회귀누적이동평균모형을 따름
- ARIMA 모형은 기본적으로 비정상 시계열 모형
  → 차분이나 변환을 통해 AR 모형이나 MA 모형, ARMA 모형으로 정상화할 수 있음

TIP

네 가지 시계열 모형의 종류는 시험에 자주 출제되므로 한 가지라도 빼놓지 않고 외워야 한다.
특히, ARIMA(p,d,q) 모형과 분해시계열의 4가지 구성 요소는 특히나 출제율이 높으니 주의해서 암기하자.

연습문제

항상 정상성을 만족하여 정상성 가정이 필요없는 시계열 모형은?
정답: 이동평균모형(MA 모형)

- ARIMA(p,d,q) 모형
  - p, d, q의 값에 따라 모형의 이름이 달라짐
    p: AR 모형과 관련
    d: ARIMA에서 ARMA로 정상화할 때 몇 번 차분을 했는지를 의미
    q: MA 모형과 관련
  - p=0 → IMA(d,q) 모형이라고 부르고, d번 차분 → MA(q)
  - d=0 → ARMA(p,q) 모형이라 부르고, 정상성을 만족함
  - q=0 → ARI(p,d) 모형이며, d번 차분한 시계열 모형 → AR(p) 모형
    (예) ARIMA(0,1,1) – 1차분 후 MA(1) 활용
    ARIMA(1,1,0) – 1차분 후 AR(1) 활용
    ARIMA(1,1,2) – 1차분 후 AR(1), MA(2), ARMA(1,2) 선택 활용
    → 이런 경우 가장 간단한 모형을 선택하거나 AIC를 적용하여 가장 낮은 모형을 선정

(4) 분해 시계열

- 시계열에 영향을 주는 일반적인 요인을 시계열에서 분리하여 분석하는 방법, 회귀분석적인 방법을 주로 사용
- 분해 시계열 구성 요소 4가지
  ① 추세 요인(trend factor): 자료가 특정한 형태를 취하는 경우 (선형적, 이차식, 지수형태)
  ② 계절 요인(seasonal factor): 고정된 주기에 따라 자료가 변화하는 경우(요일, 월, 사분기자료에서 분기변화)
  ③ 순환 요인(cyclical factor): 알려지지 않은 주기를 가지고 변화하는 경우

연습문제
분해 시계열의 4가지 구성 요소는?
추세 요인, 계절 요인, 순환 요인, 불규칙 요인

④ 불규칙 요인(irregular factor): 위의 3가지 요인으로 설명할 수 없는 경우. 회귀분석에서 오차에 해당

❯ 시계열분석 연습하기

```
> library(TSA)
> data(oil.price)
> oil.price
      Jan    Feb    Mar    Apr    May    Jun    Jul    Aug    Sep    Oct    Nov    Dec
1986 22.93  15.45  12.61  12.84  15.38  13.43  11.58  15.10  14.87  14.90  15.22  16.11
1987 18.65  17.75  18.30  18.68  19.44  20.07  21.34  20.31  19.53  19.86  18.85  17.27
1988 17.13  16.80  16.20  17.86  17.42  16.53  15.50  15.52  14.54  13.77  14.14  16.38
1989 18.02  17.94  19.48  21.07  20.12  20.05  19.78  18.58  19.59  20.10  19.86  21.10
1990 22.86  22.11  20.39  18.43  18.20  16.70  18.45  27.31  33.51  36.04  32.33  27.28


> diff(oil.price, lag=1)
      Jan    Feb    Mar    Apr    May    Jun    Jul    Aug    Sep    Oct    Nov    Dec
1986        -7.48  -2.84   0.23   2.54  -1.95  -1.85   3.52  -0.23   0.03   0.32   0.89
1987  2.54  -0.90   0.55   0.38   0.76   0.63   1.27  -1.03  -0.78   0.33  -1.01  -1.58
1988 -0.14  -0.33  -0.60   1.66  -0.44  -0.89  -1.03   0.02  -0.98  -0.77   0.37   2.24
1989  1.64  -0.08   1.54   1.59  -0.95  -0.07  -0.27  -1.20   1.01   0.51  -0.24   1.24
1990  1.76  -0.75  -1.72  -1.96  -0.23  -1.50   1.75   8.86   6.20   2.53  -3.71  -5.05
```

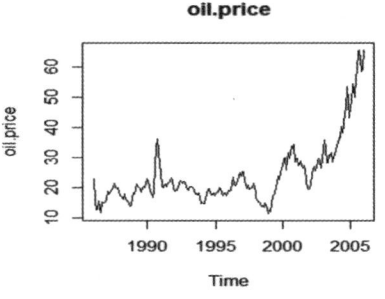

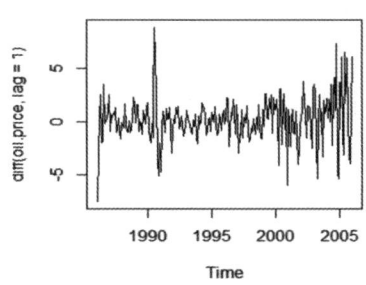

일반 차분(현시점의 자료값 – 이전 시점의 자료값)을 통해 추세를 보이는 비정상 시계열을 정상성을 띠는 시계열로 변환한 사례.

4. 다차원 척도법(Multidimensional Scaling, MDS)

(1) 정의
- 군집 분석과 같이 개체들을 대상으로 변수들을 측정한 후 개체들 사이의 유사성/비유사성을 측정하여 개체들을 2차원 또는 3차원 공간상에서 점으로 표현하는 분석 방법
- 목적: 개체들의 비유사성을 이용하여 2차원 공간상에 점으로 표시하고 개체들 사이의 집단화를 시각적으로 표현, 주로 데이터의 축소를 목적으로 가짐

(2) 방법
- 개체들의 거리 계산은 유클리드 거리행렬을 이용
$\sqrt{(x_2 - x_1)^2 + (y_2 - y_1)^2}$

5. 주성분 분석(PCA)

(1) 정의
- **상관관계가 있는 변수들을 결합해 상관관계가 없는 변수로 분산을 극대화하는 기법으로, 선형 결합으로 상관관계가 높은 변수를 축약, 축소하는 기법**
- 보통 3개 이내의 변수로 축약하고 이로 인한 정보 손실은 20% 정도로 함
- 목적
  - 여러 변수들을 소수의 주성분으로 축소하여 데이터를 쉽게 이해하고 관리
  - 주성분 분석을 통해 차원을 축소하여 군집 분석에서의 군집화 결과와 연산속도 개선, 회귀분석에서 다중공선성의 최소화

> **TIP**
> 다차원 척도법은 주로 개념이 자주 출제되는 편이다.

> TIP&MEMO

핵심 용어 정리

Scree plot

고윳값을 가장 큰 값에서 가장 작은 값의 순서로 정렬한다. 주성분 분산의 감소가 급격하게 줄어들어 주성분의 개수를 늘릴 때 얻게 되는 정보의 양이 상대적으로 미미한 지점에서 주성분의 개수를 정한다.

(2) 주성분의 선택법

- 누적기여율(cumulative proportion)이 85%이상이면 주성분의 수로 결정할 수 있음
- scree plot에서 고유값(eigen value)이 수평을 유지하기 전 단계로 주성분의 수를 선택
- 주성분 분석(PCA) 연습하기

    > data("USArrests")

    # USArressts 데이터셋: 1973년 미국 주별 강력 범죄율 데이터셋

    # 주성분 분석

    > US.prin ← princomp(USArrests, cor= TRUE) → 상관계수를 사용한다.

    > screeplot(US.prin, npcs=4, type="lines")

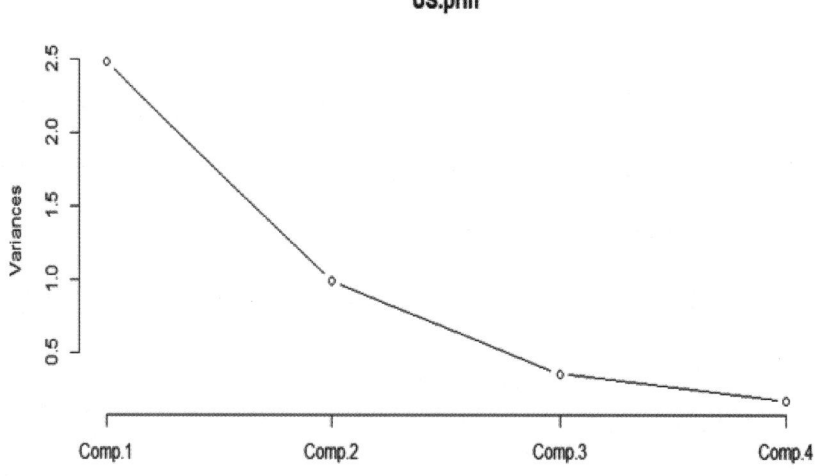

scree plot에서 기울기가 급격하게 변하는 구간을 기점으로 주성분의 수를 결정 → Comp2에서 기울기가 급격히 변하므로 변수를 2개로 축약한다.

```
> # 누적 가중치
> loadings((US.prin))
Loadings:
          Comp.1 Comp.2 Comp.3 Comp.4
Murder     0.536  0.418  0.341  0.649
Assault    0.583  0.188  0.268 -0.743
UrbanPop   0.278 -0.873  0.378  0.134
Rape       0.543 -0.167 -0.818

               Comp.1 Comp.2 Comp.3 Comp.4
SS loadings     1.00   1.00   1.00   1.00
Proportion Var  0.25   0.25   0.25   0.25
Cumulative Var  0.25   0.50   0.75   1.00
```

누적기여율 ← Cumulative Var

~제1주성분 25% 설명 ~제2주성분 50% 설명 ~제3주성분 75% 설명 ~제4주성분 100% 설명

→ 제1주성분 = 0.536*Murder + 0.583*Assault + 0.278*UrbanPop + 0.543*Rape

Q 기출문제로 연습하기

아래는 주성분 분석을 수행한 결과이다. 첫 번째 분산은 전체 분산의 몇 %를 설명하고 있는가?

	Comp.1	Comp.2	Comp.3
Standard deviation	1.5574873	0.9943214	0.5943221
Proportion of Variance	0.5748331	0.2321003	0.1834561
Cumulative Proportion	0.5748331	0.8069334	0.9903895

A 정답 확인하기

정답: 57.4%
Comp.1의 누적기여율(Cumulative Proportion)이 0.574331이므로 57.4%이다.
2개의 주성분을 사용했을 때의 누적기여율이 80.6%이므로 주성분 2개를 선택하는 것이 바람직하다. 이 경우 설명하지 못하는 정보량은 19.4%이다.

TIP&MEMO

TIP

출제 유형

1) scree plot을 보고 가장 적절한 주성분 개수 파악하기
2) 누적기여율(Cumulative Var)을 보고 각 주성분별로 정보를 몇 % 설명하는지, 이때 설명하지 못하는 정보 비율은 몇 %인지, 가장 적절한 주성분 개수는 무엇인지 파악하기
3) 제 n주성분이 어떻게 구성되었는지 사용된 변수들을 선형회귀식처럼 사용하여 나타내기

연습 문제

01 data는 메이저리그에서 활약하는 263명의 선수에 대한 타자 기록으로, 연봉(Salary)을 비롯한 17개의 변수를 포함하고 있다. 아래는 17개의 변수들을 사용하여 주성분 분석을 시행한 결과이다. 다음 설명 중 옳지 않은 것은?

```
> pca=princomp(data,cor=TRUE)
> summary(pca)
Importance of components
                         Comp.1     Comp.2     Comp.3     Comp.4     Comp5      Comp.6     Comp.7     Comp.8     Comp.9
Standard deviation       2.7733967  2.0302601  1.3148557  0.9575410  0.84109683 0.72374220 0.69841796 0.50090065 0.42525940
Proportion of Variance   0.4524547  0.2424680  0.1016968  0.0539344  0.04161435 0.03081193 0.02869339 0.01475891 0.01063797
Cumulative Proportion    0.4524547  0.6949227  0.7966195  0.8505539  0.89216822 0.92298014 0.95167354 0.96643244 0.97707042
                         Comp.10      Comp.11      Comp.12      Comp.13      Comp.14      Comp.15      Comp.16
Standard deviation       0.363901982  0.312011679  0.243641510  0.232044829  0.163510472  0.1186398422 0.0693395039
Proportion of Variance   0.007789685  0.005726546  0.003491834  0.003167341  0.001572687  0.0008279654 0.0002828216
Cumulative Proportion    0.984860104  0.990586651  0.994078485  0.997245826  0.998818513  0.9996464785 0.99992930014
                         Comp.17
Standard deviation       3.466841e-02
Proportion of Variance   7.069994e-05
Cumulative Proportion    1.000000e+00
```

① 최소 80% 이상의 분산설명력을 갖기 위해서는 4개 이상의 주성분을 사용해야 한다.

② 공분산 행렬을 사용하여 주성분 분석을 시행한 것이다.

③ 가장 큰 분산설명력을 가지는 주성분은 전체 분산의 45.25%를 설명한다.

④ 17차원을 2차원으로 축소한다면 잃게 되는 정보량은 약 30.5%이다.

02 아래는 주성분 분석을 수행한 결과이다. 첫 번째 분산은 전체 분산의 몇 %를 설명하고 있는가?

	Comp.1	Comp.2	Comp.3
Standard deviation	1.5574873	0.9943214	0.5943221
Proportion of Variance	0.5748331	0.2321003	0.1834561
Cumulative Proportion	0.5748331	0.8069334	0.9903895

03 다음은 4개의 변수를 가진 데이터 프레임 USArrests에 주성분 분석을 적용해서 얻은 결과이다. 변수들의 전체 변동의 80% 이상을 설명하기 위해 필요한 최소 주성분의 숫자는 몇 개 인가?

```
> summary(prcomp(USArrests, scale=TRUE))
Importance of components:
                          PC1     PC2     PC3      PC4
Standard deviation      1.5749  0.9949  0.59713  0.41645
Proportion of Variance  0.6201  0.2474  0.08914  0.04336
Cumulative Proportion   0.6201  0.8675  0.95664  1.00000
```

① 1개 ② 2개 ③ 3개 ④ 4개

04 다음 중 주성분 분석에 대한 설명으로 부적절한 것은?

① 차원축소 방법 중 하나이다.
② 비지도 학습(unsupervised learning)에 해당한다.
③ 이론적으로 주성분 간 상관관계가 없다.
④ 원변수의 선형 결합 중 가장 분산이 작은 것을 제1주성분(PC1)으로 설정한다.

05 여러 대상 간의 거리가 주어 있을 때, 대상들을 동일한 상대적 거리를 가진 실수 공간의 점들로 배치시키는 방법을 무엇이라고 하는가?

06 다음 중 시계열 예측에서 정상성(Stationary)에 대한 설명으로 옳지 않은 것은?

① 모든 시점에 대해 일정한 평균을 가진다.

② 모든 시점에 대해 일정한 분산을 가진다.

③ 공분산은 단지 시차에만 의존하고 시점 자체에는 의존하지 않는다.

④ 모든 분산이 시점에 의존하지 않는다.

07 아래는 자기회귀누적이동평균모형(ARIMA 모형)을 나타낸 것이다. 아래 모형은 ARIMA에서 ARMA로 정상화할 때 몇 번 차분을 하였는가?

ARIMA(1, 2, 3)

① 1번　② 2번　③ 3번　④ 4번

08 분해 시계열의 요인에 해당하지 않는 것?

① 정상요인　② 추세요인
③ 계절요인　④ 불규칙요인

09 다음 정상 시계열에 대한 설명 중 적절하지 않은 것은?

① 대부분의 시계열은 비정상 자료이다. 그러므로 비정상 자료를 정상성 조건에 만족시켜 정상 시계열로 만든 후 시계열분석을 한다.

② 시계열이 정상 시계열인지 비정상 시계열인지 판단하기 위해서는 폭발적인 추세를 보이거나 시간에 따라 분산이 변화하는지 관찰해야 한다.

③ 비정상 시계열을 정상 시계열로 변경하고자 할 때는 변환과 차분의 방법을 사용한다.

④ 일반적으로 평균이 일정하지 않은 비정상 시계열은 변환을 통해, 분산이 일정하지 않은 비정상 시계열은 차분을 통해 정상 시계열로 바꾼다.

10 시계열분석을 위해서는 정상성을 만족해야 한다. 따라서 주어진 자료가 정상성을 만족하는지 판단하는 과정이 필요하다. 자료가 추세를 보이는 경우에는 현 시점의 자료값에서 전 시점의 자료를 빼는 방법을 통해 비정상 시계열을 정상 시계열로 바꾸어 준다. 이 방법은 무엇인가?

Part 3 정형 데이터 마이닝 – 지도 학습

1 데이터 마이닝 개요

1. 데이터 마이닝(data mining)

(1) 개요

- 대용량 데이터에서 **의미있는 패턴**을 파악하거나 **예측하여** 의사결정에 활용하는 방법
- 관련 용어: 데이터 웨어하우징, 의사결정지원시스템, OLAP(On-Line Analytic Processing), 지식경영 등
- 정의 1: 거대한 양의 데이터 속에서 쉽게 드러나지 않은 유용한 정보를 찾아내는 과정

  예) "창문이 많은 집에는 도둑이 많다"
  → 차별적인 보험률 적용, 보다 효율적인 정책을 수립
  → 기업의 수익증대에 공헌
  ⇒ 창문과 도둑과의 관계를 찾아내는 것 → 데이터 마이닝

- 정의 2: 기업이 가지고 있는 모든 원천 데이터(고객데이터, 상품데이터, 고객반응데이터, 외부데이터 등)를 기반으로 감춰진 지식, 기대하지 못했던 경향 또는 새로운 규칙 등을 발견하고 이를 실제 비즈니스 의사결정 등에 유용한 정보로 활용하고자 하는 일련의 작업

(2) 통계분석과의 차이점

- 가설이나 가정에 따른 분석, 검증을 하는 통계분석과 달리 데이터 마이닝은 다양한 수리 알고리즘을 이용해 데이터베이스의 데이터로부터 의미있는 정보를 추출함
  → **"총체적 접근법"** 사용

> **TIP**
> 통계분석과 데이터 마이닝의 차이점은 "총체적 접근법" 사용이다.

(3) 활용 분야 – 분류, 예측, 군집화, 시각화 등

(4) 방법론 = 모델(모형) = 알고리즘
   ↘ 의사결정 나무, 로지스틱 회귀분석, 최근접 이웃법, 연관규칙 분석 등

지도 학습 (Supervised Learning)	비지도 학습 (Unsupervised Learning)
의사결정 나무 인공 신경망 로지스틱 회귀분석 최근접 이웃법 사례기본추론	OLAP(On-Line-Analytic Processing) 연관규칙 분석 군집 분석 SOM(Self Organizing Map)

2. 데이터 마이닝 분석 방법

(1) 분류(Classification)
① 분류 정의 – 새롭게 나타난 현상을 검토하여 기존의 분류를 이용해 정의된 집합에 배정하는 것

② 분류 작업 = 잘 정의된 분류 기준 + 선분류된 검증 집합

③ 완성된 분류 작업을 통해 모형이 구축되면 그 모형을 이용하여 분류되지 않은 다른 현상들을 분류할 수 있다.

④ 분류 기법 – 의사결정 나무(decision trees), 앙상블, SVC, k-최근접 이웃, 로지스틱 회귀

⑤ '예/아니오'와 같은 결과물을 분리하는 데 사용

(2) 추정(Estimation)
① '수입, 수준, 신용카드 잔고'등 연속된 변수의 값을 추정

② 주어진 입력 데이터를 사용하여 알려지지 않은 결과의 값 추정

(예) 부모가 있는 어린이의 수 추정, 가족 구성원의 총수입 추정,

TIP&MEMO

고객의 평생 가치 추정

③ 주로 사용하는 기법: 신경망 모형(neural network)

(3) 예측(Prediction)

① 예측 – 미래의 양상을 예측하거나 미래의 값을 추정한다는 것을 제외하면 분류나 추정과 동일한 의미

② 정확성을 알아보는 방법

　분류나 추정 – 기존 결과와 비교해보면 바로 알 수 있음

　예측 작업 – 기다리고 지켜보아야 함

③ 연관 분석의 한 기법인 장바구니 분석(market basket analysis) 기법 → 예측 작업에 사용

(예) 어느 아이템이 식료품 가게에서 함께 구매될 수 있는지와 같은 질문에 답을 찾을 수 있도록 장바구니 분석 기술을 사용해서 현재의 데이터가 내포하고 있는 경향을 분석하여 미래를 예측할 수 있기 때문

④ 예측기법 – 장바구니 분석, 의사결정 나무, 신경망

⑤ 예측 기술 사용 – 입력 데이터의 성격에 따라 다르게 결정됨.

(4) 연관 분석(Association Analysis)

① 연관 분석 – 같이 팔리는 물건 등 아이템의 연관성을 파악하는 분석

② 소매점들은 물건을 배열 계획, 카탈로그 배열 및 교차 판매, 공격적 판촉행사 등의 마케팅 계획도 세울 수 있음

③ 연관 분석의 한 기법인 장바구니 분석의 결과 → '연관규칙(association rules)'

(5) 군집(Clustering)

① 군집 – 이질적인 모집단을 동질성을 지닌 그룹 별로 세분화하는 것을 의미

② 군집과 분류와의 차이점

군집은 선분류 되어있는 기준에 의존하지 않는다. (비지도 학습)

분류는 종속변수에 의해 선분류된다.(지도 학습)

③ 데이터 마이닝이나 모델링의 준비 단계로서 사용

(예) 시장 세분화의 첫 단계로서 판촉 활동에 가장 반응률이 높은 고객들을 선별할 때 사용

구매 습관이 유사한 그룹별로 사람들을 군집화 → 각각의 그룹별로 가장 효과적인 판촉 방법을 계획

(6) 기술(Description)

① 데이터 마이닝의 목적 – 사람, 상품에 관한 이해를 증가시키기 위한 것

② 데이터가 가지고 있는 의미를 단순하게 기술하는 것도 의미를 파악하는 것만큼 중요

③ 훌륭한 기술(description)
 – 데이터가 암시하는 바에 대한 설명이 가능 + 설명에 대한 답을 찾아낼 수 있어야 함

(예) 미국의 유명한 정치적 설문 – 미국 여성들은 남자들보다 민주당을 훨씬 더 많이 지지한다.

④ 데이터 마이닝의 장바구니 분석에 의해 나타나는 규칙들도 기술이라고 할 수 있음

3. 데이터 마이닝 추진 5단계

- 목적 설정, 데이터 준비, 데이터 가공, 데이터 마이닝 기법의 적용, 검증

(1) 목적 정의
- 데이터 마이닝 도입의 목적을 분명히 설정하는 단계
- 가능하면 1단계부터 전문가가 참여

(2) 데이터 준비
- 고객정보와 거래정보, 상품 마스터 정보 등 데이터 마이닝 수행에 필요한 데이터를 수집하는 단계
- 데이터는 대부분 용량이 크므로 IT부서와 협의, 도움 요청
- 가능하면 필요한 데이터를 다른 서버에 저장하여 운영에 지장이 없도록 함
- 데이터 정제를 통해 데이터의 품질을 보장하고, 필요하다면 보강 작업을 거쳐 데이터 양을 충분히 확보해야 함

(3) 데이터 가공
- 데이터 마이닝 기법이 적용이 가능하도록 수집된 데이터를 가공
- 모델링의 목적에 따라 목적 변수를 정의하고 필요한 데이터 마이닝 소프트웨어를 적용할 수 있는 적합한 형식으로 가공
  (예) 분류 모델링 – CRM 데이터 마트 형식으로 데이터 가공
- 충분한 CPU와 메모리, 디스크 공간 등 개발 환경의 구축 선행

(4) 데이터 마이닝 기법의 적용
- 앞선 단계를 거쳐 준비한 데이터와 데이터 마이닝 소프트웨

- 어를 활용하여 목적으로하는 정보를 추출
- 적용할 데이터 마이닝 기법은 1단계 목적설정단계에서 미리 결정하는 것이 바람직
- 데이터 마이닝 모델을 목적에 맞게 선택하고 소프트웨어를 사용하는 데 필요한 값을 지정하는 단계
- 분석 전문가의 전문성이 필요
- 데이터 마이닝을 적용하려는 목적이 무엇이고, 어떤 데이터를 갖고 있고, 산출되는 정보가 무엇인가 등에 따라 적절한 소프트웨어와 기법이 선정되어야 함

(5) 검증

- 검증 단계에서는 테스트 마케팅이나 과거 데이터를 활용할 수 있음
- 검증 단계를 거친 후에는 자동화 방안을 IT 부서와 협의하여 상시적으로 데이터 마이닝 결과를 업무에 적용할 수 있도록 보고서를 작성하여 경영진에게 연간 추가 수익과 투자대비성과(ROI) 등을 통해 기대효과를 알릴 수 있어야 함
- 참고) KDD 분석 방법론

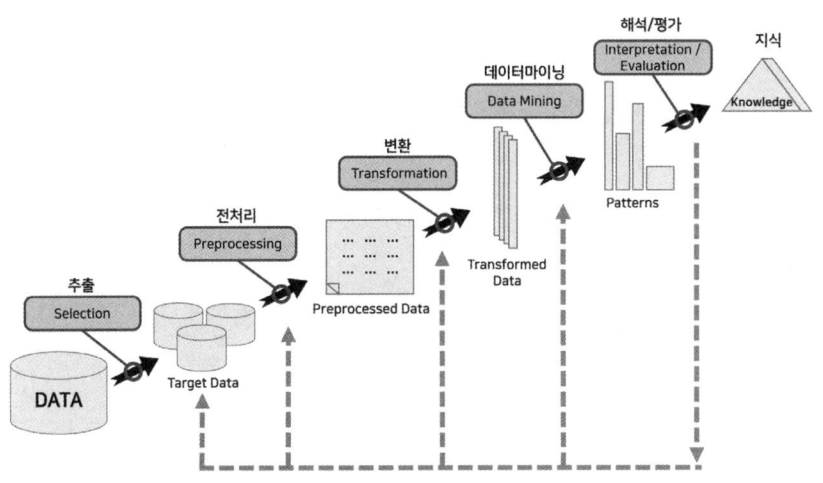

TIP & MEMO

TIP
지도 학습에서 종속변수(목표변수)가 범주형 자료일 때는 분류(Classification)를, 종속변수가 연속형 자료일 때는 회귀(Regression)를 이용한다.

TIP
로지스틱 회귀분석은 이름에 회귀가 들어가지만 회귀 알고리즘이 아니라 분류 기법에 속하는 알고리즘이다. 헷갈리지 않도록 주의하자.

4. 지도 학습의 분류분석과 회귀 분석 비교

공통점	지도학습, 종속변수가 있는 경우 종속변수와 설명변수 간의 관계를 분석
차이점	분류(Classification) – 종속변수가 범주형 자료일 때 사용하는 기법 회귀(Regression) – 종속변수가 연속형 자료일 때 사용하는 기법
분류의 예	학생들의 국어, 영어 등의 점수를 이용한 내신등급 분류 카드회사에서 회원들의 가입정보를 통해 1년 후 신용등급을 분류 (예) 신용평가모형, 사기방지모형, 이탈모형, 고객세분화
회귀의 예	학생들의 여러 가지 정보를 이용하여 수능점수를 예측 카드회사에서 회원들의 가입정보를 통해 연 카드매출액을 예측 (예) 주가 예측, 부동산 시세 예측
분류 기법	의사결정 나무(Decision Tree) (예) CART, C5.0, C4.5, CHAID 베이지안 분류(Bayesian Classification) 인공 신경망(Artificial Neural Network) 서포트 벡터 머신(SVM) k-최근접 이웃(k-nearest neighborhood) 로지스틱 회귀분석(Logistic Regression)
회귀 기법	단순회귀분석, 다중회귀분석

5. 과적합과 데이터 분할

- 데이터 분할: 전체 자료(data) = 훈련용 자료(training data) + 검증용 자료(test data)

- 과적합(overfitting) 문제를 해결하는 방안(= 일반화 오류 방지)

- 주어진 학습 데이터에서만 높은 성과를 보이는 모형을 방지하기 위한 방안

- 과소적합(underfitting)과 과대적합(overfitting)

[Classification]

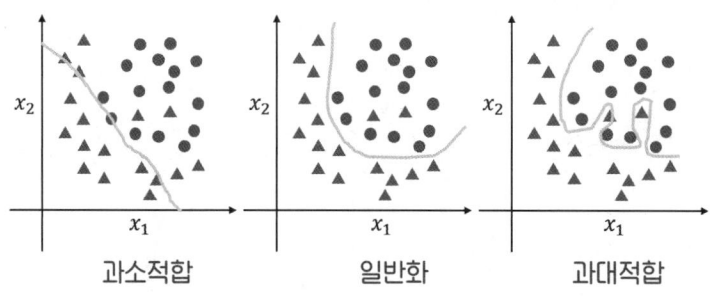

- 과대적합(overfitting): 기계 학습에서 학습 데이터를 과하게 학습하는 것
    → 데이터는 실제 데이터의 부분 집합이므로 학습데이터에 대해서는 오차가 감소하지만 실제 데이터에 대해서는 오차가 오히려 증가
- 과소적합(underfitting): 기계학습에서 너무 단순한 모델을 생성하여 데이터의 내재된 구조를 학습하지 못할 때 발생
- 과적합 문제를 해결하기 위해 사용되는 데이터 분할방법 3가지: 홀드 아웃방법, 교차검증, 붓스트랩

(1) 홀드 아웃(Hold-out) 방법

- 원천 데이터를 랜덤하게 두 분류로 분리하여 교차 검정을 실시하는 방법
- 훈련용 자료(70%) : 검증용 자료(30%)
- 검증용 자료의 결과는 분류분석 모형에는 영향을 주지 않고 모형의 성과 측정만을 위하여 사용됨

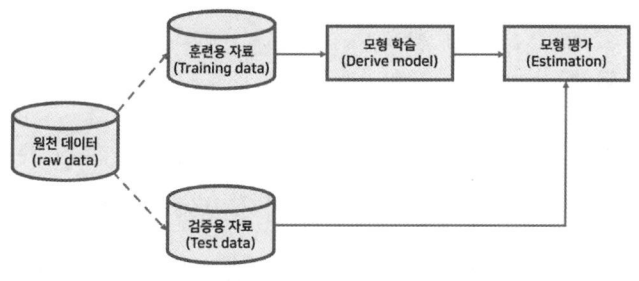

훈련용(training data)	데이터를 모델링을 위한 훈련용으로 활용
검증용(validation data)	데이터를 구축된 모형의 과대/과소 추정의 판정 목적으로 활용
시험용(test data)	테스트 데이터를 활용하여 모델의 성능평가에 활용

TIP & MEMO

≡ 연습문제

과대적합을 방지하기 위해 원천 데이터를 훈련용 자료와 검증용 자료 두 분류를 분리하여 교차 검정을 실시하는 방법은?
홀드아웃(Hold-out)

(2) 교차 검증(Cross Validation)

- 주어진 데이터를 가지고 반복적으로 성과를 측정하여, 그 결과를 평균을 낸 것으로 분류분석 모형을 평가하는 방법
- **K-Fold 교차 검증**: 전체 데이터를 사이즈가 동일한 k개의 하부집합(subset)으로 나누고, k번째의 하부집합을 검증용 자료로, 나머지 k-1개의 하부집합을 훈련용 자료로 사용한다. 이를 k번 반복 측정하고 각각의 반복측정 결과를 평균 낸 값을 최종 평가로 사용한다.
- 일반적으로 5-fold, 10-fold 교차 검증을 사용

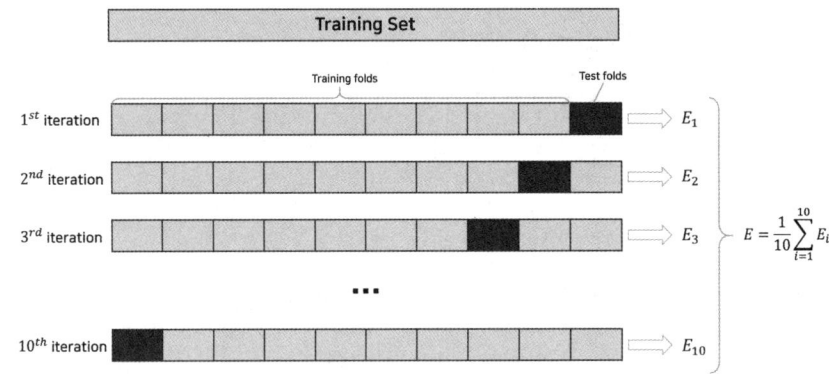

(3) 붓스트랩

- 평가를 반복한다는 측면에서 교차검증과 유사하나, 훈련용 자료를 반복 재선정한다는 점에서 차이가 있음
- 관측치를 한 번 이상 훈련용 자료로 사용하는 복원 추출법에 기반

연습 문제

01 사람, 상품에 관한 이해를 증가시키기 위해 데이터가 가지고 있는 특징을 나타내고 설명에 대한 답을 제공할 수 있는 데이터 마이닝의 기능으로 적절한 것은?

① 기술(Description)   ② 추정(Estimation)
③ 예측(Precision)   ④ 군집(Clustering)

02 신용카드 고객의 파산여부(Yes/No)를 예측하기 위해 고객의 신용도, 나이, 직업 등의 변수를 사용하여 모델을 수립하려고 할 때, 다음 중 사용 가능한 모형이 아닌 것은?

① 선형회귀모형(linear regression model)
② 로지스틱 회귀모형(logistic regression model)
③ 랜덤 포레스트(random forest)
④ 서포트 벡터 머신(support vector machine)

03 분류 모형을 평가하기 위한 기준 중 같은 모집단 내의 다른 데이터에 적용하는 경우에도 안정적인 결과를 제공하는지와 데이터를 확장하여 적용할 수 있는지를 평가하는 기준으로 적절한 것은?

① 예측과 분류의 정확성   ② 일반화의 가능성
③ 효율성   ④ 다양성

04 모형 평가 방법 중 주어진 원천 데이터를 랜덤하게 두 분류로 분리하여 교차 검정을 실시하는 방법으로, 하나의 모형의 학습 및 구축을 위한 훈련용 자료로, 다른 하나는 성과 평가를 위한 검증용 자료로 사용하는 방법은 무엇인가?

05 다음 중 비지도학습에 해당하는 것들로 짝지어진 것은?

> ㄱ. 고객의 과거 거래 구매 패턴을 분석하여 고객이 구매하지 않은 상품을 추천
>
> ㄴ. 우편물에 인쇄된 우편번호 판별분석을 통해 우편물을 자동 분류
>
> ㄷ. 동일 차종의 수리 보고서 데이터를 분석하여 차량 수리에 소요되는 시간을 예측
>
> ㄹ. 상품을 구매할 때 그와 유사한 상품을 구매한 고객들의 구매 데이터를 분석하여 쿠폰을 발행

① ㄱ, ㄷ   ② ㄱ, ㄹ   ③ ㄴ, ㄷ   ④ ㄴ, ㄹ

06 다음 중 반응변수가 범주형인 경우에 적용되는 회귀 분석 모형은?

① 단순회귀모형

② 다중회귀모형

③ 로지스틱 회귀모형

④ 더미변수를 이용한 회귀모형

07 반응변수가 범주형인 경우에 적용되는 회귀분석 모형은 무엇인가?

① 단순회귀모형

② 다중회귀모형

③ 더미변수를 이용한 회귀모형

④ 로지스틱 회귀모형

08 다음 중 아래에서 설명하는 문제를 나타내는 용어로 적절한 것은?

① 과대 적합 문제(overfitting problem)

② 과소 적합 문제(underfitting problem)

③ 범주 불균형 문제(case imbalance problem)

④ 정보과부하 문제(information overload problem)

2 분류분석(의사결정 트리/앙상블/로지스틱 회귀/k-최근접 이웃/SVM)

1. 의사결정 나무(Decision Tree)

(1) 정의

- 분류 함수를 의사결정 규칙으로 이뤄진 나무 모양으로 그리는 방법. 의사결정 문제를 시각화하여 의사결정이 이뤄지는 시점과 성과를 **나무(Tree) 구조**로 나타내어 전체 자료를 몇 개의 소집단으로 **분류(Classification)하거나 예측(Prediction)을 수행하는** 분석 방법
- 상위 노드(부모 노드)로부터 하위 노드(자식 노드)로 나무 구조를 형성하는 매 단계마다 분류변수와 분류 기준 값의 선택이 중요
- 노드(집단) 내에서는 동질성이, 노드(집단) 간에는 이질성이 가장 커지도록 분기
- 나무 모형의 크기는 과대적합(또는 과소적합) 되지 않도록 합리적 기준에 의해 적당히 조절되어야 함

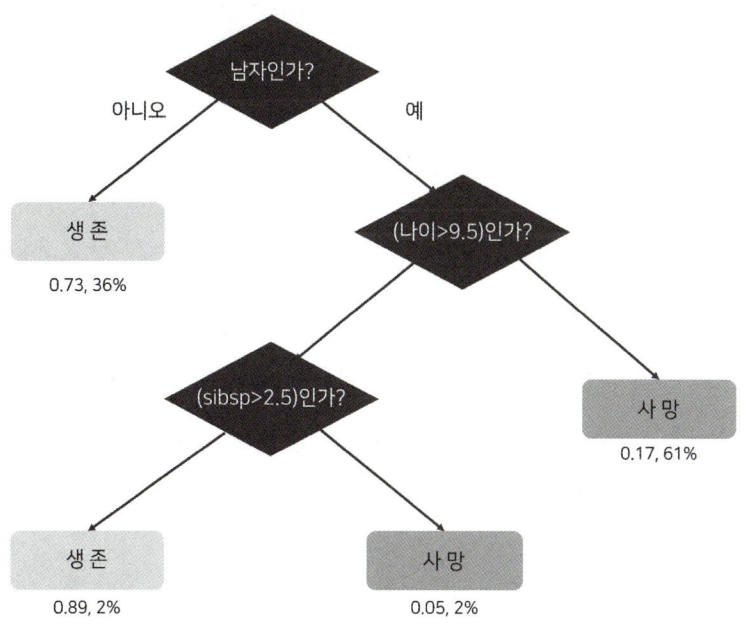

(2) 의사 결정나무의 종류

- 목표변수가 이산형 자료인 경우 → 분류 나무(Classification Tree)
- 목표변수가 연속형 자료인 경우 → 회귀 나무(Regression Tree)

Q 기출문제로 연습하기

의사결정 나무 중 연속된 타깃변수(target variable, 또는 목표변수)를 예측하는 의사결정 나무를 무엇이라 하는가?

A 정답 확인하기

정답: 회귀나무(Regression Tree)

(3) 장점

- 결과를 해석하고 이해하기가 쉬움
- 자료를 가공(정규화, 결측치, 이상치)할 필요가 거의 없음
- 수치 자료와 범주 자료 모두에 적용할 수 있음
- 대규모의 데이터 셋에도 잘 동작함

(4) 단점

- 한 번에 하나의 변수만을 고려하므로 변수간 상호작용을 파악하기가 어려움
- 결정경계(Decision Boundary)가 데이터 축에 수직이어서 비선형(Non-Linear) 데이터 분류에는 적합하지 않음
- Full Tree일 경우 오버피팅이 발생하기 쉬움

(5) 의사결정 나무의 용어 정의

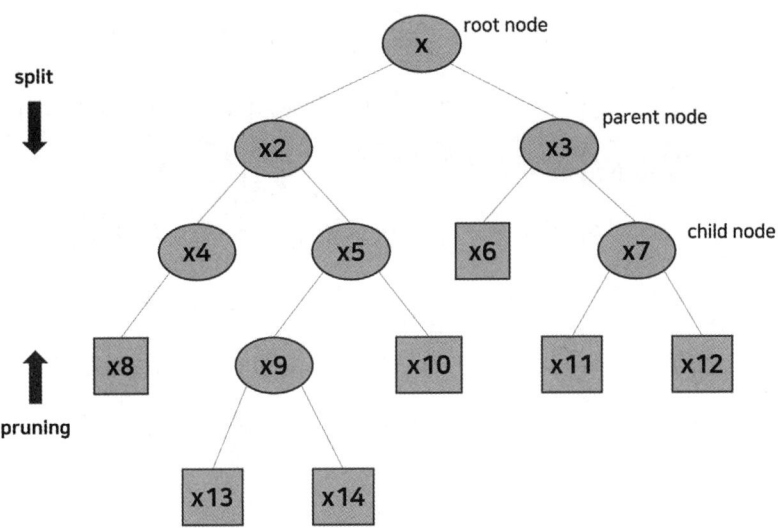

- 뿌리 마디(root node): 맨 위의 마디
- 부모 마디(parent node): 상위의 마디가 하위 마디로 분기될 때 상위 마디
- 자식 마디(child node): 하위 마디
- 최종 마디(terminal node): 더 이상 분기되지 않는 마디
- 가지 분할(split): 나무 가지를 생성하는 과정
- 가지치기(pruning): 의사결정 나무의 깊이가 깊어지면 발생하는 과적합을 방지하기 위해 생성된 가지를 잘라내어 모형을 단순화하는 과정
- 정지규칙(stopping)

  자식노드에 남은 샘플의 수가 너무 적은 경우 분할을 정지함
  불순도가 더 이상 떨어지지 않은 경우 분할을 정지함
  의사결정 나무에서 더 이상 분기가 되지 않고 현재의 마디가 끝 마디(leaf node, terminal node)가 되도록 함

TIP & MEMO

연습문제

분류에서 의사결정트리의 깊이가 깊어지면 과적합이 발생할 수 있다. 이 과적합을 방지하기 위새서 생성된 가지를 잘라내는 방법은?
정답: 가지치기(pruning)

핵심 내용 정리

의사결정 나무의 구성 요소
가지(Branch): 뿌리마디로부터 최종마디까지 연결된 마디들
깊이(Depth): 뿌리마디부터 최종마디까지의 중간 마디들의 수

(6) 의사결정 나무의 모델 학습 과정

단계 1) 재귀적 분기(Recursive Partitioning)

- 특정 영역인 하나의 노드 내에서 하나의 변수 값을 기준으로 분기하여 새로 생성된 자식 노드들의 동질성이 최대화되도록 분기점을 선택하는 것
- 동질성이 최대화된다는 말은 불순도는 최소화된다는 의미
- 불순도를 측정하는 기준

    범주형 변수(이산형 자료): 지니 지수(Gini Index), 카이제곱 통계량(Chi-Square)의 p-값, 엔트로피 지수(Entropy Index)

    수치형 변수(연속형 자료): 분산(Variance)

단계 2) 가지치기(Pruning)

- 나무의 가지를 치는 것과 같아서 이름이 붙여졌으며, 실제로는 가지를 잘라서 버린다기보다 가지들을 합치는 것에 가까움
- Decision Tree 분기 수가 증가할 때, 초기에는 오류율이 감소하지만 어느 시점부터는 증가하기 시작
- Full Tree: Terminal node의 순도가 100%인 상태인 트리
- 보통 Full Tree의 경우 분기가 너무 많아 과적합(Overfitting)이 발생하기 쉬움. 따라서 먼저 Full Tree를 생성한 뒤 적절한 수준에서 하위 노드와 상위 노드를 결합(가지치기)해 주어야 함.

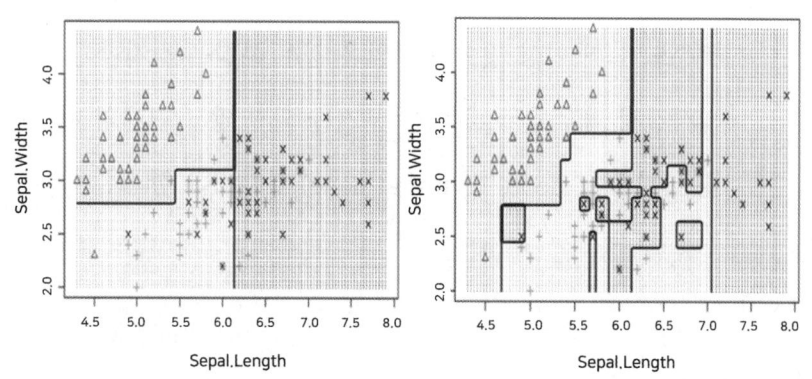

(좌) 적절한 가지치기를 한 뒤의 Tree

(우) Full-Tree: Terminal node의 순도가 100%인 상태의 트리 → overfitting(과적합)

(7) 의사결정 나무 분기의 기준

- 각 영역의 순도(homogeneity)가 증가하고, 불순도(impurity) 혹은 불확실성(uncertainty)이 최대한 감소하도록 하는 방향으로 학습을 진행
- 자식 노드에서의 지니 지수나 엔트로피 지수가 클수록 자식 노드 내의 이질성이 큼을 의미
  → 이 값들이 가장 작아지는 방향으로 가지분할을 수행
- **지니 지수나 엔트로피 지수의 값이 클수록 이질적이며 순도(purity)가 낮음**
- 순도가 증가 또는 불확실성이 감소하는 걸 두고 정보이론에서는 정보 획득(information gain)이라고 함

① 지니 지수(Gini Index)

- 불순도(Impurity)와 다양성(Diversity)를 계산하는 방법
- 영역내에서 특정 클래스에 속하는 관측치들의 비율을 제외한 값
- 1개의 영역에서의 지니 지수 구하는 식: $I(A)=1-\sum_{k=1}^{m}P_k^2$

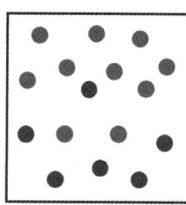

$$I(A) = 1 - \sum_{k=1}^{m} p_k^2$$
$$= 1 - \left(\frac{6}{16}\right)^2 - \left(\frac{10}{16}\right)^2$$
$$\approx 0.47$$

- 2개 이상의 영역에서의 지니 지수 구하는 식: $I(A)=\sum_{i=1}^{d}(R_i(1-\sum_{k=1}^{m}p_{ik}^2))$

> **TIP**
> 지니 지수는 객관식, 단답형에서 모두 자주 출제되므로 지니 지수를 구하는 식을 반드시 알아 두어야 한다. 엔트로피 지수는 log를 사용하기 때문에 엔트로피 지수보다는 지니 지수를 더 많이 출제하는 편이다.

> **TIP**
> R_i − 1/영역수 = 1/2 = 0.5

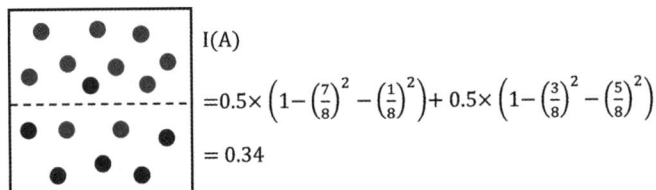

$$I(A) = 0.5 \times \left(1 - \left(\tfrac{7}{8}\right)^2 - \left(\tfrac{1}{8}\right)^2\right) + 0.5 \times \left(1 - \left(\tfrac{3}{8}\right)^2 - \left(\tfrac{5}{8}\right)^2\right) = 0.34$$

↘ 분기 후 정보 획득량(Information Gain)은 0.47 − 0.34 = 0.13

② 엔트로피 지수(entropy)

↘ 엔트로피는 열역학에서 나온 개념으로써 무질서에 대한 측도 역할을 함

↘ 지니 지수와 비슷하지만 log를 취함으로써 정규화 과정을 거치게 됨

$$\text{Entropy}(A) = -\sum_{k=1}^{m} P_k \log_2(P_k)$$

P_k는 한 영역에 속한 데이터 중 k범주에 속하는 데이터의 비율, m은 범주의 개수

↘ 1개의 영역에서 엔트로피 지수 구하는 식:

$$E(A) = -\sum_{k=1}^{m} p_k \log_2(p_k) = -\tfrac{6}{16}\log_2\left(\tfrac{6}{16}\right) - \tfrac{10}{16}\log_2\left(\tfrac{10}{16}\right) \approx 0.95$$

↘ 2개의 영역에서 엔트로피 지수 구하는 식:

$$E(A) = 0.5 \times \left(-\tfrac{1}{8}\log_2\left(\tfrac{1}{8}\right) - \tfrac{7}{8}\log_2\left(\tfrac{7}{8}\right)\right) + 0.5 \times \left(-\tfrac{3}{8}\log_2\left(\tfrac{3}{8}\right) - \tfrac{5}{8}\log_2\left(\tfrac{5}{8}\right)\right) = 0.75$$

- 분기 후 정보 획득량(Information Gain) 은 0.95 − 0.75 = 0.20
- 예제1) 지니 지수 구하기

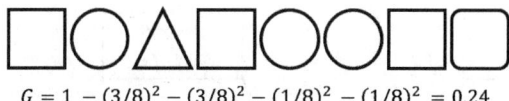

$G = 1 - (3/8)^2 - (3/8)^2 - (1/8)^2 - (1/8)^2 = 0.24$

- 예제2) 지니 지수 구하기

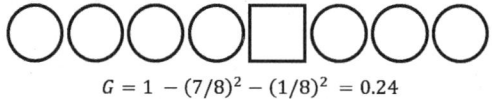

$G = 1 - (7/8)^2 - (1/8)^2 = 0.24$

(8) 의사결정 나무 분석을 위한 알고리즘
- CHAID, CART, ID3, C4.5, C5.0 등과 이들의 장점을 결합한 다양한 알고리즘
- 주요 알고리즘과 분류 기준 변수의 선택법

알고리즘	이산형 목표변수	연속형 목표변수
CHAID(다지분할)	카이제곱 통계량	ANOVA F-통계량
CART(이진분할)	지니 지수	분산감소량
C4.5, C5.0(다지분할)	엔트로피 지수	-

> #R 패키지 {rpart.plot}을 이용하여 적합한 의사결정 나무 모형을 여러 가지 방식으로 시각화 가능
> install.packages("rpart.plot")
> library(rpart.plot)
> prp(c, type=4, extra=2)

TIP
의사결정 나무 분석을 위한 알고리즘은 최근 들어 자주 출제되기 시작한 주제이다. 하나도 빼놓지 않고 꼼꼼히 외우는 것이 좋다.

연습문제
CHAID 알고리즘에서 이산형 목표변수일 때 사용하는 분류 기준 변수는?
정답: 카이제곱 통계량

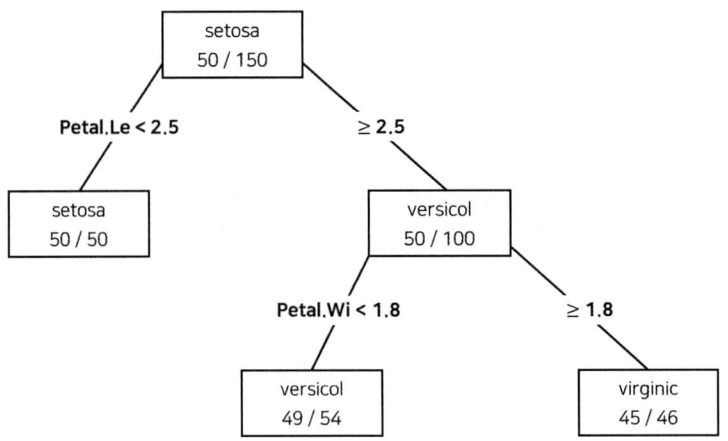

> #결과해석)

> #최종 노드(terminal node)에 대한 해석

- 두 조건(Petal.Length>=2.4와 Petal.Width<1.8)을 만족하는 노드에서

> #49/54는 이 노드에 속하는 해당 개체가 54개이며 이 가운데 versicolor가 49임을 나타냄

> #따라서, 이 노드에 해당되는 새로운 자료는 versicolor로 분류됨

(9) 의사결정 나무의 응용

- 시장 조사, 광고 조사, 의학 연구, 품질 관리 등의 다양한 분야에서 활용
- 구체적 활용 사례: 고객 타겟팅, 고객 신용평가, 캠페인 반응 분석, 고객 행동 예측, 고객 세분화 등

2. 앙상블 모형

(1) 앙상블(ensemble) 모형 개요

- 주어진 자료로부터 여러 개의 분류 모형을 만든 후 조합하여 최종예측모형을 만드는 방법
- 학습 방법의 불안전성을 해결하기 위해 고안된 기법

(2) 앙상블 기법의 종류

배깅 (bagging)	- 원 데이터 집합으로부터 크기가 같은 표본을 여러 번 단순 임의 복원 추출하여 각 표본에 대해 분류기를 생성한 후 그 결과를 앙상블 하는 방법 - 배깅은 훈련 자료를 모집단으로 생각하고 평균예측모형을 구한 것과 같기 때문에 분산을 줄이고 예측력을 향상시킬 수 있음
랜덤 포레스트 (random forest)	- 의사결정 나무의 특징인 분산이 크다는 점을 고려하여 배깅보다 더 많은 무작위성을 주어 약한 학습기들을 생성한 후 이를 선형 결합하여 최종 학습기를 만드는 방법 - 이론적 설명이나 해석이 어렵다는 단점이 있지만, 예측력이 매우 높다는 장점이 있음 - 입력변수가 많은 경우 더 좋은 예측력을 보임 - **배깅의 가장 대표적인 알고리즘**
부스팅 (boosting)	- 배깅의 과정과 유사하나 붓스트랩 표본을 구성하는 재표본(re-sampling) 과정에서 각 자료에 동일한 확률을 부여하는 것이 아닌, 분류가 잘못된 데이터에 더 큰 가중을 주어 표본을 추출 - 아다 부스팅(Ada Boosting: Adaptive Boosting)을 많이 사용

- 배깅과 부스팅의 차이점
    - 배깅(Bagging): 서로 다른 독립된 데이터 셋으로 학습한 같은 모델링으로부터 무작위 투표방식으로 결과 추출
    - 부스팅(Boosting): 서로 다른 독립된 데이터 셋으로 학습한 서로 다른 모델로부터 가중치에 의한 투표 방식으로 결과 추출

① 배깅(bagging, bootstrap aggregating)

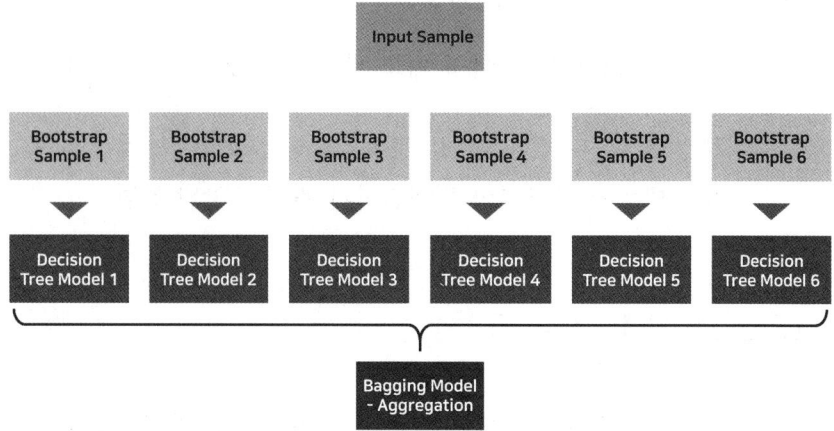

a. 원 데이터 집합으로부터 크기가 같은 표본을 여러 번 단순 임의 복원 추출하여,

b. 각 표본(이를 붓스트랩 표본)에 대해 분류기(classifiers)를 생성한 후,

c. 그 결과를 앙상블 하는 방법

↘ 반복추출 방법을 사용하기 때문에 같은 데이터가 한 표본에 여러 번 추출될 수 있고, 어떤 데이터는 추출되지 않을 수 있음

② 랜덤 포레스트(random forest)

↘ 랜덤 포레스트: 배깅에 랜덤 과정을 추가한 방법

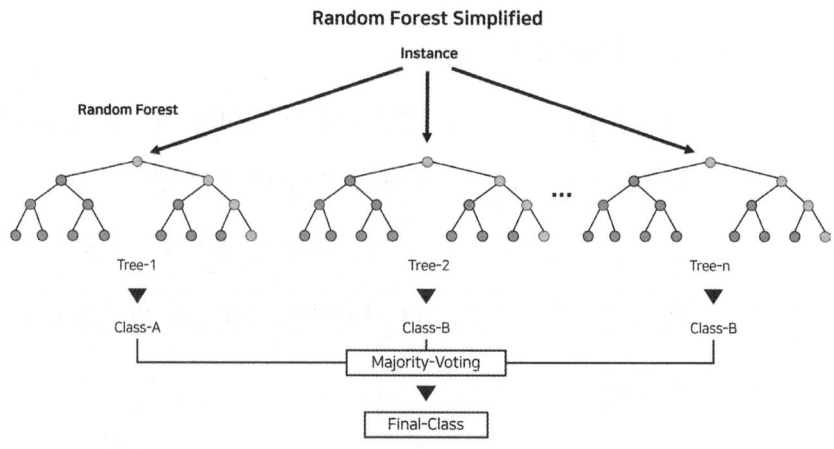

a. 원 자료로부터 붓스트랩 샘플을 추출하고

　　b. 각 붓스트랩 샘플에 대해 트리를 형성해 나가는 과정은 배깅과 유사하지만,

　　c. 각 노드마다 모든 예측 변수 안에서 최적의 분할(split)을 선택하는 방법 대신 예측 변수들을 임의로 추출하고,

　　d. 추출된 변수 내에서 최적의 분할을 만들어 나가는 방법을 사용

- 새로운 자료에 대한 예측에서 <u>분류의 경우는 다수결로, 회귀(regression)의 경우에는 평균을 취하는 방법을 사용</u>

③ 부스팅(boosting)

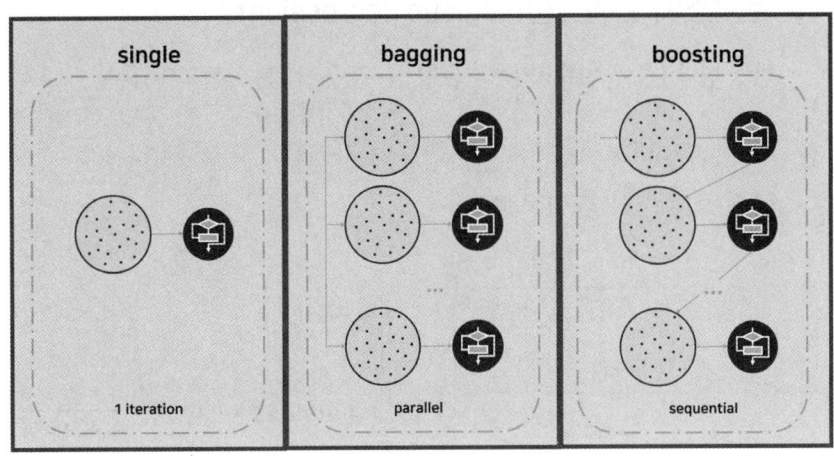

- 배깅의 과정과 유사하나 붓스트랩 표본을 구성하는 재표본(re-sampling) 과정에서 각 자료에 동일한 확률을 부여하는 것이 아니라, **분류가 잘못된 데이터에 더 큰 가중을 주어 표본을 추출**하는 방법

- 배깅은 병렬로 학습하는 반면에, 부스팅은 순차적으로 학습하여 학습이 끝나고 나온 결과에 따라 가중치가 재분배됨

　　a. 부스팅에서는 붓스트랩 표본을 추출하여 분류기를 만들고,

　　b. 그 분류 결과를 이용하여 각 데이터가 추출될 확률을 조정한 후,

　　c. 다음 붓스트랩 표본을 추출하는 과정을 반복

> **핵심 용어 정리**
> **부스팅 알고리즘의 이해**
> 부스팅은 약한 분류기를 결합하여 강한 분류기를 만드는 과정이다. 예를 들어, A 분류기를 만든 후, 그 정보를 바탕으로 B 분류기를 만들고, 다시 그 정보를 바탕으로 C 분류기를 만든다. 그리고 최종적으로 만들어진 분류기들을 모두 결합하여 최종 모델을 만드는 것이 부스팅의 원리이다.

아다 부스팅(Ada Boosting: Adaptive Boosting)을 많이 사용

Q 기출문제로 연습하기

원 데이터 집합으로부터 크기가 같은 표본을 여러 번 단순 임의 복원 추출하여 각 표본에 대해 분류기를 생성한 후 그 결과를 앙상블 하는 방법을 무엇이라 하는가?

A 정답 확인하기

정답: 배깅

3. 로지스틱 회귀모형(Logistic Regression)

- 반응변수(종속변수)가 범주형인 경우 적용되는 회귀분석 모형이다.
- 단순 로지스틱 회귀모형

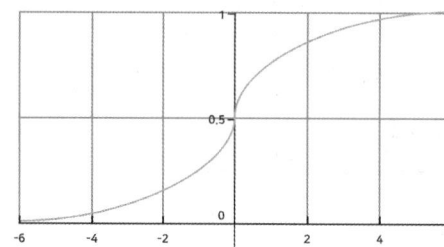

$$logistic\ function = \frac{e^{\beta_i x_i}}{1 + e^{\beta_i x_i}}$$

- 반응변수 Y는 0과 1 사이의 값을 갖는다. (0≤Y≤1)
- 로지스틱 회귀가 분류의 목적으로 사용될 경우, $\pi(x)$가 기준값(예를 들어, 1/2)보다 크면 Y=1인 집단으로, 기준값보다 작으면 Y=0인 집단으로 분류한다.
- 반응변수 Y에 대해 다중(multiple) 로지스틱 회귀모형의 일반적인 형태이다.

$$\log\left(\frac{\pi(x)}{1-\pi(x)}\right) = \alpha + \beta_1 x_1 + \ldots + \beta_k x_k \quad \pi(x) = P(Y=1|x), x = (x_1, \ldots, x_k)$$

핵심 용어 정리

로지스틱 회귀모형

로지스틱 회귀분석은 이름에 회귀가 들어가지만, 회귀 알고리즘이 아닌 Y=범주형 데이터인 분류 기법에 속하는 알고리즘이다.
(Part 3 (8) 데이터 마이닝 개요 참고)

- **오즈(odds)의 관점**에서 해석될 수 있다는 장점을 가진다.
- 오즈(odds) 변환: 성공 확률이 실패 확률에 비해 몇 배 더 높은가를 나타낸다.

$$odds = \frac{P(y=1|x)}{1-p(y=1|x)}$$

- 로지스틱 함수(logistic function)

$$logistic\ function = \frac{e^{\beta_i x_i}}{1+e^{\beta_i x_i}}$$

exp(β_1)의 의미:

나머지 변수 $(x_2,...,x_k)$가 주어질 때 x_1이 한 단위 증가할 때마다 성공(Y=1)의 오즈가 몇 배 증가하는 지를 나타내는 값

$$\pi(x) = \frac{\exp(\alpha+\beta_1 x_1+...+\beta_k x_k)}{1+\exp(\alpha+\beta_1 x_1+...+\beta_k x_k)} = \frac{1}{1+\exp(-(\alpha\beta_1 x_1+...+\beta_k x_k))}$$

(예) 로지스틱 회귀 분석 결과 β의 추정값이 5.14이면 독립변수의 단위가 증가함에 따라 종속변수가 0에서 1로 바뀔 오즈(Odds)가 exp(5.14) = 170배 증가

4. k-최근접 이웃(k-NN, k-Nearest Neighbor)

- 알고리즘의 훈련단계는 오직 훈련 표본이 특징 벡터와 항목 분류명으로 저장하는 것이다.
- k의 역할은 몇 번째로 가까운 데이터까지 살펴볼 것인가를 정하는 것이다.
- k-NN은 함수가 오직 지역적으로 근사하고 모든 계산이 분류될 때까지 연기되는 인스턴스 기반 학습 또는 게으른 학습(lazy

TIP&MEMO

■ 연습문제

함수가 오직 지역적으로 근사하고 모든 계산이 분류될 때까지 연기되는 인스턴스 기반 학습 또는 게으른 학습(lazy learning)의 일종의 분류 알고리즘은?
정답: k-NN(k-최근접 이웃) 알고리즘

learning)의 일종이다.

- k-NN 알고리즘은 가장 간단한 기계 학습 알고리즘에 속한다. k=3(지역적으로 가까운 데이터의 수)일 때, 그 안에 있는 근사한 데이터가 사각형 1개, 삼각형 2개이다. 따라서, 새로운 데이터는 삼각형으로 분류된다.

  k=5일 때, 사각형 3개, 삼각형 2개이므로 새로운 데이터는 사각형으로 분류된다.

> TIP
> 헷갈리지 않도록 이름이 비슷한 두 개념을 짚고 넘어가자.
> k-최근접 이웃: 지도학습 분류분석
> k-means: 비지도학습 군집 분석
> (Part 4에서 다룰 개념)

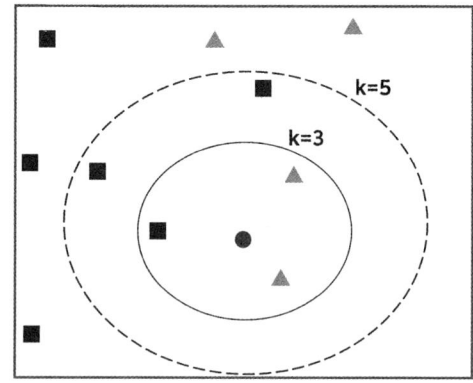

Q 기출문제로 연습하기

다음 분류분석 모형 중 훈련용 데이터 집합으로부터 미리 모형을 학습하는 것이 아니라 새로운 자료에 대한 예측 및 분류를 수행할 때 모형을 구성하는 lazy learning 기법을 사용하는 것은 무엇인가?

A 정답 확인하기

정답: k-최근접 이웃(k-Nearest Neighbor) 모형

5. SVM(Support Vector Machine)

- 초평면이 가장 가까운 학습 데이터 점과 큰 차이를 가지고 있으면 분류 오차가 작다.
- 좋은 분류를 위해서는 어떤 분류된 점에 대해서 가장 가까운 학습 데이터와 가장 먼 거리를 가지는 초평면을 찾아야 한다.

- SVM은 결정영역의 초평면을 둘러싸고 있는 마진(margin)을 최대화시키는 기법이다.

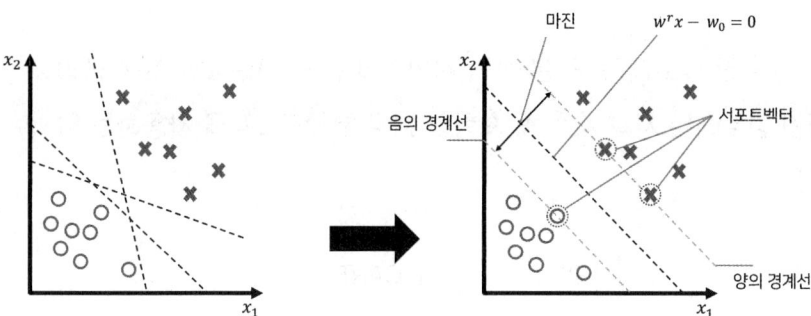

연습 문제

01 의사결정 나무 분석을 하기 위한 알고리즘 중 분류(기준)변수와 분류 기준값의 선택 방법으로, 목표변수가 이산형인 경우에는 지니 지수, 연속형인 경우 분산감소량을 사용하는 알고리즘으로 적절한 것은?

① CHAID ② C5.0 ③ ID3 ④ CART

02 아래는 의사결정 나무에서 알고리즘과 분류 기준 변수의 선택법을 나타낸 것이다. 다음 중 아래에서 잘못 입력된 내용은?

	이산형변수	연속형변수
CHAID(다지분할)	㉠ 카이제곱 통계량	㉡ 엔트로피 지수
CART(이지분할)	㉢ 지니 지수	㉣ 분산감소량

① ㉠ - 카이제곱 통계량

② ㉡ - 엔트로피 지수

③ ㉢ - 지니 지수

④ ㉣ - 분산감소량

03 의사결정 나무 분류 규칙을 선택하기 위한 불순도 측도에 대한 설명 중 부적절한 것은?

① 카이제곱 통계량의 p-value는 그 값이 작을수록 자식 노드 내의 이질성이 크다는 것을 나타낸다.

② 지니 지수 값이 작을수록 이질적이며 순수도(purity)가 낮다고 할 수 있다.

③ 엔트로피 지수가 가장 작은 변수와 이 때의 최적분리에 의해 분할을 수행한다.

④ 분산의 감소량을 최대화하는 기준의 최적분리에 의해서 자식마디를 형성한다.

04 목표변수가 연속형인 경우 의사결정 나무 분석을 위해 Regression tree 모형을 만들 때의 분류 기준으로 적절한 것은?

① 카이제곱 통계량 p값, F-통계량

② 엔트로피 지수, 분산의 감소량

③ 분산감소량, F-통계량

④ 지니 지수, 엔트로피 지수

05 의사결정 나무 모형에서, 가지를 끝까지 모두 사용해 순도 100% 상태로 만들면 분기가 너무 많아 (A)가 발생하여 실제 데이터에 적용할 수 없게 되는 문제점이 발생한다. (A)는 무엇인가?

06 원 데이터 집합으로부터 크기가 같은 표본을 여러 번 단순 임의 복원 추출하여 각 표본에 대해 분류기를 생성한 후 그 결과를 앙상블하는 방법을 무엇이라 하는가?

07 다음 중 의사결정 나무를 앙상블(ensemble) 하는 방법 중 전체 변수 집합에서 부분 변수 집합을 선택하여 각각의 데이터 집합에 대해 모형을 생성한 후 결합하는 방식은 무엇인가?

① 부스팅(boosting)

② 배깅(bagging)

③ 랜덤 포레스트(random forest)

④ 붓스트랩(bootstrap)

08 다음 부스팅 방법 중 Leaf-wise node 방법을 사용하는 알고리즘은 무엇인가?

① Adaboot(Adaptive boosting)

② lgbm(Light Gradient Boosting Machine)

③ Xgboost

④ Logitboost

09 아래 집단에 대해 지니 지수(gini index)는 얼마인가?

① 4   ② 2   ③ 1   ④ 1/2

10 아래는 의사결정 나무를 나타낸 것이다. C의 지니 지수(gini index)는 얼마인가?

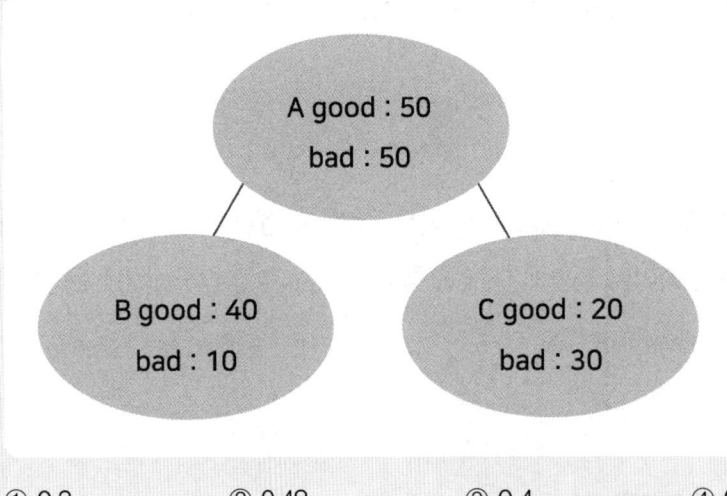

① 0.2   ② 0.48   ③ 0.4   ④ 0.32

11 의사결정 나무에서 더 이상 분기가 되지 않고 현재의 마디가 끝마디(leaf node, terminal node)가 되도록 하는 규칙을 나타내는 용어는 무엇인가?

12 앙상블(ensemble) 모형은 여러 모형의 결과를 결합함으로써 단일 모형으로 분석했을 때보다 신뢰성 높은 예측값을 얻을 수 있다. 다음 중 앙상블 모형의 특징으로 옳지 않은 것은?

① 이상값(outlier)에 대한 대응력이 높아진다.

② 전체적인 예측값의 분산을 감소시켜 정확도를 높일 수 있다.

③ 모형의 투명성이 떨어져 원인 분석에는 적합하지 않다.

④ 각 모형의 상호 연관성이 높을수록 정확도가 향상된다.

13 다음 분류분석 모형 중 훈련용 데이터 집합으로부터 미리 모형을 학습하는 것이 아니라 새로운 자료에 대한 예측 및 분류를 수행할 때 모형을 구성하는 lazy learning 기법을 사용하는 것은 무엇인가?

① 유전자 알고리즘(genetic algorithm)

② 최근접 이웃(nearest neighbor) 모형

③ 신경망(artificial neural network) 모형

④ 서포트 벡터 기계(support vector machine)

3 분류 모델 모형 평가 지표

1. 분류 모형 평가 지표의 종류
- 오분류표, ROC 그래프, 이익도표와 향상도 곡선(Lift Curve)

2. 오분류표(Confusion Matrix) = 혼동 행렬
- 목표 변수의 실제 범주와 모형에 의해 예측된 분류 범주 사이의 관계를 나타내는 표이다.

		예측치		합계
		True	False	
실제값	True	TP	FN	P
	False	FP	TN	N
합계		P'	N'	P+N

(1) TP(True Positives): 실제값과 예측값 모두 True인 빈도

(2) TN(True Negatives): 실제값과 예측치 모두 False인 빈도

(3) FP(False Positives): 실제값은 False이나 True로 예측한 빈도

(4) FN(False Negative): 실제값은 True이나 False로 예측한 빈도

① 정분류율(Accuracy) = 정확도
- 모형이 제대로 예측한 관측치를 평가하는 지표

$$\text{accuracy}(정분류율) = \frac{TP+TN}{TP+FN+FP+TN} = \frac{TP+TN}{P+N}$$

② 오분류율(Error Rate, Misclassification Rate) = 1 − accuracy
- 모형이 제대로 예측하지 못한 관측치를 평가하는 지표
- 전체 관측치 중 실제값과 예측치가 다른 정도를 나타내며, 1 − accuracy 와 같음.

$$\text{errorrate}(오분류율) = \frac{FP+FN}{TP+FN+FP+TN} = \frac{FP+FN}{P+N}$$

TIP&MEMO

[TIP]
분류 모형 평가 지표는 반드시 시험에서 한 문제는 출제된다고 생각하고 공부한다.

③ 민감도(Sensitivity) = 재현율(Recall)
- 실제값이 True인 관측치 중 예측치가 적중한 정도
- 예) 암환자 분류 모형의 경우, 암환자는 소수 집단인데 반해 이를 잘못 예측했을 경우의 비용이 다수 집단의 건강한 환자를 잘못 예측한 경우보다 훨씬 크다.

따라서, 이런 범주 불균형 문제를 가지고 있는 데이터에 대한 분류 모형 평가지표는 정확도보다 중요한 분류 범주만을 다루는 민감도와 특이도를 사용해야 한다.

$$\text{Recall}(재현율) = \frac{TP}{TP + FN} = \frac{TP}{P}$$

④ 특이도(Specificity)
- 실제값이 False인 관측치 중 예측치가 적중한 정도

$$\text{Specificity}(특이도) = \frac{TN}{FP + TN} = \frac{TN}{N}$$

⑤ 정밀도(Precision)
- True로 예측한 관측치 중 실제값이 True인 정도를 나타내는 지표

$$\text{Precision}(정확도) = \frac{TP}{TP + FP}$$

⑥ F1 지표(F1 Score) - 조화평균
- 정밀도와 재현율은 트레이드 오프 관계이므로 한 지표값이 높아지면 다른 지표의 값이 낮아질 가능성이 높음
- 이런 효과를 보정하는 지표인 조화평균이 F1 스코어

$$F1 = \frac{2 \times \text{Precision} \times \text{Recall}}{\text{Precision} + \text{Recall}} = \frac{2 \times 정밀도 \times 재현율}{정밀도 + 재현율}$$

TIP&MEMO

▶ 오분류표(=혼동행렬) 연습하기

실제 \ 예측	True	False	합계
True	30	70	100
False	60	40	100
합계	90	110	200

① accuracy(정분류율) = $\dfrac{TP+TN}{P+N} = \dfrac{30+40}{200} = \dfrac{70}{200} = 0.35$

② errorrate(오분류율) = $\dfrac{FP+FN}{P+N} = \dfrac{70+60}{200} = \dfrac{130}{200} = 0.65$

③ sensitivity(민감도) = $\dfrac{TP}{P} = \dfrac{30}{100} = 0.3$

④ specificity(특이도) = $\dfrac{TN}{N} = \dfrac{40}{100} = 0.4$

⑤ Precision(정밀도) = $\dfrac{TP}{TP+FP} = \dfrac{30}{90} = 0.33$

⑥ Recall(재현율) = $\dfrac{TP}{TP+FN} = \dfrac{TP}{P} = \dfrac{30}{100} = 0.3$

⑦ F1 Score = $\dfrac{2\times Precision\times Recall}{Precision+Recall} = \dfrac{2\times 정밀도\times 재현율}{정밀도+재현율} = \dfrac{2*0.33*0.3}{0.33+0.3} = 0.314$

TIP

민감도(sensitivity)와 정밀도(precision)는 상충 관계에 있으며, 순서를 민감도는 가로로, 정밀도는 세로로 암기하면 편리하다.

민감도: $\dfrac{30}{30+70}$

정밀도: $\dfrac{30}{60+30}$

실제 \ 예측	True	False	합계
True	(30)	(70)	100
False	(60)	40	100
합계	90	110	200

Q 기출문제로 연습하기

아래와 같은 오분류표를 갖는 데이터 마이닝 모형이 있다고 가정하자. 이 모형의 정확도(Accuracy)는 얼마인가?

		예측	
		우량	불량
실제	우량	55	20
	불량	10	15

A 정답 확인하기

정답: 0.7

$$\text{accuracy} = \frac{TP+TN}{TP+FN+FP+TN} = \frac{TP+TN}{P+N} = \frac{55+15}{55+20+10+15} = \frac{70}{100} = 0.7$$

3. ROC 그래프

- 레이더 이미지 분석의 성과를 측정하기 위해 개발된 그래프이다.
- X축: 가짜 양성 비율(FPR, False Positive Rate) = 1- 특이도
  (실제로 False이지만
  True라고 잘못 예측한 비율)
- Y축: 진짜 양성 비율(TPR, True Positive Rate) = 민감도
- X축과 Y축 두 값의 관계를 평가한 그래프이다.
- ROC(Reciver Operating Characteristic Curve) 곡선: TPR = 1 이고 FPR이 0인 가장
  이상적인 곡선
- **모형 성과 평가 기준: AUC(Area Under Curve)**
  → ROC 밑부분 면적(AUC, Area Under Curve)이 넓을수록 좋은 모형으로 평가된다.
  → AUC가 1에 가까울수록 좋은 모형이다.

TIP
간혹 어렵게 출제되는 경우, 오분류표의 가로가 예측이고 세로가 실제일 때도 있다. 예측값과 실제값의 가로세로 위치를 확인하는 습관을 들이자.

TIP
AUC(Area Under Curve)는 ROC 그래프의 밑부분 면적을 의미하며, 1에 가까울 수록 좋은 모형이다.

- ROC 곡선과 AUC 예시

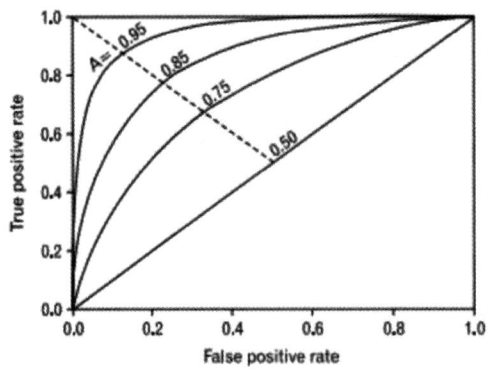

AUC 이항분류인 경우에는 적어도 AUC가 50%를 넘어야 한다. 따라서 위 ROC 곡선에서 대각선 50%를 기준으로, 더 멀리 떨어진 ROC 곡선일수록 AUC가 1에 가깝다. AUC 곡선은 X, Y → (0,1)에 가까울수록 좋다.

4. 이익 도표와 향상도 곡선

- 이익(Gain): 목표 범주에 속하는 개체들이 각 등급에 얼마나 분포하고 있는지를
나타내는 값
- 이익 도표(Gain Chart): 등급에 따라 계산된 이익값을 누적으로 연결한 도표
- 향상도(Lift Curve): 랜덤 모델과 비교하여 해당 모델의 성과가 얼마나 향상되었는지를 각 등급별로 파악하는 그래프

연습 문제

01 모형 평가 지표 중 True로 예측한 관측치 중 실제 값이 True인 정도를 나타내는 지표는 무엇인가?

① 민감도(sensitivity)

② 재현율(recall)

③ 정확도(precision)

④ 특이도(specificity)

02 다음 중 아래 오분류표에 대한 F1은 얼마인가?

		예측치		합계
		True	False	
실제값	True	30	70	100
	False	60	40	100
합계		90	110	200

① 4/10 ② 18/57 ③ 6/19 ④ 7/11

03 아래는 오분류표를 나타낸 것이다. 다음 중 특이도(specificity)는 얼마인가?

실제 \ 예측	True	False	합계
True	30	70	100
False	60	40	100
합계	90	110	200

① 3/10 ② 4/10 ③ 13/20 ④ 7/11

04 아래는 오분류표를 나타낸 것이다. 오분류율을 구하여라.

		예측치		합계
		True	False	
실제값	True	40	60	100
	False	60	40	100
합계		100	100	200

① 0.4 ② 0.48 ③ 0.6 ④ 0.83

05 분류 모형의 평가 기준 중 정확도(precision)와 재현율(recall)은 한 지표의 값이 높아지면 다른 지표의 값이 낮아질 가능성이 높다. 이러한 효과를 보정하여 하나의 지표로 나타낸 F 지표에서 β=2일 경우 다음 설명 중 옳은 것은?

① 정확도(precision)에 2배만큼의 가중치를 부여하여 조화 평균한다.

② 정확도(precision)와 재현율(recall)을 조화 평균한 뒤 0.5배 한다.

③ 정확도(precison)와 재현율(recall)을 조화 평균한 뒤 2배한다.

④ 재현율(recall)에 2배만큼의 가중치를 부여하여 조화 평균한다.

06 ROC(Receiver Operating Characteristic) 그래프에서 이상적으로 완벽히 분류한 모형의 x축과 y축 값으로 옳은 것은?

(x값, y값) (x값, y값)

① (0, 0) ② (0, 1)

③ (1, 0) ④ (1, 1)

07 분류분석의 모형을 평가하는 방법으로 랜덤 모델과 비교하여 해당 모델의 성과가 얼마나 향상되었는지를 각 등급별로 파악하는 그래프는 무엇인가?

4 인공 신경망

1. 인공 신경망(Artificial Neural Network; ANN)

- 동물의 뇌신경계(뉴런)를 모방하여 분류(또는 예측)을 위해 만들어진 모형이다.
- 인공 신경망에서 입력(input)은 시냅스에 해당하며 개별신호의 강도에 따라 가중(weight) 되며, 활성함수(activation function)는 인공 신경망의 출력(output)을 계산한다.
- 많은 데이터에 대해 학습(learning 또는 training)을 거쳐, 원하는 결과가 나오도록(오차가 작아지는 방향으로) 오차가 작아지는 방향으로 가중치가 조정된다.

(1) 단층 신경망(Single-Layer Neural Network) = 퍼셉트론(Perceptron)

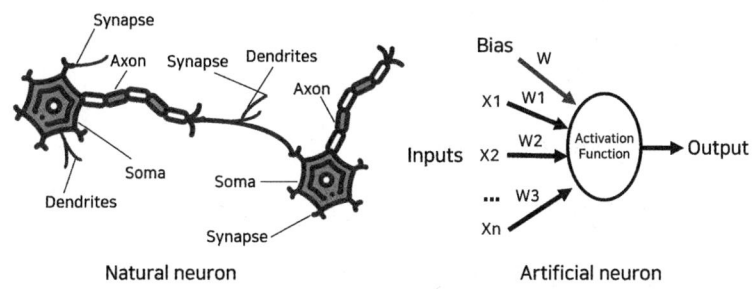

↘ 입력층이 (은닉층을 거치지 않고) 직접 출력층에 연결되는 신경망

▶ 단층신경망의 네트워크 구조

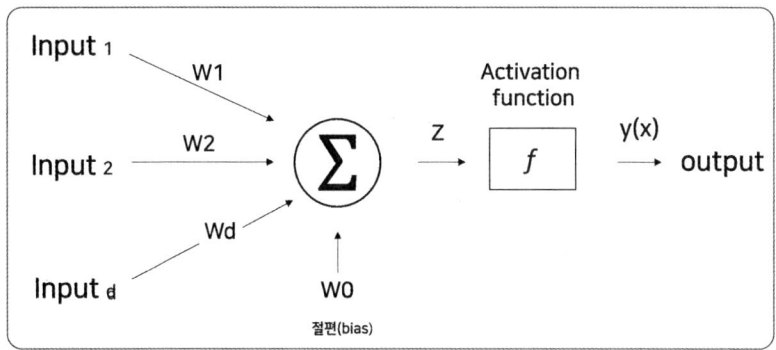

↘ 단층 신경망의 구성: 입력층, 활성화 함수, 출력층

↘ 활성화함수((Activation Function)

- 입력된 신호가 특정 강도 이상일 때만 다음 뉴런으로 신호를 전달하는 실제 뉴런처럼, 인공 신경망의 뉴런에서도 동일한 역할을 하는 함수
- 가중치의 결과값 y가 최종적으로 어떤 형태의 출력값으로 내보낼지 결정하는 함수

↘ 활성화함수(Activation Function) 종류

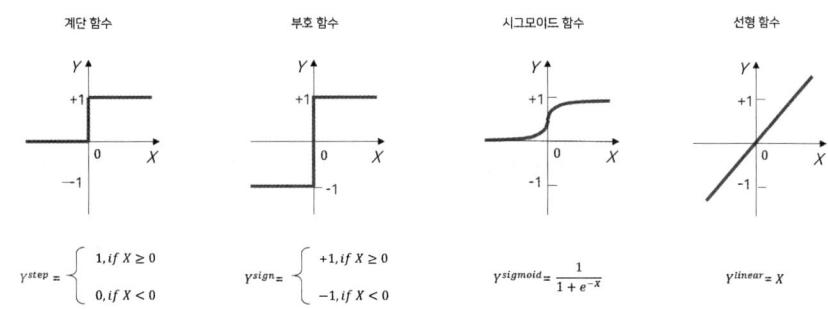

① 계단 함수(step function)

↘ 입력값이 0보다 클 때는 1로, 0 이하일 때는 0으로 결과가 나옴. 즉, 입력값이 양수일 때만 활성화시킴

② 부호 함수(sign function)

↘ 입력값이 0보다 클 때는 1로, 0 이하일 때는 -1로 결과가 나옴

③ 시그모이드 함수

↘ 계단 함수(step function)의 판단 기준이 되는 임계치 부근의 데이터를 고려하지 않는 문제를 해결하기 위해 계단 모양을 완만한 형태로 표현한 함수

↘ 시그모이드 함수는 0에서 1까지의 출력값($0 \leq y \leq 1$)이 확률로 표현됨

↘ $y = \dfrac{1}{1+e^{-x}}$

④ 선형 함수
- 결과는 x의 값을 그대로 반영한 값. y=x

⑤ 소프트맥스 함수(Softmax function)
- 표준화 지수(또는 일반화 로지스틱) 함수라고도 부르며, 출력값 z가 여러 개(L개)로 주어지고 **목표치가 다범주**인 경우 각 범주에 속할 사후 확률을 제공
- 출력값들의 총합은 항상 1이 되는 특성을 가지고 있어 결과를 확률로 표현할 수 있음

$$y_i = \frac{\exp(z_i)}{\sum_{i=1}^{L} \exp(z_i)}, j = 1, .., L$$

- 분류하는 클래스 개수만큼 출력으로 구성하며, 가장 큰 출력값을 가지는 클래스가 결과값으로 사용됨

> **TIP & MEMO**
>
> ▣ 연습문제
> 딥러닝에서 출력층의 활성화 함수로 이용하는 것으로, 입력받은 값을 출력으로 0~1 사이의 값으로 정규화하여 다범주 분류에 사용하는 활성화 함수는?
> 정답: 소프트맥스 함수 (Softmax function)

2. 다층(Multi-Layer) 신경망 = 다중 퍼셉트론(Multi-Perceptron)의 네트워크 구조

- 2개 이상의 은닉층(hidden layer)을 가지는 다층신경망의 구조이며, 그 목적은 입력벡터 x를 출력벡터 y(x)로 맵핑하는 것이다.

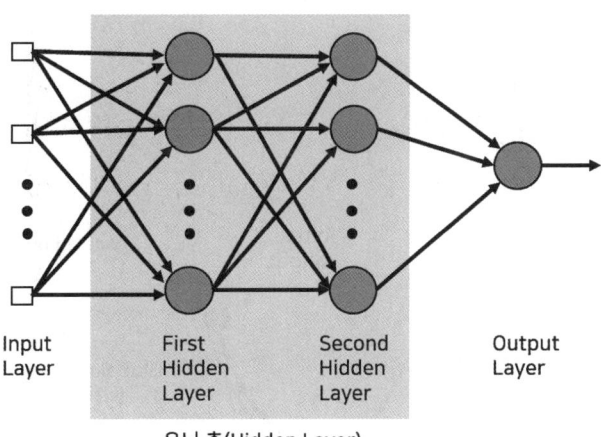

은닉 층(Hidden Layer)

> **TIP & MEMO**
>
> **[핵심 용어 정리]**
> **비용함수(cost function)**
> 실제값과 예측값 차이가 발생할 때 오차가 얼마인지 계산해주는 함수이다.

3. 다층 신경망 용어 정의

(1) 최적화(Optimization)

↘ 목표로 하는 최적화 값(일반적으로 최댓값 혹은 최솟값)을 각 탐색 범위 내에서 조절함으로써 주어진 비용함수(cost function) 값을 최소화 또는 최대화하는 해를 찾아내는 방법.

↘ 파라미터(Hyper Parameter)의 값을 찾는 것

↘ **최적화 알고리즘의 종류**

- 경사 하강법(Gradient Descent), 확률적 경사 하강법(SGD), 미니 배치 확률적 경사 하강법, AdaGrad, RMSProp, Adam 등
- 기존의 경사 하강법에서 여러 단점을 보완하는 다양한 알고리즘이 나타나는 중이며, 실무에서는 Adam을 많이 사용함

(2) 경사 하강법(Gradient Descent)

↘ 비용함수의 낮은 지점을 찾아가는 최적화 방법

↘ 낮은 쪽의 방향을 찾기 위해 오차함수를 현재 위치에서 미분함

$$J = \frac{1}{2m}\sum_{i=1}^{m}(y - \hat{y})^2 \qquad \nabla J = \frac{1}{m}(y - \hat{y})$$

(3) 최적화 기법의 종류

- 전역 최적화 기법(global optimization method), 지역 최적화 기법(local optimization method)
- **전역 최적화 기법**

    다소 시간이 걸리더라도 전체 탐색영역에서 가장 좋은 해를 찾는 것을 목표로 하는 기법
- **지역 최적화 기법**

    단시간에 일부 탐색영역 내에서 가장 좋은 해를 찾는 것을 목표로 하는 기법

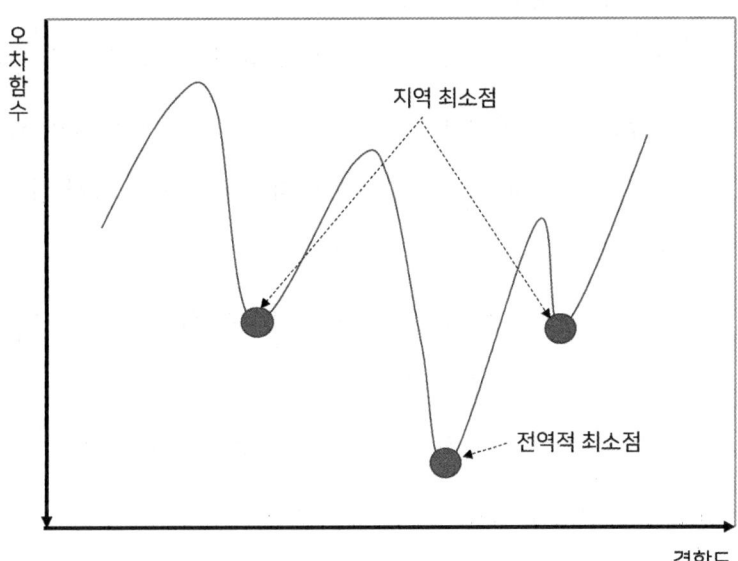

(4) 기울기 소실 문제(Vanishing Gradient Problem)

- 은닉층이 많은 다층 퍼셉트론에서, 은닉층을 많이 거칠수록 전달되는 오차가 크게 줄어들어 학습이 되지 않는 현상

연습문제

딥러닝에서 은닉층이 많은 퍼셉트론인 겨우 은닉층을 많이 거칠수록 기울기가 거의 0으로 소멸되어 버려 학습이 다 이루어지지 않은 상태에서 멈추는 현상이 생기는데, 이 현상을 무엇이라고 하는가?

정답: 기울기 소실 문제 (Vanishing Gradient Problem)

TIP&MEMO

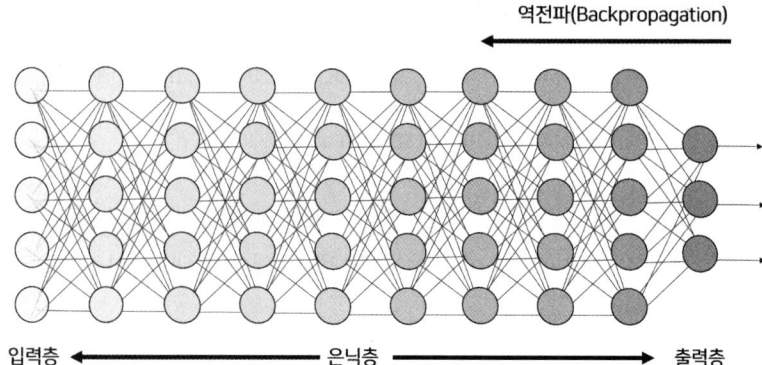

핵심 내용 정리

렐루(ReLU) 함수가 기울기 소실 문제를 해결하는 방법:
ReLU함수는 시그모이드 함수와는 달리 출력의 정보를 계속 유지하는 성질이 있다.

- 기울기기가 거의 0으로 소멸되어 버리면 네트워크의 학습은 매우 느려지고, 학습이 다 이루어지지 않은 상태에서 멈추는 현상이 생김
- 시그모이드 함수와 같은 경우 출력값이 1 아래여서 기울기 소멸 문제가 빠르게 일어남 (0보다 작은 수끼리 계속 곱하면서 연산했을 때 값이 0에 가까워지는 현상이 생기게 됨)
- 기울기 소실 문제의 해결 방법
  - 사라져가는 성질을 갖지 않는 렐루(ReLU)함수를 선택하면 해결할 수 있음.
  - 렐루(ReLU) 함수: <u>입력이 0보다 작거나 같으면 0</u>, 0보다 크면 입력값을 리턴하는 함수

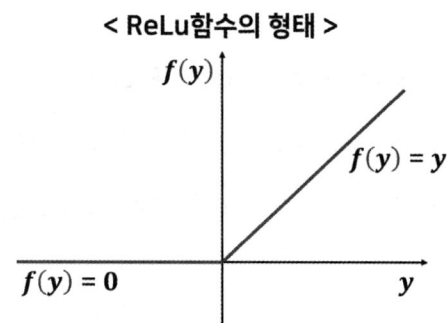

< ReLu함수의 형태 >

연습문제

비선형 문제인 XOR 문제를 해결한 방법은?
정답: 역전파(Backpropagation)

(5) XOR 문제

- OR, AND 그래프에서는 데이터를 분류할 수 있는 선형 라인을 정의할 수 있지만, **비선형인 XOR 그래프에서는 분류가 불가능한 문제**
- XOR 문제 해결 방법 → 다층 퍼셉트론의 딥러닝의 역전파(Backpropagation) 알고리즘 이용

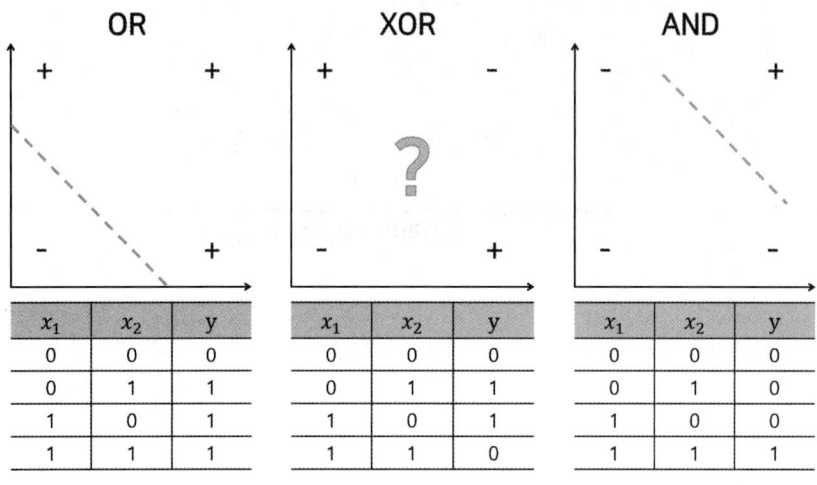

> **연습문제**
> 딥러닝에서 학습이 되어 찾은 가중치가 우리가 목표로 하는 실제값(target)과 비교해 오차가 많이 발생하는 경우, 실제값과 예측값의 오차가 줄어드는 방향으로 가중치를 역방향으로 갱신해 나가는 과정을 무엇이라고 하는가?
> 정답: 역전파(Backpropagation)

(6) 역전파(Backpropagation) = 오차 역전파

- 다층 퍼셉트론 학습에 사용되는 통계적 기법
- 다층 퍼셉트론은 입력층 - 은닉층 - 은닉층 - ⋯ - 출력층으로 구성되며, 각 층은 서로 교차되는 weight 값으로 연결되어 있음. 출력층에서 제시한 값에 실제 원하는 값을 사용하여 학습하는 방법으로 통계적 방법에 의한 오차 역전법을 사용.
- 오차 역전파는 동일 입력층에 대해 원하는 값이 출력되도록 개개의 weight를 조정하는 방법이며, 속도는 느리지만 안정적인 결과를 얻을 수 있다는 장점이 있어 기계 학습에 널리 사용한다.
- 순전파 → 역전파 → 가중치 업데이트 → 순전파 ⋯ 를 계속

반복해 가면서 오차값이 0에 가까워지도록 학습한다.

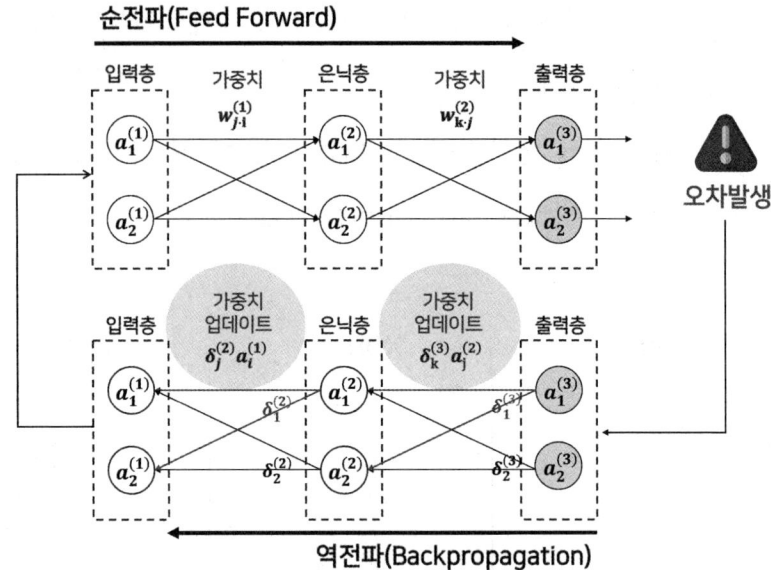

연습 문제

01 인공 신경망 모형에서 활성 함수인 시그모이드(sigmoid)의 함수의 결과 값으로 올바른 것은?

① -1 또는 1

② 0 또는 1

③ 0 ≤ y ≤ 1

④ -1 ≤ y ≤ 1

TIP
시그모이드 함수의 결과값이 0 초과 1미만의 값을 가지는지 확인해야 한다.

02 다음 중 아래 (가)에서 설명하는 활성 함수로 가장 적절한 것은?

> 입력층이 직접 출력층에 연결되는 단층 신경망(single-layer neural network)에서 활성함수를 (가)로 사용하면 로지스틱 회귀모형과 작동 원리가 유사해진다.

① 계단(step) 함수

② tanh 함수

③ ReLU 함수

④ 시그모이드(sigmoid) 함수

03 다음 중 인공 신경망 모형에서 역전파를 진행함에 따라 각 노드를 연결하는 가중치의 절대값이 커져 조정이 더 이루어지지 않아 과소적합(underfitting)이 발생되는 문제를 무엇이라고 하는가?

① 비선형 문제

② 전역최적화 문제

③ 포화 문제

④ 수용 영역 국소화 문제

04 다음 모형 중 최근 인공지능 기술의 발전과 함께 주목받고 있는 딥러닝 기법에 기반을 두고 있는 모형은?

① 유전자 알고리즘(genetic algorithm)

② 신경망(artificial neural network) 모형

③ 의사결정 나무(decision tree) 모형

④ 규칙기반(rule-based) 모형

05 다층 신경망 모형에서 은닉층(hidden layer)의 개수를 너무 많이 설정하게 되면 역전파 과정에서 앞쪽 은닉층의 가중치 조정이 이루어지지 않아 신경망의 학습이 제대로 이루어지지 않는다. 이러한 현상을 나타내는 용어는?

① 기울기 소실 문제　　② 지역 최적화 문제

③ XOR 문제　　　　　④ 과적합 문제

06 다층 신경망은 여러 개의 은닉층(hidden layer)을 가질 수 있는데, 다음 중 은닉층 노드의 수가 너무 적을 경우 나타나는 특징을 설명한 것으로 가장 적절한 것은?

① 네트워크의 일반화가 어렵다.

② 네트워크가 복잡한 의사결정 경계를 만들 수 없다.

③ 오차의 역전파 알고리즘에서 기울기 소실 문제가 발생한다.

④ 훈련에 많은 시간이 소요된다.

07 신경망의 모형은 Visible Layer와 Hidden Layer로 구성되어 있는데, Visible Layer와 Hidden Layer가 많은 다층 퍼셉트론에서 Hidden Layer를 많이 거칠수록 전달되는 오차가 크게 줄어들어 학습이 되지 않는 현상이 발생한다. 이를 무엇이라고 하는가?

Part 4 정형 데이터 마이닝 - 비지도 학습

1 군집 분석

1. 군집 분석(cluster analysis)의 개요

- 각 객체에 대해 관측된 여러 개의 변수 값들로부터 **유사한 성격을 가지는 몇 개의 군집으로 집단화**하고, 형성된 군집들의 특성을 파악하여 군집들 사이의 관계를 분석하는 다변량 분석 기법이다.
- 다변량 자료는 별도의 반응변수가 요구되지 않으며, 오로지 **개체들 간의 유사성**(similarity)**에만 기초하여 군집을 형성**한다.
- 이상값 탐지, 심리학, 사회학, 경영학, 생물학 등에 이용한다.
- 군집화의 방법: 계층적 군집, 비계층적 군집, 밀도-기반군집, 모형-기반군집, 격자-기반군집, SOM(Self-Organization Map)

> **TIP**
> 군집 분석은 크게 계층적 군집 분석과 비계층적 군집 분석으로 나눌 수 있다.

2. 계층적 군집 분석(hierarchical clustering)

- 가장 유사한 개체를 묶어 나가는 과정을 반복하여 원하는 개수의 군집을 형성하는 방법이다.
- **덴드로그램**(dendrogram) 형태로 결과가 주어진다.

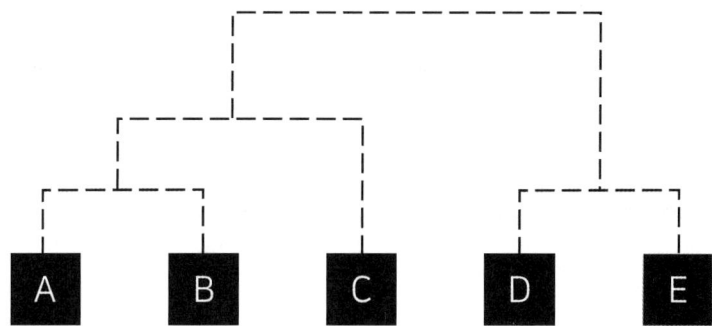

- 각 개체는 하나의 군집에만 속하게 된다.
- **개체 간의 유사성(또는 거리)**를 다양하게 정의할 수 있다.

(1) 계층적 군집을 형성하는 방법 2가지

① 병합적 방법: 작은 군집 → 군집을 병합해 나가는 방법

- 한 개의 항목으로 시작하여 군집을 형성해 나가는 매 단계마다 모든 그룹쌍 간의 거리를 계산하여 가까운 순으로 병합을 수행하여 이 과정을 한 개 그룹만 남을 때까지 반복
- 상대적 거리가 가까울수록 유사성이 높음

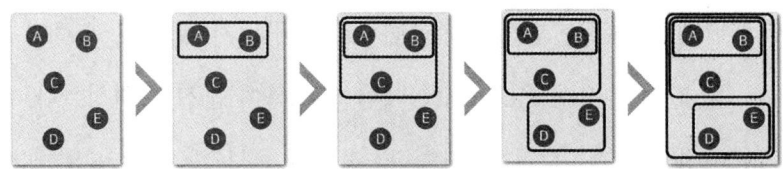

② 분할적 방법: 큰 군집 → 군집을 분리해 나가는 방법

> **TIP**
> 분할적 방법보다 병합적 방법을 더 많이 사용하며, 시험에도 병합적 방법이 더 많이 출제된다.

(2) 군집 간의 병합 시 거리 측정(또는 병합) 방법 5가지

최단연결법　　최장연결법　　중심연결법　　와드연결법

① 최단 연결법, 단일 연결법(single linkage method)

- 거리의 최소값으로 측정
- 사슬 모양이 생길 수 있으며, 고립된 군집을 찾는데 중점을 둔 방법
- R의 hclust() 함수: hclust(dist(a), method="single")

② 최장 연결법, 완전 연결법(complete linkage method)

꠲ 거리의 최대값으로 측정

꠲ 군집들의 내부 응집성에 중점을 둔 방법

꠲ R의 hclust() 함수: hclust(dist(a), method="complete")

③ 중심 연결법(centroid linkage)

꠲ 두 군집의 중심 간의 거리를 측정

꠲ 두 군집이 결합될 때 새로운 군집의 평균은 가중평균 이용

꠲ R의 hclust() 함수: hclust(dist(a), method="centroid")

④ 평균 연결법(average linkage)

꠲ 모든 항목에 대한 거리 평균을 구함

꠲ 계산량이 불필요하게 많아질 수 있음

꠲ R의 hclust() 함수: hclust(dist(a), method="average")

⑤ 와드 연결법(ward linkage)

꠲ 군집 내의 **오차제곱합**에 기초하여 군집을 수행

꠲ 비슷한 군집끼리 병합하는 경향

꠲ R의 hclust() 함수: hclust(dist(a), method="**ward.2D**")

(3) 계층적 군집에서 사용하는 거리 측정 방법 – 연속형 변수의 거리 측정 방법

① 유클리드 거리

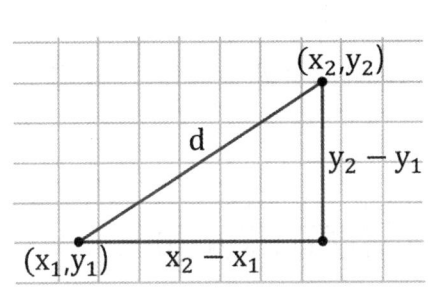
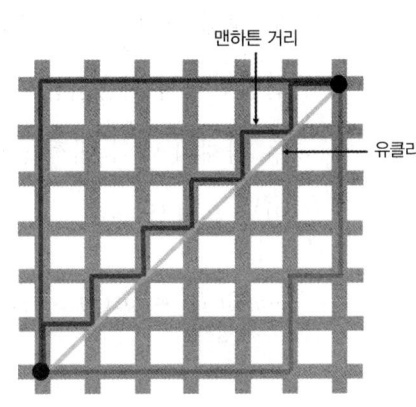

■ 연습문제
계층적 군집 방법 중 군집내의 오차제곱합에 기초하여 군집을 수행하는 방법은?
정답: 와드 연결법(ward linkage)

- (예제) (-1, 2, 3)과 (4, 0, -3)의 유클리드 거리

$$\sqrt{(4-(-1))^2 + (0-2)^2 + (-3-3)^2} = \sqrt{25+4+36} = \sqrt{65}$$

② 맨하튼 거리

- 두 좌표 (x_1, y_1), (x_2, y_2) 가 있을 때, X 좌표의 차의 절대값 + Y 좌표의 차의 절대값 = $|(x_2 - x_1)| + |(y_2 - y_1)|$
- 변수들이 연속형인 경우 사용할 수 있는 측도로, 데이터에 이상치가 존재한다고 여겨지고 그것들을 제거할 수 없는 경우에 사용할 수 있는 로버스트(Robust)한 측도

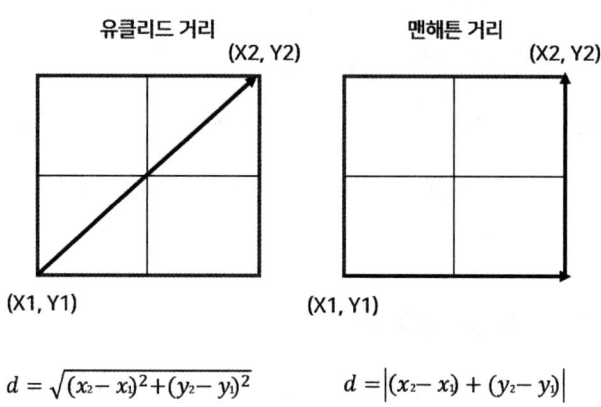

③ 민코우스키 거리

- 유클리드거리와 맨해튼 거리 모두 민코프스키 거리에 포함됨

④ 코사인 유사도(cosine similarity)

- 두 객체 간의 거리에 기반하여 군집을 형성해가는 계층적 군집방법에서 사용하는 측도 중 하나
- 두 객체의 벡터 내적을 기반하여 다음의 수식으로 계산할 수 있는 <u>유사성 측도</u>

$$similarity = cos(\theta) = \frac{A \cdot B}{\|A\|\|B\|} = \frac{\sum_{i=1}^{n} A_i \times B_i}{\sqrt{\sum_{i=1}^{n}(A_i)^2} \times \sqrt{\sum_{i=1}^{n}(B_i)^2}}$$

TIP & MEMO

■ 연습문제

두 객체 간의 거리에 기반하여 군집을 형성해 가는 계층적 군집 방법에서 사용하는 측도 중 하나로, 두 객체의 벡터 내적을 기반으로 객체간의 유사성 측도로 사용하는 것은?

정답: 코사인 유사도 (cosine similarity)

ˋ 내적공간의 두 벡터 간 각도의 코사인값을 이용하여 측정된 벡터 간의 유사한 정도를 의미

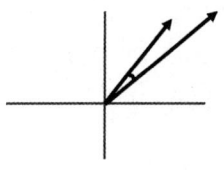
0°도에 가까운 코사인 값

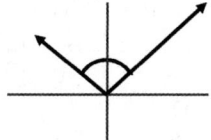
90°도에 가까운 코사인 값
코사인 유사도 = 0에 가까움

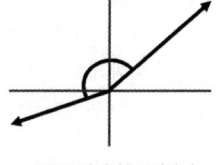
180°도에 가까운 코사인 값
코사인 유사도 = -1에 가까움

ˋ 각도가 0°일 때 코사인 값은 1이며, 다른 모든 각도의 코사인 값은 1보다 작음

ˋ 따라서 이 값은 벡터의 크기가 아닌 방향의 유사도를 판단하는 목적으로 사용하며, 두 벡터의 방향이 완전히 같을 때는 1, 90°의 각을 이룬다면 0의 값을, 반대 방향인 180° 각을 이룬다면 -1의 값을 가짐

(4) 계층적 군집의 단점

① 매 단계에서 지역적 최적화를 수행하므로 전역적인 최적해가 없음

② 병합적 방법에서 한번 군집이 형성되면 군집에 속한 개체는 다른 군집으로 이동할 수 없음

③ 와드 연결법인 경우 군집의 크기에 가중을 두어 병합을 시도하므로 크기가 큰 군집과의 병합이 유도될 수 있음

Q 기출문제로 연습하기

아래는 5개의 관측치(a, b, c, d, e)를 가진 데이터셋에서 각 관측치 사이의 유클리드 거리를 계산한 행렬이다. 계층적 군집방법을 사용할 때 가장 먼저 군집을 이루는 두 관측치는 무엇인가?

```
<아래>
> round(dist(data), 1)
        a       b       c       d
b     3.2
c     3.6     5.4
d     3.2     5.8     3.0
e     5.0     3.0     5.1     2.2
```

A 정답 확인하기

정답: d, e

풀이:
d와 e 사이의 2.2가 최단 거리이므로 2.2 (d, e)가 가장 먼저 군집을 이룬다.

최단 연결법을 이용한 계층적 군집 분석 과정:

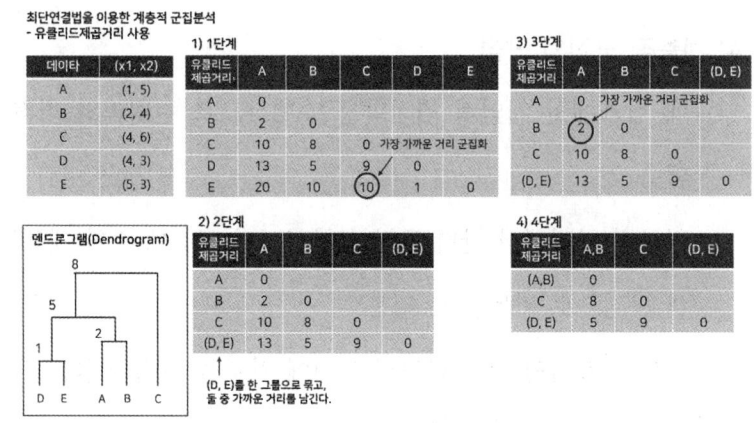

Q 기출문제로 연습하기

아래 그림은 1973년 미국 50개 주의 인구 10만명 당 살인, 폭행, 강간 범죄 횟수를 사용한 군집 분석 결과이다. 올바른 설명과 잘못된 설명을 표시하라.

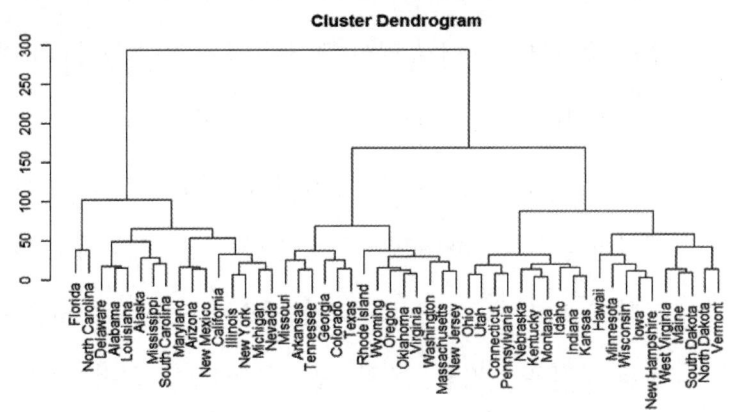

① 비계층적 군집화의 결과를 나타내는 그림이다.
② 군집 간의 거리를 정의하기 위해 평균 연결법이 사용되었다.
③ 4개의 집단으로 군집화할 경우 Florida는 California와 같은 집단에 속하지 않는다.
④ 군집 간의 거리를 정의하는 방법에 따라 서로 다른 군집화 결과를 얻을 가능성이 있다.

A 정답 확인하기

① 결과가 덴드로그램 형태로 주어졌으므로 계층적 군집화이다.
②, ③, ④는 올바른 설명이다.

3. 비계층 군집 분석: k-평균 군집(k-means clustering)

(1) k-평균 군집의 개요

- k-평균 군집에서 군집의 수(k)는 미리 정해주어야 함
- k-개의 초기 중심값은 임의로 선택, 자료값 중 무작위 선택
- 초기 중심점들은 서로 멀리 떨어져 있는 것이 바람직하며, 초기값에 따라 군집 결과가 크게 달라질 수 있음
- k-평균 군집은 군집의 매 단계마다 군집 중심으로부터 오차제곱합을 최소화하는 방향으로 군집을 형성해나가는(부분 최적화 수행하는) "탐욕적 알고리즘"으로 간주될 수 있으며, 안정된 군집은 보장할 수 있지만 전체적으로 최적이라는 것은 보장하지 못함

(2) k-평균 군집의 절차 (알고리즘)

단계 1) **군집의 수만큼(k개) 초기값을 지정**

단계 2) 각 개체를 가까운 초기값에 할당하여 군집을 형성

단계 3) 각 군집의 평균을 재계산하여 초기값을 갱신

단계 4) 갱신된 값에 대해 위의 할당과정을 반복하여 k개의 최종 군집을 형성

> **TIP**
> k-평균 군집의 절차 4단계는 시험에 자주 출제되니 꼼꼼히 암기하자.

(3) k-평균 군집의 장점

① 주어진 데이터의 내부 구조에 대한 사전정보 없이 의미있는 자료구조를 찾을 수 있음

② 다양한 형태의 데이터에 적용이 가능

③ 분석방법 적용이 용이함

(4) k-평균 군집의 단점

① 가중치와 거리 정의가 어려움

② 초기 군집수를 결정하기 어려움

③ 사전에 주어진 목적이 없으므로 결과 해석이 어려움

④ 잡음이나 이상값에 영향을 많이 받음(군집 중심 계산 과정)

⑤ 볼록한 형태가 아닌(non-convex) 군집(U-형태 군집)이 존재할 경우에는 성능이 떨어짐

⑥ 이상값 자료에 민감한 k-평균 군집의 단점을 보완하는 방법

→ 매 단계마다 평균 대신 중앙값을 사용하는 k-중앙값 군집 사용,

탐색적 자료 분석을 통해 이상값을 미리 제거

4. 혼합 분포 군집

- 모형-기반(model-based)의 군집 방법으로, 혼합 모형에서 모수와 가중치의 추정을 위해 사용되는 알고리즘이다.
- 데이터가 k개의 모수적 모형의 가중합으로 표현되는 모집단 모형으로부터 나왔다는 가정하에서 모수와 함께 가중치를 자료로부터 추정하는 방법이다.
- k개의 각 모형은 군집을 의미하며, 각 데이터는 추정된 k개의 모형 중 어느 모형으로부터 나왔을 확률이 높은지에 따라 군집의 분류가 이루어진다.
- 혼합 모형에서 모수와 가중치의 추정은 EM 알고리즘을 사용한다.
- EM(Expectation Maximization) 알고리즘의 진행 과정

  (1) E-단계: 잠재변수 Z의 기대치 계산

  (2) M-단계: 잠재변수 Z의 기대치를 이용하여 파라미터 추정

5. SOM(Self-Organizing Maps, 자기 조직화 지도)

(1) SOM의 개요

- 코호넨에 의해 제시, 개발되었으며 코호넨 맵이라고 함
- 비지도 신경망
- 고차원 데이터를 이해하기 쉬운 저차원이 뉴런으로 정렬하여 지도(map)의 형태로 형상화
- 입력의 위치 관계를 그대로 보존한다는 특징을 가짐
- 실제 공간의 입력변수가 가까이 있으면 지도상에도 가까운 위치에 있게 됨

(2) SOM의 특징

- 고차원의 데이터를 저차원의 지도 형태로 형상화하기 때문에 시각적으로 이해가 쉬움
- **입력 변수의 위치 관계를 그대로 보존하기** 때문에 실제 데이터가 지도 상에서 가깝게 표현되며, 이런 특징 덕분에 패턴 발견, 이미지 분석 등에서 뛰어난 성능을 보임
- 역전파(Back Propagation) 알고리즘 등을 이용하는 인공 신경망과 달리 단 하나의 전방 패스(feed-forward flow)를 사용하여 속도가 매우 빠르므로 실시간 학습처리가 가능

6. 군집 모델 평가: 실루엣 계수(silhouette coefficient)

- 각 군집 간의 거리가 얼마나 효율적으로 분리되어 있는지를 나타내는 지표이다.
- 군집화가 잘 될수록 개별 군집은 비슷한 정도의 여유공간을 가지고 떨어져 있다.
- 개별 데이터가 해당 데이터가 같은 군집 내의 데이터와 얼마나 가깝게 군집화 되어있고, 다른 군집에 있는 데이터와는 얼마나 멀리

TIP & MEMO

[핵심 용어 정리]
군집 모델 평가의 지표로 사용되는 것은 실루엣 계수이다.

분리되어 있는지를 나타내는 지표이다.

- 0에서 1사이의 값을 가지고 있고, 1에 가까울수록 좋은 지표이다.

> **TIP**
> 실제로 실루엣 계수가 1인 경우는 매우 드물기 때문에, k-평균 군집(k-means clustering)에서는 보통 실루엣 계수가 0.5를 넘는 k를 적절한 군집 개수로 판단한다. 비지도 학습이기 때문에 이때 k를 완벽한 답이라고 할 수는 없지만, 처음에 k를 설정할 때 좋은 지표가 될 수 있다.

연습 문제

01 아래는 계층적 군집을 수행하기 위한 거리 측정 방법 중 어떤 방법을 사용한 것인가?

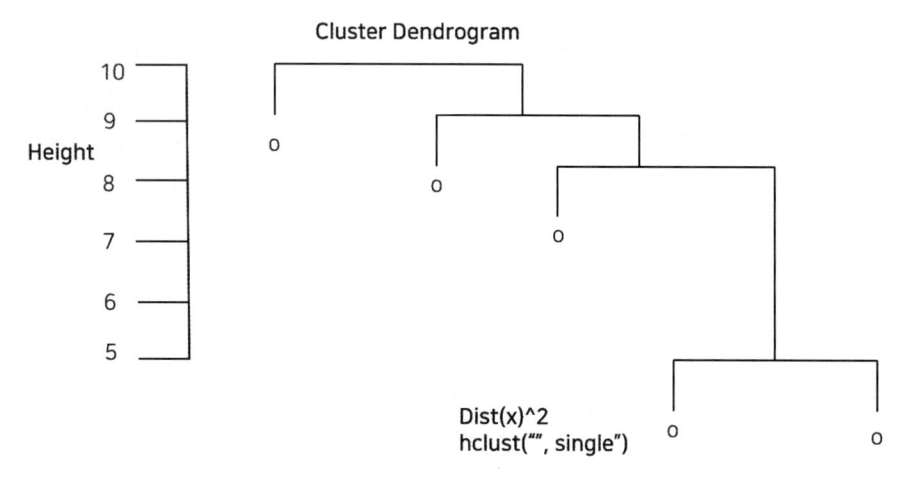

02 아래는 k-평균 군집을 수행하는 절차를 기술한 것이다. 다음 중 수행 절차를 순서대로 올바르게 나열한 것은?

> 가. 각 자료가 가장 가까운 군집 중심에 할당된다.
>
> 나. 군집 중심의 변화가 거의 없을 때(또는 최대 반복수)까지 단계2와 단계3을 반복한다.
>
> 다. 초기(군집의) 중심으로 k개의 객체를 임의로 선택한다.
>
> 라. 각 군집 내의 자료들의 평균을 계산하여 군집의 중심을 업데이트한다.

① 다 – 라 – 가 – 나 ② 다 – 가 – 라 – 나
③ 가 – 라 – 다 – 나 ④ 가 – 다 – 라 – 나

03 계층적 군집을 수행할 때 두 군집 간의 거리를 측정하는 방법 중 아래에서 설명하는 방법은?

> 군집 내의 오차제곱합(error sum of square)에 기초하여 군집을 수행한다.

04 아래 데이터 셋 A, B 간의 유사성을 맨하튼(Manhattan) 거리로 계산하면 얼마인가?

	A	B
키	160	180
몸무게	70	65

① 25　　　② 20　　　③ 15　　　④ 10

05 다음 군집 모형 중 군집의 개수를 미리 지정하지 않아도 되는 장점이 있어, 탐색적 분석에 사용하는 모형은 무엇인가?

① K-평균 군집 모형

② SOM(Self-Organiziog Maps) 모형

③ 계층적 군집

④ 혼합 분포 군집 모형

06 군집화 기법 중 특정 공간에서 가까이 있는 데이터가 많은 지역을 중심으로 클러스터를 구성하며 비교적 비어 있는 지역을 경계로 하는 군집 기법으로, 임의적인 모양의 군집 탐색에 효과적인 것은 무엇인가?

① 계층적 군집 기법

② 분리 군집 기법

③ 밀도 기반 군집 기법

④ 격자 기반 군집 기법

07 군집 모형 평가 기준 중 하나이며, 군집의 밀집 정도를 계산하는 방법으로, 군집 내의 거리와 군집 간의 거리를 기준으로 군집 분할의 성과를 평가하는 것은 무엇인가?

① 피어슨 상관 계수(Pearson Correlation Coefficient)

② ARI(Adjusted Rand Index)

③ NMI(Normalized Mutual Information)

④ 실루엣 계수(Silhouette Coefficient)

08 군집 분석의 품질을 정량적으로 평가하는 대표적인 지표로 군집 내의 데이터 응집도(cohesion)와 군집 간 분리도(separation)를 계산하여 군집 내의 데이터의 거리가 짧을수록, 군집 간 거리가 멀 수록 값이 커지며 완벽한 분리일 경우 1의 값을 가지는 지표는?

09 계층적 군집은 두 개체 간의 거리에 기반하여 군집을 형성해 나간다. 두 개체의 거리 측도 중 두 벡터 사이의 각도를 이용하여 벡터 간의 유사 정도를 측정하는 것은 무엇인가?

① 자카드 유사도 ② 피어슨 유사도

③ 코사인 유사도 ④ 캔버라 거리

10 k-평균 군집은 단순하고 빠르게 수행될 수 있지만 변수의 크기(scale)에 영향을 받기 때문에 군집 분석을 수행하기 전에 정규화(normalization) 과정이 필수적이다. 다음 중 원(raw) 데이터의 분포를 유지하면서 정규화가 가능한 방법은 무엇인가?

① z-score 정규화 ② 로그 정규화

③ min-max 정규화 ④ 벡터 정규화

11 다음 중 자기 조직화 지도(Self-Organizing Maps, SOM)에 대한 것으로 옳은 것은?

① 군집분할을 위해 역전파 알고리즘을 사용한다.

② 지도(map) 형태로 형상화가 이루어지지만 입력 변수의 위치 관계를 보존하지는 않는다.

③ 학습횟수(epochs)와 군집내 거리는 반비례한다.

④ 승자 독점의 학습 규칙에 따라 입력 패턴과 가장 유사한 경쟁층 뉴런이 승자가 된다.

12 다음 중 EM알고리즘의 진행 과정 중 임의의 파라미터 값을 정한 후, Z의 기대치를 계산하는 단계는 무엇인가?

① 파라미터 추정 단계

② E-단계

③ M-단계

④ 조건부 기댓값 대입 단계

2 연관 분석

1. 연관 분석의 개요

- 연관규칙 분석, 순차분석 등이 있다.

(1) **연관규칙 분석(=장바구니 분석)**: 장바구니에 무엇이 같이 들어있는지에 대한 분석

  예) 미국 마트에서 맥주를 사는 고객은 기저귀를 동시에 구매한다는 연관규칙을 찾아냄

  → 맥주와 기저귀를 인접한 진열대에 위치해 놓으면 매출 증대를 기대할 수 있다.

(2) **순차분석**: 구매 이력을 분석해서 A품목을 산 후 추가 B품목을 사는지를 분석

  예) 휴대폰을 새로 구매한 고객은 한 달 내로 휴대폰 케이스를 구매

2. 연관 분석의 형태

- '조건-결과'(if - then)식으로 표현되는 유용한 패턴 규칙을 발견해내는 분석
- "if A then B": 만일 A가 일어나면 B가 일어난다. (if A→B)

3. 연관 분석의 측정 지표

- 도출된 연관규칙이 얼마나 유의미한지 평가하는 지표이다.

(1) **지지도(support)**

  ↘ 전체 거래 중에서 품목 A, B가 동시에 포함되는 거래의 비율
  ↘ 전체 구매 경향을 파악

  $$지지도 = \frac{P(A \cap B)}{전체\ 거래\ 수(N)} = \frac{A와\ B가\ 동시에\ 포함된\ 거래\ 수}{전체\ 거래\ 수(N)}$$

> **[TIP]**
> 연관 분석에서 if A→B와 if B→A는 다르니 주의해야 한다.

(2) 신뢰도(confidence)

- 품목 A가 포함된 거래 중에서 품목 A, B를 동시에 포함하는 거래일 확률, A → B
- 연관성의 정도 파악
- 조건부 확률로 "품목 A를 구매한 사람은 품목 B도 구매하더라."

$$신뢰도 = \frac{P(A \cap B)}{P(A)} = \frac{A와\ B가\ 동시에\ 포함된\ 거래\ 수}{A를\ 포함하는\ 거래\ 수}$$

(3) 향상도(lift)

- 품목 B를 구매한 고객 대비 품목 A를 구매한 후 품목 B를 구매하는 고객에 대한 확률 (if A → B)

$$향상도 = \frac{P(B|A)}{P(A)} = \frac{P(A \cap B)}{P(A)P(B)} = \frac{A와\ B를\ 포함하는\ 거래\ 수 \times 전체\ 거래\ 수(N)}{A를\ 포함하는\ 거래\ 수 \times B를\ 포함하는\ 거래\ 수}$$

- 품목 A와 품목 B의 구매가 서로 관련이 없는 경우는 P(B|A)=P(B)이므로 향상도는 1
- 만일 향상도가 1보다 크면 이 규칙은 결과를 예측하는데 있어서 우수하다는 뜻
- 향상도 = 1: 두 품목이 서로 연관성이 없는 독립 관계
- 향상도 > 1: 두 품목이 서로 양의 관계
  → 품목 B만 구매할 확률보다 품목 A를 구매한 후에 품목 B를 구매할 확률이 더 높음을 의미
- 향상도 < 1: 두 품목이 음의 관계. 두 품목은 연관성이 없음

4. 연관 분석 절차: Apriori 알고리즘

- 최소 지지도보다 큰 집합만을 대상으로 높은 지지도를 갖는 품목 집합을 찾는 것이다.

TIP
연관 분석으로 가장 많이 쓰이는 알고리즘은 Apriori 알고리즘이다.

(1) 최소 지지도를 설정

(2) 개별 품목 중에서 최소 지지도를 넘는 모든 품목을 찾음

(3) 2에서 찾은 개별 품목만을 이용하여 최소 지지도를 넘는 2가지 품목 집합을 찾음

(4) 위의 두 절차에서 찾은 품목 집합을 결합하여 최소 지지도를 넘는 3가지 품목 집합을 찾음

(5) 반복적으로 수행해 최소 지지도가 넘는 빈발 품목 집합을 찾음

5. 연관 분석의 장점

(1) 탐색적 기법: 조건 반응(if-then)으로 표현되는 연관 분석의 결과를 이해하기 쉬움

(2) 강력한 비목적성 분석기법: 분석 방향이나 목적이 특별하게 없는 경우 목적 변수가 없으므로 유용함

(3) 사용이 편리한 분석 데이터의 형태: 거래 내용에 대한 데이터를 변환 없이 그 자체로 이용할 수 있는 간단한 자료구조를 가짐

(4) 계산의 용이성: 분석을 위한 계산이 상당히 간단함

6. 연관 분석의 단점

(1) 상당한 수의 계산 과정: 품목 수가 증가하면 분석에 필요한 계산이 기하급수적으로 증가

(2) 적절한 품목의 결정: 지나치게 세분화된 품목을 바탕으로 연관 규칙을 찾으려고 한다면 의미없는 분석 결과가 나올 수도 있음

(3) 품목의 비율 차이: 상대적으로 거래량이 적은 품목은 당연히 포함된 거래수가 적을 것이고, 규칙 발견 시 제외되기 쉬움

7. 순차 분석

- 시간에 따른 구매 정보를 활용하여 연관규칙을 발견하는 것이다.

- 순차패턴이 연관규칙 A → B라면 "품목 A를 구매하면 추후에 품목 B도 구매한다."고 해석한다.
 (예) 새로 컴퓨터를 구입한 사람들 중 25%는 그 다음 달에 레이저 프린터를 구입할 것이다.
- 구매 시점에 대한 정보가 있어야 한다.

▶ 연관 분석 지표 정리

$$지지도 = \frac{P(A \cap B)}{전체\ 거래\ 수(N)} = \frac{A와\ B가\ 동시에\ 포함된\ 거래\ 수}{전체\ 거래\ 수(N)}$$

$$신뢰도 = \frac{P(A \cap B)}{P(A)} = \frac{A와\ B가\ 동시에\ 포함된\ 거래\ 수}{A를\ 포함하는\ 거래\ 수}$$

$$향상도 = \frac{P(B|A)}{P(A)} = \frac{P(A \cap B)}{P(A)P(B)} = \frac{A와\ B를\ 포함하는\ 거래\ 수 \times 전체\ 거래\ 수(N)}{A를\ 포함하는\ 거래\ 수 \times B를\ 포함하는\ 거래\ 수}$$

(예1) 연관 분석의 예

고객번호	품목
1	오렌지쥬스, 사이다
2	우유, 오렌지쥬스, 식기세척기
3	오렌지쥬스, 세제
4	오렌지쥬스, 세제, 사이다
5	식기세척제, 사이다

- 연관성 규칙: 오렌지쥬스 → 사이다

(1) 지지도 = 2/5 = 0.4

(2) 신뢰도 = 2/4 = 0.5

(3) 향상도 = (2*5)/(4*3) = 0.83

TIP&MEMO

(예2) 연관 분석의 예

고객번호	품목
1	{빵, 맥주, 우유}
2	{빵, 우유, 계란}
3	{맥주, 우유}
4	{빵, 맥주, 계란}
5	{빵, 맥주, 우유, 계란}

- 연관성 규칙: 빵 → 우유

(1) 지지도 = 3/5 = 0.6

(2) 신뢰도 = 3/4 = 0.75

(3) 향상도 = (3*5)/(4*4) = 0.9375

(예3) 연관 분석의 예

거래번호	판매 상품
1	소주, 콜라, 맥주
2	소주, 콜라, 와인
3	소주, 주스
4	콜라, 맥주
5	소주, 콜라, 맥주, 와인
6	주스

- 연관성 규칙: 콜라 → 맥주

(1) 지지도 = 3/6 = 0.5

(2) 신뢰도 = 3/4 = 0.75

(3) 향상도 = (3*6)/(4*3) = 1.5

ˋ **(예4) 연관 분석의 예**

물품	거래건수
{A}	10
{B}	5
{C}	25
{A, B, C}	5
{B, C}	20
{A, B}	20
{A, C}	15

- 연관성 규칙: A → B

(1) 지지도 = (5+20)/100 = 2.5

(2) 신뢰도 = (5+20)/(10+5+20+15) = 25/50 = 0.5

(3) 향상도 = (5+20)*100/(10+5+20+15)*(5+5+20+20) = 2500/(50*50)= 1

연습 문제

01 데이터 마이닝 기법 중 항목들 간의 '조건-결과' 식으로 유용한 패턴을 발견해 내는 방법을 무엇이라 하는가?

① 인공 신경망

② 의사결정 나무

③ 연관규칙

④ SOM(Self-Organizing Maps)

02 카탈로그 배열, 교차 판매 등의 마케팅을 계획할 때 적절한 데이터 마이닝 기법은 무엇인가?

① 분류　　② 추정　　③ 군집　　④ 연관 분석

03 다음 중 구매 순서가 고려되어 상품 간의 연관성이 측정되고, 유용한 연관규칙을 찾는 기법은?

① 회귀 분석

② 군집 분석

③ 순차 패턴

④ 의사결정 나무

04 연관성분석에서 유의미한 규칙을 찾아내기 위해 사용되는 측도(criterion) 중 아래의 설명이 가리키는 것으로 가장 적절한 것은?

전체 항목 중 A와 B가 동시에 포함되는 항목수의 비율

① 지지도　　　② 민감도　　　③ 향상도　　　④ 신뢰도

05 아래는 쇼핑몰의 거래내역이다. 연관규칙 "우유→커피"에 대한 신뢰도(confidence)는 얼마인가?

항목	거래 수
우유	10
커피	20
{우유, 커피}	30
{커피, 초코렛}	40
전체 거래수	100

① 0.30　　　② 0.75　　　③ 0.40　　　④ 0.33

06 아래 쇼핑몰의 거래 내역이다. 연관규칙 "우유→커피"에 대한 지지도(Support)는 얼마인가?

항목	거래 수
우유	10
커피	20
{우유, 커피}	30
{커피, 초코렛}	40
전체 거래수	100

① 0.1　　　② 0.2　　　③ 0.3　　　④ 0.4

07 아래는 피자와 햄버거의 거래 관계를 나타낸 표로, Pizza/Hamburgers는 피자/햄버거를 포함하는 거래 수를 의미하고 (Pizza)/(Hamburgers)는 피자/햄버거를 포함하지 않은 거래 수를 의미한다. 아래 표에서 피자 구매와 햄버거 구매에 대해 설명한 것으로 가장 적절한 것은 무엇인가?

	Pizza	(Pizza)	합계
Hamburgers	2,000	500	2,500
(Hamburgers)	1,000	1,500	2,500
합계	3,000	2,000	5,000

① 지지도가 0.6으로 전체 구매 중 햄버거와 피자가 같이 구매되는 경향이 높다.

② 정확도가 0.7로 햄버거와 피자의 구매 관련성은 높다.

③ 향상도가 1보다 크므로 햄버거와 피자 사이에 연관성이 높다고 할 수 있다.

④ 연관규칙 중 "햄버거 → 피자" 보다 "피자 → 햄버거"의 신뢰도가 더 높다.

08 연관규칙의 측정 지표 중 도출된 규칙의 우수성을 평가하는 기준으로 두 품목의 상관관계를 기준으로 도출된 규칙의 예측력을 평가하는 지표는 무엇인가?

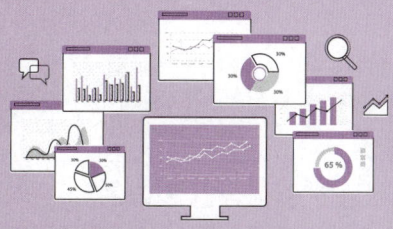

핵심 키워드로 · 복습하기

1과목
2과목
3과목

핵심 키워드로 1과목 복습하기

01 빅데이터 분석에 경제성을 제공한 결정적인 기술은?

02 데이터의 역할 중 암묵지 2가지는?

03 데이터의 역할 중 형식지 2가지는?

04 암묵지와 형식지의 상호작용 중 학습과 체험을 통해 겉으로 드러나지 않은 지식이나 무형의 지식을 개인이 습득하는 과정을 무엇이라고 하는가?

05 암묵지와 형식지의 상호작용 중 내면화된 지식을 조직의 지식으로 만드는 과정을 무엇이라고 하는가?

06 암묵지와 형식지의 상호작용 중 개인의 암묵지를 언어나 기호, 숫자 등의 형태로 나타내는 과정을 무엇이라고 하는가?

07 암묵지와 형식지의 상호작용 중 표출화된 것을 다시 다른 개인이 본인의 지식에 연결하는 과정을 무엇이라 하는가?

08 DIKW 피라미드에서 데이터의 가공·처리와 데이터 간 연관 관계 속에서 의미가 도출된 것으로, 의미가 유용하지 않을 수 있는 것을 무엇이라고 하는가?

09 DIKW 피라미드에서 데이터를 통해 도출된 다양한 정보를 구조화하여 유의미한 정보를 분류하고 개인적인 경험을 결합하여 고유의 지식으로 내재화하는 것을 무엇이라고 하는가?

10 DIKW 피라미드에서 "상대적으로 저렴한 A마트에서 연필을 사야겠다."는 어디에 해당하는가?

11 데이터베이스의 특징 4가지를 쓰시오.

12 새로운 데이터의 삽입, 기존 데이터의 삭제, 갱신으로 항상 변화하면서도 항상 현재의 정확한 데이터 유지해야 하는 것은 데이터베이스의 어떤 특징인가?

13 빅데이터의 특징 3가지를 영어로 쓰시오.

14 빅데이터의 기능 중 구글 'Ngram Viewer'은 어떤 역할을 하는가?

15 빅데이터는 어떤 본질적인 변화를 만들어 내는가? 다음의 항목을 빅데이터가 무엇으로 변화시켰는지 쓰시오.

① 사전처리 중심 → (　　　　)

② 표본조사 중심 → (　　　　)

③ 질 중심　　　 → (　　　　)

④ 인과관계 중심 → (　　　　)

16 빅데이터 활용사례 중 '구글 검색 기능, 월마트 매출 향상, 질병 예후 진단 등 의료 분야에 접목'과 같은 사례는 어느 사례에 해당하는가?

17 다음은 기업내부의 데이터베이스 활용 시스템에 대한 설명이다. 알맞은 용어를 쓰시오.

① 데이터 기반 의사결정을 지원하기 위한 리포트 중심의 도구
→ (　　　　　)

② 호스트 컴퓨터와 온라인으로 접속된 여러 단말기 간의 처리 형태의 하나
→ (　　　　　)

③ 정보 위주의 분석 처리를 의미하며, 다양한 비즈니스 관점에서 쉽고 빠르게 다차원적인 데이터에 접근하여 의사 결정에 활용할 수 있는 정보를 얻을 수 있게 해 주는 기술
→ (　　　　　)

④ 고객관계관리라고 하며, 기업이 고객과 관련된 내·외부 자료를 분석·통합해 고객 중심 자원을 극대화하고, 이를 토대로 고객 특성에 맞게 마케팅 활동을 계획·지원·평가하는 과정
→ (　　　　　)

⑤ 공급망 관리를 뜻하는 말로, 기업에서 원재료의 생산·유통 등 모든 공급망 단계를 최적화하여 수요자가 원하는 제품을 원하는 시간과 장소에 제공하는 것
→ (　　　　　)

⑥ 인사·재무·생산 등 기업의 전 부문에 걸쳐 독립적으로 운영되던 각종 관리 시스템의 경영 자원을 하나의 통합 시스템으로 재구축함으로써 생산성을 극대화하려는 경영 혁신 기법
→ (　　　　　)

18 빅데이터 활용 기본 테크닉(7가지)

① (　　　　　) : 어떤 변인들 간에 주목할 만한 상관관계가 있는지를 찾아내는 방법

② (　　　　　) : 새로운 사건이 속하게 될 범주를 찾아내는 일

③ (　　　　　) : 최적화가 필요한 문제의 해결책을 자연선택, 돌연변이 등과 같은 메커니즘을 통해 점진적으로 진화시키는 방법

④ (　　　　　) : 훈련 데이터로부터 학습하여 알려진 특성을 활용해 '예측'하는데 초점

⑤ (　　　　　) : 독립변수를 조작하며, 종속변수가 어떻게 변하는지를 보며 두 변인의 관계를 파악

⑥ (　　　　　) : 특정 주제에 대해 말하거나 글을 쓴 사람의 감정을 분석

⑦ (　　　　　) : 오피니언 리더, 즉 영향력 있는 사람을 찾아낼 수 있으며, 고객들 간 소셜 관계를 파악

19 빅데이터의 위기 요인 3가지에 알맞은 해결책을 각각 쓰시오.

① 사생활 침해 →

② 책임원칙 훼손 →

③ 데이터 오용 →

20 빅데이터의 위기 요인 중 '빅데이터 기반 분석과 예측 기술이 발전하면서 정확도가 증가한 만큼 분석 대상이 되는 사람들은 예측 알고리즘의 희생양이 될 가능성도 높아짐'은 어떤 요인인가?

21 '특정인의 성향에 따라 처벌하는 것이 아닌 행동 결과를 보고 처벌' 해야 한다는 통제 방안은?

22 싸이월드에는 OLAP와 같은 분석 인프라가 존재하지 않았다. (O, X)

23 데이터의 종류 중 음성, 텍스트, 이미지, 비디오와 같은 데이터를 무엇이라고 하는가?

24 데이터 사이언스의 구성 요소 3가지를 쓰시오.

25 데이터 사이언스의 3가지 영역은?

① ( ) : 수학, 확률모델, 머신러닝, 분석학, 패턴 인식과 학습, 불확실성 모델링 등

② ( ) : 시그널 프로세싱, 프로그래밍, 데이터 엔지니어링, 데이터 웨어하우징, 고성능 컴퓨팅 등

③ ( ) : 커뮤니케이션, 프레젠테이션, 스토리텔링, 시각화 등

26 데이터 사이언티스트의 요구역량(2가지)를 쓰시오.

27 데이터 사이언티스트가 갖추어야 할 2가지 스킬은?
　① (　　　　) : 빅데이터에 대한 이론적 지식, 데이터 처리나 분석 기술과 관련 숙련된 기술
　② (　　　　) : 통찰력 있는 분석, 설득력 있는 전달, 다분야간 협력

28 모델의 예측력을 높이기 위해 인간을 바라보아야 하는 관점 3가지를 쓰시오.

29 가치 패러다임의 변화를 과거 → 현재 → 미래 순서로 차례대로 쓰시오.

30 데이터 양의 표시 단위가 작은 것에서 큰 것순으로 나열하여라.
　(보기) EB, PB, YB, ZB

31 IoT 시대가 되면서 수많은 물건에 센서가 부착되어 데이터가 끊임없이 생산된다. 이 때 빅데이터 사업들은 IoT를 통해 생산된 데이터를 저장해두고 이 데이터를 3rd party에 API를 통해 공개하여 활용할 수 있다. 이러한 기능을 빅데이터의 (　　　　) 기능이라고 한다.

32 구글 번역 서비스에 활용된 빅데이터의 특성은?

33 빅데이터 시대가 도래하면서 발생할 수 있는 부정적인 측면 중 하나인 '책임원칙 훼손'은 범죄 예측 프로그램에 의거하여 범행 전에 예상 범죄자를 체포하는 것이다. (O, X)

34 컴퓨터공학, 통계학, 수학 등의 학문적 지식은 물론 시각화 및 해커로서의 소양에 이르는 관련 분야의 전문지식을 종합한 학문을 무엇이라고 하는가?

35 '최대의 시청률을 얻으려면 어떤 프로그램을 어떤 시간대에 방송해야 하는가?'라는 문제 해결을 위해 사용하는 분석방법은?

36 다음 데이터는 데이터의 종류 중 무엇에 해당하는가?

① 로그 기록 → (   )

② Naver 검색창에 입력한 키워드 → (   )

③ Facebook 댓글 → (   )

④ 핸드폰 셀카사진 → (   )

⑤ 엑셀 데이터 → (   )

⑥ IoT 센서 → (   )

37 데이터베이스의 구조와 제약조건에 관한 전반적인 명세를 의미하는 말로, 데이터베이스를 구성하는 데이터 속성, 관계 및 데이터 조작 시 데이터 값들이 갖는 제약조건을 정의한 것을 무엇이라고 하는가?

38 데이터에 포함된 식별 정보를 삭제하거나 알아볼 수 없는 형태로 변환하는 일을 뜻하는 말로, 가명, 일반화, 치환 등을 포함한 다양한 방법으로 구현하는 것은?

39 데이터 사이언스는 통계학과는 다른 접근법을 사용한다. 이 접근법은 무엇인가?

40 주어진 비즈니스 문제를 해결하기 위해 사용되는 기법을 쓰시오.

① 맥주를 사는 사람은 콜라도 같이 구매하는 경우가 많은가?
→ (   )

② 고객의 만족도가 충성도에 어떤 영향을 미치는가?
→ (   )

③ 친분관계가 승진에 어떤 영향을 미치는가?
→ (   )

④ 택배 차량을 어떻게 배치하는 것이 가장 비용이 효율적인가?
→ (   )

⑤ 최대의 시청률을 얻으려면 어떤 프로그램을 어떤 시간대에 방송해야 하는가?
→ (   )

⑥ 커피를 사는 사람들은 브라우니를 사 먹는다.
→ (   )

⑦ 월 100만원 이상을 사용하는 고객은 어떤 특성을 가진 집단에 속하는가?
→ (   )

⑧ A 대학교 B 학과 학생들 간 관계망은 어떻게 구성되어 있는가?
→ (   )

⑨ 은행에서 대출심사를 할 때 소득, 카드 사용액, 나이 등 해당 고객의 개인적인 정보를 바탕으로 그 고객이 대출 상환을 잘하는 집단에 속할지, 그렇지 않은 집단에 속할지를 예측할 수 있다.
→ (   )

41 DIKW 피라미드에서 상호 연결된 정보 패턴을 이해하여 이를 토대로 예측한 결과물을 무엇이라고 하는가?

42 데이터베이스 내의 데이터에 대한 정확성, 일관성, 유효성, 신뢰성을 보장하기 위해 데이터 변경 혹은 수정 시 여러 가지 제한을 두어 데이터의 정확성을 보증하는 것을 무엇이라고 하는가?

43 데이터베이스에 접근하는 언어를 무엇이라고 하는가?

44 데이터에 관한 구조화된 데이터로, 다른 데이터를 설명해 주는 데이터를 무엇이라 하는가?

45 데이터베이스 내의 데이터를 신속하게 정렬하고 탐색하게 해주는 구조를 무엇이라고 하는가?

46 아래 설명을 읽고, 여기에 해당하는 개념이 무엇인지 쓰시오.

비즈니스 측면에서 일반적으로 '공동 활용의 목적으로 구축된 유/무형의 구조물'을 의미한다. 각종 사용자 데이터나 M2M센서 등에서 수집된 데이터를 가공/처리/저장해두고 이 데이터에 접근할 수 있도록 API(Application Program Interface)를 공개한다. 그러면 다양한 서드파티(3rd-party)사업자들이 비즈니스에 필요한 정보를 추출하여 활용할 수 있게 되고, 빅데이터는 그 자체로 이 역할을 수행한다.

47 개인정보 비식별화 기법으로 알맞은 기술을 쓰시오.

① 데이터의 길이, 유형, 형식과 같은 속성을 유지한 채, 새롭고 읽기 쉬운 데이터를 익명으로 생성하는 기술
→ (   )

② 개인정보 주체의 이름을 다른 이름으로 변경하는 기술
→ (   )

③ 데이터의 총합 값을 보임으로서 개별 데이터의 값을 보이지 않도록 함
→ (   )

④ 데이터 공유, 개방 목적에 따라 데이터 셋에 구성된 값 중에 필요 없는 값 또는 개인 식별에 중요한 값을 삭제.
→ (   )

⑤ 데이터의 값을 범주의 값으로 변환하여 값을 숨김
→ (   )

48 다음은 빅데이터 관련 기술을 설명한 것이다. 설명에 알맞은 용어를 쓰시오.

① 대규모 분산 병렬 처리의 업계 표준으로 맵리듀스 시스템과 분산 파일 시스템인 HDFS로 구성된 플랫폼 기술이며, 선형적인 성능과 용량 확장성, 고장 감내성을 가지고 있다.
→ (   )

② 실시간 분산형 컴퓨팅 플랫폼으로써 스칼라로 작성되어 있지만 스칼라, 자바, 파이썬, API를 지원한다. In-Memory 방식으로 처리를 하기 때문에 하둡에 비해 처리속도가 빠른 것이 특징이다.
→ (   )

③ 공장 내 설비와 기계에 사물인터넷(IoT)이 설치되어 공정 데이터가 실시간으로 수집되고 데이터에 기반한 의사결정이 이루어짐으로써 생산성을 극대화할 수 있는 기술이다.
→ (   )

④ 대규모로 저장된 데이터 안에서 체계적이고 자동적으로 통계적 규칙이나 패턴을 분석하여 가치 있는 정보를 추출하는 과정이다.
→ (   )

⑤ 현재 정의된 목적이 없는 비정형 원시 데이터를 저장, 대규모의 다양한 원시 데이터 세트를 기본 형식으로 저장하는 데이터 레포지토리 유형이다.
→ (   )

⑥ 사용자의 의사 결정에 도움을 주기 위하여, 기간시스템의 데이터베이스에 축적된 데이터를 공통의 형식으로 변환해서 관리하는 데이터베이스다.
→ (   )

49 데이터 웨어하우스의 4가지 특성은?

핵심 키워드로 **2과목 복습하기**

01 데이터 분석을 통한 가치 발굴에서 필요한 주요 요소 3가지는?

02 분석 기획은 단기적으로는 (①)를 도출하여 프로젝트화 한 후 관리를 수행하여 분석 결과를 도출하는 것이고, 중장기적으로는 (②)을 수행하여 지속적인 (①) 수행을 지원할 수 있는 거버넌스 체계를 수립하는 것이다.

① : (　　　　　)　　② : (　　　　　)

03 분석 주제 유형 중 해결해야 할 문제를 알고 있으나 분석의 방법을 모르는 유형은 어떻게 수행해야 하는가?

04 분석 주제 유형 중 해결해야 할 문제를 모르나 분석의 방법을 알려진 유형은 어떻게 수행해야 하는가?

05 목표 시점별 분석 기획 방안 도표의 괄호를 채우시오.

기획방안	( )	( )
단위	당면한 분석 주제의 해결 (과제 단위)	지속적 분석 문화 내재화 (마스터 플랜 단위)
1차 목표	Speed & Test	Accuracy & Deploy
과제의 유형	Quick-Win	Long Term View
접근 방식	Problem Solving	Problem Definition

06 기업의 합리적 의사결정 장애요소 중 문제의 표현 방식에 따라 동일한 사건이나 상황임에도 불구하고 개인의 판단이나 선택이 달라질 수 있는 현상을 무엇이라고 하는가?

07 데이터 분석 방법론의 모델 중 하향식(Top-Down) 방식은?

08 데이터 분석 방법론의 모델 중 상향식(Bottom-Up) 방식은?

09 단계를 순차적으로 진행하는 방법으로, 이전 단계가 완료되어야 다음 단계로 진행할 수 있으며, 문제나 개선 사항이 발견되면 전 단계로 돌아가는 피드백(Feedback) 과정이 수행되기도 하고, 하향식(Top-Down)으로 진행방식되는 데이터 분석 방법론은?

10 반복을 통하여 집중적으로 개발하는 방법으로, 상향식(Bottom-Up) 방법이며, 처음 시도하는 프로젝트에 적용이 용이하고 반복에 대한 관리 체계를 효과적으로 갖추지 못한 경우 복잡도가 상승하여 프로젝트 진행이 어려운 데이터 분석 방법론은?

11 폭포수 모델의 단점을 보안한 방법으로, 사용자가 요구사항이나 데이터를 정확히 규정하기 어렵고 데이터 소스도 명확히 파악하기 어려운 상황에서 일단 분석을 시도해보고 그 결과를 확인해가면서 반복적으로 개선해 나가는 방법은?

12 KDD 분석 방법론의 분석 절차 중 데이터 셋에 포함되어 있는 잡음(Noise), 이상값(Outlier), 결측치(Missing Value)를 식별하고, 필요시 제거하거나 의미 있는 데이터로 처리하는 데이터 셋 정제작업을 시행하는 단계는?

13 KDD 분석 방법론의 분석 절차 중 분석 목적에 맞는 변수를 선택하거나 데이터 차원을 축소하여 데이터 마이닝을 효율적으로 적용할 수 있도록 데이터 셋을 변경하는 프로세스를 수행하는 단계는?

14 CRISP-DM 6단계 프로세스 중 단계 간 피드백(Feedback)을 통하여 단계별 완성도를 높이는 프로세스 2쌍을 쓰시오.

15 CRISP-DM 방법론에서 데이터 준비 단계에서 실행하는 것은?

16 빅데이터 분석 방법론 프로세스 5단계를 차례대로 쓰시오.

17 다양한 데이터 시각화를 활용하여 데이터의 가독성을 명확히 하고 데이터의 형상 및 분포 등 데이터 특성을 파악하는 태스크를 무엇이라고 하는가?

18 빅데이터 분석 모델 적용 및 운영 시 작성되는 모델에 대한 알고리즘 설명서는 시스템 구현 단계에서 중요한 입력자료로 활용되므로 상세한 작성이 필요하다. 무엇 수준으로 상세한 작성이 필요한가?

19 분석 과제 도출 방식 2가지를 쓰시오.

20 비즈니스 모델 캔버스를 활용한 분석 기회 발굴 시에 탐색하는 주요 영역 5가지는?

21 분석 과제를 도출하기 위한 방식에는 문제가 주어져 해법을 찾기 위하여 절차적으로 수행하는 (①) 방식과 문제의 정의 자체가 어려워 데이터를 기반으로 탐색하고 이를 지속적으로 개선해 나가는 방식인 (②)이 있다.

① : (　　　　　) ② : (　　　　　)

22 시장의 니즈 탐색 관점에서는 현재 수행하고 있는 사업에서의 직접 고객뿐만 아니라 고객과 접촉하는 역할을 수행하는 채널(Channel) 및 고객의 구매와 의사결정에 영향을 미치는 영향자들(Influencer)에 대한 폭넓은 관점을 바탕으로 분석 기회를 탐색하는데 다음과 같은 설명은 어디에 속하는 것인가?
"영업 사원, 직판 대리점, 홈페이지 등의 자체적으로 운영하는 채널뿐만 아니라 최종 고객에게 상품,서비스를 전달하는 것에 경로로 존재하는 가능한 경로를 파악하여 해당 경로에 존재하는 채널별로 분석 기회를 확대하여 탐색"

23 풀어야 할 문제에 대한 상세한 설명 및 해당 문제를 해결했을 때 발생하는 효과를 명시함으로써 향후 데이터 분석 문제로의 전환 및 적합성 평가에 활용하도록 하는 것을 무엇이라고 하는가?

24 디자인적 사고(Design Thinking) 접근법을 통해 WHY → WHAT 관점으로 존재하는 데이터 그 자체를 객관적으로 관찰하여 문제를 해결하려는 접근법은 무엇인가?

25 디자인 사고(Design Thinking) 접근법은 상향식 접근 방식의 (　　　　　) 단계와 하향식 접근 방식의 (　　　　　) 단계를 반복하여 수행한다.

26 디자인 사고 접근법의 d.school에서는 첫 단계를 특히 강조하는데, 이 단계는 무엇인가?

27 데이터 분석의 목적이 명확히 정의된 형태의 특정 필드의 값을 구하는 일로, 분류, 예측, 추출, 최적화를 통해 분석을 실시하고 도출하는 분석 방법은?

28 데이터 자체의 결합, 연관성, 유사성 등을 중심으로 데이터의 상태를 표현한 것으로, 새로운 유형의 인사이트를 도출하기에 유용한 분석 방식이자 장바구니 분석, 군집 분석, 기술 통계 및 프로파일링 등의 예제가 있는 분석 방법은?

29 사용자가 요구사항이나 데이터를 정확히 규정하기 어렵고 데이터 소스도 명확히 파악하기 어려운 상황에서 일단 분석을 시도해 보고 그 결과를 확인해 가면서 반복적으로 개선해 나가는 방법으로, 비록 완전하지 못하다 해도 신속하게 해결책이나 모형을 제시함으로써 이를 바탕으로 문제를 좀 더 명확하게 인식하고 필요한 데이터를 식별하여 구체화할 수 있게 하는 상향식 접근 방식은?

30 프로토타이핑 접근법의 프로세스 중 빈 괄호를 알맞게 채우시오.

( ) → 디자인에 대한 실험 → 테스트 → 통찰 도출 및 가설 확인

31 분석 과제의 관리 영역은 기존 프로젝트의 영역별 관리(범위, 일정, 품질, 리스크, 의사 소통 등)에 추가적으로 5가지 관리가 더 필요하다. 괄호를 채우시오.

Data Size, Data Complexity, ( ), Analytic Complexity, Accuracy & Precision

32 분석 프로젝트 수행 시 "데이터전문가, 비즈니스전문가, 분석전문가, 시스템전문가 등 다양한 영역의 사람들이 프로젝트에 참여하며, 프로젝트 스폰서 및 향후 분석 결과를 활용할 User 등 다양한 사람들의 니즈를 고려해야 한다"라는 관리 포인트를 고려해야 하는 영역은?

33 기업 및 공공기관에서 시스템 중장기 로드맵을 정의하는 절차로, 정보 기술 또는 정보 시스템을 전략적으로 활용하기 위하여 조직 내외부 환경을 분석하여 기회나 문제점을 도출하고 사용자의 요구사항을 분석한 뒤, 시스템 구축 우선순위를 결정하는 등 중장기 마스터 플랜을 수립하는 절차를 무엇이라고 하는가?

34 분석 우선순위 평가 기준(ROI 요소 반영) 2가지는?

35 분석 과제 우선순위 평가에 활용하기 위한 ROI 관점에서, 빅데이터 특징 중 투자 비용 측면의 요소 3가지는?

36 마스터 플랜 분석 과제 우선순위 선정을 하기 위한 포트폴리오 사분면(Quadrant) 분석 활용에서 가장 우선적인 분석 과제 적용이 필요한 영역은 몇 사분면인가?

37 분석 거버넌스 체계 구성 요소 5가지는 무엇인가?

38 소프트웨어공학에서 시스템 개발 업무 능력과 조직의 성숙도를 파악하기 위해서 사용하는 모델은?

39 분석 수준 진단 프레임워크를 구성하는 성숙도 진단 3개 부문은?

40 분석 수준 진단 프레임워크를 구성하는 성숙도 수준 4단계는?

41 분석 수준 진단 프레임워크에서 조직역량 부문에 전문담당부서수행, 분석기법 도입, 관리자가 분석수행을 하는 성숙도 단계는?

42 분산 수준 진단 결과 사분면 분석에서 낮은 준비도, 높은 성숙도를 가지고 있으며, 준비도는 낮은 편이지만 조직, 인력, 분석 업무 등을 기업 내부에서 제한적으로 사용하고 있는 기업들은 어느 유형에 속하는가?

43 분산 수준 진단 결과 사분면 분석에서 높은 준비도, 낮은 성숙도에 해당하며, 기업에서 활용하는 분석 업무 및 분석 기법 등은 부족한 상태이지만, 조직 및 인력 등 준비도가 높은 유형은?

44 데이터 거버넌스 구성 요소 3가지?

45 데이터 거버넌스 체계 4가지?

46 데이터 분석을 위한 조직 구조의 형태 중 분석 조직 인력을 현업 부서로 직접 배치해 분석 업무 수행 및 전사 차원의 수행 분석 결과에 따른 신속한 Action이 가능하며, 베스트 프랙티스 공유가 가능한 조직 구조는?

47 데이터 분석을 위한 조직 구조의 형태 중 전사 분석 업무를 분석 조직에서 담당하고, 전략적 중요도에 따라 분석 조직이 우선순위를 정해 진행하거나 현업 업무 부서와 이원화/이중화를 할 수 있는 가능성이 높은 조직 구조는?

48 빅데이터 분석을 도입하기에 앞서 현재 기업의 분석 수준을 파악하는 것이 중요하다. 향후 분석 목표 및 방향성 수립을 위해 분석준비도를 진단하는 6가지 평가 영역 중 2가지만 쓰시오.

49 빅데이터 분석 방법론의 프로세스 중 프로젝트 위험계획 수립은 어느 단계에서 진행되는가?

50 다음 중 아래에서 설명하는 데이터 거버넌스 체계는?

핵심 키워드로 3과목 복습하기

[R 프로그래밍, 통계분석]

01 데이터 모델링을 진행하기 전에 모델링 분석에 앞서 데이터를 수집, 변형하는 과정으로, 데이터의 한 부분으로서 특정 사용자가 관심을 갖는 데이터 웨어하우스에 있는 일부 데이터를 무엇이라고 하는가?

02 R에서 데이터 마트를 만드는 패키지 4가지는?

03 데이터를 재구성하거나 밀집화된 데이터를 유연하게 생성해주며, 기존 데이터 구조를 column-wise하게 변환해주는 패키지는?

04 표준 SQL에서 사용되는 문장이 모두 가능한 데이터 마트를 만드는 패키지는?

05 데이터를 분리/처리한 다음, 다시 결합하는 데이터 처리 기능 제공하는 데이터 마트 패키지는?

06 plyr 패키지에서 입력하는 데이터 형태가 리스트이고 출력하는 데이터 형태가 데이터 프레임일 때 사용하는 함수는?

07 데이터 프레임과 유사하지만 빠른 그룹화와 순서화, 짧은 문장 지원 측면에서 데이터 프레임보다 성능이 좋은 패키지는?

08 R 그래프 중 x 변수와 y 변수의 값을 한눈에 살펴볼 수 있도록 평면에 점을 찍어 표현하는 것으로, 두 변수 간의 관계를 나타내는 데 사용하거나 이상값을 살펴볼 수 있는 그래프는?

09 데이터의 컬럼(연속적 데이터)에 대한 전반적인 기초 통계량을 출력하는 summary() 함수가 제공하는 6가지 기초 통계량은?

10 R에서는 결측값을 NA(not available)로 처리한다. 결측값인지 확인하기 위해 사용하는 함수는?

11 다음은 세 가지 결측값 처리 방식이다. 빈칸에 알맞은 내용을 쓰시오.

① 해당 레코드를 모두 삭제 처리하는 방식: (　　　　　) 함수 이용

② 결측값을 해당 변수의 (　　　　　)으로 대체

③ 변수들의 관계를 이용해 imputation 하는 방식

12 다음은 세 가지 이상값 검색 방법이다. 빈칸에 알맞은 내용을 쓰시오.

① 1사분위수(Q1)와 3사분위수(Q3)를 보고 1차 판단: 하한값 (　　　　　), 상한값 (　　　　　)

② 이상값을 (　　　　　)으로도 식별 가능

③ outliers 패키지를 사용

13 표본 추출 방법 4가지를 쓰시오.

14 표본 추출 방법 중 모집단의 모든 원소들에게 1, 2, 3, … , N의 일련번호를 부여하고 이를 순서대로 나열한 후에 K개(K=N/n)씩 n개의 구간으로 나누는 방법이 있다. 첫 구간(1, 2, 3, …, K)에서 하나의 임의로 선택한 후 K개씩 띄어서 표본을 추출하는 이 방법의 이름은?

15 통계적 분석 방법은 추론 통계와 기술 통계 두 가지로 구성된다. 추론 통계의 3가지 방법은?

16 수집된 자료를 정리·요약하기 위해 사용하며, 자세한 통계적 분석을 위한 전 단계 역할을 하는 기초통계를 무엇이라 하는가?

17 확률변수의 종류 두 가지는?

18 0이 아닌 확률값을 갖는 셀 수 있는 실수 값을 가지며, 베르누이, 이항분포, 기하분포, 다항분포, 포아송분포 등에 해당하는 분포는 어떤 확률변수를 이용한 것인가?

19 사건의 확률이 확률 밀도함수의 면적으로 표현되고, 균일분포, 정규분포, 지수분포, t-분포, X^2-분포, F-분포 등에 해당하는 확률변수는?

20 통계적 추론 두 가지는?

21 점 추정의 정확성을 보완하는 방법이자 일정한 크기의 신뢰수준으로 모수가 특정한 구간에 있을 것이라고 선언하는 것으로, 일반적인 신뢰구간인 90%, 95%, 99% 확률을 이용하는 추론은?

22 신뢰수준 95%의 의미는 한 개의 모집단에서 동일한 방법으로 동일한 자료의 개수의 확률표본을 무한히 많이 추출하여 각 확률표본마다 신뢰구간을 구하면, 이 무한히 많은 신뢰구간 중에서 (   ) 신뢰구간이 미지의 모수를 포함한다는 의미이다.

23 모집단에 대한 어떤 가설을 설정한 후 표본관찰을 통해 그 가설의 채택여부 결정을 결정하는 방법은?

24 가설의 종류 귀무가설(H_0)과 대립가설(H_1) 중 확실하게 증명하고 싶은 가설, 뚜렷한 증거가 있어야 채택할 수 있는 가설은 무엇인가?

25 검정통계량은 표본평균과 표본분산 통계량을 사용하는데, 분산 동일성 검정으로는 (   )인 var.test()을 사용하고 모평균 차이를 검정은 (   )인 t-.test()를 사용한다.

26 관측된 검정통계량의 값보다 대립가설을 지지하는 방향으로 검정통계량이 나올 확률을 무엇이라고 하는가?

27 p-값이 미리 주어진 기준값(보통 0.05 사용)의 유의수준보다 작으면 귀무가설이 나올 가능성이 적다고 판단하여 귀무가설을 (　　　　) 한다. p-value < 0.05

28 귀무가설을 기각하는 통계량의 영역을 무엇이라 하는가?

29 가설검정에서의 오류(error) 중 귀무가설 H0이 옳은데도 H0을 기각하게 되는 오류를 무엇이라 하는가?

30 모집단의 분포에 대한 가정을 하고, 그 가정 하에서 검정통계량과 검정통계량이 가정한 분포를 유도하여 검정을 실시하는 방법을 무엇이라고 하는가?

31 자료가 추출된 모집단의 분포에 대해 아무 제약을 가하지 않고 검정을 실시하는 검정 방법으로, 관측된 수치가 특정 분포를 따른다고 가정할 수 없는 경우에 사용하며, 부호 검정(sign test), 윌콕슨의 순위합검정(rank sum test), 윌콕슨의 부호순위합검정(signed rank test), 만-위트니의 U 검정, 런 검정(run test), 스피어만 순위상관계수 등을 포함하는 검정 방법은?

32 기술 통계의 한 방법으로 데이터를 앞에서부터 6줄을 보여주어 데이터가 제대로 import 되었는지 살펴볼 수 있는 함수는 무엇인가?

33 중심 위치의 대푯값을 선정하는 기준

i) 명목 척도로 측정된 데이터 → 최빈값 사용

ii) 분포가 대칭이고 이상값이 존재하지 않으면 → 표본평균 사용

iii) 비대칭이거나 이상값이 존재하면 → (   )을 사용하고 표본평균은 참고값으로 비교

iv) 순위 척도로 측정된 데이터 → 중앙값 사용

34 다음의 주어진 표본 데이터의 중앙값을 구하시오.

[표본 데이터] 5 4 6 3 5 4 3 9 5 10

35 산포의 측도를 확인하는 지표 중 사분위수의 범위는 어떻게 구하는가?

36 산점도에서 확인해야 할 사항 네 가지

i) 두 변수 사이의 선형(직선) 관계

ii) 두 변수 사이의 함수 관계(직선/곡선)

iii) (   )의 존재 확인

iv) 몇 개의 집단으로 구분되는지 확인

37 하나 혹은 그 이상의 독립변수들이 종속변수에 미치는 영향을 추론하는 통계기법은?

38 회귀분석에서 영향을 받는 변수를 (　　　　)이라 하고 영향을 주는 변수를 (　　　　　) 이라고 한다.

39 회귀분석에서 회귀계수 추정의 한 방법으로, 오차들의 제곱을 최소로 하는 회귀계수의 추정량을 구하는 방법을 무엇이라고 하는가?

40 회귀분석에서 회귀모형의 유의성 검정 방법

단순선형회귀식: $y_i = \beta_0 + \beta_1 x_i + \varepsilon_i$　　　$i = 1, 2, ..., n, \varepsilon_i \sim N(0, \sigma^2)$

① 모형(회귀식)이 통계적으로 유의미한가? – (　　　　) 확인
　　– 유의수준 5% 하에서 F 통계량의 p–값이 0.05보다 작으면 추정된 회귀식은 통계적으로 유의
　　– 대립가설 채택

② 회귀계수들이 유의미한가?
　　– 해당 계수의 (　　　　)과 p–값 또는 이들의 신뢰구간을 확인한다.
　　　(p–값이 0.05 보다 작으면 회귀계수 유의)
　　– 귀무가설 기각(회귀계수가 무의미. 즉, 회귀계수들 = 0), 대립가설 채택

③ 모형이 얼마나 설득력을 갖는가?
　　– (　　　　)를 확인한다. 결정계수가 0에서 1사이의 값을 가지며, 높은 값일수록 추정된 회귀식의 설명력이 높다.

④ 모형이 데이터를 잘 적합하고 있는가? – 잔차를 그래프로 그리고 회귀진단을 한다.

⑤ 데이터가 아래의 모형 가정을 만족하는가?

* 선형회귀모형의 기본 가정(6가지)

i) 선형성(독립변수의 변화에 따라 종속변수도 일정크기로 변환)

ii) 독립성(잔차와 독립변수의 값이 관련되어 있지 않음)

iii) 등분산성(독립변수의 모든 값에 대해 오차들의 분산이 일정)

iv) 비상관성(관측치들의 잔차들끼리 상관이 없어야 함)

v) (　　　　　)(잔차항이 정규분포를 이루어야 함)

| 41 | 두 개 이상의 독립변수로 하나의 종속변수를 설명하는 분석으로, 예를 들어, 아버지와 어머니의 키로 한 자녀의 키를 설명하려는 분석을 무엇이라 하는가? |

| 42 | 하나 이상의 독립변수가 사용된 선형회귀 분석이며, 여러 독립 변수를 +로 연결해 나열하여 분석하는 기법을 무엇이라고 하는가? |

| 43 | 최적회귀 방정식의 선택: 설명변수의 선택 → 가능한 범위 내에서 적은 수의 설명변수 포함 |

#형식 : step(lm(종속변수~설명변수, 데이터세트),

scope=list(lower=~1,upper=~설명변수), direction=" 변수선택방법")

* 단계적 변수 선택(3가지)

① (　　　　　　)

　step(lm(Pemax~1, Bio), scope=list(lower=~1, upper=나이+키+체중 +BMP+RV+FRC+TCL),　　　　　　　)

– 절편만 있는 상수 모형으로부터 시작해 중요하다고 생각되는 설명변수부터 차례로 모형에 추가

– (　　　　　)으로 가장 설명을 잘하는 변수를 고려하여 그 변수가 유의하면 추가, 그렇지 않으면 추가 멈춤

② (   )

　　step(lm(Pemax~나이+키+체중+BMP+RV+FRC+TCL,   )

　– 독립변수 후보 모두를 포함한 모형에서 출발해 (   )
하면서 더이상 유의하지 않은 변수가 없을 때까지 설명변수를 제거하고 이 때의 모형을 선택

③ (   ) = 전진선택법 + 후진 선택법

　　step(lm(Pemax ~1, Bio), scope=list(lower=~1, upprer=나이+키+체중+BMP+RV+FRC+TCL),   )

　– 전진선택법에 의해 변수를 추가하면서 새롭게 추가된 변수에 기인해 기존변수가 그 중요도가 약화되면 해당변수를 제거하는 등 단계별로 추가 또는 제거되는 변수의 여부를 검토해 더 이상 필요가 없을 때 중단.

44 다중회귀 분석에서 상관관계가 높은 변수(   )들이 회귀분석에 포함되었을 때 발생하는 문제점에 대한 해결방안

① 중요하지 않은 변수일 경우, 해당 변수 제거

② 해당 변수의 상관관계에 따라 변수 통합

③ 자료 부족이 원인일 경우, 자료 보완

④ 능형회귀, 주성분회귀 등 편의 추정법을 사용한다.

45 다변량 분석 I – 상관분석(Correlation Analysis)

– 두 변수의 상관관계를 알기 위해 (   ) 이용

(1) 공분산: 두 확률변수 사이이 관계를 선형 관계로 나타낼 때 두 변수의 상관의 정도를 나타냄

(2) 상관계수: 두 확률변수 X, Y의 공분산을 각 확률변수의 표준 편차의 곱으로 나눈 값

46 상관계수의 종류

① (   )
- 등간 척도 이상으로 측정되는 두 변수의 상관관계 측정
- 두 변수 간의 선형 관계의 크기를 측정하는 값으로 비선형적인 상관관계는 나타내지 못함

② (   )
- 서열 척도인 두 변수의 상관관계 측정에 사용
- 비선형 상관관계도 표현 가능

47 두 변수 간의 상관관계가 전혀 없으면 상관계수의 값은 얼마인가?

48 피어슨 상관계수를 이용한 상관분석: (   ) 이상

49 스피어만 상관계수

- 두 변수 간의 (   ) 관계도 나타낼 수 있는 값
- 상관 계수를 계산할 두 데이터의 실제 값 대신 두 값의 순위(rank)를 사용해 상관계수를 계산하는 방식, 값의 범위: [−1, 1]

(예) 국어점수와 영어 점수 간의 상관관계 → 피어슨 상관 계수
  국어성적 석차와 영어 성적 석차의 상관관계 → 스피어만 상관계수

50 여러 대상 간의 관계에 대한 수치적 자료를 이용해 유사성에 대한 측정치를 상대적 거리로 시각화하는 방법은?

51 상관관계가 있는 고차원 자료를 자료의 변동을 최대한 보존하는 저차원 자료로 변환시키는 방법으로, 자료 차원을 축약하는데 사용되는 분석 방법은?

52 시계열 자료는 시간의 흐름에 따라 관측된 데이터를 말하며, 시계열분석을 위해서는 (　　　　　)을 만족해야 한다.

53 정상성의 3가지 조건

　i) (　　　　　)이 일정하다.

　ii) (　　　　　)이 시점에 의존하지 않는다.

　iii) (　　　　　)은 단지 시차에만 의존, 시점 의존하지 않는다.

54 비정상 시계열을 정상 시계열로 바꾸는 방법

　① 추세를 보이는 경우(평균이 일정하지 않은) → (　　　　　)을 통해 정상 시계열로 바꿈

　② 시간에 따라 분산이 일정하지 않은 경우 → (　　　　　)을 통해 정상 시계열로 바꿈

55 현 시점 자료값에서 여러 시점 전의 자료를 빼는 것을 무엇이라고 하는가?

56 4가지 시계열 모형에는 무엇이 있는가?

57 현 시점 자료가 p 시점 전의 유한개의 과거 자료로 설명될 수 있다는 의미의 모형은?

58 ARIMA 모형에서 차분이나 변환을 통해 나올 수 있는 모형 3가지는?

59 시계열에 영향을 주는 일반적인 요인을 시계열에서 분리해 분석하는 방법하는 방법은?

60 분해 시계열의 구성 요소 4가지는?

61 고정된 주기에 따라 자료가 변화하는 경우(요일, 월, 사분기자료에서 분기 변화)는 무슨 요인이라 하는가?

62 시계열 모형 중 과거 시점의 관측 자료와 과거 시점의 백색잡음의 선형 결합으로 현 시점의 자료를 표현하는 모형은 무엇인가?

63 상관분석은 데이터 안의 두 변수의 연관 정도를 나타낼 뿐만 아니라 인과관계를 설명해준다. (O, X)

64 회귀분석의 첫 단계는 산점도를 이용하여 두 변수의 대략적인 관계를 파악하는 것이다. 이때 직선관계로 그 관계를 어느 정도 설명할 수 있을 것으로 판단되면 잔차의 선형성, 등분산성, 독립성, 정규성 등을 검토한다. 이와 같이 잔차를 이용하여 가정을 검토하는 과정을 무엇이라고 하는가?

65 두 개의 변량 X와 Y 간에 존재하는 관계의 정도를 측정하는 척도로, −1과 1 사이의 값을 가진다. 절대치가 1로 근접할수록 X와 Y의 상관이 강하고 0에 근접할수록 상관이 약한 척도는?

66 시계열분석에서 현 시점의 자료가 유한개의 백색잡음의 선형 결합으로 표현되어 항상 정상성을 만족해 정상성 가정이 필요 없는 모형은?

67 대용량 데이터 속에서 숨겨진 지식이나 새로운 규칙을 추출해 내는 과정을 무엇이라고 하는가?

[데이터 마이닝]

01 새롭게 나타난 현상을 검토하여 기존의 분류를 이용하여 정의된 집합에 배정하는 것으로, 의사결정 나무 기법을 사용하는 데이터 마이닝 기법은?

02 수입, 수준, 신용카드 잔고 등 연속된 변수의 값을 추정하는데 사용되며 신경망 모형 기법을 사용하는 데이터 마이닝 기법은?

03 미래의 양상을 예측하거나 미래의 값을 추정한다는 것을 제외하면 분류나 추정과 동일한 의미를 갖고 있으며 장바구니 분석, 의사결정 나무, 신경망 기법을 사용하는 데이터 마이닝 기법은?

04 같이 팔리는 물건과 같이 아이템의 연관성을 파악하는 분석 방법으로, 소매점이 물건을 배열 계획, 카탈로그 배열 및 교차 판매, 공격적 판촉행사를 하는 등의 마케팅 계획도 세우는 데에 사용되는 데이터 마이닝 기법은?

05 연관 분석의 한 기법인 장바구니 분석의 결과는 무엇으로 나오는가?

06 이질적인 모집단을 동질성을 지닌 그룹별로 세분화하는 것을 의미하며, 선분류 되어있는 기준에 의존하지 않는 비지도 학습이고, 데이터 마이닝이나 모델링의 준비 단계로서 사용되는 데이터 마이닝 기법은?

07 데이터 마이닝의 5단계

목적 정의 → 데이터 준비 → (　　　　　) → 데이터 마이닝 → 기법의 적용 → 검증

08 분류분석은 반응변수(종속변수)가 알려진 다변량 자료를 이용하여 모형을 구축하여 새로운 자료에 대한 예측 및 분류를 수행하는 것이 목적인데,

i) 반응변수가 범주형인 경우 → (　　　　)가 주목적

ii) 반응변수가 연속형인 경우 → (　　　　)가 주목적

09 반응변수(종속변수)가 범주형인 경우 적용되는 회귀분석 모형은 무엇인가?

10 인공 신경망은 동물의 뇌신경계를 모방하여 분류(또는 예측)을 위해 만들어진 모형으로, 입력은 시냅스에 해당하며 개별신호의 강도에 따라 가중되고, (　　　　)는 인공 신경망의 출력(output)을 계산한다.

11 입력층이 (은닉층을 거치지 않고) 직접 출력층에 연결되는 단층 신경망은 무엇인가?

12 신경망의 활성 함수 중에서 표준화 지수(또는 일반화 로지스틱) 함수라고도 부르며, 출력값 z가 여러 개로 주어지고, 목표치가 다범주인 경우 각 범주에 속할 사후 확률을 제공하는 활성 함수는 무엇인가?

13 변수의 수가 많거나 입출력 변수 간에 복잡한 비선형 관계가 존재할 때 유용한 방법으로, 잡음에 민감하게 반응하지 않는 데이터 마이닝 기법은 무엇인가?

14 신경망 모형에서 output을 결정하며, 선형 또는 곡선으로 출력해주는 것은 무엇인가?

15 의사결정 나무는 상위 노드로부터 하위 노드로 나무 구조를 형성하는 매 단계마다 분류 변수와 분류 기준값의 선택이 중요한데, 노드(집단) 내에서는 (　　　　)이, 노드(집단) 간에는 (　　　　)이 가장 커지도록 분기해야 한다.

16 의사 결정나무의 종류v
　　i) 목표변수가 이산형인 경우 → (　　　　)
　　ii) 목표변수가 연속형인 경우 → (　　　　)

17 의사결정 나무 주요 알고리즘과 분류 기준 변수의 선택법

알고리즘	분류 나무	회귀 나무
	이산형 목표변수	연속형 목표변수
CHAID(다지분할)	카이제곱 통계량	ANOVA F-통계량
CART(이진분할)	① (　　　)	분산감소량
C4.5(다지분할)	② (　　　)	-

18 분류기준값의 경계선 근방의 자료값에 대하여 오차가 클 수 있으며, 로지스틱 회귀와 같이 각 예측변수의 효과를 파악하기 어렵고, 새로운 자료에 대한 예측이 불안정할 수 있는 데이터 마이닝 기법은?

| 19 | 여러 개의 분류 모형에 의한 결과를 종합하여 정확도를 높이는 방법은? |

| 20 | 앙상블 기법 3가지 |

| 21 | 배깅 과정과 유사하나 붓스트랩 표본을 구성하는 재표본(re-sampling) 과정에서 각 자료에 동일한 확률을 부여하는 것이 아니라, 분류가 잘못된 데이터에 더 큰 가중을 주어 표본을 추출하는 방법은? |

| 22 | 주어진 데이터에서만 높은 성과를 보이는 것으로, 매우 복잡한 신경망 모형을 사용하여 학습오차를 매우 작게 한 경우 예측 오차가 매우 커지는 문제는 무엇인가? |

| 23 | 과적합 문제를 해결하기 위해 사용되는 추출방법 중 원천 데이터를 랜덤하게 두 분류로 분리하여 교차 검정을 실시하는 방법으로, 훈련용 자료를 70%로 검증용 자료를 30%로 분할하는 방법은? |

24 전체 데이터를 사이즈가 동일한 k개의 하부집합(subset)으로 나누고, k번째의 하부집합을 검증용 자료로, 나머지 k-1개의 하부집합을 훈련용 자료로 사용하며, 이를 k번 반복 측정하고 각각의 반복측정 결과를 평균 낸 값을 최종 평가로 사용하는 방법은?

25 분류모형 평가 방법 중 하나로, 목표 변수의 실제 범주와 모형에 의해 예측된 분류 범주 사이의 관계를 나타내는 표는 무엇인가?

26 오차분류표에서 True로 예측한 관측치 중 실제값이 True인 정도를 나타내는 지표는 무엇인가?

27 오차분류표에서 실제값이 True인 관측치 중 예측치가 적중한 정도를 나타내는 것으로, 민감도와 동일한 지표는 무엇인가?

28 오차분류표에서 정밀도와 재현율은 트레이드 오프 관계(한 지표값이 높아 지면 다른 지표의 값이 낮아질 가능성이 높은 관계)이다. 이 효과를 보정하는 데에 사용하는 지표는 무엇인가?

29	분류 모형의 평가 방법으로 레이더 이미지 분석의 성과를 측정하기 위해 개발된 것으로, x축은 FP Ration(1-특이도), y축은 민감도로 두 값의 관계를 평가하는 그래프는 무엇인가?

30	ROC 그래프는 밑부분 면적이 넓을수록, 1에 가까울수록 좋은 모형이라고 평가된다. 이 밑부분 면적을 무엇이라 하는가?

31	각 개체에 대해 관측된 여러 개의 변수 값들로부터 n개의 개체를 유사한 성격을 가지는 몇 개의 군집으로 집단화하고 형성된 군집들의 특성을 파악하여 군집들 사이의 관계를 분석하는 다변량 분석 기법이며, 별도의 반응변수가 요구되지 않는 비지도 학습은 무엇인가?

32	계층적 군집을 형성하는 방법 중 작은 군집에서 군집을 병합해 나가는 방법으로, 한 개의 항목으로 시작하여 군집을 형성해 나가는 매 단계마다 모든 그룹 쌍 간의 거리를 계산하고 가까운 순으로 병합을 수행하여 한 개 그룹만 남을 때까지 반복하는 방법은 무엇인가?

33	군집 간의 병합 시 거리 측정(또는 병합) 방법 5가지는 무엇인가?

34 군집 간의 병합 시 거리 측정(또는 병합) 방법 중 군집 내의 오차제곱합에 기초하여 군집을 수행하는 방법은 무엇인가?

35 아래 데이터 셋 A, B간의 유사성을 유클리드 거리로 계산하시오.

구분	A	B
키	180	175
몸무게	65	70

36 35번에서, 데이터 셋 A와 B 간의 유사성을 맨하튼 거리로 계산하시오.

37 군집의 수만큼(k개) 초기값을 지정하고 각 개체를 가까운 초기값에 할당하여 군집을 형성한 뒤, 각 군집의 평균을 재계산하여 초기값을 갱신한 후 갱신된 값에 대해 위의 할당과정을 반복하여 k개의 최종군집을 형성하는 방법은 무엇인가?

38 모형-기반(model-based)의 군집 방법 중 데이터가 k개의 모수적 모형의 가중합으로 표현되는 모집단 모형으로부터 나왔다는 가정 하에서 모수와 함께 가중치를 자료로부터 추정하는 방법으로, 혼합 모형에서 모수와 가중치의 추정에 쓰이는 이 알고리즘은 무엇인가?

39 코호넨에 의해 제시 및 개발되어 코호넨 맵이라고도 부르며, 비지도 신경망에 해당하고, 고차원 데이터를 이해하기 쉬운 저차원의 뉴런으로 정렬하여 지도(map)의 형태로 형상화하여 입력의 위치 관계를 그대로 보존하는 분석 방법은 무엇인가?

40 항목들 간의 '조건-결과'(if-then)식으로 표현되는 유용한 패턴 규칙을 발견해내는 것으로, 장바구니 분석(market based analysis)이라고도 부르는 이 분석은 무엇인가?

41 연관규칙의 측정 지표 중 품목 A가 포함된 거래 중에서 품목 A, B를 동시에 포함하는 거래일 확률(A → B)을 통해 연관성의 정도를 파악할 수 있는 지표는 무엇인가?

42 연관규칙의 측정 지표에서 향상도가 두 품목이 서로 양의 관계를 가지고 있어 품목 B를 구매할 확률보다 품목 A를 구매하고 품목 B를 구매할 확률이 높다면 향상도의 값은 얼마인가?

43 시간에 따른 구매 정보를 활용하여 연관규칙을 발견하는 방법으로, 순차패턴이 연관규칙 A → B (품목 A를 구매하면 추후에 품목 B도 구매한다)로 해석되는 분석은 무엇인가?

44 계층적 군집의 결과를 그린 그래프로, 군집 간의 구조적 관계를 쉽게 살펴볼 수 있고, 항목 및 군집 간의 거리를 알 수 있으며, 군집 내의 항목 간 유사정도를 파악함으로써 군집의 견고성을 해석할 수 있는 그래프는 무엇인가?

45 의사결정 나무 중 연속형 타깃변수(target variable, 또는 목표변수)를 예측하는 의사결정 나무는 무엇인가?

최신 복원·기출문제

1회
2회
3회

최신 복원 기출문제 1회

과목 I 데이터 이해
문항 수(8문항), 배점(문항 당 2점)

01 아래의 (ㄱ) ~ (ㄹ) 중 빅데이터의 본질적인 변화로 옳은 것은?

> (ㄱ) 빅데이터 시대에는 데이터를 획득하는데 소요되는 비용이 급격히 감소하였고 어디에서나 데이터가 발생하므로 사용자 전수조사가 가능해졌다.
> (ㄴ) 샘플링 기법이 다양화되었다.
> (ㄷ) 전체 데이터의 양이 많아짐에 따라 사소한 오류데이터가 결과에 영향을 미치는 경향이 줄어들고 있다.
> (ㄹ) 상관관계보다 인과관계를 중시하게 되었다.

① (ㄱ), (ㄴ)
② (ㄷ), (ㄹ)
③ (ㄱ), (ㄷ)
④ (ㄴ), (ㄹ)

02 각 설명에 해당하는 데이터베이스의 구성 요소를 알맞게 짝지은 것은?

> (A) 데이터에 관한 구조화된 데이터로, 다른 데이터를 설명해 주는 데이터
> (B) 데이터베이스 내의 데이터를 신속하게 정렬하고 탐색하게 해주는 구조

① (A) - 데이터모델, (B) - 저장된 절차
② (A) - 데이터모델, (B) - 데이터 마트
③ (A) - 메타데이터, (B) - 인덱스
④ (A) - 스키마구조, (B) - 데이터 마트

03 다음 중 딥러닝과 연관도가 제일 낮은 분석 기법은?

① SVM
② LSTM
③ CNN
④ Autoencoder

04 다음은 빅데이터를 이용하기 위한 기법과 예시이다. 이 중 기법과 예시가 올바르게 짝지어지지 않은 것은?

① 소셜 네트워크 분석 – A 지역 B 마을의 주민들 간 관계망은 어떻게 구성되어 있는가?
② 회귀분석 – 휴대폰을 일 평균 5시간 이상 사용하는 사람은 어떤 사용패턴을 보이는 집단에 속하는가?
③ 유형 분석 – 우리 회사의 광고의 효율을 높이기 위해선 어느 채널을 이용하여 광고해야 하는가?
④ 연관 분석 – 노트북을 구매하는 사람들은 마우스를 산다.

05 (A)~(D)에서 설명하고 있는 빅데이터 거버넌스에 대해 올바르게 설명한 것끼리 묶은 것은?

(A) 빅데이터 분석에서 다양한 데이터를 활용하기 위하여 회사 내 모든 데이터를 활용해야 한다.
(B) 고품질의 데이터 확보가 필요한 빅데이터 분석에서는 품질 관리가 수명주기 관리보다 중요하다.
(C) ERD는 운영중인 데이터베이스와 일치하기 위하여 철저한 변경관리가 필요하다.
(D) 빅데이터 거버넌스는 산업분야별, 데이터 유형별, 정보 거버넌스 요소별로 구분하여 작성한다.

① A, B
② C, D
③ A, B, C
④ B, C, D

06 다음 DIKW 단계를 설명하는 것 중 다른 하나는 무엇인가?

① 경기가 회복되고 날씨가 따뜻해져서 음료의 판매량은 증가할 것이다.
② 작년 프로야구 평균 관중 수는 5월 6월에 증가하였고 7월에 감소하였다.
③ 6월 일 평균 TV시청시간은 3시간이다.
④ 작년 강수량의 50%이상이 여름에 집중되었다.

07 다음 중 데이터베이스 설계 순서가 알맞게 나열된 것은?

① 요구사항 분석 → 물리적 설계 → 개념적 설계 → 논리적 설계
② 요구사항 분석 → 객체적 설계 → 논리적 설계 → 물리적 설계
③ 요구사항 분석 → 개념적 설계 → 논리적 설계 → 물리적 설계
④ 요구사항 분석 → 개념적 설계 → 객체적 설계 → 논리적 설계

08 다음 중 빅데이터 시대에 발생할 수 있는 위기 요인 중 책임원칙훼손에 대한 문제를 해결하기 위한 방법으로 가장 적절한 것은?

① 알고리즘 접근 허용
② 결과기반 책임 원칙 고수
③ 동의에서 책임제로 변환
④ 정보 사용자 책임제로 변환

과목 Ⅱ 데이터 분석 기획
문항 수(8문항), 배점(문항 당 2점)

---

09 다음 중 '분석 과제 정의서'에 대한 설명으로 옳은 것은?

① '분석 과제 정의서'에는 분석모델에 적용될 알고리즘과 분석모델의 기반이 되는 Feature가 포함되어야 한다.
② '분석 과제 정의서'는 프로젝트를 수행하는 이해관계자가 프로젝트의 방향을 수립하고 성공 여부를 판별할 수 없는 자료이다.
③ 소스 데이터, 데이터 입수 및 분석의 난이도, 분석방법 등이 '분석 과제 정의서'의 항목으로 포함된다.
④ '분석 과제 정의서'는 프로젝트 계획서를 작성하기 위한 중간 결과이기 때문에 구성 항목(Configuration Item)으로 도출할 필요는 없다.

10 다음 중 빅데이터 분석 방법론에서 반복적인 피드백이 많이 일어나는 단계로 가장 적절한 것은?

① 분석 기획 단계 → 데이터 준비 단계
② 시스템 구현 단계 → 평가와 전개 단계
③ 데이터 분석 단계 → 시스템 구현 단계
④ 데이터 준비 단계 → 데이터 분석 단계

11 프로토타이핑(Prototyping) 접근법에 대한 설명으로 가장 적절한 것은?

① 문제가 명확히 정의되어 있고 문제해결을 위한 데이터가 완벽하게 조직에 존재하는 경우 효과적으로 사용할 수 있는 접근법이다.
② 문제 정의가 불명확하거나 이전에 접하지 못한 새로운 문제일 경우에는 적용하기 어렵다.
③ 문제가 미리 주어지고 문제 해결을 위한 각 과정이 체계적으로 단계화되어 수행하는 방식이다.
④ 신속하게 해결책이나 모형을 제시함으로써 이를 바탕으로 문제를 좀 더 명확하게 정의하고 필요한 데이터를 식별하여 구체화할 수 있게 하는 유용한 상향식 접근 방법이다.

12 다음 중 아래 과정들을 포함하는 데이터 거버넌스 체계의 항목으로 옳은 것은?

메타데이터 관리, 데이터 사전관리, 데이터 생명 주기 관리

① 데이터 표준화
② 표준화 활동
③ 데이터 저장소관리
④ 데이터 관리 체계

13 다음 중 CRISP-DM 방법론의 모델링 단계에 포함되지 않는 태스크(task)는?

① 모델 테스트 계획 설계
② 모델 평가
③ 모델 적용성 평가
④ 모델 작성

14 다음 중 분석 기회 발굴의 범위 확장 방법에 관한 설명으로 옳지 않은 것은?

① 경쟁자 확대 관점에서는 현재 수행하고 있는 사업 영역의 직접 경쟁사 및 제품서비스를 중심으로 현 상황에 대한 분석 기회 발굴의 폭을 넓혀서 탐색한다.
② 거시적 관점의 메가트랜드에서는 현재의 조직 및 해당 산업에 광범위한 영향을 미치는 사회, 경제적 요인을 기술, 경제, 사회, 환경, 정치 영역으로 나누어서 더 폭넓게 기회 탐색을 수행한다.
③ 시장의 니즈 탐색 관점에서는 현재 수행하고 있는 사업에서의 직접 고객뿐만 아니라 고객과 접촉하는 역할을 수행하는 채널 및 고객의 구매와 의사결정에 영향을 미치는 영향자들에 대한 폭넓은 관점을 바탕으로 분석 기회를 탐색한다.
④ 역량의 재해석 관점에서는 현재 해당 조직 및 기업이 보유한 역량뿐만 아니라 해당 조직의 비즈니스에 영향을 끼치는 파트너 네트워크를 포함한 활용 가능 역량을 토대로 폭넓은 분석 기회를 탐색한다.

15 다음 중 빅데이터의 특징을 고려한 분석 ROI 요소와 분석우선순위 평가기준에 대한 설명으로 가장 부적절한 것은?

① 시급성은 높지만 난이도가 낮은 분석 과제의 우선순위는 높다고 할 수 있다.
② 시급성과 난이도가 모두 높은 분석 과제는 경영진 또는 실무 담당자의 의사결정에 따라 적용 우선순위를 조정할 수 있다.
③ 분석 난이도는 분석 준비도와 성숙도 진단 결과에 따른 해당 기업의 분석 수준을 파악하고 파악된 내용을 토대로 결정된다.
④ 분석 과제의 우선순위 평가에서 시급성은 전략적 중요도와 데이터 수집비용 등을 평가하고, 난이도는 분석 수준과 복잡도를 평가요소로 삼는다.

16 다양한 데이터 유형 중 정형 데이터 – 반정형 데이터 – 비정형 데이터 순서로 알맞게 짝지어진 것은?

① RFID – Internet of things sensing – Loyalty program
② Demand Forecasts – Competitor pricing – Email records
③ Facebook status – Weather data – Web logs
④ CRM Transaction data – Twitter density – Mobile location

과목 Ⅲ 데이터 분석
문항 수(24문항), 배점(문항 당 2점)

17 Default 데이터셋은 10,000명의 신용카드고객에 대한 카드대금 연체여부(default = Yes/No), 학생여부(student = Yes/No)를 포함한다. 아래는 default와 student 간의 관계를 나타내는 그림이다. 보기의 설명 중 옳지 않은 것은?

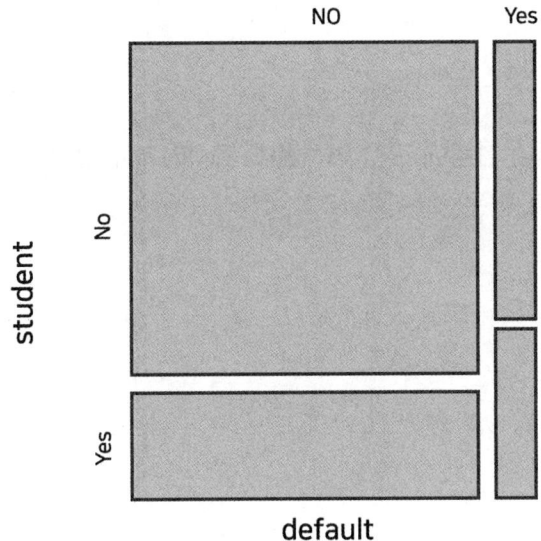

① 학생이 아닌 고객이 학생인 고객보다 많다.
② 연체 고객이 연체하지 않은 고객에 비해 많다.
③ 연체하지 않은 고객 중 학생의 비율이 연체한 고객 중 학생의 비율보다 적다.
④ 학생 여부와 연체 여부는 서로 독립이 아닐 것으로 추측된다.

18 아래 집단에 대한 지니 지수(gini index)는 얼마인가?

♠♠♠♠♠♣

① 2/9
② 3/9
③ 4/9
④ 5/9

19 표본조사나 실험을 실시하는 과정에서 추출된 원소들이나 실험 단위로부터 주어진 목적에 적합하도록 관측해 자료를 얻는 것을 측정(measurement)이라 한다. 다음 중 자료의 종류에 대한 설명으로 옳지 않은 것은?

① 비율척도 – 절대적 기준인 원점이 존재하지 않으며 모든 사칙연산이 가능하고 제일 많은 정보를 가지고 있는 척도로 나이, 무게 등이 해당한다.
② 구간척도 – 측정 대상이 갖는 속성의 양을 측정하는 것으로 온도 등이 해당한다.
③ 명목척도 – 측정 대상이 어느 집단에 속하는지 분류할 때 사용하는 척도로 성별 구분 등이 해당한다.
④ 순서척도 – 측도 대상의 특성이 가지는 서열 관계를 관측하는 척도로 특정 서비스의 선호도 등이 해당한다.

20 다음 데이터 마이닝의 목적 중 사람, 상품에 관한 이해를 증가시키기 위한 것이자 데이터의 특징 및 의미를 표현 및 설명하는 기능으로 옳은 것은?

① 분류(Classification)
② 예측(Forecast)
③ 기술(Description)
④ 추정(Estimate)

21 아래 거래 전표에서 연관규칙 "노트북→ 마우스"의 향상도는 얼마인가? (소수점 첫째 자리에서 반올림하시오.)

물품	거래건수
{노트북}	100
{마우스, 키보드}	100
{키보드}	100
{노트북, 마우스, 키보드, 스피커}	50
{마우스, 키보드}	200
{노트북, 마우스, 키보드}	250
{노트북, 키보드}	200

① 30%　　② 83%　　③ 95%　　④ 100%

22 다음 중 앙상블 기법과 거리가 먼 것은?

① 시그모이드
② 스테킹
③ 부스팅
④ 배깅

23 다음 중 시계열 데이터에 대한 설명으로 가장 부적절한 것은?

① 시계열 데이터의 모델링은 다른 분석모형과 같이 탐색 목적과 예측 목적으로 나눌 수 있다.
② 짧은 기간 동안의 나타나는 주기적인 패턴을 계절변동이라 한다.
③ 시계열분석의 주목적은 외부인자와 관련해 계절적인 패턴, 추세와 같은 요소를 설명할 수 있는 모델을 결정하는 것이다.
④ 잡음(noise)은 무작위적인 변동이지만 일반적으로 원인은 알려져 있다.

24 통계적 추론이란 자료의 정보를 이용하여 모집단에 관한 추측이나 결론을 이끌어 내는 과정이다. 이 과정은 추정과 가설검정을 통하여 이루어진다. 다음 중 추정과 가설검정에 대한 설명으로 가장 부적절한 것은?

① 기각역이란 대립가설이 맞을 때 그것을 받아들이는 확률을 의미한다.
② 구간추정이란 일정한 크기의 신뢰구간으로 모수가 특정한 구간에 있을 것이라고 선언하는 것으로, 구해진 구간을 신뢰구간이라고 한다.
③ 귀무가설이 사실일 때, 관측된 검정통계량의 값보다 대립가설을 지지하는 방향으로 검정통계량이 나올 확률을 p값이라고 한다.
④ 점 추정은 가장 참값이라고 여겨지는 하나의 모수를 선택하는 것이다. 즉, 점 추정은 모수를 특정한 값으로 추정하는 것이다.

25 두 통계량의 평균을 비교하려고 한다. 평균을 비교하기 위해 분산을 우선 비교하려고 할 때 사용하는 분포는?

① t분포
② X^2분포
③ Z분포
④ F분포

26 다음 중 오분류표의 평가지표 중 True로 예측한 관측치 중 실제 True의 비율을 나타낸 지표를 무엇이라고 하는가?

① Recall
② Precision
③ Sensitivity
④ Specificity

27 아래 데이터 셋 A, B 간의 유사성을 맨하튼(Manhattan)거리로 계산하면 얼마인가?

	나이	선호도
A	28	65
B	33	70

① 10
② 15
③ 25
④ 30

28 이상값 탐색을 위해 상자그림(boxplot)을 사용하려 한다. 아래와 같은 데이터 요약 결과가 있을 때, 다음 중 이상값을 판단하는 하한선, 상한선으로 옳은 것은?

```
>summary( x )
Min     1st Qu.    Median    Mean    3rd Qu.    Max.
2       4          7         9.615   12         30
```

① (−8, 24)
② (4, 12)
③ (−26, 58)
④ (−4, 32)

29 표본을 이용하여 미지의 모수를 추측하는 과정을 추정이라고 한다. 다음 중 추정에 대한 설명으로 부적절한 것은?

① 추정의 목적은 표본통계량에 기초하여 모수의 근사값을 결정하는 것이다. 표본 평균을 활용해서 모평균을 추정하는 것 등을 예로 들 수 있다.
② 추정량 $\hat{\mu}$을 사용하여 μ의 추정값과 그 오차한계를 제시할 때, 오차한계의 기본이 되는 것은 추정량 μ의 표준편차인 $\sigma/\sqrt{n}$이므로 이를 μ의 표준오차(standard error)라고 한다.
③ 구간추정은 모수의 참값이 포함되어 있으리라고 추정되는 구간을 결정하는 것이며 실제 모집단의 모수는 신뢰구간에 포함되지 않을 수도 있다.
④ 신뢰수준 95%의 의미는 추정값이 신뢰구간 내에 존재할 확률이 95%라는 것이다.

30 아래는 회귀분석의 결과를 이용해 나타낸 잔차도이다. 다음 중 잔차도에서 나타난 해당 모형의 문제를 해결할 수 있는 방법으로 가장 옳은 것은?

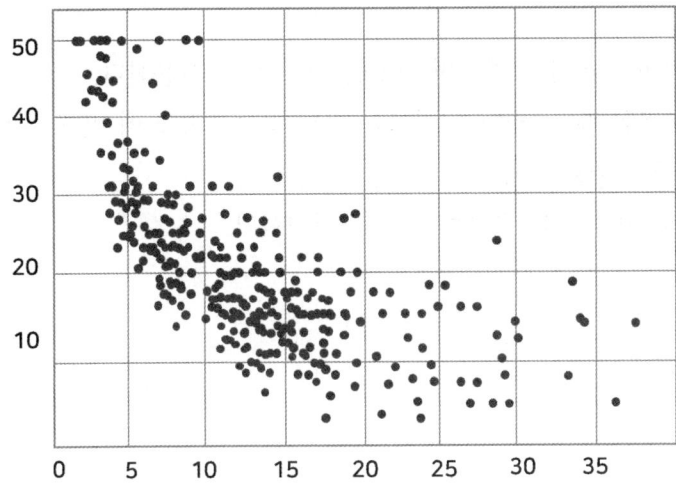

① 새로운 설명변수를 추가한다.
② x^2을 모형에 추가한다.
③ lasso, ridge 등의 벌점화 모형을 사용한다.
④ 비선형으로 변수의 적절한 변환을 사용한다.

31 도출된 연관규칙이 얼마나 유의미한지 평가하기 위한 지표 중 아래 설명이 가리키는 지표로 가장 적절한 것은?

> 품목 B를 구매한 고객 대비 품목 A를 구매한 후 품목 B를 구매하는 고객에 대한 확률을 의미하며 만일 이 지표의 값이 1보다 크면 해당 규칙이 결과를 예측하는데 있어 우수하다는 것을 의미한다.

① 신뢰도(confidence)
② 순수도(purity)
③ 향상도(lift)
④ 지지도(support)

32 다음 중 자료의 위치와 산포에 대한 설명이 부적절한 것은 무엇인가?

① 평균절대편차는 평균과 개별 관측치 사이 거리의 평균이며, 이상치로 인한 문제점을 보완할 수 있다.
② 표본분산은 측정 값들과 평균 간의 거리를 의미하며 산포를 나타낼 때 사용한다.
③ 중앙값은 자료를 크기 순으로 나열할 때, 중앙에 위치하는 자료 값으로 평균에 비해 이상값 영향을 많이 받기 때문에 주로 평균을 사용한다.
④ 평균은 전체 측정 값을 전체 측정 수로 나눈 값으로 위치를 설명한다.

33 다음 headsize 데이터는 25개 가구에서 첫 번째와 두 번째 성인 아들의 머리길이(head)와 머리 폭(breadth)을 보여준다. 이에 대한 설명 중 가장 부적절한 것은?

```
>head(headsize)
     head1 breadth1 head2 breadth2
[1,]  191    155    179    145
[2,]  195    149    201    152
[3,]  181    148    185    149
[4,]  183    153    188    149
[5,]  176    144    171    142
[6,]  208    157    192    152
>str(headsize)
 num [1:25, 1:4] 191 195 181 183 176 208 189 197 188 192
 ...
 -attr(*, "dimnames")=List of 2
 ..$:NULL
 ..$:chr[1:4]"head1""breadth1""head2""breadth2"
>out<-princomp(headsize)
>print(summary(out),loadings=TRUE)
Importance of components:
                         Comp.1 Comp.2 Comp.3 Comp.4
Standard deviation        15.1   5.42   4.12  3.000
Proportion of Variance     0.8   0.10   0.06  0.032
Cumulative Proportion      0.8   0.91   0.97  1.000

Loadings:
         Comp.1 Comp.2 Comp.3 Comp.4
Head1     0.570  0.693 -0.442
breadth1  0.406  0.219  0.870 -0.173
head2     0.601 -0.633 -0.209 -0.441
breadth2  0.386 -0.267        0.881
```

① 네 개의 주성분을 사용하면 전체 데이터 분산을 모두 설명할 수 있다.
② 두 번째 주성분은 네 개의 원변수와 양의 상관관계를 가진다.
③ 첫 두 개의 주성분으로 전체 데이터 분산의 91%를 설명할 수 있다.
④ 주성분 분석의 결과를 보여준다.

34 주성분 분석은 차원의 단순화를 통해 서로 상관되어 있는 변수들 간의 복잡한 구조를 분석하는 것이 목적이다. 다음 중 주성분 분석에 대한 설명으로 옳은 것은?

① Scree graph를 이용하는 방법은 고유값의 크기순으로 산점도를 그린 그래프에서 감소하는 추세가 원만해지는 지점을 주성분의 개수로 선택한다.
② 평균 고유값(average eigenvalue) 방법은 고유 값들의 평균을 구한 후 고유값이 평균값 이상이 되는 주성분을 제거하는 방법이다.
③ 변수들이 서로 상관이 있는 경우, 해석상의 복잡한 구조적 문제가 발생하며 이때 변수들 사이의 구조를 쉽게 이해하기 위해 주성분 분석이 필요하다.
④ 회귀분석에서 다중공선성(Multicollinearity)의 문제를 해결하기 위해 활용한다.

35 아래의 상자수염그림에 대한 설명으로 옳지 않은 것은?

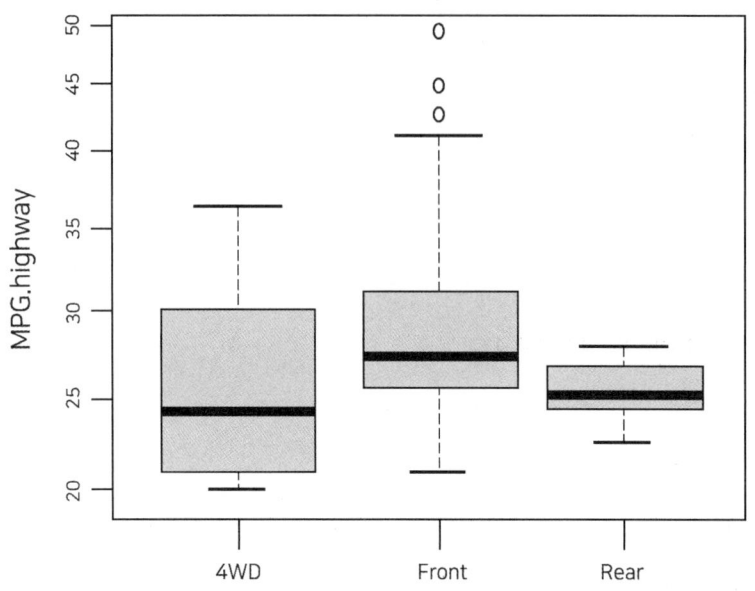

① Rear는 중위수가 가장 크다.
② 4WD는 이상치가 존재하지 않는다.
③ 위의 그래프로 4WD, Front, Rear 별 Price의 차이는 통계적으로 유의함을 확인할 수 없다.
④ Rear의 최소값~1사분위수의 범위가 3사분위수~최대값 범위보다 작다.

36 다음 중 계층적 군집방법이 아닌 것은?

① 최단 연결법
② K-means 연결법
③ 중심 연결법
④ 평균 연결법

37 Default 데이터는 10,000명의 신용카드 고객에 대한 체납 여부(default)와 학생여부(student), 카드 잔고(balance), 연봉(income)을 포함하고 있다. 고객의 체납 확률을 예측하기 위해 도출한 아래 결과에 대한 설명으로 옳지 않은 것은?

```
> model<-glm(default~., data=Default, family="binomial")
> summary(model)

Call:
glm(formula = default ~ ., family = "binomial", data = Default)

Deviance Residuals:
    Min       1Q   Median       3Q      Max
-2.4691  -0.1418  -0.0557  -0.0203   3.7383

Coefficients:
              Estimate Std. Error z value Pr(>|z|)
(Intercept) -1.087e+01  4.923e-01 -22.080  < 2e-16 ***
studentYes  -6.468e-01  2.363e-01  -2.738  0.00619 **
balance      5.737e-03  2.319e-04  24.738  < 2e-16 ***
income       3.033e-06  8.203e-06   0.370  0.71152
---
Signif. codes:  0 '***' 0.001 '**' 0.01 '*' 0.05 '.' 0.1 ' ' 1

(Dispersion parameter for binomial family taken to be 1)

    Null deviance: 2920.6  on 9999  degrees of freedom
Residual deviance: 1571.5  on 9996  degrees of freedom
AIC: 1579.5

Number of Fisher Scoring iterations: 8
```

① 로지스틱 회귀모형을 사용하여 분석하였다.
② 해당 분석 결과에 대한 분산분석표를 확인하기 위해서는 anova(model)을 실행하면 된다.
③ 세 설명변수 모두가 체납확률을 예측하는데 유익한 영향이 있다고 할 수 없다.
④ 카드 잔고와 연봉이 동일한 수준일 때, 학생이 아닌 고객이 학생(StudentYes)인 고객보다 체납 확률이 낮다.

38 모집단의 특성을 잘 나타낼 수 있는 일부를 모집단 내에서 추출하여 이들로부터 자료를 수집하고 수집한 자료를 이용하여 모집단의 특성을 예측한다. 이 과정에서 조사한 모집단의 일부를 표본이라고 한다. 다음 중 표본조사에 대한 설명으로 옳지 않은 것은?

① 표본오차(sampling error)는 모집단을 대표할 수 있는 표본 단위들이 조사대상으로 추출되지 못하여 발생하는 오차를 말한다.
② 표본편의는 확률화(randomization)를 이용하여 최소화하거나 없앨 수 있다. 확률화란 모집단으로부터 편의되지 않은 표본을 추출하는 절차로, 확률화 절차에 의해 추출된 표본을 확률표본(random sample)이라 한다.
③ 비표본오차(non-sampling error)는 표본오차를 제외한 모든 오차로 조사 과정에서 발생하는 모든 부주의나 실수, 알 수 없는 원인 등 모든 오차를 의미하며 조사대상이 증가한다고 해서 오차가 커지거나 작아지지 않는다.
④ 표본편의(sampling bias)는 모수를 작게 또는 크게 할 때 추정하는 것과 같이 표본 추출 방법에 따라 발생하는 오차를 의미한다.

39 관측으로 얻은 실험 자료에서 결측값은 종종 발생하는 현상이다. 통계분석에서 결측값을 분석할 수 있는 방법론으로는 대치법이 있다. 다음 중 결측값을 처리하는 방법에 대한 설명 중 부적절한 것은?

① Complete Analysis는 불완전 자료까지 모두 포함해 자료를 분석하는 방법이다. 통계적 추론의 타당성 문제가 발생할 수도 있다.
② 평균대치법은 결측값을 자료의 평균값으로 대치하여 불완전한 자료를 완전한 자료로 만들어 분석하는 방법이다.
③ 단순확률대치법은 평균대치법에서 추정량 표준오차의 과소 추정문제를 보완하고자 고안된 방법이다.
④ 다중대치법은 단순대치법을 한 번 하지 않고 m번 대치를 통해 m개의 가상적 완전 자료를 만들어서 분석하는, 추정량의 과소추정이나 계산의 난해성 문제가 보완된 방법이다.

40 소매점에서 물건을 배열하거나 카탈로그 및 교차판매 등에 적용하기 가장 적합한 데이터 마이닝 기법은 무엇인가?

① 분류(classification)
② 군집(clustering)
③ 예측(prediction)
④ 연관 분석(association analysis)

단답형
문항 수(10문항), 배점(문항 당 2점, 부분점수 없음)

01 아래 Hitters 데이터 프레임은 1966~1967년 시즌 메이저리그 야구선수에 대한 데이터이다. 아래 회귀분석의 결과를 토대로 설명력이 가장 높은 변수를 쓰시오.

```
> summary(lm(Salary~., Hitters))

Call:
lm(formula = Salary ~ ., data = Hitters)

Residuals:
    Min      1Q  Median      3Q     Max
-907.62 -178.35  -31.11  139.09 1877.04

Coefficients:
             Estimate Std. Error t value Pr(>|t|)
(Intercept) 163.10359   90.77854   1.797 0.073622 .
AtBat        -1.97987    0.63398  -3.123 0.002008 **
Hits          7.50077    2.37753   3.155 0.001808 **
HmRun         4.33088    6.20145   0.698 0.485616
Runs         -2.37621    2.98076  -0.797 0.426122
RBI          -1.04496    2.60088  -0.402 0.688204
Walks         6.23129    1.82850   3.408 0.000766 ***
Years        -3.48905   12.41219  -0.281 0.778874
CAtBat       -0.17134    0.13524  -1.267 0.206380
CHits         0.13399    0.67455   0.199 0.842713
CHmRun       -0.17286    1.61724  -0.107 0.914967
CRuns         1.45430    0.75046   1.938 0.053795 .
CRBI          0.80771    0.69262   1.166 0.244691
CWalks       -0.81157    0.32808  -2.474 0.014057 *
LeagueN      62.59942   79.26140   0.790 0.430424
DivisionW  -116.84925   40.36695  -2.895 0.004141 **
PutOuts       0.28189    0.07744   3.640 0.000333 ***
Assists       0.37107    0.22120   1.678 0.094723 .
Errors       -3.36076    4.39163  -0.765 0.444857
NewLeagueN  -24.76233   79.00263  -0.313 0.754218
---
Signif. codes:
0 '***' 0.001 '**' 0.01 '*' 0.05 '.' 0.1 ' ' 1

Residual standard error: 315.6 on 243 degrees of freedom
  (결측으로 인하여 59개의 관측치가 삭제되었습니다.)
Multiple R-squared:  0.5461,    Adjusted R-squared:  0.5106
F-statistic: 15.39 on 19 and 243 DF,  p-value: < 2.2e-16
```

02 분류문제를 예측하기 위한 모형을 개발하여 그 결과를 분석하고자 한다. 다음 표의 a~d를 이용하여 특이도를 산출하는 방식을 나타내시오.

		예측값	
		True	False
실제 값	True	a	b
	False	c	d

03 아래 (   )안에 들어갈 용어로 알맞은 것을 쓰시오.

> 로지스틱 회귀모형에서 $\exp(\beta_1)$의 의미는 $x_1, \cdots, x_n$이 주어질 때, x_1이 한 단위 증가할 때마다 성공 $(y=1)$의 (   )이/가 증가하는지를 나타낸다.

04 시점에 의존성이 없고 일정한 평균과 분산을 가지는, 시계열의 확률적인 성질들이 시간의 흐름에 따라 변하지 않는다는 것을 의미하는 시계열 용어는?

05 아래는 미국 50개 주의 범죄유형으로 군집 분석을 진행한 결과이다. 아래의 덴드로그램을 통해 Height : 150에서의 군집결과를 도출하면 총 몇 개의 군집으로 나누어지는가?

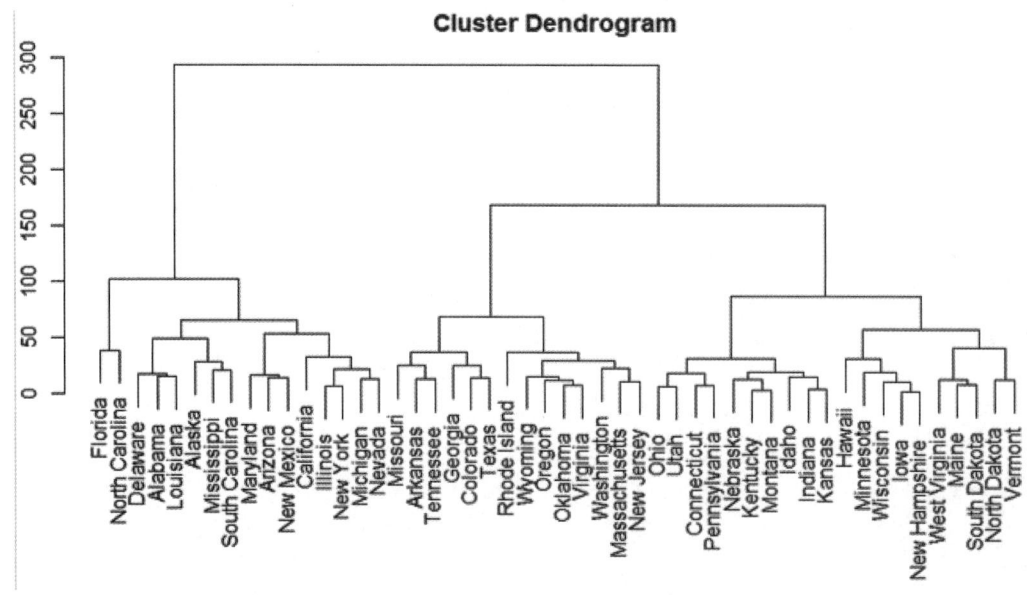

06 아래에 예시에서 사용한 빅데이터 활용 테크닉은 무엇인가?

> 은행에서 대출심사시 소득, 카드사용액, 직업 등 해당 고객의 개인적인 정보를 바탕으로 그 고객이 대출 상환을 할 수 있는 집단에 속할지, 그렇지 않은 집단에 속할지를 예측할 수 있다.

07 합리적 의사결정을 저해하는 요소로써 표현 방식 및 발표자에 따라 동일한 사실임에도 불구하고 판단을 다르게 하는 현상을 무엇이라고 하는가?

08 다양한 데이터 유형 중 아래 설명에 부합하는 데이터 유형은 무엇인가?

> – 데이터의 가공 및 상관관계 간 이해를 통해 패턴을 인식하고 의미를 부여한 데이터
> – 지식을 도출할 때 사용하는 데이터

09 아이템에 대한 설명과 사용자 선호를 토대로 과거에 사용자가 좋아했던 것과 비슷한 종류의 아이템을 추천하는 알고리즘은 무엇인가?

10 아래 (　　　)안에 들어갈 용어로 적절한 것은?

> 분석 과제 관리 프로세스는 크게 과제 발굴과 과제 수행으로 진행된다. 조직 혹은 개인이 도출한 분석 아이디어를 발굴하고 발굴된 아이디어를 과제화하여 분석 과제 풀(Pool)로 관리하면서 분석 과제가 확정되면 (　　　), 분석 과제 결과 공유/개선의 분석 과제 관리 프로세스를 수행하게 된다.

최신 복원 기출문제 2회

과목 Ⅰ 데이터 이해
문항 수(8문항), 배점(문항 당 2점)

01 다음 중 데이터 사이언티스트의 소프트 스킬로 부적절한 것은?

① 창의력
② 이론 지식
③ 스토리텔링 능력
④ 의사소통 능력

02 빅데이터와 데이터 사이언스에 대한 내용으로 부적절한 것은?

① 기업의 빅데이터 분석은 기업 분석 문화에 따라 달라질 수 있다.
② 미래 가치 패러다임의 변화에서 빅데이터 분석 능력은 중요하다.
③ 데이터 사이언스에서 시각화와 커뮤니케이션 능력은 중요하다.
④ 데이터 사이언스는 정형데이터만을 대상으로 한다.

03 다음 중 데이터 분석 기술에 대한 설명 중 가장 부적절한 것은?

① 소셜 네트워크 분석은 최근 핀테크 기업에서 대출을 제공할 때 활용된다.
② 기계학습은 대용량의 데이터를 분석할 시 상당한 분석 인프라와 많은 시간이 소요될 수 있다.
③ 개인의 신용도 평가에 가장 널리 활용되는 분석 모형은 연관규칙이다.
④ 한국어의 경우 영어에 비해 감정 분석이 상대적으로 어려운 측면이 있다.

04 다음 중 암묵지와 형식지의 상호작용과 무관한 것은?

① 추상화
② 내면화
③ 공통화
④ 연결화

05 IT영역, 분석적 영역, 그리고 비즈니스 컨설팅 영역은 데이터 사이언스의 세부적인 영역이다. 다음 중 세 개의 영역과 다른 영역에 속하는 하나는?

① 데이터 웨어하우징
② 분산컴퓨팅
③ 데이터 시각화
④ 파이썬 프로그래밍

06 아래에서 설명하는 개인정보 비식별화 기법으로 적절한 것은?

> 개인 식별에 중요한 데이터를 식별할 수 없는 다른 값으로 변경

① 데이터마스킹
② 가명처리
③ 범주화
④ 총계처리

07 다음 중 빅데이터 가치를 측정하기 어려운 근거로 부적절한 것은?

① 특정 데이터를 어떻게 활용 하느냐에 따라 가치를 다르게 산정할 수 있다.
② 기존 데이터를 재사용함으로써 새로운 가치를 창출해 낼 수 있다.
③ 기존에 없던 가치를 창출함에 따라 그 가치를 측정하기 어려워졌다.
④ 기존 사업자에게 경쟁우위를 제공한다.

08 다음 중 빅데이터 분석에 경제성을 제공해 준 결정적인 기술로 적절한 것은?

① 클라우드 컴퓨팅
② 스마트폰의 급속한 확산
③ 텍스트 마이닝
④ 저장장치 비용의 지속적인 하락

과목 Ⅱ 데이터 분석 기획
문항 수(8문항), 배점(문항 당 2점)

09 빅데이터 가치가 재해석되기 어려운 이유로 부적절한 것은?

① 자사가 갖고 있는 노하우 및 인프라에 대한 폭넓은 이해
② 자사의 내부 지적재산권
③ 파트너가 갖고 있는 정보에 대한 폭넓은 이해
④ 파트너가 갖고 있는 네트워크를 활용한 새로운 정보 이해

10 분석 기회 발굴의 범위를 확장할 때 고려해야 할 사항으로 부적절한 것을 고르시오.

① 역량의 재해석 관점에서는 내부 역량보다는 파트너와 네트워크를 집중적으로 분석하여 분석기회를 탐색한다.
② 시장의 니즈 관점에서는 현재 수행하고 있는 사업의 고객뿐만 아니라 고객과 접촉하는 영역 및 구매의 의사결정에 영향을 미치는 영역에 대한 폭넓은 관점을 바탕으로 분석 기회를 탐색한다.
③ 경쟁자 확대 관점에서는 현재 수행하고 있는 사업 영역의 경쟁사 및 제품/서비스뿐만 아니라 대체재와 신규 진입자 등으로 관점을 확대하여 탐색한다.
④ 거시적 관점의 메가트랜드에서는 현재의 조직 및 해당 산업에 폭넓게 영향을 미치는 사회, 경제적 요인을 사회, 기술, 경제, 환경, 정치 영역으로 나누어서 좀 더 폭넓게 기회 탐색을 수행한다.

11 다음 중 데이터 분석 과제에서 프로젝트 관리에 대한 설명으로 가장 부적절한 것은?

① 분석 과제는 분석 전문가의 상상력이 필요하므로 일정을 제한하는 것은 적절하지 않다.
② 분석 과제를 진행하는 과정에서 예상치 못한 문제가 발생할 수 있으므로 사전에 대응방안을 수립해야 한다.
③ 분석 과제는 적용하는 알고리즘에 따라 범위가 변할 수 있어 범위관리가 중요하다.
④ 분석 과제에서 다양한 데이터를 확보하는 경우가 있어 조달관리 또한 중요하다.

12 다음 중 마스터 플랜을 수립할 때 우선적으로 고려해야 될 사항이 아닌 것은?

① 실행 용이성
② 데이터 우선순위
③ 전략적 중요도
④ 비즈니스 성과/ROI

13 다음 중 빅데이터 분석 방법론 중 시스템 구현에 대한 설명으로 부적절한 것은?

① 시스템 구현단계에는 설계 및 구현, 시스템 테스트 및 운영으로 이루어져 있다.
② 시스템 설계서를 바탕으로 BI 패키지를 활용하거나 새로운 프로그램 코딩을 통하여 시스템을 구축한다.
③ 정보 보호 및 시스템 성능은 시스템 구현 단계의 일이 아니다.
④ 정보보안영역과 코딩은 시스템 구현 단계에서 주요 고려사항이다.

14 데이터 표준화에 대한 설명으로 가장 적절한 것은?

① 데이터 거버넌스 체계를 구축한 후 표준 준수 여부를 주기적으로 점검하고 모니터링 하는 것이다.
② 데이터 표준 용어 설정, 명명 규칙 수립, 메타데이터 구축, 데이터 사전 구축 등의 업무로 구성된다.
③ 메타데이터 및 표준데이터를 관리하기 위한 전사 차원의 저장소를 구축하는 것이다.
④ 데이터 표준화란 데이터 정합성 및 활용의 효율성을 위하여 표준 데이터를 포함한 메타데이터와 데이터 사전의 관리 원칙을 수립하는 것이다.

15 다음 중 분석 과제 발굴에 대한 설명으로 가장 부적절한 것은?

① 데이터를 활용하여 인사이트를 도출하는 상향식 접근 방식의 유용성이 점차 증가되고 있다.
② 문제가 주어지고 이에 대한 해법을 찾기 위하여 각 과정이 체계적으로 수행되는 방식이 하향식 접근 방식이다.
③ 분석해야 할 대상이 명확하다면 상향식 접근 방식이 적절하다.
④ 디자인 사고 프로세스는 발산 단계와 수렴 단계를 반복적으로 수행하는 방법으로 분석 과제 발굴에 유용하게 활용될 수 있다.

16 다음 중 분석 기회 발굴의 범위 확장 시 경쟁자 확대 관점으로 보았을 때 포함되는 영역으로 적절치 않은 것은?

① 경쟁자
② 대체재
③ 채널 모델
④ 신규 진입자

과목 Ⅲ 데이터 분석
문항 수(24문항), 배점(문항 당 2점)

17 시계열분석의 기초가 되는 개념인 정상성(Stationarity)에 대한 설명이다. 다음 중 부적절한 것은?

① 공분산은 단지 시차에만 의존하고 실제 어느 시점 t, s에는 의존하지 않는다.
② 분산이 시점에 의존하지 않는다.
③ 평균이 모든 시점 t에 대해 동일하다.
④ 시계열분석에서 비정상 시계열 자료는 시계열분석을 할 수 없다.

18 다음 중 누적분포함수에 대한 설명으로 가장 부적절한 것은?

① 누적분포함수는 non-decreasing function이며, 우측 연속이다.
② a<x≤b라는 구간의 확률을 누적분포함수로 표현하면 P(a,b)=F(b)-F(a)이다.
③ 모든 확률변수에 대해 확률밀도(질량)함수는 존재하지만, 누적분포함수가 존재하지 않는 확률변수도 있다.
④ 확률변수 X의 누적분포 함수 중, 연속형 확률변수는 적분을 통해 계산할 수 있다.

19 다음 t.test 결과 해석에 대한 내용으로 가장 부적절한 것은?

```
> t_weight

One Sample t-test

data:  chickwts$weight
t = 0.14137, df = 70, p-value = 0.888
alternative hypothesis: true mean is not equal to 260
95 percent confidence interval:
 242.8301 279.7896
sample estimates:
mean of x
261. 3099
```

① 표본 수는 260개이다.
② weight 값의 95% 신뢰구간은 대략 242.8 ~ 279.8이다.
③ weight가 260이라는 귀무가설을 기각하지 못한다.
④ weight의 점 추정 값은 261.3이다.

20 다음 중 판별분석에 대한 설명 중 가장 부적절한 것은?

① 판별분석에서는 선형 분류함수를 적용하며, 피셔의 선형 분류함수 등이 있다.
② 로지스틱 회귀분석과 비슷하며 프로파일링에 사용되는 분석이다.
③ 금융 및 마케팅에서 고객 그룹을 나눌 때 활용되기도 한다.
④ 거리 측정을 위해 피어슨 상관계수를 이용하고 구분선이 평균대비 거리가 동일하다.

21 k-평균 군집으로 대표되는 비계층적 군집 방법에서는 군집의 개수인 k를 미리 정해주어야 한다. 다음 중 군집 수를 정하는 데 활용할 수 있는 그래프로 가장 적절한 것은 무엇인가?

① ROC 그래프
② 향상도 곡선
③ 집단 내 제곱합
④ 덴드로그램

22 아래는 다섯 종류 오렌지 나무(Tree)의 연령(age), 둘레(circumference) 데이터를 요약한 결과이다. 아래의 결과물에 대한 설명으로 가장 부적절한 것은?

```
> summary(Orange)
 Tree       age           circumference
 3:7   Min.   : 118.0   Min.   : 30.0
 1:7   1st Qu.: 484.0   1st Qu.: 65.5
 5:7   Median :1004.0   Median :115.0
 2:7   Mean   : 922.1   Mean   :115.9
 4:7   3rd Qu.:1372.0   3rd Qu.:161.5
       Max.   :1582.0   Max.   :214.0
```

① age의 평균은 922.1이다.
② age는 Tree별로 평균이 유의한 차이가 없다고 할 수 있다.
③ 35개의 관측치를 포함하고 있다.
④ 약 50%의 나무가 115보다 큰 둘레를 가지고 있다.

23 주성분 분석은 p개의 변수들을 중요한 m(p)개의 주성분으로 표현하여 전체 변동을 설명하는 방법을 의미한다. 다음 중 주성분 개수(m)를 선택하는 방법에 대한 설명으로 가장 부적절한 것은?

① 평균 고유값(average eigenvalue) 방법은 고유값들의 평균을 구한 후 고유값이 평균값 이상이 되는 주성분을 제거하는 방법이다.
② 전체 변이 공헌도(percentage of total variance) 방법은 전체 변이의 70~90% 정도가 되도록 주성분의 수를 결정한다.
③ Scree graph를 이용하는 방법은 고유값의 크기순으로 산점도를 그린 그래프에서 감소하는 추세가 완만해지는 지점에서 1을 뺀 개수를 주성분의 개수로 선택한다.
④ 주성분은 주성분을 구성하는 변수들의 계수 구조를 파악하여 적절하게 해석되어야 하며, 명확하게 정의된 해석 방법이 있는 것은 아니다.

24 A, B로 구성된 데이터 1,000개 중 결측치 비율이 5%라고 한다. 결측값을 제거한다고 할 때 삭제되는 데이터 비율로 가장 알맞은 것은?

① 0.0025%
② 9.75%
③ 20%
④ 25%

25 아래는 스위스의 47개 프랑스어 사용지역의 출산율(Fertility)과 관련된 변수들을 사용하여 얻은 결과이다. 회귀모형에 관한 다음 설명 중 가장 부적절한 것은?

```
> summary(lm(Fertility~.,swiss))
Call:
lm(formula = Fertility ~ ., data = swiss)

Residuals:
     Min      1Q  Median      3Q     Max
-15.2743 -5.2617  0.5032  4.1198 15.3213

Coefficients:
                 Estimate Std. Error t value Pr(>|t|)
(Intercept)      66.91518   10.70604   6.250 1.91e-07
Agriculture      -0.17211    0.07030  -2.448  0.01873
Examination      -0.25801    0.25388  -1.016  0.31546
Education        -0.87094    0.18303  -4.758 2.43e-05
Catholic          0.10412    0.03526   2.953  0.00519
Infant.Mortality  1.07705    0.38172   2.822  0.00734

(Intercept)      ***
Agriculture      *
Examination
Education        ***
Catholic         **
Infant.Mortality **
---
Signif. codes:
0 '***' 0.001 '**' 0.01 '*' 0.05 '.' 0.1 ' ' 1

Residual standard error: 7.165 on 41 degrees of freedom
Multiple R-squared:  0.7067,    Adjusted R-squared:  0.671
F-statistic: 19.76 on 5 and 41 DF,  p-value: 5.594e-10
```

① 유의수준 0.05하에서 위의 회귀모형은 유의적으로 출산율을 설명한다.

② 위의 결과에서 y절편이 0이 아니라는 증거는 알 수 없다.

③ 독립변수는 총 5개이다.

④ 위의 회귀모형은 출산율 변동의 70.67%를 설명한다.

26 여섯 가지 종류의 닭 사료 첨가물의 효과를 비교하기 위한 요약통계량과 그래프이다. 이에 대한 설명으로 부적절한 것은 무엇인가?

```
> summary(chickwts)
     weight           feed
 Min.   :108.0   casein   :12
 1st Qu.:204.5   horsebean:10
 Median :258.0   linseed  :12
 Mean   :261.3   meatmeal :11
 3rd Qu.:323.5   soybean  :14
 Max.   :423.0   sunflower:12
```

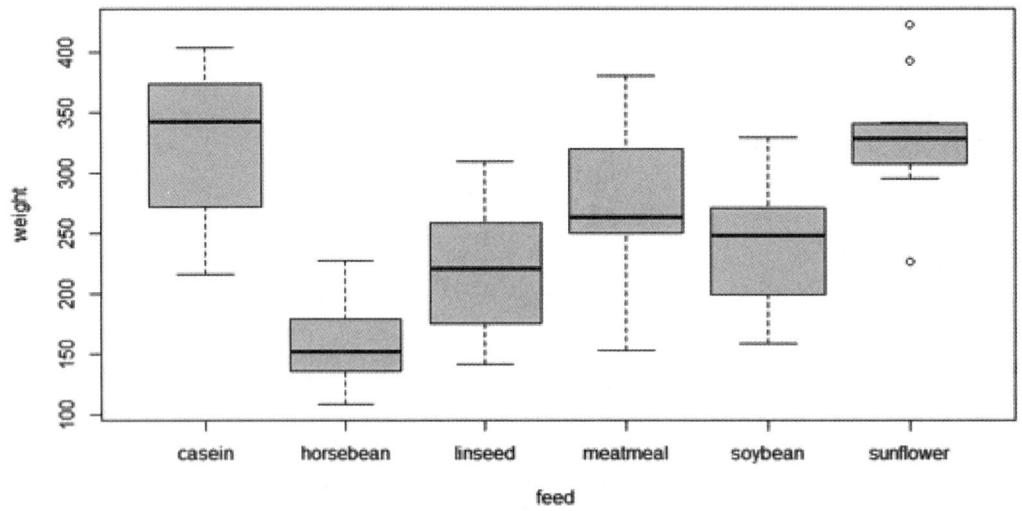

① weight의 중앙값은 horsebean 그룹이 가장 작다.
② meatmeal 그룹과 linseed 그룹의 weight의 평균이 유의한 차이가 있는지 알 수 없다.
③ 이상값이 존재하지 않는다.
④ horsebean 그룹에서 weight가 150보다 작은 개체가 약 50%가량 된다.

27 다음 중 이상값 자료에 민감한 k평균 군집의 단점을 보완하기 위해 평균 대신 사용되는 추정량으로 적절한 것은?

① 중앙값
② 최대값
③ 조화평균
④ 최소값

28 다음 중 시그모이드 활성함수 식으로 옳은 것은?

① $y = \exp(-\frac{z^2}{2})$
② $y_i = \frac{\exp(z_j)}{\sum_{i=1}^{L} \exp(z_i)}, j = 1, ..., L$
③ $y = \frac{\exp(z) - \exp(-z)}{\exp(z) + \exp(-z)}$
④ $y = \frac{1}{1 + exp(-z)}$

29 다음 중 분류분석이 사용되는 모형이 아닌 것은?

① 연관 분석
② 로지스틱 회귀분석
③ SVM
④ 의사결정 나무

30 College 데이터 프레임은 777개 미국 소재 대학의 각종 통계치를 포함하고 Books변수 (단위: 달러)는 평균 교재구입비용을 말한다. 미국 전체 대학의 평균 교재비용을 추론하려 할 때, 아래의 결과에 대한 설명으로 적절하지 않은 것은?

```
> t.test(college$Books,mu=570)

        One Sample t-test

data: College$Books
t = -3.4811, df = 776, p-value = 0.0005272
alternative hypothesis: true mean is not equal to 570
95 percent confidence interval:
 537.7537 561.0082
sample estimates:
mean of x
   549.381
```

① 777개 대학의 평균 교재구입비용은 549.38달러이다.
② 대학의 평균 교재구입비용에 대한 점 추정량은 549.38달러이다.
③ 귀무가설은 기각되지 않는다.
④ 대학의 평균 교재구입비용의 95% 신뢰구간은 (537.75, 561.01)이다.

31 다음 데이터셋 A, B 간의 유클리드 거리를 계산하면?

	A	B
키	175	180
몸무게	45	50

① 0
② √5
③ √25
④ √50

32 EM 알고리즘을 사용하여 혼합 분포 모형을 추정하고자 한다. 아래와 같은 그래프가 도출되었을 때, 다음 중 가장 적절한 해석은?

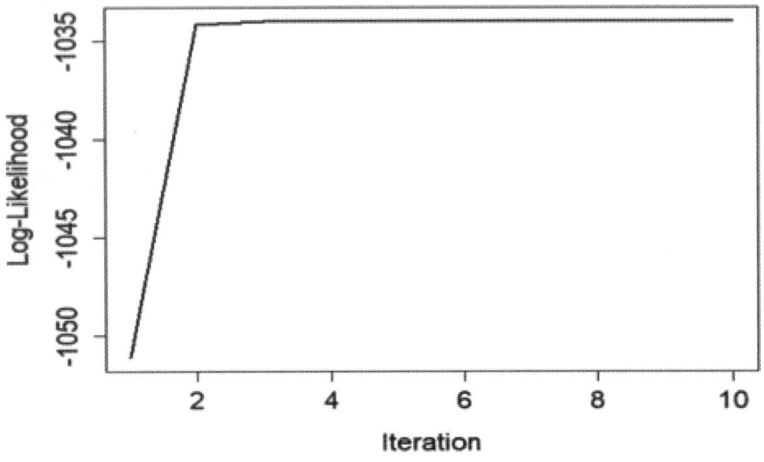

① 반복횟수 2회만에 로그-가속도 함수가 최대가 되었다.
② 정규혼합 분포가 2가지로 관찰되었다.
③ 모수의 추정을 위해 5회 이상의 반복횟수가 필요하다.
④ 로그-가능도 함수의 최소값은 −1040이다.

33 다음 중 결측치에 대한 설명으로 부적절한 것은?

① 해당 칸이 비어있는 경우 결측치 여부는 알기 쉽다.
② 관측치가 있지만 실상은 default 값이 기록된 경우에도 결측치로 처리해야 하는 것이 바람직 하다.
③ 결측치가 있는 경우 사용할 수 있는 대치(Imputation)방법의 평균값이 있다.
④ 결측치가 20% 이상인 경우에는 해당 변수를 제거하고 분석해야 한다.

34 아래는 최적 회귀방적식을 도출하기 위해 관련된 변수들을 사용하여 얻은 결과이다. 아래의 결과물에 대한 설명으로 가장 부적절한 것은?

```
> step(lm(Y~X1+X2+X3+X4+X5, data, direction="both")
Start: AIC=190.69
Y ~ X1 + X2 + X3 + X4 + X5
         Df  Sum of Sq    RSS     AIC
- X2      1      53.03  2158.1  189.86
<none>                  2105.0  190.69
- X1      1     307.72  2412.8  195.10
- X5      1     408.75  2513.8  197.03
- X4      1     447.71  2552.8  197.75
- X3      1    1162.56  3267.6  209.36

Step: AIC=189.86
Y ~ X1 + X3 + X4 + X5

         Df  Sum of Sq    RSS     AIC
<none>                  2158.1  189.86
+ X2      1      53.03  2105.0  190.69
- X1      1     264.18  2422.2  193.29
- X5      1     409.81  2567.9  196.03
- X4      1     956.57  3114.6  205.10
- X3      1    2249.97  4408.0  221.43

Call:
lm(formula = Y ~ X1 + X3 + X4 + X5, data = data)

Coefficients:
(Intercept)   X1        X3        X4       X5
  62.1013   -0.1546   -0.9803   0.1247   1.0784
```

① 최종 결과의 독립변수는 4개이다.
② 후진제거법을 사용한 결과이다.
③ 설명변수 중 X2가 가장 먼저 제거된다.
④ 하나의 변수가 제거되었을 경우의 AIC값이 제거되기 이전의 AIC값보다 낮아지면 해당 변수를 제거하는 방식이다.

35 과대적합(overfitting)은 통계나 기계학습에서 모델의 변수가 너무 많아 모델이 복잡하고 훈련 데이터에 지나치게 학습될 때 주로 발생한다. 다음 중 과대적합에 대한 설명으로 적절치 못한 것은?

① 학습데이터가 모집단의 특성을 충분히 설명하지 못할 때 자주 발생한다.
② 변수가 너무 많아 모형이 복잡할 때 생긴다.
③ 과대적합이 발생할 것으로 예상되면 학습을 종료하고 업데이트하는 과정을 반복해 과대적합을 방지할 수 있다.
④ 생성된 모델이 훈련 데이터에 너무 최적화되도록 학습하여 테스트 데이터의 작은 변화에 민감하게 반응하는 경우는 발생하지 않는다.

36 아래에서 설명하는 표본 추출 방법에 해당하는 것은?

> 번호를 부여한 샘플을 나열하여 K개씩 n개의 구간으로 나누고, 첫 구간(1,2,3,…,K)에서 하나를 임의로 선택한 후에 K개씩 띄어서 n개의 표본을 선택한다. 즉, 임의 위치에서 매 k번째 항목을 추출하는 방법이다.

① 계통추출법
② 층화추출법
③ 집락추출법
④ 단순랜덤추출법

37 빵을 구매할 때 버터를 구매할 확률에 대한 연관규칙으로 알맞은 측도와 그 값을 고르시오.

Transaction 1	{ 빵, 버터 }
Transaction 2	{ 맥주, 버터, 빵 }
Transaction 3	{ 젤리, 쥬스 }
Transaction 4	{ 빵, 맥주, 젤리 }
Transaction 5	{ 빵, 버터, 쥬스 }

① 신뢰도, 0.25
② 향상도, 0.25
③ 향상도, 1.25
④ 지지도, 0.67

38 어떤 회귀분석 잔차도이다. 이를 통해 어떤 가정이 위배되었다고 판단할 수 있는지 고르시오.

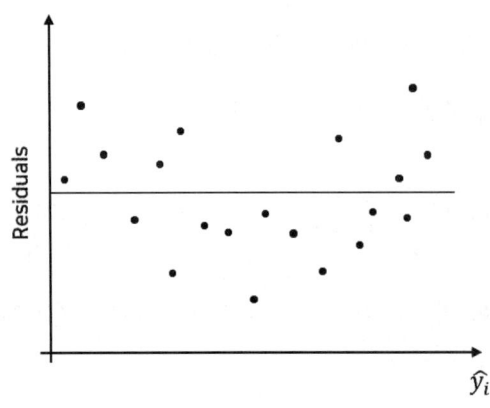

① 비정규성
② 선형성
③ 독립성
④ 정상성

39 로지스틱 회귀모형은 독립변수(x)와 종속변수(y) 사이의 관계를 설명하는 모형으로서 종속변수가 범주형(y=0 또는 y=1)값을 갖는 경우에 사용한다. 다음 중 로지스틱 회귀모형에 대한 설명으로 적절하지 않은 것은?

① Odds(오즈)란 클래스 0에 속할 확률(1-p)이 클래스 1에 속할 확률 p의 비로 나타낸다. 즉, Odds=p/(1-p)로 나타낸다.
② 로지스틱 회귀모형은 클래스가 알려진 데이터에서 설명변수들의 관점에서 각 클래스내의 관측치들에 대한 유사성을 찾는데 사용할 수 있다.
③ 종속변수 y대신 로짓(logit)을 사용하여 설명변수들의 선형함수로 모형화하기 때문에 이 모형을 로지스틱 회귀모형이라고 한다.
④ 이러한 데이터에 대해 선형회귀모형을 적용하는 것이 기술적으로 가능하지만, 선형회귀의 문제점은 0이하의 값이나 1 이상의 값을 예측값으로 줄 수 있다는 것이며, 따라서 이를 확률값으로 직접 해석할 수 없다.

40 아래는 스위스 내 47개의 프랑스어 사용 지역에서의 출산율과 관련된 변수들을 사용하여 그린 그림이다. 다음 중 시각화 자료에 대한 설명으로 가장 적절한 것은?

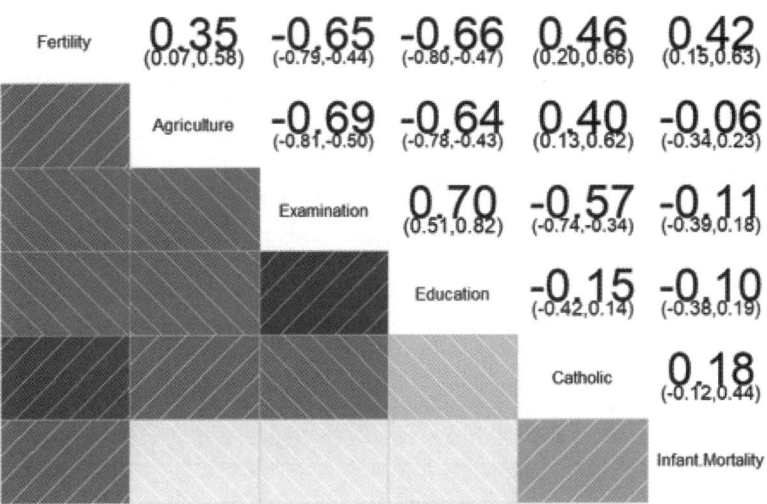

① 출산율(Fertility)은 교육수준(Education)과 음의 상관관계를 가진다.
② 출산율(Fertility)과 가장 밀접한 관계가 있는 변수는 가톨릭인구 비율(Catholic)이다.
③ 교육수준(Education)이 높을수록 출산율(Fertility)은 높아진다.
④ 출산율(Fertility)과 농업인구 비율(Agriculture)은 밀접한 선형 관계를 가진다.

단답형
문항 수(10문항), 배점(문항 당 2점, 부분점수 없음)

01 원 자료로부터 붓스트랩 샘플을 추출하고, 각 붓스트랩 샘플에 대해 트리를 형성해 나가는 과정은 배깅과 유사하나, 각 노드마다 모든 예측변수 안에서 최적의 분할을 선택하는 방법 대신 예측변수를 임의로 추출하고 추출된 변수 내에서 최적의 분할을 만들어 나가는 앙상블 방법을 무엇이라 하는가?

02 분류모형의 평가로 사용되는 그래프로 x축은 (1-특이도), y축은 민감도로 그려지는 것은 무엇인가?

03 데이터에 관한 구조화된 데이터로, 효율적으로 데이터를 이용하기 위해 데이터 자체를 설명해 주는 데이터는 무엇인가?

04 다음 표에서 (a)~(b)를 사용하여 정분류율(Accuracy)을 표현하시오.

		예측값	
		True	False
실제 값	True	a	b
	False	c	d

05 데이터의 품질보장, 프라이버시보호, 데이터 수명관리, 규정확립, 소유권, 권리권 등을 통하여 적시에 데이터가 필요한 사람에게 제공되도록 하는 것을 무엇이라 하는가?

06 시계열 모델 중 자기 자신의 과거 값과 현재의 백색잡음의 선형 결합으로 이루어진 모형은?

07 코호넨에 의해 제시되었으며, 비지도 신경망으로 고차원의 데이터를 이해하기 쉬운 저차원의 뉴런으로 정렬하여 지도의 형태로 형상화하는 클러스터링 방법은 무엇인가?

08 텍스트 마이닝에서 사용되는 척도로 두 벡터의 각도를 계산하여 유사도를 측정하는 것을 무엇이라 하는가?

09 아래 내용이 설명하고 있는 빅데이터의 기능은?

> IoT(Internet of Things) 시대가 되면 수많은 물건에 센서가 부착되어 데이터가 끊임없이 생산된다. 이 때 빅데이터 사업자들은 IoT를 통해 생산된 데이터를 저장해두고 이 데이터를 3rd party에 API(Application Programming Interface)를 통해 공개하여 활용하도록 할 수 있다.

10 데이터의 가공 및 상관관계 간 이해를 통해 패턴을 인식하고 의미를 부여한 것은?

과목 I 데이터 이해
문항 수(8문항), 배점(문항 당 2점)

01 데이터의 특징으로 가장 부적절한 것은?

① 데이터란 용어는 1646년 영국 문헌에 처음으로 등장한 것으로 알려져 있다.
② 데이터는 암묵지와 형식지의 유형으로 구성되어 있다.
③ 데이터는 추론, 예측, 추정에 사용된다.
④ 데이터는 객관적 사실이라는 존재적 특성을 갖는다.

02 아래와 같은 비즈니스 문제에 대해서, 각 문제를 해결하기 위해 주로 사용하는 분석방법과 연결이 잘못된 것은?

① 만족도가 충성도에 어떤 영향을 미치는가? - 회귀분석
② 맥주를 사는 사람은 콜라도 같이 구매하는 경우가 많다 - 연관규칙 학습
③ 고객의 친분관계가 승진에 어떤 영향을 미치는가? - 소셜 네트워크 분석
④ 택배차량을 어떻게 배치하는 것이 비용측면에서 가장 효율적인가? - 유형 분석

03 빅데이터가 가져온 본질적인 변화로 가장 부적절한 것은?

① 사전처리에서 사후처리 시대로의 변화
② 변화 데이터의 질보다 양을 강조
③ 상관관계에서 인과관계로의 변화
④ 대면조사에서 표본조사로의 변화

04 다음 중 딥러닝과 관련된 분석기법은?

① 주성분 분석(PCA)
② 로지스틱 회귀분석(Logistic Regression)
③ 의사결정 나무(Decision Tree)
④ 신경망(Artificial Neural Network)

05 기업의 성과와 분석의 활용에 대한 설명 중 가장 부적절한 것은?

① 성과가 높은 기업과 낮은 기업은 분석에 대한 태도에서 큰 차이가 있다.
② 성과가 낮은 기업들은 실시간 분석 역량을 갖추고 있는 비율이 높지 않다.
③ 성과가 높은 기업들도 가치 분석적 통찰력을 갖추고 있는 비율이 높지 않다.
④ 성과가 우수한 기업들도 일상업무에 데이터 분석을 활용하지는 못하고 있다.

06 다음 중 데이터에 관한 구조화된 데이터로서 다른 데이터를 설명해주는 데이터로 정의되는 것은?

① 데이터모델
② 백업데이터
③ 메타데이터
④ 정형데이터

07 다음 중 데이터 사이언티스트의 필요 역량으로 가장 부적절한 것은?

① 네트워크 최적화
② 다분야 간 협력을 위한 커뮤니케이션
③ 통찰력 있는 분석
④ 이론적 지식

08 아래는 데이터 이용과 분석에 대한 용어와 의미를 서로 연결한 것이다. 잘못된 설명을 모두 고른 것은?

> (A) OLTP – 다차원의 데이터를 대화식으로 분석하기 위한 소프트웨어
> (B) BI(Business Intelligence) – 경영 의사 결정을 위한 통계적이고 수학적인 분석에 초점을 둔 기법
> (C) BA(Business Analytics) – 데이터 기반 의사결정을 지원하기 위한 리포트 중심의 도구
> (D) Data Mining – 대용량 데이터로부터 의미 있는 관계, 규칙, 패턴을 찾는 과정

① (A), (C), (D)
② (A), (B), (C)
③ (A), (B), (D)
④ (A), (B), (C), (D)

과목 Ⅱ 데이터 분석 기획
문항 수(8문항), 배점(문항 당 2점)

09 분석 과제 기획 시 고려사항으로 가장 부적절한 것은?

① 분석을 수행함에 있어 발생하는 장애요인들에 대한 사전 계획 수립 필요
② 데이터 분석을 통하여 가치가 창출될 수 있는 적절한 활용 방안과 활용 가능한 유즈케이스 탐색
③ 데이터 분석을 위해서는 데이터의 정형화가 필수 사항이므로 정형 데이터의 확보 여부 판단
④ 데이터 분석을 내재화하기 위해서는 교육 등 변화관리방안 고려

10 데이터 거버넌스에 대한 설명으로 부적절한 것은?

① 마스터데이터, 메타데이터, 데이터 사전은 데이터 거버넌스의 중요 관리 대상이다.
② 기업은 데이터 거버넌스 체계를 구축함으로써 데이터의 가용성, 유용성, 통합성, 보완성, 안정성을 확보할 수 있다.
③ 전사 차원의 모든 데이터에 대해 정책 및 지침, 표준화, 운영 조직 및 책임 등의 표준화된 관계를 수립하고 운영을 위한 프레임워크 및 저장소를 구축하는 것이다.
④ 데이터 거버넌스는 독자적으로 수행해야만 하고, 전사 차원의 IT 거버넌스나 EA의 구성 요소로 구축되면 안 된다.

11 시장의 니즈 탐색 관점인 채널(Channel) 영역의 기능으로 가장 부적절한 것은?

① 구매 고객에 대한 애프터서비스(A/S)를 제공한다.
② 고객에게 밸류 프로포지션을 전달한다.
③ 해당고객에게 접근하는 유통 채널을 공급한다.
④ 기업이 제공하는 서비스에 대해 고객의 이해를 높여준다.

12 다음 중 아래의 데이터 거버넌스 체계가 설명하는 항목은?

> 메타데이터 관리, 데이터 사전관리, 데이터 생명 주기 관리

① 데이터 처리 체계
② 데이터 저장소 관리
③ 데이터 관리 체계
④ 표준화 관리

13 다음 중 분석 과제 발굴 중 부적절한 것은?

① 디자인 사고는 상향식 접근 방식과 하향식 접근 방식을 반복적으로 수행하는 의사결정 방식이다.
② 상향식 접근 방식의 데이터 분석은 비지도 학습방법에 의해 수행된다.
③ 하향식 접근법은 문제 탐색, 문제 정의, 해결방안 탐색, 타당성 검토의 순서로 진행된다.
④ 하향식 접근법은 사물을 있는 그대로 인식하는 'What' 관점에서 보아야 한다.

14 다음 중 CRISP-DM 분석 방법론에서 데이터 준비단계의 일이 아닌 것은?

① 데이터 탐색
② 데이터 통합
③ 데이터 포맷팅
④ 데이터 정제

15 빅데이터의 특징을 고려한 분석 ROI 요소와 분석우선순위 평가기준에 대한 설명으로 가장 부적절한 것은?

① 분석 난이도는 분석 준비도와 성숙도 진단 결과에 따라 해당 기업의 분석 수준을 파악한 것을 바탕으로 결정된다.
② 시급성이 높고 난이도가 높은 분석 과제는 우선순위의 기준이 가장 높다.
③ 난이도에 우선순위 기준을 둔다면 가장 먼저 수행되어야 하는 과제는 시급성이 낮고 난이도가 쉬운 과제이다.
④ 분석 과제의 우선순위 평가에서 시급성은 전략적 중요도, 목표 가치 등을 평가하고 난이도는 분석 수준과 적용 비용 등이 평가요소이다.

16 다음 중 CRISP-DM 분석 절차에서 위대한 실패가 발생할 수 있는 단계는?

① Business understanding → Data Understanding
② Evaluation → Business Understanding
③ Data Preparation → Data Understanding
④ Data Understanding → Business Understanding

과목 Ⅲ 데이터 분석
문항 수(24문항), 배점(문항 당 2점)

17 아래는 어떤 회귀분석 결과의 잔차도이다. 회귀분석의 어떤 가정이 위배되었는지 고르시오.

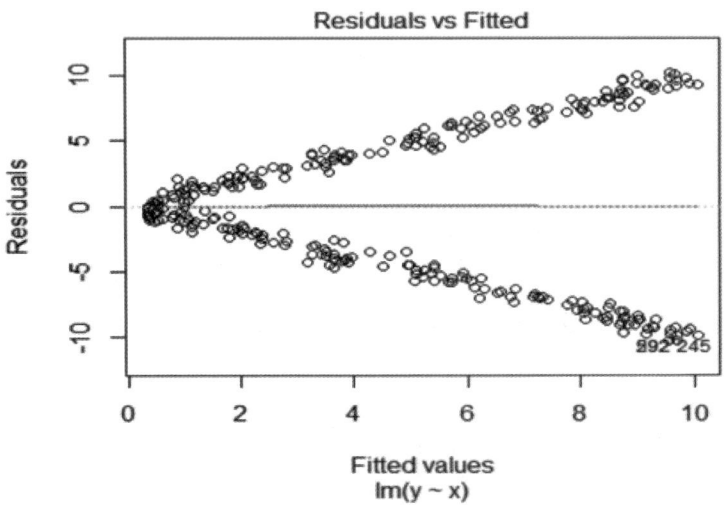

① 선형성
② 정규성
③ 등분산성
④ 비상관성

18 다음 중 두 확률변수 X와 Y의 공분산에 대한 설명으로 부적절한 것은?

① $cov(X,Y)=E[XY]-\mu_X\mu_Y$
② $cov(X,Y)=E[(X-\mu_X)(Y-\mu_Y)]$
③ X, Y가 독립이면 $cov(X,Y)=0$이다.
④ $-1 \le cov(X,Y) \le 1$

19 이산형 확률변수 X의 기댓값으로 적절한 것은?

① $E(x)=\sum xf(x)$
② $E(x)=\int xf(x)dx$
③ $E(x)=\int x^2 f(x)dx$
④ $E(x)=\sum x^2 f(x)$

20 다음 중 아래 의사결정 나무에서 자식마디(child node) B의 지니 지수를 계산한 값으로 옳은 것은?

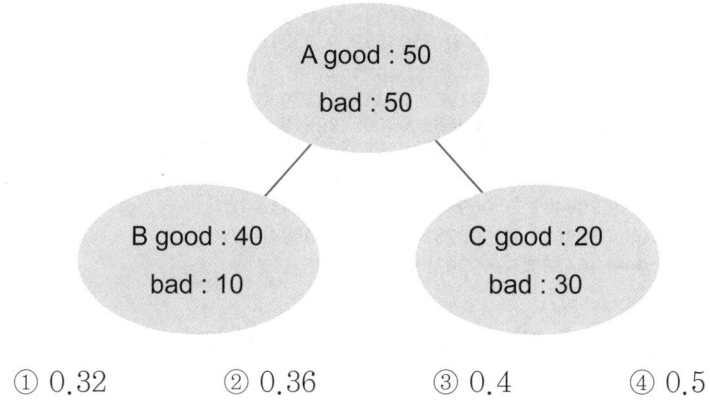

① 0.32   ② 0.36   ③ 0.4   ④ 0.5

21 아래 오분류표를 이용하여 계산한 F1 값으로 적절한 것은?

		예측값		합계
		True	False	
실제 값	True	200	300	500
	False	300	200	500
합계		500	500	1000

① 0.55   ② 0.4   ③ 0.25   ④ 0.1

22 계층적 군집 분석을 진행할 때, 두 군집을 병합하는 방법 중 병합된 군집의 오차제곱합이 병합 이전 군집의 오차제곱합의 합에 비해 증가한 정도가 작아지는 쪽으로 군집을 형성하는 방법으로 적절한 것은?

① 완전 연결법
② 단일 연결법
③ 중심 연결법
④ 와드 연결법

23 Data는 메이저리그에서 활약하는 263명의 선수에 대한 타자 기록으로 연봉(Salary)을 비롯한 17개의 변수를 포함하고 있다. 아래는 17개의 변수들에 대하여 주성분 분석을 적용한 결과이다. 다음 중 결과에 대한 설명으로 가장 부적절한 것은?

```
> pc=princomp (data,cor=TRUE)
> summary(pc)
Importance of components:
                         Comp.1    Comp.2    Comp.3    Comp.4     Comp.5     Comp.6     Comp.7
Standard deviation     2.7733967 2.0302601 1.3148557 0.9575410 0.84109683 0.72374220 0.69841796
Proportion of Variance 0.4524547 0.2424680 0.1016968 0.0539344 0.04161435 0.03081193 0.02869339
Cumulative Proportion  0.4524547 0.6949227 0.7966195 0.8505539 0.89216822 0.92298014 0.95167354
                         Comp.8     Comp.9    Comp.10    Comp.11    Comp.12    Comp.13
Standard deviation     0.50090065 0.42525940 0.363901982 0.312011679 0.243641510 0.232044829
Proportion of variance 0.01475891 0.01063797 0.007789685 0.005726546 0.003491834 0.003167341
Cumulative Proportion  0.96643244 0.97707042 0.984860104 0.990586651 0.994078485 0.997245826
                         Comp.14     Comp.15     Comp.16     Comp.17
Standard deviation     0.163510472 0.1186398422 0.0693395039 3.466841e-02
Proportion of variance 0.001572687 0.0008279654 0.0002828216 7.069994e-05
Cumulative Proportion  0.998818513 0.9996464785 0.9999293001 1.000000e+00
```

① 전체 변수들을 2차원으로 축소한다면 잃게 되는 정보량은 약 30.5%이다.
② 주성분 분석을 시행하기 위해 공분산행렬이 사용되었다.
③ 가장 큰 분산 설명력을 가지는 주성분은 전체 분산의 약 45.25%를 설명한다.
④ 4개 이상의 주성분을 사용해야 최소 80% 이상의 분산 설명력을 가질 수 있다.

24 다음 중 신경망 모형에서 입력신호의 총합을 출력신호로 변환해주며, output을 선형 또는 곡선으로 출력해주는 것은 무엇인가?

① CHAID
② 오즈비
③ 로짓 함수
④ 활성화 함수

25 아래는 쇼핑몰의 거래내역이다. 연관규칙 "얼음→콜라"에 대한 신뢰도(confidence)는 얼마인가?

물품	거래건수
콜라	100
얼음	50
콜라, 얼음	200
초코렛, 얼음	250
초코렛, 과자	200
콜라, 초코렛, 과자	200
콜라, 초코렛, 얼음, 과자	100

① 60% ② 50% ③ 45% ④ 30%

26 확률변수 X의 확률은 다음과 나타낼 수 있다. 다음 중 옳은 것은?

X	1	2	3
f(x)	1/3	1/6	1/2

① X가 4일 확률은 1/2보다 크다.
② X가 1, 2, 3 중 하나의 값을 가질 확률은 1보다 작다.
③ X가 1 또는 2일 확률은 2/3 보다 크다.
④ X의 기댓값은 13/6이다.

27 앙상블 모형(Ensemble)이란 주어진 자료로부터 여러 개의 예측모형을 만든 후 만들어진 예측모형들이 다양한 방법으로 결합된 하나의 최종 예측모형이다. 다음 중 앙상블 모형에 대한 설명으로 적절하지 않은 것은?

① 랜덤 포레스트(Random Forrest)는 의사결정 나무 모형의 단점을 보완하기 위해 배깅보다 더 많은 무작위성을 추가한 방법으로, 약한 학습기들을 생성하고 이들의 선형 결합으로 최종 학습기를 만드는 방법이다.
② 앙상블 모형은 훈련을 한 뒤 예측을 하므로 교사학습법(Supervised Learning)이라고 할 수 있다.
③ 부스팅은 배깅의 과정과 유사하지만 재표본 과정에서 각 자료에 동일한 확률을 할당하여 만들어진 모형들을 결합하는 방식이다.
④ 배깅은 주어진 자료에서 여러 개의 붓스트랩(Bootstrap) 자료를 생성하고 각 붓스트랩 자료에 대한 예측모형을 만든 후 결합하여 최종 모형을 만드는 방법이다.

28 측정 대상의 특성이 가지는 서열 관계를 나타내는 척도로써 관찰 대상이 갖고 있는 특성의 크기를 측정하여 대상의 순위를 순서대로 나타내는 척도의 종류로 가장 옳은 것은?

① 구간척도
② 비율척도
③ 순서척도
④ 명목척도

29 의사결정 나무 분류 규칙을 선택할 때, 사용되는 불순도 측도에 대한 설명 중 부적절한 것은?

① 카이제곱 통계량의 p-value가 작을수록 자식 노드 내의 이질성이 크다고 할 수 있다.
② 분산의 감소량을 최대화하는 기준의 최적분리에 의해서 자식마디를 형성한다.
③ 엔트로피 지수가 가장 작아지는 방향으로 가지분할을 수행한다.
④ 지니 지수 값이 작을수록 이질적이며 순수도(purity)가 높다고 할 수 있다.

30 아래 오분류표를 이용하여 구한 오분류값으로 적절한 것은?

		예측값		합계
		True	False	
실제 값	True	40	60	100
	False	60	40	100
합계		100	100	200

① 0.3　　② 0.4　　③ 0.5　　④ 0.6

31 다음 중 중심극한정리에 대한 설명으로 가장 부적절한 것은?

① 여러 통계적 방법론을 적용하기 위해선 정규데이터가 필요하지만 중심극한정리를 사용하면 비정규적인 모집단에도 다양한 통계적 방법들을 적용할 수 있다.
② 모집단의 분포가 대칭이면 표본의 크기가 작아도 되지만 모집단의 분포가 비대칭인 경우 표본의 크기가 적어도 30이상이 되어야 한다.
③ 표본평균의 분포는 표본의 크기가 커짐에 따라 정규분포로 근사한다.
④ 모집단의 분포가 정규분포에 가까워져야 표본평균의 분포가 정규분포로 근사하게 된다.

32 다음 중 시계열분석에 대한 내용으로 가장 부적절한 것은?

① ARMA모형은 약정상성을 가진 확률적 시계열을 표현하는데 사용한다.
② 정상 시계열은 어떤 시점에서나 동일한 값의 평균과 분산을 갖는다.
③ 지수평활법은 과거 자료의 평균을 구해서 미래를 예측하는 방법이다.
④ AR모형은 자기상관함수가 빠르게 감소하고 부분자기상관함수는 어느 시점에서 절단점을 가진다.

33 아래 그림은 K-means 군집 분석 결과의 집단내 제곱합 그래프이다. 최적 군집 수는?

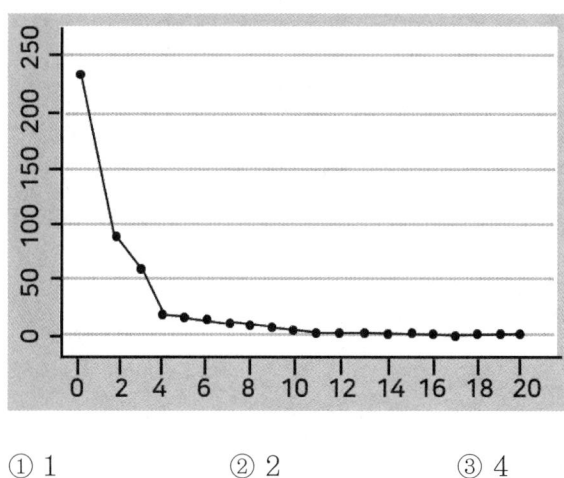

① 1　　② 2　　③ 4　　④ 8

34 다음 중 이상값 검정을 활용한 응용 시스템으로 가장 적절한 것은?

① 부정사용방지 시스템
② 장바구니 분석 시스템
③ 교차판매 시스템
④ 데이터 마트

35 야구선수의 연봉(Salary)을 모형화하기 위한 분석을 시행하였다. Hitters 데이터 프레임은 1986~1987 시즌 메이저리그 야구 선수 322명에 대한 데이터이다. 아래 결과에 대한 설명으로 가장 적절하지 않은 것은?

```
> summary(Hitters)
     AtBat            Hits           HmRun            Runs
 Min.   : 16.0   Min.   :  1    Min.   : 0.00   Min.   :  0.00
 1st Qu.:255.2   1st Qu.: 64    1st Qu.: 4.00   1st Qu.: 30.25
 Median :379.5   Median : 96    Median : 8.00   Median : 48.00
 Mean   :380.9   Mean   :101    Mean   :10.77   Mean   : 50.91
 3rd Qu.:512.0   3rd Qu.:137    3rd Qu.:16.00   3rd Qu.: 69.00
 Max.   :687.0   Max.   :238    Max.   :40.00   Max.   :130.00
      RBI             Walks           Years           CAtBat
 Min.   :  0.00   Min.   :  0.00   Min.   : 1.000   Min.   :   19.0
 1st Qu.: 28.00   1st Qu.: 22.00   1st Qu.: 4.000   1st Qu.:  816.8
 Median : 44.00   Median : 35.00   Median : 6.000   Median : 1928.0
 Mean   : 48.03   Mean   : 38.74   Mean   : 7.444   Mean   : 2648.7
 3rd Qu.: 64.75   3rd Qu.: 53.00   3rd Qu.:11.000   3rd Qu.: 3924.2
 Max.   :121.00   Max.   :105.00   Max.   :24.000   Max.   :14053.0
     CHits           CHmRun           CRuns            CRBI
 Min.   :   4.0   Min.   :  0.00   Min.   :   1.0   Min.   :   0.00
 1st Qu.: 209.0   1st Qu.: 14.00   1st Qu.: 100.2   1st Qu.:  88.75
 Median : 508.0   Median : 37.50   Median : 247.0   Median : 220.50
 Mean   : 717.6   Mean   : 69.49   Mean   : 358.8   Mean   : 330.12
 3rd Qu.:1059.2   3rd Qu.: 90.00   3rd Qu.: 526.2   3rd Qu.: 426.25
 Max.   :4256.0   Max.   :548.00   Max.   :2165.0   Max.   :1659.00
     CWalks         League  Division      PutOuts          Assists
 Min.   :   0.00   A:175   E:157    Min.   :   0.0   Min.   :  0.0
 1st Qu.:  67.25   N:147   W:165    1st Qu.: 109.2   1st Qu.:  7.0
 Median : 170.50                    Median : 212.0   Median : 39.5
 Mean   : 260.24                    Mean   : 288.9   Mean   :106.9
 3rd Qu.: 339.25                    3rd Qu.: 325.0   3rd Qu.:166.0
 Max.   :1566.00                    Max.   :1378.0   Max.   :492.0
     Errors           Salary       NewLeague
 Min.   : 0.00   Min.   :  67.5   A:176
 1st Qu.: 3.00   1st Qu.: 190.0   N:146
 Median : 6.00   Median : 425.0
 Mean   : 8.04   Mean   : 535.9
 3rd Qu.:11.00   3rd Qu.: 750.0
 Max.   :32.00   Max.   :2460.0
                 NA's   :59

> summary(lm(Salary~. ,Hitters)

Call:
lm(formula = Salary ~ ., data = Hitters)

Residuals:
    Min      1Q  Median      3Q     Max
-907.62 -178.35  -31.11  139.09 1877.04
```

```
Coefficients:
             Estimate Std. Error  t value  Pr(>t)
(Intercept) 163.10359   90.77854    1.797  0.073622 .
AtBat        -1.97987    0.63398   -3.123  0.002008 **
Hits          7.50077    2.37753    3.155  0.001808 **
HmRun         4.33088    6.20145    0.698  0.485616
Runs         -2.37621    2.98076   -0.797  0.426122
RBI          -1.04496    2.60088   -0.402  0.688204
Walks         6.23129    1.82850    3.408  0.000766 ***
Years        -3.48905   12.41219   -0.281  0.778874
CATBat       -0.17134    0.13524   -1.267  0.206380
Chits         0.13399    0.67455    0.199  0.842713
CHmRun       -0.17286    1.61724   -0.107  0.914967
Cruns         1.45430    0.75046    1.938  0.053795 .
CRBI          0.80771    0.69262    1.166  0.244691
Cwalks       -0.81157    0.32808   -2.474  0.014057 *
LeagueN      62.59942   79.26140    0.790  0.430424
DivisionW  -116.84925   40.36695   -2.895  0.004141 **
Putouts       0.28189    0.07744    3.640  0.000333 ***
Assists       0.37107    0.22120    1.678  0.094723 .
Errors       -3.36076    4.39163   -0.765  0.444857
NewLeagueN  -24.76233   79.00263   -0.313  0.754218
---
signif. codes: 0 '****' 0.001 '***' 0.01 '*' 0.05 -0.1' '1

Residual standard error: 315.6 on 243 degrees of freedom
  (59 observations deleted due to missingness)
Multiple R-squared:  0.5461,    Adjusted R-squared:  0.5106
F-statistic: 15.39 on 19 and 243 DF, p-value: < 2.2e-16
```

① 각 설명변수와 Salary의 관계가 선형인지 알 수 없다.
② 다른 설명변수가 일정할 때 DivisionE인 선수보다 DivisionW인 선수가 평균적으로 Salary가 높다고 할 수 있다.
③ 다른 설명변수가 일정할 때 CRBI(총타점)이 클수록 Salary가 높다.
④ 전체 관측치의 개수는 322개다

36 Credit 데이터는 신용카드 대금(Balance), 소득(Income), 학생여부(student=Y/N)에 대한 정보를 포함하고 있다. 보기 명령어를 실행하여 아래의 그림을 출력했을 때 그림에 대한 설명으로 적절하지 않은 것은?

```
> ggplot(credit, aes(Income, Balance, color=Student))+start_smooth(method='lm',se=F)
```

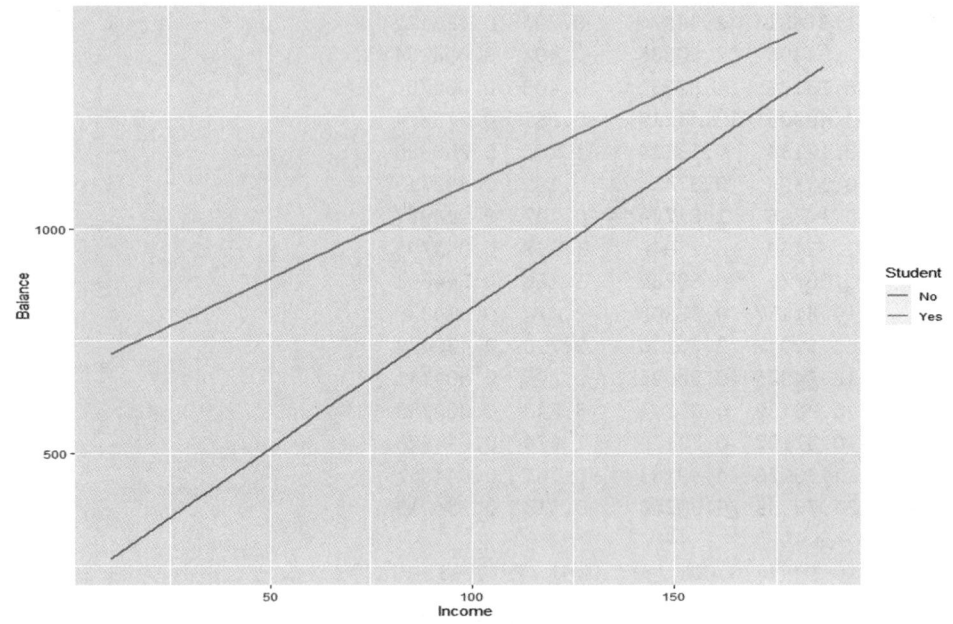

① Income이 높을수록 Balance가 높은 경향이 있다.
② Income에 따라 두 그룹의 Balance가 차이가 난다.
③ Income과 학생사이에 교호관계가 없다.
④ 학생 그룹이 학생이 아닌 그룹보다 Balance가 낮다.

37 사람 A와 사람B 사이의 맨해튼 거리는 무엇인가?

	사람 A	사람 B
키	180	175
몸무게	65	70

① 10   ② $\sqrt{10}$ ③ 50   ④ $\sqrt{50}$

38 수면 유도제 A와 B가 있다. 복용 전과 복용 후의 평균 체중을 비교하려고 할 때 사용할 수 있는 통계적 분석 기법으로 가장 적절한 것은?

① 카이제곱 검정
② 쌍체 t-검정
③ 독립 표본 t-검정
④ 일원배치분산분석(ANOVA)

39 아래는 Hitters 데이터 셋의 요약 통계량을 출력한 것이다. 아래 설명 중 가장 적절하지 않은 것은?

```
> summary(Hitters)
     AtBat            Hits           HmRun            Runs
 Min.   : 16.0   Min.   :  1    Min.   : 0.00   Min.   :  0.00
 1st Qu.:255.2   1st Qu.: 64    1st Qu.: 4.00   1st Qu.: 30.25
 Median :379.5   Median : 96    Median : 8.00   Median : 48.00
 Mean   :380.9   Mean   :101    Mean   :10.77   Mean   : 50.91
 3rd Qu.:512.0   3rd Qu.:137    3rd Qu.:16.00   3rd Qu.: 69.00
 Max.   :687.0   Max.   :238    Max.   :40.00   Max.   :130.00
      RBI             Walks           Years           CAtBat
 Min.   :  0.00  Min.   :  0.00  Min.   : 1.000  Min.   :   19.0
 1st Qu.: 28.00  1st Qu.: 22.00  1st Qu.: 4.000  1st Qu.:  816.8
 Median : 44.00  Median : 35.00  Median : 6.000  Median : 1928.0
 Mean   : 48.03  Mean   : 38.74  Mean   : 7.444  Mean   : 2648.7
 3rd Qu.: 64.75  3rd Qu.: 53.00  3rd Qu.:11.000  3rd Qu.: 3924.2
 Max.   :121.00  Max.   :105.00  Max.   :24.000  Max.   :14053.0
     CHits           CHmRun           CRuns            CRBI
 Min.   :   4.0  Min.   :  0.00  Min.   :   1.0  Min.   :   0.00
 1st Qu.: 209.0  1st Qu.: 14.00  1st Qu.: 100.2  1st Qu.:  88.75
 Median : 508.0  Median : 37.50  Median : 247.0  Median : 220.50
 Mean   : 717.6  Mean   : 69.49  Mean   : 358.8  Mean   : 330.12
 3rd Qu.:1059.2  3rd Qu.: 90.00  3rd Qu.: 526.2  3rd Qu.: 426.25
 Max.   :4256.0  Max.   :548.00  Max.   :2165.0  Max.   :1659.00
     CWalks        League  Division    PutOuts          Assists
 Min.   :   0.00  A:175   E:157    Min.   :   0.0  Min.   :  0.0
 1st Qu.:  67.25  N:147   W:165    1st Qu.: 109.2  1st Qu.:  7.0
 Median : 170.50                   Median : 212.0  Median : 39.5
 Mean   : 260.24                   Mean   : 288.9  Mean   :106.9
 3rd Qu.: 339.25                   3rd Qu.: 325.0  3rd Qu.:166.0
 Max.   :1566.00                   Max.   :1378.0  Max.   :492.0
     Errors          Salary        NewLeague
 Min.   : 0.00   Min.   :  67.5   A:176
 1st Qu.: 3.00   1st Qu.: 190.0   N:146
 Median : 6.00   Median : 425.0
 Mean   : 8.04   Mean   : 535.9
 3rd Qu.:11.00   3rd Qu.: 750.0
 Max.   :32.00   Max.   :2460.0
                 NA's   :59
```

① Hitters 데이터셋의 범주형 변수는 총 3개이다.
② Salary 변수는 꼬리가 왼쪽으로 치우쳐져 있다.
③ Hits변수의 25%가 137보다 크다.
④ 결측치가 존재하는 변수가 있다.

40 Orange 데이터 셋의 기초 통계량에 대한 설명으로 적절하지 않은 것은?

```
> summary(Orange)
 Tree       age           circumference
 3:7   Min.   : 118.0    Min.   : 30.0
 1:7   1st Qu.: 484.0    1st Qu.: 65.5
 5:7   Median :1004.0    Median :115.0
 2:7   Mean   : 922.1    Mean   :115.9
 4:7   3rd Qu.:1372.0    3rd Qu.:161.5
       Max.   :1582.0    Max.   :214.0
```

① Orange 데이터에는 총 3개의 변수가 있다.

② Tree는 연속형 변수이다.

③ age는 중앙값이 평균값보다 크다.

④ circumference의 사분위수범위(interquartile range)는 96이다.

단답형
문항 수(10문항), 배점(문항 당 2점, 부분점수 없음)

01 다음은 4개의 데이터 변수를 가진 데이터 프레임 USArrests에서 주성분 분석을 적용했을 때의 결과이다. 제1주성분의 함수식은? (소수점 셋째 자리에서 반올림하시오.)

```
> loadings((US.prin))

Loadings:
          Comp.1 Comp.2 Comp.3 Comp.4
Murder    0.536  0.418  0.341  0.649
Assault   0.583  0.188  0.268 -0.743
UrbanPop  0.278 -0.873  0.378  0.134
Rape      0.543 -0.167 -0.818

              Comp.1 Comp.2 Comp.3 Comp.4
SS loadings    1.00   1.00   1.00   1.00
Proportion Var 0.25   0.25   0.25   0.25
Cumulative Var 0.25   0.50   0.75   1.00
```

02 회귀모형의 계수를 추정할 때 잔차제곱합이 최소가 되도록 하는 방법을 무엇이라고 하는가?

03 아래의 설명에서 다루고 있는 용어는 무엇인가?

> 분석용 데이터를 이용한 가설 설정을 통하여 통계모델을 만들거나 기계학습을 이용한 데이터의 분류, 예측, 군집 등의 기능을 수행하는 과정

04 아래의 그래프는 어떤 데이터에 대해 군집 분석을 적용했을 때의 결과이다. 최적의 군집 수는 몇 개인가?

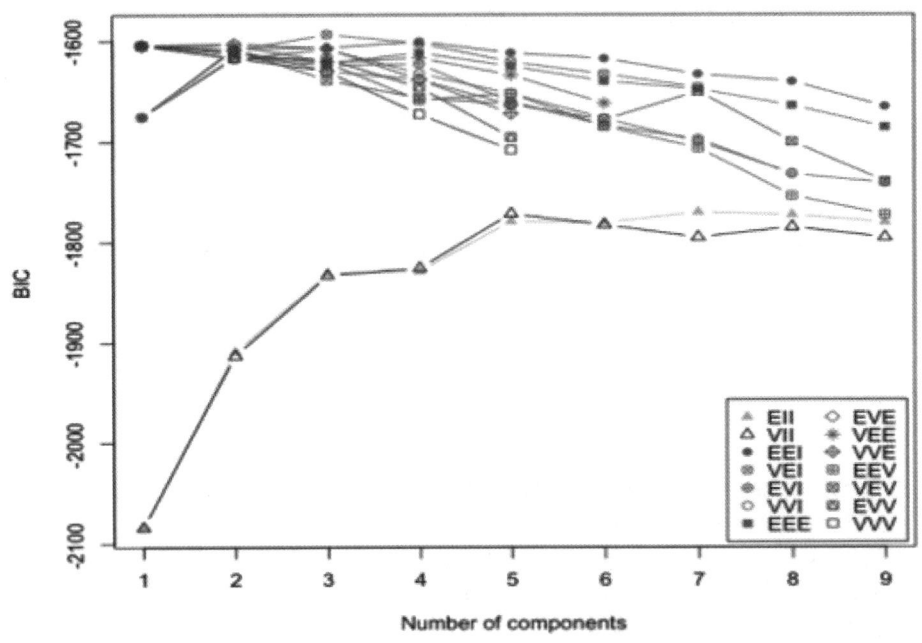

05 아래의 설명에서 빈칸에 공통적으로 들어갈 용어는?

> 가) 페이스북은 2006년 F8 행사를 기점으로 자신들의 소셜 그래프 자산을 외부 개발자들에게 공개하고 서드 파티 개발자들이 페이스북 위에서 작동하는 앱을 만들기 시작하면서 ( )역할을 하기 시작했다.
>
> 나) 하둡은 대규모 분산 병렬 처리의 업계 표준으로 맵 리듀스 시스템과 분산 파일 시스템인 HDFS로 구성된 (   ) 기술이며, 선형적인 성능과 용량 확장성, 고장 감내성을 가지고 있다. 아마존(Amazon)은 S3와 BC2 환경을 제공함으로써 (   )을(를) 위한 클라우드 서비스를 최초로 실현하였다.

06 아래는 빅데이터가 만들어 내는 본질적인 변화이다. (A)와 (B)에 들어갈 말을 쓰시오.

> (A   )은(는) 어떤 현상에 대하여 현상을 발생시킨 원인과 그 결과 사이의 관계를 말하고,
> (B   )은(는) 어떤 두 현상이 관계가 있음을 말하지만 어느 쪽이 원인인지 알 수 없다.

07 빈 칸에 들어갈 알맞은 용어는?

> 비즈니스 문제를 변환하는 단계로써, 문제 탐색 단계가 무엇을 어떤 목적으로 수행해야 하는가에 대한 관점이었다면, (　　　　)단계는 이를 달성하기 위해서 필요한 데이터 및 기법을 도출하기 위한 데이터 분석 문제로의 변환을 수행하게 된다.

08 아래의 식으로 표현되는 함수로서, 입력받은 값을 0~1 사이의 값으로 출력하며 출력값들의 총합은 항상 1이 되는 특성을 갖는다. 이 함수는?

$$y = \frac{\exp(z_j)}{\sum_{i=1}^{N} \exp(z_i)}, \ j = 1, \ldots, N$$

09 로지스틱 회귀분석에서 사용하는 변환으로써 함수값이 0~1 사이의 범위를 갖도록 하게 하는 특성이 있다. 이 변환은?

10 원 자료로부터 붓스트랩 샘플을 추출하고, 각 붓스트랩 샘플에 대해 트리를 형성해 나가는 과정은 배깅과 유사하나, 각 노드마다 모든 예측변수 안에서 최적의 분할을 선택하는 방법 대신 예측변수를 임의로 추출하고, 추출된 변수 내에서 최적의 분할을 만들어 나가는 앙상블 방법을 무엇이라 하는가?

완성! · 모의고사

1회
2회

완성! 모의고사 1회

과목 I 데이터 이해
문항 수(8문항), 배점(문항 당 2점)

01 각 비즈니스 문제와 이를 해결하기 위해 주로 사용하는 기법이 잘못 연결된 것은?

① 회귀분석 – 고객의 만족도가 충성도에 어떤 영향을 미치는가?
② 소셜 네트워크 분석 – A 대학교 B 학과의 학생들 간 관계망은 어떻게 구성되어 있는가?
③ 연관 분석 – 커피를 사는 사람들은 브라우니를 사먹는다.
④ 유형 분석 – 최고의 시청률을 얻기 위해 프로그램을 어느 시간대에 방송해야 하는가?

02 데이터 사이언스는 데이터 처리와 관련된 IT영역, 분석적 영역, 그리고 비즈니스 컨설팅 영역을 포괄한다. 다음 중 세 개의 영역과 다른 영역에 속하는 하나는?

① 커뮤니케이션
② 데이터 시각화
③ 프리젠테이션
④ 데이터 웨어하우징

03 다음 DIKW 단계와 짝지어진 설명으로 틀린 것은 무엇인가?

① 데이터 – A마트 100원에, B마트 200원에 연필을 판매한다.
② 정보 – A마트의 가격이 더 싸다.
③ 정보 – 상대적으로 저렴한 A마트에서 연필을 사야겠다.
④ 지혜 – A마트의 다른 상품들도 B마트보다 쌀 것이라고 판단된다.

04 아래는 데이터 이용과 분석에 대한 용어와 의미를 서로 연결한 것이다. 맞는 설명을 모두 고른 것은?

> (A) OLTP – 다차원의 데이터를 대화식으로 분석하기 위한 소프트웨어
> (B) BA – 경영 의사 결정을 위한 통계적이고 수학적인 분석에 초점을 둔 기법
> (C) BI – 데이터 기반 의사결정을 지원하기 위한 리포트 중심의 도구
> (D) SCM – 공급망 관리를 뜻하는 말로, 기업에서 원재료의 생산/유통 등 모든 공급망 단계를 최적화해 수요자가 원하는 제품을 원하는 시간과 장소에 제공하는 것

① (A)
② (A), (B)
③ (B), (C)
④ (B), (C), (D)

05 빅데이터가 만들어내는 변화로 가장 부적절한 것은?

① 인과관계에서 상관관계로의 변화
② 데이터의 양보다 질을 강조
③ 사전처리에서 사후처리 시대로의 변화
④ 전수조사에서 표본조사로의 변화

06 다음 중 데이터베이스의 일반적인 특징 중 변화하는 데이터에 대해 가장 적절한 설명은?

① 한 조직의 다수 사용자가 공동으로 이용하고 유지하는 데이터이다.
② 동일한 내용의 데이터가 중복되지 않는 데이터이다.
③ USB, HDD 또는 SSD와 같은 컴퓨터가 접근할 수 있는 매체에 저장된 데이터이다.
④ 새로운 데이터의 삽입, 기존 데이터의 삭제 및 갱신으로 항상 변화하면서도 항상 현재의 정확한 데이터 유지하는 데이터다.

07 다음 중 데이터의 유형이 다른 하나는?

① 개인 페이스북에 올린 어느 회사 제품에 대한 사용 후기 글
② 어느 기계에서 작동하는 동안 발생한 소음을 데시벨 단위로 기록한 센서 데이터
③ 어느 포털 사이트에서 하루 동안 언급된 모든 검색어
④ 콜센터에 접수된 어느 고객의 제품 불만사항을 녹음한 음성 파일

08 머신러닝 알고리즘은 크게 지도 학습(Supervised learning)과 비지도 학습(Unsupervised learning)으로 나눌 수 있다. 이러한 측면에서 나머지 보기와 성격이 다른 하나는?

① 군집 분석
② 분류분석
③ 감성 분석
④ 회귀 분석

과목 Ⅱ 데이터 분석 기획
문항 수(8문항), 배점(문항 당 2점)

09 다음 중 CRISP-DM 방법론의 평가 단계에 해당하지 않는 것은?

① 분석 결과 평가
② 모델링 과정 평가
③ 모델 평가
④ 모델 적용성 평가

10 다음 중 아래의 데이터 거버넌스 체계가 설명하는 항목은?

| 데이터 표준용어 설정, 명명규칙, 메타데이터 구축, 데이터 사전 구축등의 업무 |

① 데이터 표준화
② 데이터 관리 체계
③ 데이터 저장소 관리
④ 표준화 관리

11 다음 중 빅데이터 분석 방법론이 분석 기획 단계에서 프로젝트 위험 대응 계획을 수립할 때 예상되는 위험에 대한 대응 방법의 구분으로 부적절한 것은?

① 회피(Avoid)
② 관리(Manager)
③ 완화(Mitigate)
④ 수용(Accept)

12 다음 중 KDD 분석 방법론의 절차 중 데이터 셋에 포함되어 있는 이상치 및 결측치를 식별하고 정제하는 단계는?

① 데이터 마이닝
② 데이터 준비
③ 데이터 전처리
④ 데이터 변환

13 다음 분석 과제 발굴에 관한 설명 중 틀린 것은?

① 디자인 사고는 상향식 접근 방식과 하향식 접근 방식을 반복적으로 수행하는 의사결정 방식이다.
② 하향식 접근 방식의 데이터 분석은 비지도 학습방법에 의해 수행된다.
③ 상향식 접근법은 사물을 있는 그대로 인식하는 'What' 관점에서 보아야 한다.
④ 하향식 접근법은 문제 탐색, 문제 정의, 해결방안 탐색, 타당성 검토의 순서로 진행된다.

14 아래 그림은 분석 과제 우선순위 선정 매트릭스이다. 가장 우선적인 분석 과제 적용이 필요한 영역은?

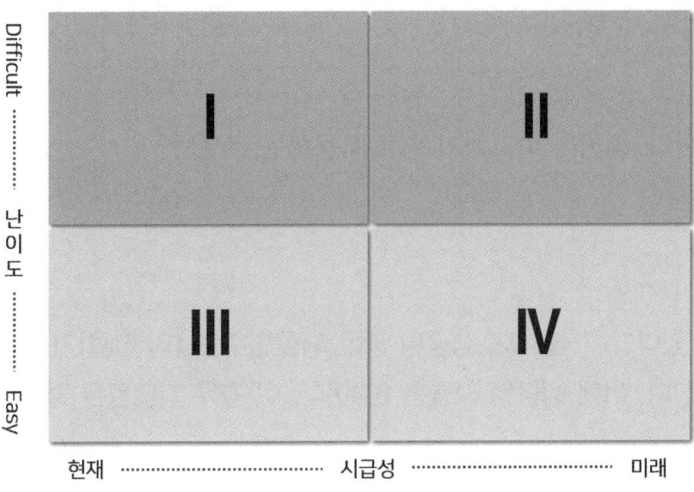

① 1사분면
② 2사분면
③ 3사분면
④ 4사분면

15 다음 중 데이터 거버넌스와 빅데이터 거버넌스의 차이점으로 적절하지 않은 것은?

① 데이터 생명 주기 관리
② 데이터 백업 주기 변경
③ 데이터의 관리 체계
④ 개인정보보안 및 보호

16 다음 중 분석 거버넌스 체계 구성 요소로 보기 어려운 것은?

① 과제 기획 및 운영 프로세스
② 분석 기획 및 관리 수행 조직
③ 분석 관련 교육 및 마인드 육성 체계
④ 과제 예산 및 비용 집행

과목 Ⅲ 데이터 분석
문항 수(24문항), 배점(문항 당 2점)

17 두 통계량의 평균을 비교하려고 한다. 평균을 비교하기 위해 사용하는 분포는?

① t분포　　② 감마분포　　③ F분포　　④ X^2분포

18 실험 결과가 단지 성공과 실패만 있다고 가정하자. 성공일 경우 확률변수는 1의 값을 가지며, 실패일 경우 확률변수는 0의 값을 가진다. 이때 성공일 확률은 0.3이다. 이 경우 기댓값은 얼마인가?

① 0.1　　② 0.3　　③ 0.5　　④ 0.7

19 이산형 확률분포 중 하나로 개별 사건이 두 가지 경우만 존재하며, 각 사건이 성공할 확률이 일정하고 전후 사건에 독립적인 특수한 상황의 확률분포를 나타내는 것은?

① 포아송분포
② 지수분포
③ 다항분포
④ 베르누이 확률분포

20 다음 중 자료의 위치와 산포에 대하여 부적절한 설명은 무엇인가?

① 평균은 전체 측정 값을 전체 측정 수로 나눈 값으로 위치를 설명한다.
② 중앙값은 자료를 크기 순으로 나열할 때, 중앙에 위치하는 자료 값으로 이상값 영향을 많이 받지 않아 자료 분석 시 평균을 더 많이 사용한다.
③ 사분위범위은 측정 값들과 평균 간의 거리를 의미하며 산포를 나타낼 때 사용한다.
④ 평균절대편차는 평균과 개별 관측치 사이 거리의 평균이며, 이상치로 인한 문제점을 보완할 수 있다.

21 통계적 추론이란 자료의 정보를 이용하여 모집단에 관한 추측이나 결론을 이끌어 내는 과정이다. 이 과정은 추정과 가설검정을 통하여 이루어진다. 다음 중 추정과 가설검정에 대한 설명으로 가장 적절한 것은?

① 가장 참값이라고 여겨지는 하나의 모수 값을 택하는 것을 구간추정이라고 한다.
② 점 추정이란 일정한 크기의 신뢰구간으로 모수가 특정한 구간에 있을 것이라고 선언하는 것으로 구해진 구간을 신뢰구간이라고 한다.
③ 귀무가설이 사실일 때, 관측된 검정통계량의 값보다 덜 대립가설을 지지하는 방향으로 검정통계량이 나올 확률을 p값이라고 한다.
④ 기각역이란 대립가설이 맞을 때 그것을 기각하는 확률을 의미한다.

22 아래는 회귀분석의 결과를 생성한 잔차도이다. 다음 중 해당 모형의 문제를 해결하기 위해 시도할 수 있는 방법으로 가장 적절한 것은?

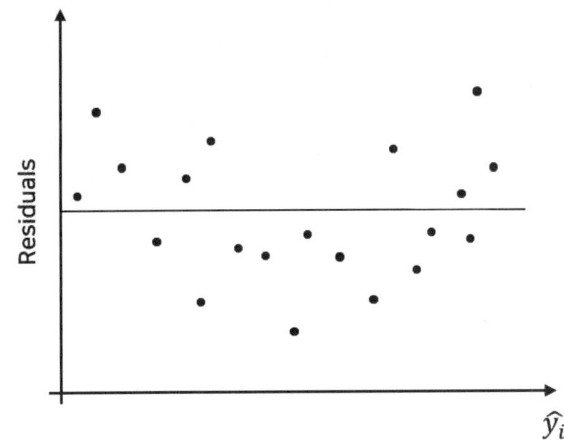

① 새로운 설명변수를 추가한다.
② 2차항의 설명변수를 추가한다.
③ 비선형으로 변수의 적절한 변환을 사용한다.
④ lasso, ridge 등의 벌점화 모형을 사용한다.

23 아래 Hitters 데이터 프레임은 1966~1967년 시즌 메이저리그 야구선수에 대한 데이터이다. 회귀분석 결과에 대한 설명 중 틀린 것은?

```
> summary(lm(Salary~., Hitters))

Call:
lm(formula = Salary ~ ., data = Hitters)

Residuals:
    Min      1Q  Median      3Q     Max
-907.62 -178.35  -31.11  139.09 1877.04

Coefficients:
             Estimate Std. Error t value Pr(>|t|)
(Intercept) 163.10359   90.77854   1.797 0.073622 .
AtBat        -1.97987    0.63398  -3.123 0.002008 **
Hits          7.50077    2.37753   3.155 0.001808 **
HmRun         4.33088    6.20145   0.698 0.485616
Runs         -2.37621    2.98076  -0.797 0.426122
RBI          -1.04496    2.60088  -0.402 0.688204
Walks         6.23129    1.82850   3.408 0.000766 ***
Years        -3.48905   12.41219  -0.281 0.778874
CAtBat       -0.17134    0.13524  -1.267 0.206380
CHits         0.13399    0.67455   0.199 0.842713
CHmRun       -0.17286    1.61724  -0.107 0.914967
CRuns         1.45430    0.75046   1.938 0.053795 .
CRBI          0.80771    0.69262   1.166 0.244691
CWalks       -0.81157    0.32808  -2.474 0.014057 *
LeagueN      62.59942   79.26140   0.790 0.430424
DivisionW  -116.84925   40.36695  -2.895 0.004141 **
PutOuts       0.28189    0.07744   3.640 0.000333 ***
Assists       0.37107    0.22120   1.678 0.094723 .
Errors       -3.36076    4.39163  -0.765 0.444857
NewLeagueN  -24.76233   79.00263  -0.313 0.754218
---
Signif. codes:
0 '***' 0.001 '**' 0.01 '*' 0.05 '.' 0.1 ' ' 1

Residual standard error: 315.6 on 243 degrees of freedom
  (결측으로 인하여 59개의 관측치가 삭제되었습니다.)
Multiple R-squared:  0.5461,	Adjusted R-squared:  0.5106
F-statistic: 15.39 on 19 and 243 DF,  p-value: < 2.2e-16
```

① 종속변수는 Salary이다.
② 다중선형회귀선은 데이터를 약 55% 정도 설명할 수 있다고 볼 수 있다.
③ 모든 회귀계수들이 통계적으로 유의하다.
④ 다중선형회귀선은 통계적으로 유의하다고 볼 수 있다.

24 Credit 데이터는 400명의 신용카드 고객에 대한 신용카드와 관련된 변수들을 포함한다. 아래 변수 간의 산점도와 피어슨 상관계수를 나타내는 아래 그림을 보고 적절하게 설명한 것은?

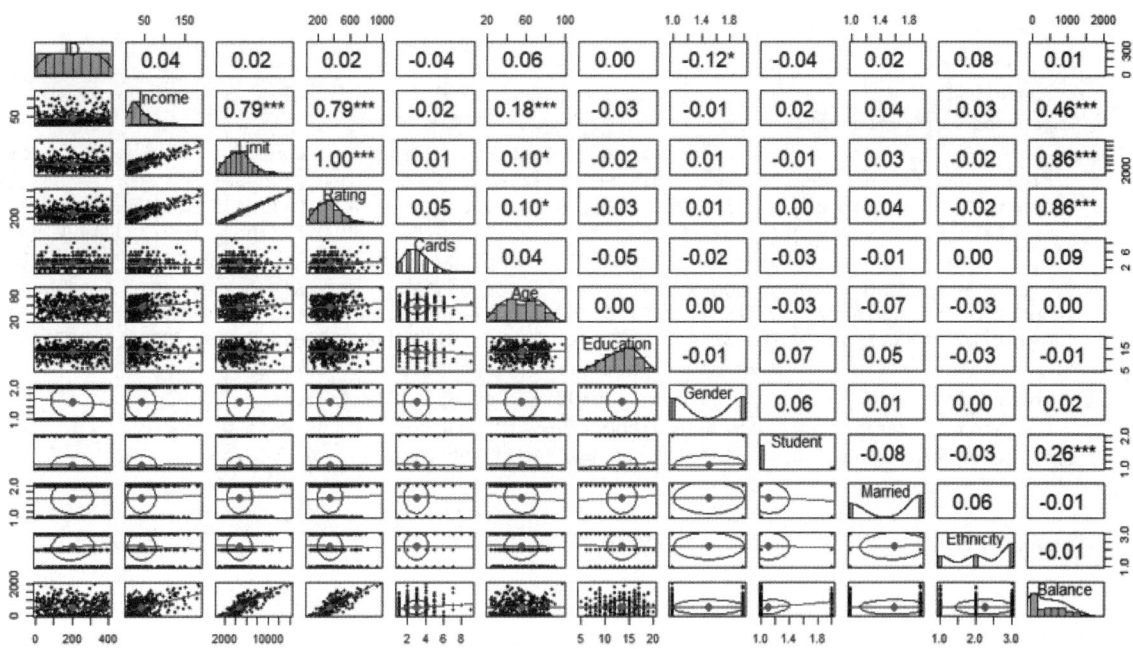

1~7열의 변수명은 순서대로 Income, Limit, Rating, Cards, Age, Education, Balance이다.
① Income의 분포는 위쪽으로 꼬리가 긴 분포를 가진다.
② Limit와 Ratting은 거의 완벽한 비선형 관계를 가진다.
③ Balance와 가장 상관관계가 높은 변수는 Limit와 Rating이다.
④ Age와 Balance는 거의 상관관계가 없다.

25 Data는 메이저리그에서 활약하는 263명의 선수에 대한 타자 기록으로 연봉(Salary)을 비롯한 17개의 변수를 포함한다. 아래는 17개의 변수들을 사용하여 주성분 분석을 시행한 결과이다. 다음 설명 중 잘못된 것은?

```
> pc=princomp (data,cor=TRUE)
> summary(pc)
Importance of components:
                         Comp.1    Comp.2    Comp.3    Comp.4     Comp.5     Comp.6     Comp.7
Standard deviation     2.7733967 2.0302601 1.3148557 0.9575410 0.84109683 0.72374220 0.69841796
Proportion of Variance 0.4524547 0.2424680 0.1016968 0.0539344 0.04161435 0.03081193 0.02869339
Cumulative Proportion  0.4524547 0.6949227 0.7966195 0.8505539 0.89216822 0.92298014 0.95167354
                         Comp.8     Comp.9    Comp.10    Comp.11    Comp.12    Comp.13
Standard deviation     0.50090065 0.42525940 0.363901982 0.312011679 0.243641510 0.232044829
Proportion of variance 0.01475891 0.01063797 0.007789685 0.005726546 0.003491834 0.003167341
Cumulative Proportion  0.96643244 0.97707042 0.984860104 0.990586651 0.994078485 0.997245826
                         Comp.14     Comp.15     Comp.16     Comp.17
Standard deviation     0.163510472 0.1186398422 0.0693395039 3.466841e-02
Proportion of variance 0.001572687 0.0008279654 0.0002828216 7.069994e-05
Cumulative Proportion  0.998818513 0.9996464785 0.9999293001 1.000000e+00
```

① 최소 80% 이상의 분산 설명력을 갖기 위해서는 3개 이상의 주성분을 사용해야 한다.
② 가장 큰 분산 설명력을 가지는 주성분은 전체 분산의 45.25%를 설명한다.
③ 상관행렬을 사용하여 주성분 분석을 시행하였다.
④ 17차원을 2차원으로 축소한다면 잃게 되는 정보량은 약 30.5%이다.

26 다음 중 지도 학습에 해당하는 것들로 짝지은 것은?

> ㄱ. 고객의 과거 거래 구매 패턴을 분석하여 고객이 구매하지 않은 상품을 추천
> ㄴ. 우편물에 인쇄된 우편번호 판별분석을 통해 우편물을 자동 분류
> ㄷ. 동일 차종의 수리 보고서 데이터를 분석하여 차량 수리에 소요되는 시간을 예측
> ㄹ. 상품을 구매할 때 그와 유사한 상품을 구매한 고객들의 구매 데이터를 분석하여 쿠폰을 발행

① ㄱ, ㄷ
② ㄱ, ㄹ
③ ㄴ, ㄷ
④ ㄴ, ㄹ

27 반응변수가 범주형인 경우에 적용 가능한 분석 모형이 아닌 것은?

① 단순회귀
② 로지스틱 회귀
③ 부스팅
④ k-최근접 이웃

28 다음 중 아래에서 설명하는 문제를 나타내는 용어로 적절한 것은?

> 분류 모형을 구성하는 경우, 예측 실패의 비용이 큰 분류분석이 대상에 대한 관측치가 현저히 부족하여 모형이 제대로 학습되지 않은 문제가 발생한다.

① 과대 적합 문제(overfitting problem)
② 과소 적합 문제(underfitting problem)
③ 범주 불균형 문제(case imbalance problem)
④ 정보과부하 문제(information overload problem)

29 다음 중 아래 그림에서 지니 지수를 계산한 결과로 적절한 것은?

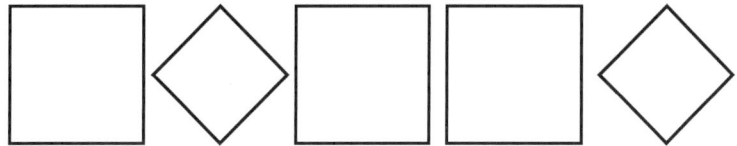

① 0.5
② 0.48
③ 0.38
④ 0.32

30 앙상블 모형(Ensemble)은 주어진 자료로부터 여러 개의 예측모형을 만든 후 이러한 예측모형들을 결합하여 하나의 최종 예측모형을 만드는 방법을 뜻한다. 다음 중 앙상블 모형의 기법에 대해 짝지어 설명한 것 중 틀린 것은?

① 배깅 – 주어진 자료에서 여러 개의 붓스트랩(Bootstrap) 자료를 생성하고 각 붓스트랩 자료에 예측모형을 만든 후 결합하여 최종 모형을 만드는 방법이다.

② 부스팅 – 배깅의 과정과 유사하여 재표본 과정에서 각 자료에 동일한 확률을 부여하여 여러 모형을 만들어 결합하는 방식이다.

③ 랜덤 포레스트 – 의사결정 나무모형의 특징인 분산이 크다는 점을 고려하여 배깅보다 더 많은 무작위성을 추가한 방법으로 약한 학습기들을 생성하고 이를 선형 결합해 최종 학습기를 만드는 방법이다.

④ 부스팅 – 배깅의 과정과 유사하나 붓스트랩 표본을 구성하는 재표본(re-sampling) 과정에서 각 자료에 동일한 확률을 부여하는 것이 아니라, 분류가 잘못된 데이터에 더 큰 가중을 주어 표본을 추출하는 방식이다.

31 다음 그림은 랜덤 포레스트 모형을 실행시킨 후 얻은 변수의 중요도를 보여준 그래프이다. 랜덤 포레스트 모형에 가장 기여를 많이 한 변수는 무엇인가?

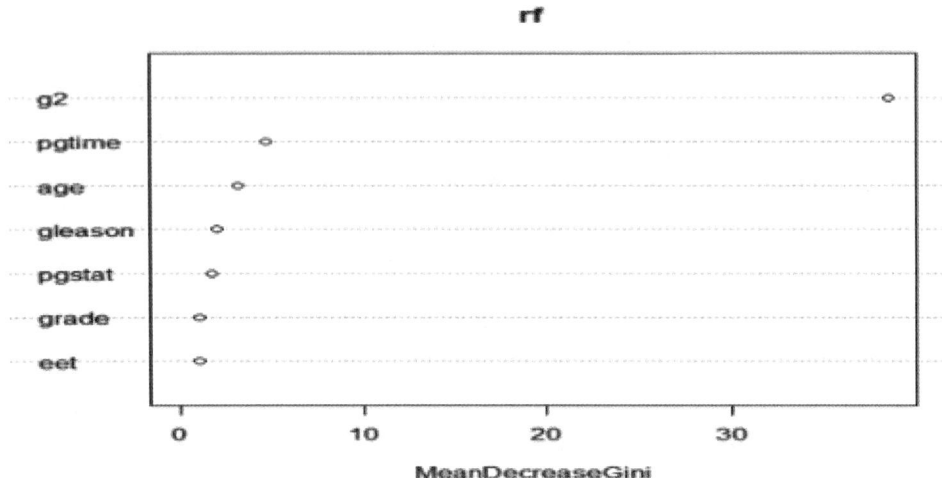

① eet
② grade
③ pgtime
④ g2

32 ROC(Receiver Operating Characteristic) 그래프에서 이상적으로 완벽히 분류한 모형일 때 AUC 면적은 얼마인가?

① 0
② 0.5
③ 0.7
④ 1

33 다음 중 신경망 모형에서 output을 결정하며, 선형 또는 곡선으로 출력해주는 것이 아닌 것은?

① 시그모이드
② 소프트맥스
③ CHAID
④ ReLU

34 인공 신경망에서 은닉층이 많은 다층 퍼셉트론에서, 은닉층을 많이 거칠수록 전달되는 오차가 크게 줄어들어 학습이 되지 않는 현상이 발생하는 현상을 기울기 소멸 문제(Vanishing Gradient)라고 한다. 이를 해결하기 위해 사용하는 활성화 함수는?

① 시그모이드
② 소프트맥스
③ 계단함수
④ ReLU

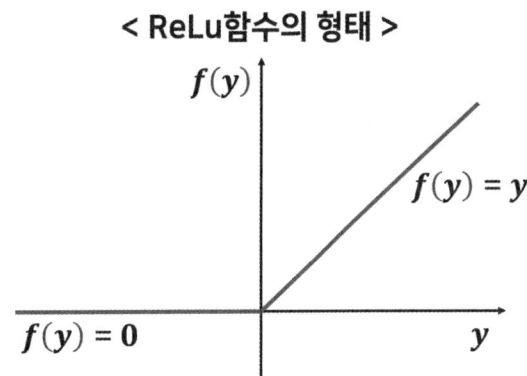

< ReLu함수의 형태 >

35 아래는 쇼핑몰의 거래내역이다. 연관규칙 "우유→커피"에 대한 지지도(support)는 얼마인가?

물품	거래건수
커피	100
우유	50
커피, 우유	200
초코렛, 우유	250
초코렛, 빵	200
커피, 초코렛, 빵	200
커피, 초코렛, 우유, 빵	100

① 25%　　② 30%　　③ 40%　　④ 50%

36 아래 오분류표를 이용하여 구한 정분류율은 얼마인가?

		예측값		합계
		True	False	
실제 값	True	40	60	100
	False	60	40	100
합계		100	100	200

① 0.2　　② 0.4　　③ 0.6　　④ 0.8

37 계층적 군집 분석 수행 시 군집 간의 병합 시 거리 측정의 방법이 아닌 것은?

① 단일 연결법
② 완전 연결법
③ 중심 연결법
④ 유클리드 연결법

38 아래 그림은 1973년 미국 50개 주의 인구 10만명 당 살인, 폭행, 강간 범죄 횟수를 사용한 군집 분석 결과이다. 잘못된 설명은 무엇인가?

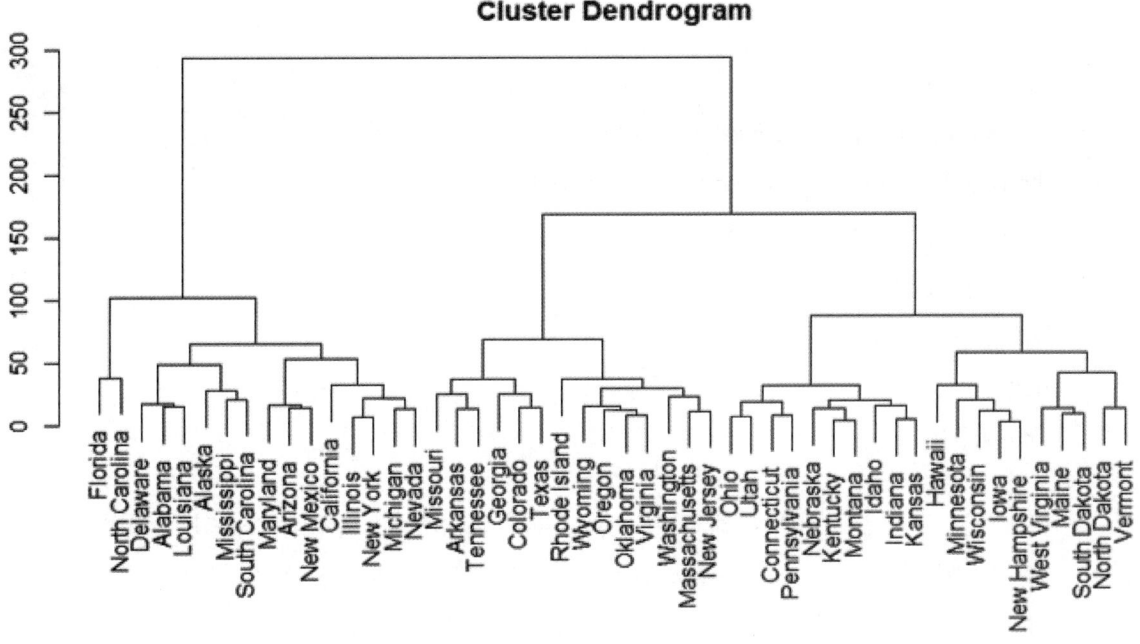

① 계층적 군집화의 결과를 나타내는 그림이다.
② 군집 간의 거리를 정의하기 위해 평균 연결법이 사용되었다.
③ 4개의 집단으로 군집화 할 경우 Florida는 California와 같은 집단에 속한다.
④ 군집 간의 거리를 정의하는 방법에 따라 서로 다른 군집화 결과를 얻을 가능성이 있다.

39 아래는 k-평균 군집을 수행하는 절차를 기술한 것이다. 다음 중 수행 절차를 순서대로 올바르게 나열한 것은?

> 가. 각 자료의 가장 가까운 군집 중심에 할당된다.
> 나. 군집 중심의 변화가 거의 없을 때(또는 최대 반복수)까지 단계2와 단계3을 반복한다.
> 다. 초기(군집의) 중심으로 k개의 객체를 임의로 선택한다.
> 라. 각 군집 내의 자료들의 평균을 계산하여 군집의 중심을 업데이트한다.

① 다 - 라 - 가 - 나
② 다 - 가 - 라 - 나
③ 가 - 라 - 다 - 나
④ 가 - 다 - 라 - 나

40 아래는 chickwts 데이터 프레임을 분석한 것이다. 다음 중 결과에 대한 해석이 잘못된 것은?

> t.test(chickwts$weight)

　　　One Sample t-test

data: chickwts$weight

t = 28.202, df = 70, p-value < 2.2e-16

alternative hypothsis: true mean is not equal to 0

95 percent confidence interval:

　242.8301 279.7896

Sample estimates:

mean of x

　261.3099

① 99% 신뢰구간을 구하기 위해서는 "conf.level=0.99"라는 옵션을 사용할 수 있다.
② 닭 무게에 대한 p-value는 p-value<2.2e-16이므로 귀무가설이 기각된다.
③ 닭 무게의 점 추정량은 261.3이며, 95% 신뢰구간은 242.8에서 279.8이다.
④ 전체 관측치 수는 70개이다.

단답형
문항 수(10문항), 배점(문항 당 2점, 부분점수 없음)

01 다음이 설명하는 개념은 무엇인가?

> - 데이터를 통해 도출된 다양한 정보를 구조화하여 유의미한 정보를 분류한 것이다.
> - 여기에 개인적인 경험을 결합하여 고유의 지식으로 내재화하는 것을 말한다.

02 아래에서 설명하는 빅데이터 활용 기본 기법은?

> - 생명의 진화를 모방하여 최적해(Optimal Solution)를 구하는 알고리즘으로 존 홀랜드(John Holland)가 1975년에 개발하였다.
> - '최대의 시청률을 얻으려면 어떤 프로그램을 어떤 시간대에 방송해야 하는가?'와 같은 문제를 해결할 때 사용된다.
> - 어떤 미지의 함수 Y=f(x)를 최적화하는 해 x를 찾기 위해 진화를 모방한(Simulated evolution) 탐색 알고리즘이라고 말할 수 있다.

03 상향식 접근 방식의 발산 단계와 도출된 옵션을 분석하고 검증하는 하향식 접근 방식의 수렴 단계를 반복하여 과제를 발굴하는 방법을 무엇이라고 하는가?

04 데이터 분석을 위한 조직 구조는?

> ▶ 전사 분석 업무를 별도의 분석 전담 조직에서 담당
> ▶ 전략적 중요도에 따라 분석 조직이 우선순위를 정해서 진행 가능
> ▶ 현업 업무 부서의 분석 업무와 이중화/이원화 가능성 높음

05 도출된 연관규칙이 얼마나 유의미한지 평가하는 지표 중 아래 설명이 가리키는 지표를 무엇이라고 하는가?

> 품목 B를 구매한 고객 대비 품목 A를 구매한 후 품목 B를 구매하는 고객에 대한 확률을 의미하며, 만일 이 지표의 값이 1보다 크면 해당 규칙이 결과를 예측하는데 있어 우수하다는 의미이다.

06 아래는 기대수명(Life.Exp)과 문맹률(illiteracy)와의 관계를 나타내는 회귀분석 결과이다. 이를 사용하여 계산한 기대수명과 문맹률 간의 피어슨 상관계수는 얼마인가?

```
Call :
lm(formula = Life.Exp ~ Illiteracy, data = st)

Residuals :
      Min       1Q    Median        3Q       Max
  -2.7169  -0.8063   -0.0349    0.7674    3.6675

Coefficients :
             Estimate  Std. Error   t value   Pr(>|t|)
(Intercept)   72.3949      0.3383   213.973      <e-16 ***
Illiteracy    -1.2960      0.2570    -5.043   6.97e-06 ***
---
Signif. codes:  0 '***'  0.001 '**'  0.01 '*'  0.05 '.'  0.1 ' '  1

Residual standard error: 1.097 on 48 degrees of freedom
Multiple R-squared: 0.3463,  Adjusted R-squared: 0.3327
F-statistic: 25.43 on 1 and 48 DF,  p-value: 6.969e-06
```

07 분해 시계열 구성 요소 중 알려지지 않은 주기를 가지고 변화하는 요인을 무엇이라고 하는가?

08 아래에서 설명하는 분류분석 방법을 무엇이라고 하는가?

> 배깅의 과정과 유사하나 붓스트랩 표본을 구성하는 재표본(re-sampling) 과정에서 각 자료에 동일한 확률을 부여하는 것이 아니라, 분류가 잘못된 데이터에 더 큰 가중을 주어 표본을 추출하는 방식

09 인공 신경망에서 은닉층이 많은 다층 퍼셉트론에서 은닉층을 많이 거칠수록 전달되는 오차가 크게 줄어들어 학습이 되지 않는 현상을 무엇이라고 하는가?

10 아래는 자기회귀누적이동평균모형(ARIMA 모형)을 나타낸 것이다. ARIMA에서 ARMA로 정상화할 때 몇 번 차분을 하였는가?

> ARIMA(1, 2, 3)

완성! 모의고사 2회

과목 I 데이터 이해
문항 수(8문항), 배점(문항 당 2점)

01 각 비즈니스 문제와 이를 해결하기 위해 주로 사용하는 기법이 잘못 연결된 것은?

① 회귀분석 – 고객의 만족도가 충성도에 어떤 영향을 미치는가?
② 감성 분석 – A 대학교 B 학과의 학생들 간 관계망은 어떻게 구성되어 있는가?
③ 연관규칙 학습 – 학습 맥주를 사는 사람은 콜라도 같이 구매하는 경우가 많다.
④ 유전자 알고리즘 – 택배 차량을 어떻게 배치하는 것이 비용 측면에서 가장 효율적인가?

02 데이터 사이언티스트의 필요 역량은 소프트 스킬과 하드 스킬로 구분할 수 있다. 다음 보기에서 구분이 다른 하나는?

① 통찰력 있는 분석
② 다분야 간 협력을 위한 커뮤니케이션
③ 빅데이터에 대한 이론적 지식
④ 설득력 있는 스토리텔링

03 DIKW 단계에서 데이터에 대한 다음 설명 중 옳지 않은 것은 무엇인가?

① 데이터 – 7월 A상품을 구매하는 고객의 60%가 30대 남성 고객이다.
② 데이터 – 작년 매출은 2월에서 7월까지 증가하였고, 10월에 다시 증가했다.
③ 데이터 – 날씨가 추워지고, 지점이 늘어나 11월 매출액은 5,000만원으로 예상한다.
④ 데이터 – 작년 매출액의 70%는 2월에 집중되어 있다.

04 빅데이터가 만들어내는 변화로 가장 부적절한 것은?

① 사후처리에서 사전처리 시대로의 변화
② 복잡한 인과관계에서 단순한 상관관계로의 변화
③ 데이터의 질보다 양을 강조
④ 전수조사에서 표본조사로의 변화

05 다음은 데이터베이스의 구성 요소들을 설명한 것이다. 짝지은 설명 중 틀린 것은 무엇인가?

① 메타데이터 – 데이터에 관한 구조화된 데이터로, 다른 데이터를 설명해 주는 데이터
② 인덱스 – 데이터베이스 내의 데이터를 신속하게 정렬하고 탐색하게 해 주는 구조
③ 데이터 사전 – 데이터베이스의 구조와 제약조건에 관해 전반적인 명세를 기술한 것
④ 트리거 – 어느 특정한 동작에 반응해 자동으로 필요한 동작을 실행하는 것

06 다음 중 사용자 정의 데이터나 멀티미디어 데이터 등 복잡한 데이터 구조를 표현 및 관리할 수 있는 데이터베이스 관리 시스템(DBMS)으로 적절한 것은?

① 관계형 DBMS
② 객체지향 DBMS
③ 네트워크 DBMS
④ 계층형 DBMS

07 다음 중 비즈니스 모델에서 빅데이터 분석 방법과 사례를 잘못 연결한 것은?

① 맥주를 사는 사람은 콜라도 같이 구매하는 경우가 많은가? – 연관규칙 학습
② 택배 차량을 어떻게 배치하는 것이 가장 비용 효율적인가? – 유형 분석
③ 친분관계가 승진에 어떤 영향을 미치는가? – 소셜 네트워크 분석
④ 고객의 만족도가 충성도에 어떤 영향을 미치는가? – 회귀 분석

08 다음 중 감성 분석에 대한 설명으로 부적절한 것은?

① 사용자 간의 사회적 관계를 알아내고자 할 때 이용된다.
② 고객의 주관적 평가를 측정하고자 할 때 수행된다.
③ 특정 주제에 대해 사용자의 긍정 부정 의견을 분석한다.
④ 주로 문장이나 단어가 분석 대상이 된다.

과목 II 데이터 분석 기획
문항 수(8문항), 배점(문항 당 2점)

09 다음 중 CRISP-DM 방법론의 데이터 이해 단계에 해당하지 않는 것은?

① 초기 데이터 수집
② 데이터 기술 분석
③ 데이터 탐색
④ 데이터 포맷팅

10 다음 중 빅데이터 분석 방법론의 분석 기획 단계에서 수행하는 주요 Task가 아닌 것은?

① 위험 식별
② 프로젝트 범위 설정
③ 프로젝트 정의
④ 필요 데이터 정의

11 다음 중 KDD 분석 방법론의 절차 중 분석 목적에 맞는 변수를 선택하거나 데이터 차원을 축소하여 데이터 마이닝을 효율적으로 적용될 수 있도록 데이터 셋을 변경하는 프로세스를 수행하는 단계는?

① 데이터 마이닝
② 데이터 준비
③ 데이터 전처리
④ 데이터 변환

12 다음 분석 과제 발굴 방식 중 하향식 접근법의 과제 도출 단계로 적절한 것은?

① Problem Discovery - Problem Definition - Solution Search - Feasibility Study
② Problem Discovery - Solution Search - Feasibility Study - Evaluation
③ Problem Search - Problem Discovery - Problem Definition - Solution Search
④ Problem Search - Problem Definition - Problem Solving - Solving

13 분석 과제를 발굴하기 위한 접근법 중 상향식 접근 방식의 특징으로 올바른 것은?

① 타당성 검토의 과정을 거치며 경제적, 데이터 및 기술적 타당도 등이 있다.
② 일반적으로 상향식 접근 방식의 데이터 분석은 지도 학습 방법에 의해 수행된다.
③ Design thinking 중 Ideate 단계에 해당한다.
④ 인사이트를 도출한 후 반복적인 시행착오를 통해서 수정하며 문제를 도출하는 일련의 과정이다.

14 분석 과제의 특징 중 Accuracy와 Precision에 대한 설명으로 가장 적절한 것은?

① 분석의 활용적인 측면에서는 Accuracy가 중요하며 안정성 측면에서는 Precision이 중요하다.
② Precision는 모델과 실제 값과의 차이를 평가하는 정확도를 의미한다.
③ Accuracy은 모델을 지속적으로 반복했을 때 편차의 수준으로써, 일관적으로 동일한 결과를 제시한다는 의미이다.
④ Accuracy와 Precision은 Trade-Off 관계가 없다.

15 다음 중 분석 마스터 플랜을 수립할 때 적용 범위 및 방식에 대한 고려 요소가 아닌 것은?

① 업무 내재화 적용 수준
② 분석 데이터 적용 수준
③ 투입 비용 수준
④ 기술 적용 수준

16 데이터 분석을 위한 조직 구조 중 아래 설명에 해당하는 것은?

> ▶ 전사 분석 업무를 별도의 분석 전담 조직에서 담당
> ▶ 전략적 중요도에 따라 분석 조직이 우선순위를 정해서 진행 가능
> ▶ 현업 업무 부서의 분석 업무와 이중화/이원화 가능성 높음

① 분산 구조
② 기능 구조
③ 집중 구조
④ 복합 구조

과목 Ⅲ 데이터 분석
문항 수(24문항), 배점(문항 당 2점)

17 연속형 확률변수의 분포 중 정규분포로부터 유도되었으며, 정규분포의 평균을 측정할 때 주로 사용되는 분포로, 두 집단의 평균 차이 검증 등에 활용되는 분포는?

① 균일 분포(uniform distribution)
② 지수 분포(exponential distribution)
③ t-분포(t-distribution)
④ F-분포(F-distribution)

18 다음 중 비모수 검정 방법의 하나로, 표본들이 서로 관련 있는 경우 짝지은 두 개의 관찰치들의 크고 작음을 표시하여 그 개수를 가지고 두 분포의 차이가 있는지 가설을 세워 검증하는 방법은?

① 런 검정(run test)
② 만-위트니의 U검정
③ 부호검정(sign test)
④ 스피어만 순위상관계수

19 아래는 남학생과 여학생이 좋아하는 과일에 대한 빈도 교차표이다. 전체에서 1명을 뽑아 여학생이 나왔을 때, 그 학생이 사과를 좋아할 확률은 얼마인가?

	사과	딸기
남학생	30	40
여학생	10	20

① 1/3
② 4/10
③ 3/7
④ 6/10

20 다음 중 중앙 50%의 데이터들이 흩어진 정도를 의미하는 것은 무엇인가?

① 사분위 범위(interquartile range)
② 중앙값(median)
③ 표준편차(standard deviation)
④ 평균(mean)

21 다음 가설검정과 관련된 내용 중 가장 부적절한 것은?

① 귀무가설을 기각시키는 검정통계량들의 범위를 기각역이라 한다.
② 가설을 검정하기 위한 기준으로 사용하는 값을 검정통계량이라 한다.
③ 현재까지 주장되어 온 것이거나 변화나 차이가 없음을 설명하는 가설을 귀무가설이라 한다.
④ p-value값이 미리 정해 놓은 유의수준(alpha) 값보다 클 경우, 귀무가설을 기각하므로 대립가설의 가정이 옳다고 할 수 있다.

22 아래는 회귀분석의 결과를 생성한 잔차도이다. 다음 중 해당 모형의 문제를 가장 잘 설명한 것은?

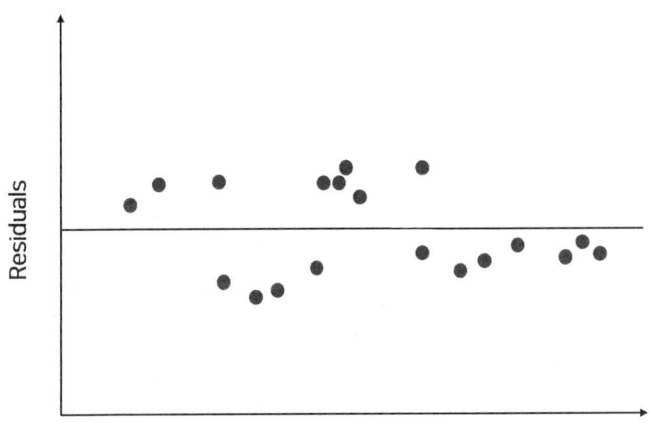

① 등분산 가정을 위배된다.
② 등분산 가정에 위배된다.
③ 독립성 가정에 위배된다.
④ 선형성 가정에 위배된다.

23 다음 중 아래 의사결정 나무에서 A의 지니 지수를 계산한 결과로 적절한 것은?

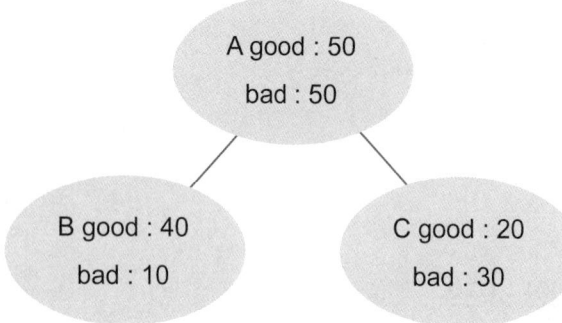

① 0.5
② 0.48
③ 0.38
④ 0.32

24 다음 중 한 변수를 단조 증가 함수로 변환하여 다른 변수를 나타낼 수 있는 정도를 나타내고, 두 변수의 선형 관계의 크기뿐만 아니라 비선형적인 관계도 나타낼 수 있는 상관계수는 무엇인가?

① 코사인 유사도
② 피어슨 상관계수
③ 스피어만 상관계수
④ 자카드 인덱스

25 원 자료로부터 붓스트랩 샘플을 추출하고 각 붓스트랩 샘플에 대해 트리를 형성해 나가는 과정은 유사하나, 각 노드마다 모든 예측변수 안에서 최적의 분할을 선택하는 대신 예측변수들을 임의로 추출하고, 추출된 변수 내에서 최적의 분할을 만들어 나가는 방법을 사용하는 기법을 무엇이라고 하는가?

① 배깅
② 부스팅
③ 랜덤 포레스트
④ 의사결정트리

26 아래 식으로 계산 가능한 함수로, 신경망 모형에서 표준화 지수 함수로 불리며 출력값 z가 여러 개로 주어지고, 목표치가 다범주인 경우 각 범주에 속할 사후 확률을 제공하여 출력노드에 주로 사용하는 함수는?

$$y = \frac{\exp(z_j)}{\sum_{i=1}^{L} \exp(z_i)}, j = 1, ..., L$$

① 시그모이드
② 소프트맥스
③ 계단함수
④ ReLU

27 인공 신경망에서 OR, AND 그래프에서는 데이터를 분류할 수 있는 선형 라인을 정의할 수 있지만, XOR 그래프의 비선형에서는 분류가 불가능하다. 이 문제를 해결할 수 있는 알고리즘은 무엇인가?

① 순전파
② 역전파
③ 복합전파
④ 단전파

28 아래 오분류표를 이용하여 구한 재현율(Recall)은 얼마인가?

		예측값		합계
		True	False	
실제 값	True	40	60	100
	False	60	40	100
합계		100	100	200

① 0.2
② 0.4
③ 0.6
④ 0.8

29 아래 그림은 1973년 미국 50개 주의 인구 10만명 당 살인, 폭행, 강간 범죄 횟수를 사용한 군집 분석 결과이다. 계층적 군집 분석 수행에서 군집 간의 병합 시 거리 측정에 사용한 방법은 무엇인가?

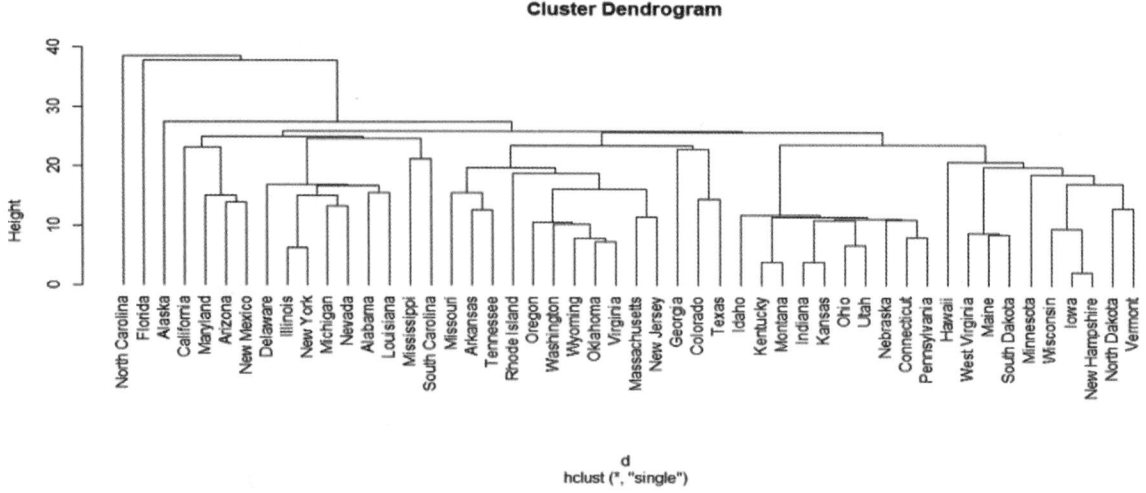

① 최단 연결법
② 완전 연결법
③ 중심 연결법
④ 유클리드 연결법

30 코호넨에 의해 제시, 개발되어 코호넨 맵이라고 하며, 비지도 신경망으로 고차원 데이터를 이해하기 쉬운 저차원의 뉴런으로 정렬하여 지도(map)의 형태로 형상화하며, 입력의 위치 관계를 그대로 보존하는 특징을 가지는 것은?

① EM   ② k-nn   ③ SOM   ④ k-means

31 도출된 연관규칙이 얼마나 유의미한지 평가하기 위한 지표 중 아래 설명이 가리키는 지표를 무엇이라고 하는가?

품목 A가 포함된 거래 중에서 품목 A, B를 동시에 포함하는 거래일 확률

① 지지도
② 신뢰도
③ 향상도
④ 응집도

32 다음 정상 시계열에 대한 설명 중 적절하지 않은 것은?

① 대부분의 시계열은 비정상 자료이다. 그러므로 비정상 자료를 정상성 조건에 만족시켜 정상 시계열로 만든 후 시계열분석을 한다.
② 시계열이 정상 시계열인지 비정상 시계열인지 판단하기 위해 폭발적인 추세를 보이거나 시간에 따라 분산이 변화하는지 관찰해야 한다.
③ 비정상 시계열은 정상 시계열로 변경하고자 때 변환과 차분의 방법을 사용한다.
④ 일반적으로 평균이 일정하지 않은 비정상 시계열은 변환을 통해 분산이 일정하지 않은 비정상 시계열은 차분을 통해 정상 시계열로 바꾼다.

33 신용카드 고객의 파산여부(Yes/No)를 예측하기 위해 고객의 신용도, 나이, 직업 등의 변수를 사용하여 모델을 수립하려고 할 때, 다음 중 사용 가능한 모형이 아닌 것은?

① 선형회귀모형(linear regression model)
② 로지스틱 회귀모형(logistic regression model)
③ 랜덤 포레스트(random forest)
④ 서포트 벡터 머신(support vector machine)

34 의사결정 나무 분석을 하기 위한 알고리즘 중 분류(기준)변수와 분류 기준값의 선택 방법으로 목표변수가 이산형인 경우에 엔트로피 지수를 사용하는 알고리즘으로 적절한 것은?

① CHAID
② C5.0
③ ID3
④ CART

35 모형 평가 지표 중 True로 예측한 관측치 중 실제 값이 True인 정도를 나타내는 지표는 무엇인가?

① 민감도(sensitivity)
② 재현율(recall)
③ 정확도(precision)
④ 특이도(specificity)

36 다층 신경망은 여러 개의 은닉층(hidden layer)을 가질 수 있는 데, 다음 중 은닉층 노드의 수가 너무 적을 경우 나타나는 특징을 설명한 것으로 가장 적절한 것은?

① 네트워크의 일반화가 어렵다.
② 네트워크가 복잡한 의사결정 경계를 만들 수 없다.
③ 오차의 역전파 알고리즘에서 기울기 소실 문제가 발생한다.
④ 훈련에 많은 시간이 소요된다.

37 아래 데이터 셋 A, B 간의 유사성을 맨하튼(Manhattan) 거리로 계산하면 얼마인가?

	A	B
키	160	180
몸무게	70	65

① 25　　② 20　　③ 15　　④ 10

38 데이터 마이닝 기법 중 항목들 간의 '조건-결과' 식으로 유용한 패턴을 발견해 내는 방법을 무엇이라고 하는가?

① 인공 신경망
② 의사결정 나무
③ 연관규칙
④ SOM(Self-Organizing Maps)

39 두 객체 간 거리에 기반하여 군집을 형성해가는 계층적 군집방법에서 사용하는 측도 중 두 개체의 벡터 내적에 기반하여 아래의 수식으로 계산할 수 있는 유사성 측도를 무엇이라고 하는가?

$$similarity = cos(\theta) = \frac{A \cdot B}{\|A\|\|B\|} = \frac{\sum_{i=1}^{n} A_i \times B_i}{\sqrt{\sum_{i=1}^{n}(A_i)^2} \times \sqrt{\sum_{i=1}^{n}(B_i)^2}}$$

① 유클리드 거리
② 맨하튼 거리
③ 민코우스키 거리
④ 코사인 유사도

40 아래는 스위스 내 47개의 프랑스어 사용 지역에서의 출산율과 관련된 변수들로 그린 그림이다. 다음 중 이 시각화 자료에 대한 설명으로 가장 적절한 것은?

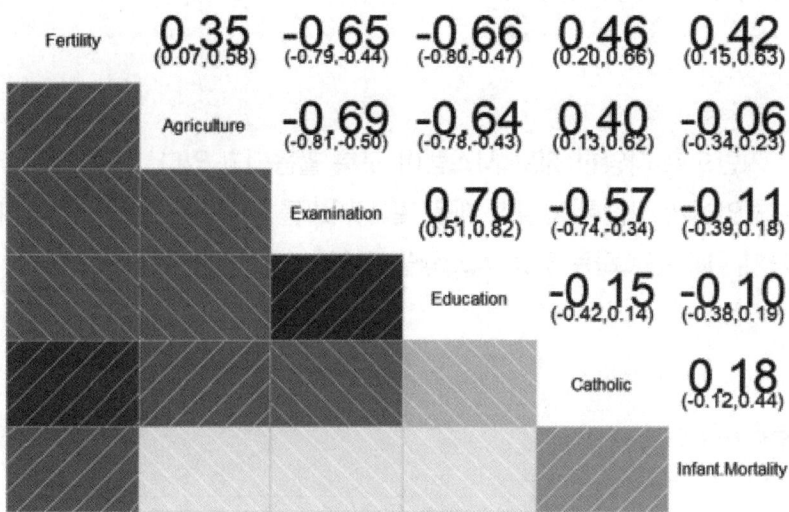

① 출산율(Fertility)은 교육 수준(Education)과 가장 높은 음의 상관관계를 가진다.
② 출산율(Fertility)과 가장 상관관계가 높은 변수는 가톨릭인구 비율(Catholic)이다.
③ 교육 수준(Education)이 높을수록 출산율(Fertility)은 높아진다.
④ 출산율(Fertility)과 농업인구 비율(Agriculture)은 선형 관계를 보인다.

단답형
문항 수(10문항), 배점(문항 당 2점, 부분점수 없음)

01 기업 내부 데이터베이스를 기반으로 다양한 정보 시스템이 구축 활용되고 있다. 고객 관련 데이터베이스를 분석하여 고객 개개인에게 적합한 차별적 제품 및 서비스를 제공함으로써 고객과의 관계를 지속적으로 강화해 나가기 위해 구축하는 정보 시스템을 무엇이라고 하는가?

02 다음이 설명하는 개념은 무엇인가?

> 대용량 데이터로부터 의미있는 관계, 규칙, 패턴을 찾는 과정

03 아래 (   )안에 들어갈 용어로 적절한 것은?

> 현재의 비즈니스 모델 및 유사/동종사례 탐색을 통해서 빠짐없이 도출한 분석 기회들을 구체적인 과제로 만들기 전에 (   )로 표기하는 것이 필요하다. 풀어야 할 문제에 대한 상세설명 및 해당 문제 해결했을 때 발생하는 효과를 명시함으로써 향후 데이터 분석 문제로의 전환 및 적합성 평가에 (   )를 활용하도록 한다.

04 아래의 (㉠)에 들어갈 용어로 적절한 것은?

> 분석적 기업으로 도약을 위해서는 가장 먼저 조직의 분석(Analytics) 도입 여부 및 활용 수준에 대한 명확한 진단이 요구된다. 특히 분석 수준 진단 방법 중 조직의 분석 및 활용을 위한 역량수준을 파악하기 위해 '도입 – 활용 – 확산 – (㉠)'의 분석 성숙도(Maturity) 단계 포지셔닝을 파악한다.

05 아래는 기대수명(Life.Exp)과 문맹률(illiteracy)와의 관계를 나타내는 회귀분석 결과이다. 선형회귀식을 쓰시오.

```
Call :
lm(formula = Life.Exp ~ Illiteracy, data = st)

Residuals :
       Min       1Q    Median       3Q      Max
   -2.7169  -0.8063   -0.0349   0.7674   3.6675

Coefficients :
              Estimate  Std. Error   t value  Pr(>|t|)
(Intercept)    72.3949      0.3383   213.973   <e-16 ***
Illiteracy     -1.2960      0.2570    -5.043  6.97e-06 ***
---
Signif. codes: 0 '***'   0.001 '**'   0.01 '*'   0.05 '.'   0.1 ' '   1

Residual standard error: 1.097 on 48 degrees of freedom
Multiple R-squared: 0.3463,  Adjusted R-squared: 0.3327
F-statistic: 25.43 on 1 and 48 DF,  p-value: 6.969e-06
```

06 다음 중 회귀모형에서 사용된 독립 변수 간의 상관관계가 존재하여 회귀계수 추정치가 불안하고 해석하기 어려워지는 현상을 무엇이라고 하는가?

07 Data는 메이저리그에서 활약하는 263명의 선수에 대한 타자 기록으로 연봉(Salary)을 비롯한 17개의 변수를 포함하고 있다. 아래는 17개의 변수들을 사용하여 주성분 분석을 시행한 결과이다. 최소 80% 이상의 분산 설명력을 갖기 위해서는 몇 개 이상의 주성분을 사용해야 하는가?

```
> pc=princomp(data,cor=TRUE)
> Summary (pc)
Importance of components:
                          Comp.1      Comp.2     Comp. 3    Comp.4     Comp.5     Comp.6     Comp.7
Standard deviation       2.7733967   2.0302601  1.3148557  0.9575410  0.84109683 0.72374220 0.69841796
Proportion of variance   0.4524547   0.2424680  0.1016968  0.0539344  0.04161435 0.03081193 0.02869339
Cumulative Proportion    0.4524547   0.6949227  0.7966195  0.8505539  0.89216822 0.92298014 0.95167354
                          Comp.8      Comp.9      Comp.10    Comp.11    Comp.12    Comp.13
Standard deviation       0.50090065  0.42525940  0.363901982 0.312011679 0.243641510 0.232044829
Proportion of Variance   0.01475891  0.01063797  0.007789685 0.005726546 0.003491834 0.003167341
Cumulative Proportion    0.96643244  0.97707042  0.984860104 0.990586651 0.994078485 0.997245826
                          Comp.14     Comp.15     Comp.16     Comp.17
Standard deviation       0.163510472 0.1186398422 0.0693395039 3.466841e-02
Proportion of Variance   0.001572687 0.0008279654 0.0002828216 7.069994e-05
Cumulative Proportion    0.998818513 0.9996464785 0.9999293001 1.000000e+00
```

08 분류분석 방법에서 주어진 자료로부터 여러 개의 예측모형을 만든 후 이러한 예측모형들을 결합하여 하나의 최종 예측모형을 만드는 방법을 무엇이라 하는가?

09 군집 모형 평가 기준 중 하나이며 군집의 밀집 정도를 계산하는 방법으로 군집 내의 거리와 군집 간의 거리를 기준으로 군집 분할의 성과를 평가하는 지수를 무엇이라고 하는가?

10 연관규칙의 측정 지표 중 도출된 규칙의 우수성을 평가하는 기준으로 두 품목의 상관관계를 기준으로 도출된 규칙의 예측력을 평가하는 지표는 무엇인가?

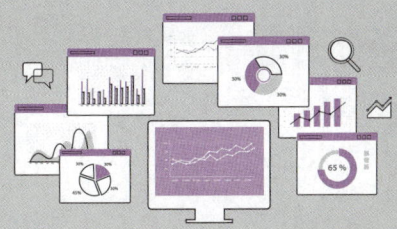

정답·및·해설

연습 문제

핵심 키워드로 복습하기

최신 복원 기출문제

완성! 모의고사

1과목 ◆ 데이터 이해

1 데이터의 이해

| 01 | ③ | 02 | ④ | 03 | ③ | | |

01 ③

③의 기상특보는 '오늘 날씨는 흐림'과 같이 문자 혹은 언어로 표현되는 정성적 데이터이다. 다른 선택지는 전부 숫자로 표현되는 정량적 데이터이다.

02 ④

DIKW 피라미드 구조는 아래부터 데이터 → 정보 → 지식 → 지혜의 순으로 올라간다. 따라서 데이터 가공 이후의 상위 개념에는 정보, 지식, 지혜가 있다. 따라서 정답은 ④이다. 정보는 객관적인 사실인 데이터를 가공 및 처리하여 얻은 의미가 있거나 아직은 없는 것이고, 지식은 정보를 재구조화하고 개인의 경험을 내재화한 것이며, 지혜는 지식에 창조적인 아이디어를 추가한 것이다.

03 ③

암묵지와 형식지의 상호작용 관계는 '내면화 → 공통화 → 표현화 → 연결화'를 순환적으로 반복하므로 연결화에서 상호작용이 끝나지 않고 다시 내면화로 돌아가서 지속해서 순환한다. 따라서 올바른 순서는 ③이다.

2 데이터베이스 정의와 활용

| 01 | ④ | 02 | ① | 03 | ② | 04 | ① | 05 | 단답형 |
| 06 | 단답형 | 07 | ① | 08 | ③ | 09 | ② | | |

01 ④

데이터베이스의 4가지 특징은 통합, 저장, 공유, 변화이다. ④는 변화하는 데이터에 대한 설명이다.

02 ①

데이터베이스의 설계과정은 요구사항 분석 - 개념적 설계 - 논리적 설계 - 물리적 설계 단계로 이루어진다.

03 ②

CRM - 제조 부문
ITS - 지리/교통 부문의 사회기반 구조 데이터베이스. 정부에서 주로 활용한다.
KMS - 유통 부문
EAI - 금융 부문

04 ①

기업의 데이터베이스 활용 사례 중 고객관계관리를 하는 정보 시스템을 CRM이라고 한다.
SCM - 공급망 관리 시스템
ERP - 인사, 재무, 생산 등 기업의 전 부문을 관리하는 통합 시스템

05 BI(Business Intelligence)

기업 내 데이터베이스 활용 분야이며 데이터 기반의 의사결정을 지원하는 리포트 중심의 도구를 BI(Business Intelligence)라고 한다.

06 SCM(Supply Chain Management)

기업내의 데이터베이스 시스템 중 공급자를 관리하는 정보 시스템을 SCM(Supply Chain Management)이라고 한다.

07 ①

DBMS(데이터베이스 관리 시스템)는 데이터베이스와 사용자들 사이에서 인터페이스 역할을 하는 소프트웨어이다.

08 ③

데이터베이스 관리 시스템(DBMS)의 종류
1) 관계형 DBMS - MySQL, Oracle, MS-SQL
2) NoSQL - HBase, MongoDB, Cassandra
3) 객체지향DBMS

09 ②

데이터베이스 관리 시스템(DBMS)의 종류 중 이미지나 멀티미디어 등의 데이터를 객체 형태로 표현하고 관리하는 데이터베이스를 객체지향 DBMS(OODBMS)라고 한다.

3 빅데이터의 이해

01	②	02	④	03	②	04	①	05	③
06	④	07	단답형	08	④	09	①		

01 ②

③과 ④도 지금의 빅데이터를 있게 한 기술적인 발전 요인 중 일부이지만, 가장 결정적인 영향을 준 기술은 저렴한 비용으로 분산 처리나 대용량의 데이터 처리를 가능하게 만든 클라우드 컴퓨팅이다.

02 ④

빅데이터란 대용량의 데이터를 활용하여 데이터의 패턴을 찾아내는 새로운 통찰이나 가치를 추출하는 일이다. 하둡은 빅데이터의 플랫폼 환경 구축을 위해 사용할 수 있기는 하지만, 빅데이터가 반드시 하둡을 기반으로 두어야 하지는 않는다.

03 ②

① 비정형 데이터
② 반정형 데이터
③ 비정형 데이터
④ 비정형 데이터

04 ①

빅데이터의 출현 배경의 기술의 발전 측면에는 디지털화의 급진전, 저장기술의 발전과 가격하락, 인터넷발전, 모바일 시대, 클라우드 컴퓨팅 등이 있다. ①은 앞으로의 발전을 위한 방향성은 될 수 있지만, 빅데이터 현상이 출현하게 된 배경은 아니다.

05 ③

빅데이터가 가져오는 본질적인 변화는 사전처리에서 사후처리로, 표본조사에서 전수조사로, 질에서 양으로, 인과관계에서 상관관계로 변화하고 있다.
① 표본조사에서 전수조사로의 변화
② 질에서 양으로의 변화
④ 인과관계에서 상관관계로의 변화

06 ④

데이터의 가치 측정이 어려운 이유에는 데이터의 재사용, 기존에 없던 가치 창출, 분석기술의 발전이 있다.

07 사물인터넷(IoT)

사물인터넷(IoT)은 각종 사물에 센서와 통신 기능을 내장하여 인터넷에 연결하는 기술이다. 즉, 무선 통신을 통해 각종 사물을 연결하는 기술을 의미하며, 인공지능 기술을 활용하여 인터넷으로 연결된 사물들이 데이터를 주고받아 스스로 분석하고 학습한 정보를 사용자에게 제공할 수도 있고 사용자가 원격으로 조정할 수도 있다. 사물인터넷에서 나오는 데이터는 주로 센서를 이용하여 도출되었으므로 반정형 데이터라는 점도 함께 기억하면 좋다.

08 ④

④는 특정 업무 분야에 초점을 맞춘 데이터인 데이터 마트에 대한 설명이다. 만일 ④에서 특정 업무 분야가 아닌 전체 업무라고 했다면 알맞은 선택지가 된다.
추가로, 데이터 웨어하우스는 가공 및 처리가 된 데이터가 모아 놓았다는 점에서 날것의 데이터인 로우 데이터(raw data)를 모아 놓은 데이터 레이크와 구분해야 한다.

09 ①

데이터 웨어하우스는 데이터의 주제 지향성, 데이터 통합, 데이터의 시계열성, 데이터의 비휘발성이라는 4가지 특성을 갖는다. ②는 데이터 웨어하우스의 데이터 통합, ③은 데이터 웨어하우스의 데이터 시계열성, ④는 데이터 웨어하우스의 주제 지향성을 각각 설명한 것이다. ①은 모든 데이터가 지켜야 할 사항이기는 하지만, 데이터 웨어하우스만의 고유한 특성은 아니므로 정답에 해당한다. 문제에서 밝힌 데이터 웨어하우스의 정의도 시험에서 선택지로 활용되기 좋은 설명이니 함께 체크해두면 좋다.

4 빅데이터 비즈니스 모델

01	②	02	②	03	①	04	③	05	①
06	①	07	단답형	08	단답형	09	③		

01 ②

②는 유형 분석이 아닌 최적화에 해당하는 유전자 알고리즘 기법이다. 빅데이터를 분석하는 데이터 마이닝 기법에는 연관규칙 학습, 유형 분석, 유전자 알고리즘, 기계학습, 회귀분석, 감정(감성) 분석, 소셜 네트워크 분석까지 총 일곱 가지가 있다. 일곱 가지 모두 시험에 출제될 수 있으니 전부 구별할 줄 알아야 한다.

02 ②

if A → B, 즉 A 상품(커피)을 구매한 사람이 B 상품(탄산 음료)도 구매하는가를 분석하는 연관규칙 분석 기법이다.

03 ①

지도 학습과 비지도 학습을 나누는 가장 큰 차이는 종속변수의 유무이다.
① 군집 분석은 종속변수가 없는 비지도 학습이다. 나머지 보기는 종속변수가 있는 지도 학습에 해당한다.
② 분류분석은 종속변수가 범주형 자료일 때 가능한 지도 학습이다.
③ 감성 분석은 비정형 데이터를 분석하기는 하지만, 지도 학습이 가능하다. 긍정 단어와 부정 단어 사전을 이용한 학습을 통해 단어나 문장이 부정인지 긍정인지 평가하는 분석 방법이기 때문이다.
④ 회귀 분석은 종속변수를 사용하는 지도 학습이다.

04 ③

사용자 간의 사회적 관계를 알아내는 방법은 오피니언 분석이라고 하는 소셜 네트워크 분석에 해당한다.

05 ①

①에 해당하는 분석 기법은 오피니언 리더를 찾아내는 소셜 네트워크 분석 방법이다. 04번 문제와 선택지 순서만 다르고 같은 문제다. 이처럼 같은 문제가 여러 번 출제되거나, 선택지를 문제로 출제하고 키워드를 맞추는 단답형으로 재출제되기도 한다.

06 ①

빅데이터의 기능 또는 기대에는 카카오톡이나 페이스북과 같은 플랫폼 역할이 있다. 데이터베이스의 비즈니스 모델로 빅데이터 기반의 새로운 생태계를 구축하는 것을 플랫폼형 비즈니스 모델이라고 한다.

07 유형 분석(분류분석)

주어진 집단을 기준에 따라 분류하는 기법을 유형 분석 또는 분류분석이라고 한다. 은행의 신용평가 모델이 가장 대표적인 분류분석의 사례이다.

08 유전자 알고리즘

최적화 문제를 해결하는 분석 기법을 유전자 알고리즘이라고 한다.

09 ③

데이터 수집이나 분석이 너무 늦어 사용할 수 없게 되는 것은 프로세스 오류이다.

5 빅데이터 위기 요인과 통제 방안

01	③	02	④				

01 ③

빅데이터의 위기 요인 중 사생활 침해 문제를 해결하기 위한 방법 중 하나는 데이터의 익명화 기술이다. ③은 개인정보 비식별화 기법과 설명이 일치하지 않는다. 개인정보 식별이 가능한 특정 데이터 값을 삭제 처리하는 방법은 데이터 삭제이며, 데이터 마스킹은 데이터의 길이, 유형, 형식과 같은 속성을 유지한 채 새롭고 읽기 쉬운 데이터를 익명으로 생성하는 기술이다.

02 ④

가) 데이터 익명화는 사생활 침해의 근본 요인을 차단할 수 없다.
다) 개인정보 침해 문제는 개인정보 사용 동의제보다 책임제를 강화해야 한다.
라) 사전 성향 분석을 통한 통제가 아니라 결과에 기반한 책임 원칙을 고수해야 한다. 아직 범죄를 저지르지 않았는데 범죄 성향이 높다는 이유만으로 통제하는 경우가 부당함을 생각해보면 이해가 쉽다.
이 문제를 틀렸다면 빅데이터 위기 세 가지와 각각의 통제 방안을 복습하면 좋다.

6 가치창조를 위한 데이터 사이언스와 전략 인사이트

01	②	02	④	03	③	04	단답형	05	단답형
06	④								

01 ②

복잡한 최적화 능력은 최고 수준의 최고의 가치를 창출한다고 할 수 없다. 복잡한 최적화 능력보다는 데이터 사이언스를 기반으로 한 전략 인사이트를 통해서 가능하다.

02 ④

가능한 많은 과거 상황 데이터 모델을 포함하는 것보다는 분석 과제에 필요한 데이터만을 추출하여 모델을 구축하는 것이 바람직하다.

03 ③

데이터 사이언티스트가 갖추어야 할 2가지 스킬에는 하드 스킬(빅데이터에 대한 이론적 지식, 데이터 처리나 분석 기술과 관련 숙련된 기술)과 소프트 스킬(통찰력 있는 분석, 설득력 있는 전달, 다분야간의 협력)이 있다.

04 하드 스킬(Hard Skill), 소프트 스킬(Soft Skill)

05 데이터 사이언스

06 ④

데이터 사이언티스트의 요구 역량에는 소프트 스킬(Soft Skill)과 하드 스킬(Hard Skill)이 있다. 소프트 스킬은 통찰력 있는 분석, 설득력 있는 전달, 다분야간 협력 등을, 하드 스킬은 빅데이터에 대한 이론적 지식, 데이터 처리나 분석 기술과 관련 숙련된 기술 등을 포함한다. ①, ②, ③은 하드스킬, ④는 소프트 스킬에 해당된다.

2과목 • 데이터 분석 기획

1 분석 기획 방향성 도출

| 01 | ④ | 02 | ④ | | | | |

01 ④

분석 대상과 방법에 따라 분석의 주제는 4가지 유형으로 나뉜다. 그중 분석대상이 명확하므로 What은 Known인 상태이고, 분석 방식이 명확하지 않으므로 How는 Unknown인 상태이므로 Solution 유형에 해당한다.

02 ④

BI와 비교하여 빅데이터 분석에 대한 키워드를 가장 적절하게 표현한 것은 Information, Ad hoc Report, Clean Data이다. Ad hoc Report는 특별한 목적을 위해 만들어진 데이터를 다양한 측면에서의 심층적인 분석을 통해 보다 깊은 통찰을 지닌 결과를 이끌어 내는 결과물이라고 할 수 있다.

2 분석 방법론

| 01 | 단답형 | 02 | ① | 03 | ② | 04 | ④ | 05 | ② |
| 06 | ④ | 07 | ③ | | | | | | |

01 프레이밍 효과

기업의 합리적인 의사결정을 방해하는 요소로는 고정관념(Stereotype), 편향된 생각(Bias), 프레이밍 효과(Framing Effect)가 있다. 특히 프레이밍 효과는 출제 비율이 높은 편이니 반드시 암기해 두는 것이 좋다.

02 ①

데이터 분석 방법론의 구성 요소: 절차, 방법, 도구와 기법, 템플릿과 산출물

03 ②

CRISP-DM 분석 방법론의 6단계 프로세스는 업무 이해 → 데이터 이해 → 데이터 준비 → 모델링 → 평가 → 전개이며, 그중 업무의 이해에는 업무 목적 파악 - 상황 파악 - 데이터 마이닝 목표 설정 - 프로젝트 계획 수립이 있다.

04 ④

CRISP-DM 방법론의 모델링 단계에서 수행하는 태스크: 모델링 기법 선택, 모델 테스트 계획 설계, 모델링 작성, 모델 평가
④의 모델 적용성 평가는 모델링 단계가 아닌 평가 단계에서 이루어지는 태스크이다.

05 ②

분석 방법론 기획단계에서 프로젝트 위험 대응 계획 수립할 때는 예상되는 위험에 대한 회피(avoid), 전이(transfer), 완화(mitigate), 수용(accept)으로 구분하여 위험관리 계획서를 작성한다.

06 ④

빅데이터 분석 방법론의 분석 기획 단계의 Task:
비즈니스 이해 및 프로젝트 범위 설정 → 프로젝트 정의 및 수행 계획 수립 → 프로젝트 위험계획 수립
④의 필요 데이터 정의는 빅데이터 분석 방법론 중 데이터 준비 단계에서 진행하는 Task이다.

07 ③

KDD 분석 방법론에는 추출-데이터 전처리-데이터 변환-데이터 마이닝-해석/평가의 5단계 처리과정이 있으며, 그중 데이터 전처리는 추출된 분석 대상용 데이터셋에 포함되어 있는 잡음과 이상치, 결측치를 식별하고 필요시 제거하거나 의미 있는 데이터로 재처리하여 데이터 셋을 정제하는 단계이다.

3 분석 과제 발굴

01	①	02	①	03	단답형	04	②	05	①
06	④	07	단답형						

01 ①

분석 과제 발굴을 위한 하향식 접근법 중에서 비즈니스 모델 기반 문제 탐색은 비즈니스 모델 캔버스 9가지 블록을 5개 영역으로 단순화한 것으로 업무, 제품, 고객단위로 문제를 발굴하고 이를 관리하는 규제와 감사 영역과 지원 인프라 영역에 대한 기회를 추가로 도출하는 작업을 수행한다.

02 ①

분석 과제 발굴 방식 중 하향식 접근법의 과제 도출 단계:
문제 탐색 – 문제 정의 – 해결방안 탐색 – 데이터 분석의 타당성 평가 – 분석 과제 도출

03 디자인 사고 접근법

상향식 접근 방식의 발산(Diverge) 단계와 하향식 접근 방식의 수렴(Converge) 단계를 반복적으로 수행하여 상호 보완하는 방식으로 동적인 환경에서 분석의 가치를 높일 수 있는 최적의 의사결정 방식을 디자인 사고 접근법이라고 한다.

04 ②

분석 기회 발굴의 범위 확장 방법에는 거시적 관점, 경쟁자 확대, 시장 니즈 탐색, 역량의 재해석 4가지가 있다. 이 중 경쟁자 확대 관점에서는 현재 수행하고 있는 사업 영역의 직접 경쟁사 및 제품, 서비스뿐만 아니라 대체재와 신규 진입자 등으로 관점을 확대하여 위협이 될 수 있는 상황에 대한 분석 기회 발굴의 폭을 넓혀서 탐색해야 한다.

05 ①

문제 정의가 명확하고 기존에 접한 문제일 경우에 적용하기 쉬는 것은 하향식 접근(Top Down) 접근 방법에 해당하며, 가장 대표적인 하향식 접근 기법은 폭포수형 모델이다.

06 ④

분석 과제를 발굴하기 위한 접근법에는 하향식 접근 방식과 상향식 접근 방식이 있다. 그중 상향식 접근법은 프로토타이핑 등을 활용하여 반복적이고 점진적으로 결과를 개선해 나가는 방법이다.
① 상향식 접근법만의 특성이라고 보기는 어렵다.
② 상향식은 과제를 잘 모를 때 아래에서부터 위로 올라가는 방법이므로 지도 학습보다는 비지도 학습을 사용한다.
③의 Design Thinking(디자인 사고) 중 diverge(발산) 단계가 상향식 접근법에 해당한다.

07 분석 유즈케이스

분석 과제 발굴론의 하향식 접근법 중 하나로, 분석으로 풀어야 할 문제에 대한 상세한 설명 및 해당 문제를 해결했을 때 발생하는 효과를 명시함으로써 향후 데이터 분석 문제로의 전환 및 적합성 평가에 활용하도록 하는 것을 분석 유즈케이스라고 한다.

4 분석 프로젝트 관리 방안

| 01 | 단답형 | 02 | ④ | 03 | ③ | 04 | ④ |

01 빅데이터 기획전문가

02 ④

분석 과제의 관리영역 중 하나로 Accuracy와 Precision은 트레이드 오프(Trade-Off)가 되는 경우가 많기 때문에 모델의 해석 및 적용시 사전에 고려해야 한다. Accuracy는 모델과 실제 값 사이의 차이가 적음을 의미하는 용어이고, Precision은 모델을 지속적으로 반복했을 때 편차의 수준으로써 일관적으로 동일한 결과를 제시함을 가리키는 용어이다. 분석의 활용적 측면에서는 Accuracy가 중요하지만 반대로 안정성 측면에서는 Precision이 중요하며, Accuracy와 Precision은 한 쪽이 높으면 반대쪽은 낮아지는 트레이드 오프 관계를 가진다.

03 ③

데이터 분석 프로젝트 초기에는 의도했던 결과(모델)가 나오기 쉽지 않기 때문에 많은 시간이 소요될 수 있으며, Time Boxing 기법(반복형 개발에서 쓰이는 프로젝트 관리 기법)으로 일정 관리를 진행하는 것이 좋다. 일정 계획 수립 단계부터 데이터 수집을 철저히 통제하기란 어렵고, 하는 것이 바람직하지도 않다.

04 ④

서비타이제이션(Servitization)은 제품과 서비스의 결합, 서비스의 상품화, 그리고 기존 서비스와 신규 서비스의 결합 현상을 포괄하는 개념이다.

5 분석 마스터 플랜 수립 프레임워크

01	단답형	02	③	03	②	04	②	05	①
06	③	07	③						

01 ISP(Information Strategy Planning)

02 ③

분석 마스터 플랜을 수립할 때 적용 범위 및 방식에 대한 고려 요소는
1) 업무 내재화 적용 수준 2) 분석 데이터 적용 수준 3) 기술 적용 수준 세 가지가 있다.

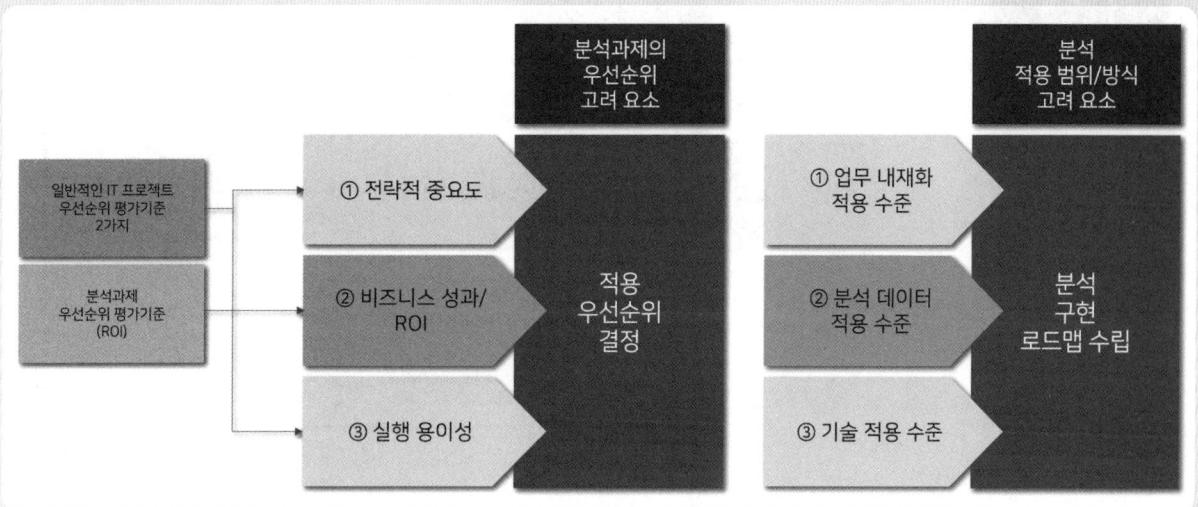

03 ②

분석 과제의 적용 우선순위 기준을 시급성에 둔다면 III – IV – II 순서로 중요하다.
분석 과제의 적용 우선순위 기준을 난이도로 둔다면 III – I – II 순서로 중요하다.

04 ②

분석 과제 우선순위를 선정 시 이용하는 사분면 영역에서 난이도와 시급성을 모두 고려할 때 가장 우선적인 분석 과제 적용이 필요한 영역은 난이도는 쉬움(Easy), 시급성은 현재를 나타내는 3사분면이다.

05 ①

시급성 – 전략적 중요도와 목표 가치가 평가 요소이다.
난이도 – 데이터 획득/저장/가공비용과 분석 적용 비용, 분석 수준이 평가 요소이다.
①에서 데이터 수집비용은 시급성을 평가하는 요소가 아니다.

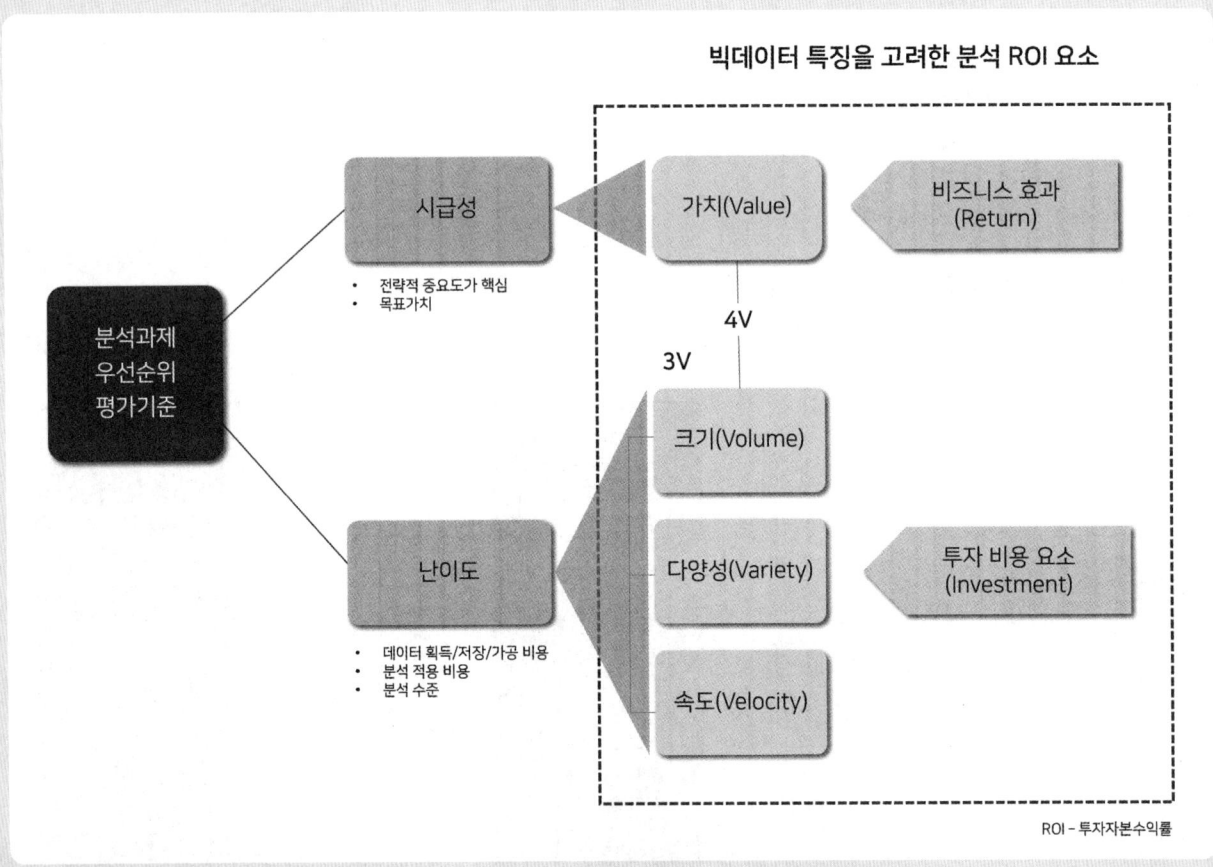

06 ③

우선순위 평가에 활용하기 위한 ROI(투자대비수익률) 관점에서 빅데이터의 핵심 특징은 3V(Volume, Variety, Velocity)와 Value를 포함한 4가지이다. 그중 3V는 투자 비용 요소이고, Value는 비즈니스 효과 관점의 특징이다.

07 ③

마스터 플랜의 수행과제 우선순위 평가에 활용하기 위한 2가지 기준은 시급성과 난이도가 있다. 3V(Volume, Variety, Velocity)는 투자비용 요소를 평가하는 데에 활용하므로 난이도가 기준이 된다. 1V(Value)는 비즈니스 효과를 평가하는 데에 활용하므로 시급성이 기준이 된다.

6 분석 거버넌스 체계 수립

01	단답형	02	③	03	②	04	④	05	단답형
06	단답형	07	③	08	②				

01 사전영향평가

데이터 거버넌스 체계 4가지는 데이터의 표준화, 데이터의 관리체계, 데이터 저장소 관리, 표준화 활동이며, 그중 데이터 저장소 관리에서 데이터 구조 변경에 따른 사전영향평가도 수행되어야 효율적인 활용이 가능하다.

02 ③

데이터 분석을 위한 조직 구조에는 집중 구조, 기능 구조, 분산 구조가 존재한다. 그중 집중 구조는 전사 분석 업무를 별도의 분석 조직에서 담당, 전략적 중요도에 따라 분석 조직이 우선순위를 정해 진행, 현업 업무 부서와 이원화/이중화 가능성 높다는 특징이 있다. 조직 구조를 묻는 문제는 매우 자주 출제되는 분야이므로 반드시 복습을 통해 세 구조의 특징을 익혀 놓아야 한다.

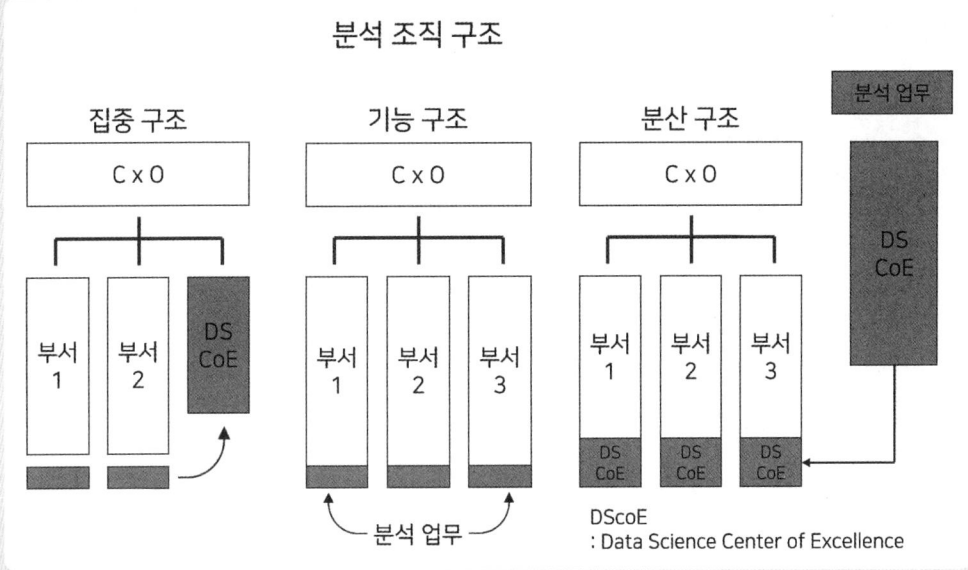

집중 조직 구조	기능 구조	분산된 조직
▪ 전사 분석업무를 별도의 분석 조직에서 담당 ▪ 전략적 중요도에 따라 분석조직이 우선순위를 정해 진행 ▪ 현업 업무부서와 이원화/이중화 가능성 높음	▪ 일반적 분석수행구조 ▪ 별도 분석조직 없고 해당 업무부서에서 분석 수행 ▪ 전사적 핵심 분석 어려움 ▪ 과거실적에 국한된 분석 수행 가능성 높음	▪ 분석조직인력을 현업부서로 직접 배치해 분석업무 수행 ▪ 전사차원의 우선순위 수행 ▪ 분석결과에 따른 신속한 Action가능 ▪ 베스트 프랙티스 공유 가능 ▪ 부서 분석업무와 역할분담 명확화 필요

03 ②

분석 조직에는 집중 구조, 기능 구조, 분산 구조 3가지 형태가 있으며, 그중 분산 구조는 분석 조직 인력들을 현업 부서로 직접 배치하여 분석 업무를 수행하며 분석 결과에 따른 신속한 Action과 베스트 프랙티스가 가능하다.

04 ④

분석 거버넌스 체계 구성 요소 5가지

① 조직(Organization) - 분석 기획 및 관리를 수행하는 조직

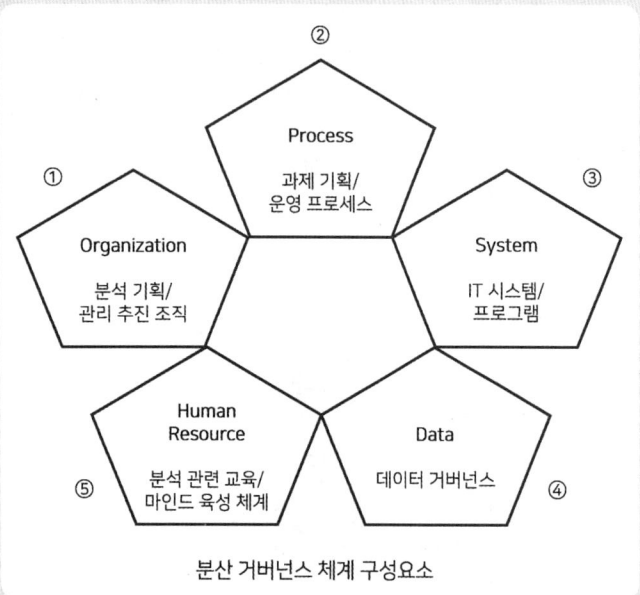

분산 거버넌스 체계 구성요소

② 프로세스(Process) - 과제 기획 및 운영 프로세스

③ 시스템(System) - 분석 관련 IT 시스템과 프로그램

④ 데이터(Data) - 데이터 거버넌스

⑤ Human Resource - 분석 관련 교육 및 마인드 육성 체계

05 (가) - 과제수행, (나)와 (다) - 팀 구성, 분석 과제 실행, 분석 과제 진행 관리 중 두 가지

분석 과제 관리 프로세스는 1) 과제 발굴 → 2) 과제 수행 순서로 진행된다. 과제 발굴과 과제 수행의 하위 단계는 다음과 같다.

과제 발굴 3단계: 분석 아이디어 발굴 → 분석 과제 후보 제안 → 분석 과제 확정

과제 수행 4단계: 팀 구성 → 분석 과제 실행 → 분석 과제 진행관리 → 결과 공유/개선

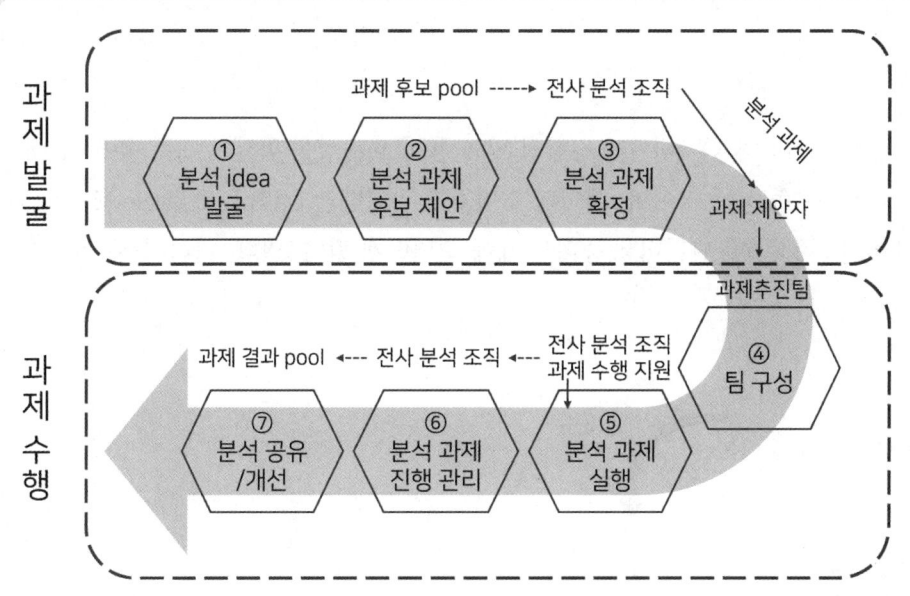

06 활용

조직의 분석 성숙도 수준 진단 평가 도구는 CMMI 모델을 기반으로 이루어진다. 성숙도 진단은 비즈니스 부문, 조직역량부문, IT 부문에서 실행할 수 있으며, 도입단계 - 활용단계 - 확산단계 - 최적화단계라는 네 단계를 통해 가능하다. 세 가지 부문의 이름을 묻는 문제는 물론, 부문과 세부 업무를 제시하고 어떤 단계인지 묻는 문제가 출제된 적도 있으니 다음 표를 꼼꼼하게 복습하고 익혀야 한다.

단계	도입	활용	확산	최적화
	분석 시작, 환경과 시스템구축	분석결과를 업무에 적용	전사차원에서 분석 관리, 공유	분석을 진화시켜 혁신 및 성과향상에 기여
비즈니스 부문	▪ 실적분석 및 통계 ▪ 정기보고 수행 ▪ 운영 데이터 기반	▪ 미래결과예측 ▪ 시뮬레이션 ▪ 운영데이터 기반	▪ 전사성과 실시간분석 ▪ 프로세스혁신3.0 ▪ 분석규칙관리 ▪ 이벤트관리	▪ 외부환경분석 활용 ▪ 최적화업무 적용 ▪ 실시간 분석 ▪ 비즈니스모델진화

조직 · 역량 부문	▪ 일부부서에서 수행 ▪ 담당자역량에 의존	▪ 전문담당부서수행 ▪ 분석기법 도입 ▪ 관리자가 분석수행	▪ 전사 모든 부서 수행 ▪ 분석 COE 운영 ▪ 데이터 사이언티스트 확보	▪ 데이터 사이언스 그룹 ▪ 경영진 분석 활용 ▪ 전략 연계
IT 부문	▪ 데이터 웨어하우스 ▪ 데이터 마트 ▪ ETL/EAI ▪ OLAP	▪ 실시간 대시보드 ▪ 통계분석 환경	▪ 빅데이터 관리 환경 ▪ 시뮬레이션 · 최적화 ▪ 비주얼 분석 ▪ 분석 전용 서버	▪ 분석 협업환경 ▪ 분석 SandBox ▪ 프로세스 내재화 ▪ 빅데이터 분석

07 ③

빅데이터 거버넌스 체계 중 데이터 관리 체계는 데이터 정합성 및 활용이 효율성을 위하여 표준 데이터, 메타데이터, 데이터 사전의 관리 원칙을 수립하는 일이며, 데이터 수명주기 관리방안(Data Life Cycle Management)을 수립하지 않으면 데이터 가용성 및 관리비용 증대 문제에 직면하게 될 수 있다. 따라서 품질 관리보다는 수명주기 관리가 더 중요하다.

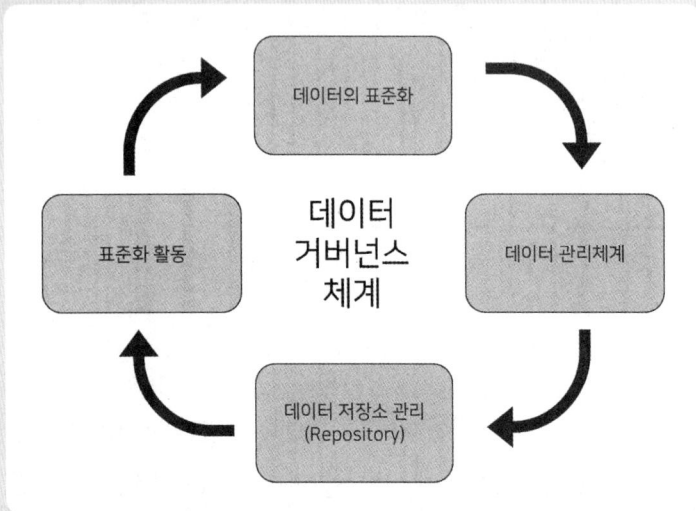

08 ②

빅데이터 거버넌스는 데이터 거버넌스의 체계에 더하여 빅데이터의 효율적인 관리, 다양한 데이터의 관리체계, 데이터 최적화, 정보보호, 데이터 생명 주기 관리, 데이터 카테고리별 관리 책임자 지정 등을 포함한다.

3과목 ◆ 데이터 분석

1 R 프로그래밍

| 01 | ③ | 02 | ① | 03 | ② | 04 | ③ | 05 | ② |
| 06 | ③ | 07 | ③ | 08 | ① | | | | |

01 ③

R은 어떤 운영체제(Linux, Mac, Windows)에도 사용이 가능하다.

02 ①

as.Date("문자열", "format") 함수는 format형식에 맞추어 들어오는 데이터를 날짜형으로 형변환하는 함수이다. 입력되는 문자열이 '08/23/2019' 이므로 '달/일/년도' 로 입력되므로 '%m/%d/%Y'로 format 형식을 맞춰주어야 한다.

```
> as.Date('08/23/2019', '%m/%d/%y')
[1] "2020-08-23"
```

03 ②

substr("문자열", 시작 위치, 끝 위치) 함수는 주어진 문자열에서 시작 위치부터 끝 위치까지의 부분 문자열을 구해주는 함수이다.

```
> s <- c("Monday", "Tuesday", "Wednesday")
> substr(s, 1, 2)
[1] "Mo" "Tu" "We"
```

04 ③

xy[1]+xy[2] → 문자열끼리는 +연산자를 사용하면 에러가 난다. 문자열끼리의 결합은 paste() 함수를 사용해야 한다.
x는 숫자, y는 문자열로 형태가 다르지만 xy는 문자열이 된다. 문자형 데이터 타입이 더 큰 기억장소를 차지하므로 R에서는 여러 데이터 타입이 섞인 경우 문자형 데이터 타입으로 묵시적으로 형변환을 한다.

```
> x <- c(1:4)
> y <- c("apple", "banana", "orange")
> xy <- c(x, y)
> xy
[1] "1"      "2"      "3"      "4"      "apple"  "banana" "orange"
> # ① xy는 문자형 벡터이다.
> str(xy)
 chr [1:7] "1" "2" "3" "4" "apple" "banana" "orange"
> # ② xy의 길이는 7이다.
> length(xy)
[1] 7
> # ③ xy[1]+xy[2]의 결과는 3이다.
> xy[1] + xy[2]
Error in xy[1] + xy[2] : non-numeric argument to binary operator
> # ④ xy [5:7]은 y와 동일하다.
> xy[5:7]
[1] "apple"  "banana" "orange"
```

05 ②

A[행, 열]이고, 비어 있으면 해당 행 혹은 열을 전부 가져오라는 뜻이 된다.

① A[, "A"]는 모든 행이면서 A열을 가져오라는 의미이므로 1, 2, 3이 나온다.

② A[-c(2,3),]은 2행과 3행을 제외한 행(1행)이면서 모든 열을 가져오라는 의미이므로 1, 4, 7을 가져온다.

③ A[,1]는 1열의 모든 행을 가져오라는 의미이므로 1, 2, 3이 나온다.

④ A[, -(2:3)]는 2, 3열을 제외한 열(1열)의 모든 행을 가져오라는 의미이므로 1, 2, 3이 나온다.

```
> A <- cbind(c(1, 2, 3), c(4, 5, 6), c(7, 8, 9))
> colnames(A) <- c("A", "B", "C")
> rownames(A) <- c("r1", "r2", "r3")
> A
   A B C
r1 1 4 7
r2 2 5 8
r3 3 6 9
> # ① A[, "A"]
> A[, "A"]
r1 r2 r3
 1  2  3
> # ② A[-c(2,3),]
> A[-c(2,3),]
A B C
1 4 7
> # ③ A[,1]
> A[,1]
r1 r2 r3
 1  2  3
> # ④ A[, -(2:3)]
> A[, -(2:3)]
r1 r2 r3
 1  2  3
```

06 ③

문자형 데이터 타입이 다른 데이터 타입에 비해 가장 큰 기억장소를 차지하므로 여러 데이터 타입이 섞인 경우에는 문자형 데이터 타입으로 묵시적인 형변환이 이루어진다.

07 ③

서로 다른 객체를 묶을 수 있는 자료구조는 리스트이다.

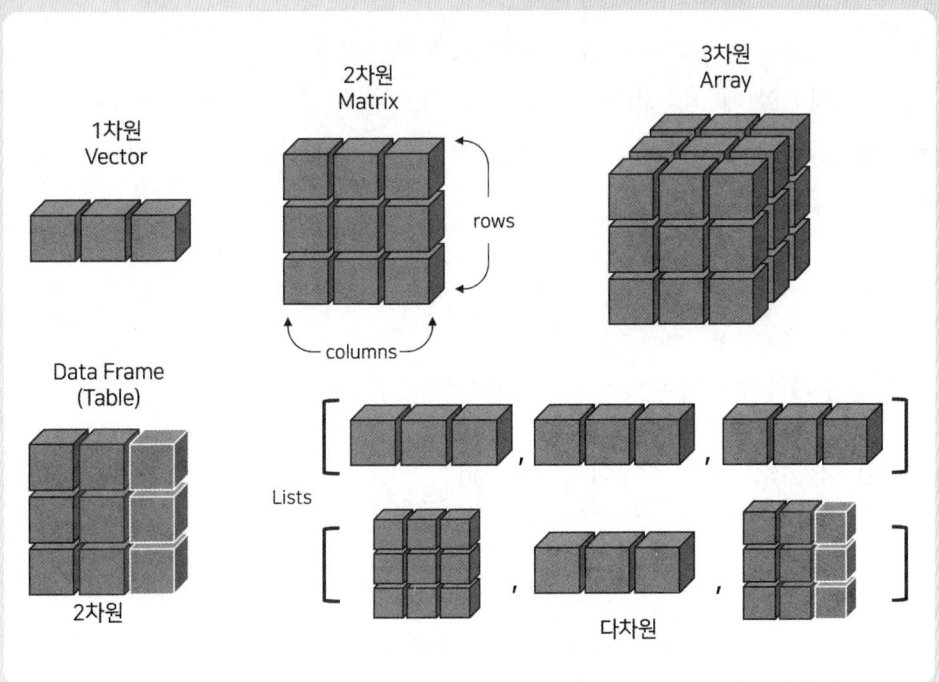

08 ①

ncol=2이므로 열 개수는 2개이다. 자동으로 행은 3개가 된다.

byrow=T 옵션으로 행 우선 순으로 자료가 저장된다. 이 옵션이 없다면 자동으로 ②처럼 열 우선 순으로 자료가 저장된다.

```
> mx = matrix(c(1,2,3,4,5,6), ncol=2, byrow=T
> mx

     [,1] [,2]
[1,]    1    2
[2,]    3    4
[3,]    5    6
```

2 데이터 마트/데이터 가공처리/그래프

01	④	02	③	03	단답형	04	③	05	②
06	②	07	③	08	①				

01 ④

IQR = Q3 − Q1 = 12 − 4 = 8
하한값 = Q1 − 1.5IQR = 4 − 8*1.5 = −8, 상한값 = Q3 + 1.5IQR = 12 + 8*1.5 = 24
summary(x) 함수는 x가 수치형 자료일 때 최소값(Min.), 최대값(Max.), 1사분위수(1st Qu.), 3사분위수(3rd Qu.), 중앙값(Median), 평균(Mean) 총 6가지 수치를 제공한다. X가 factor형 자료일 때에는 x의 개수를 반환한다. summary 함수도 자주 출제되는 편이다.

02 ③

③ 상자 그림(boxplot)은 이상치를 파악하기 매우 편리한 시각화 방법이다.

```
> score = c(88, 90, 67, 45, 67, 90, 23, 56, 56, 90,
+            90, 99, 45, 56, 77, 89, 37, 89, 40, 160)
> boxplot(score)
```

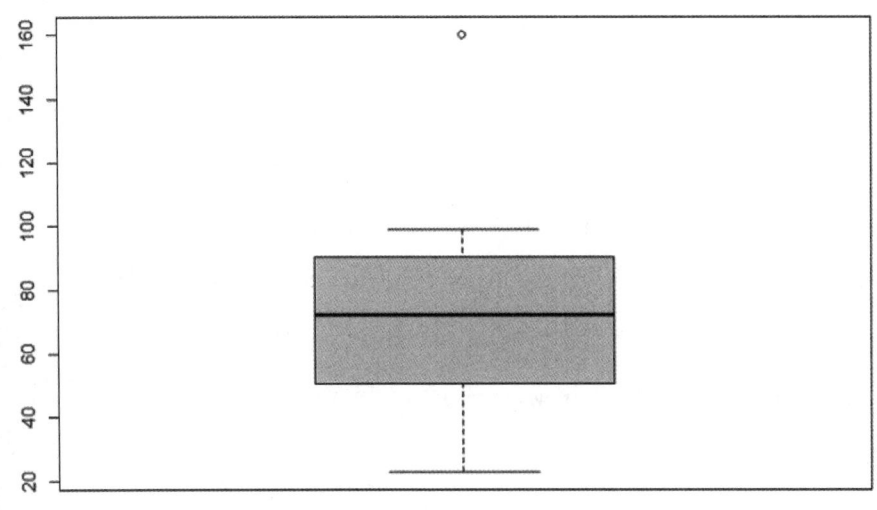

03 ESD

04 ③

Q1 − 1.5*IQR 보다 작거나 Q3 + 1.5*IQR 보다 크면 이상치로 규정한다.

05 ②

이상치는 이상치 자체로 의미가 있을 수 있으므로 평균으로부터 3*표준편차를 벗어나더라도 제거하면 안 된다.

06 ②

데이터 웨어하우스에서 분석 과제에 필요한 데이터만 추출한 데이터를 데이터 마트라고 한다.

07 ③

입력되는 데이터 형태가 리스트이고 출력되는 데이터 형태가 데이터 프레임 일 때 사용되는 함수는 ldply()이다. ply 앞에는 입력 형태의 데이터 구조를, 바로 다음에는 출력 형태의 데이터 구조를 붙이기 때문에 입력이 리스트이면 l, 출력이 데이터 프레임이면 d가 연결되어 ldply()가 된다.

		입력되는 데이터 형태		
		데이터 프레임(dataframe)	리스트(list)	배열(array)
출력되는 데이터 형태	데이터 프레임	ddply	ldply	adply
	리스트	dlply	llply	alply
	배열	daply	laply	aaply

08 ①

plyr 패키지는 split(데이터 분할) − apply(함수 적용) − combine(결과를 재조합) 방식으로 진행된다. 추가로, 아래와 같은 내용이 출제된 적이 있으니 함께 익히면 좋다.

```
> # 1) plyr 계열 - apply
> ex_apply <- matrix(1:20, ncol=5)
> ex_apply
     [,1] [,2] [,3] [,4] [,5]
[1,]    1    5    9   13   17
[2,]    2    6   10   14   18
[3,]    3    7   11   15   19
[4,]    4    8   12   16   20
> apply(ex_apply, 1, sum)    # 행방향 - 1
[1] 45 50 55 60
> apply(ex_apply, 2, mean)   # 열방향 - 2
[1]  2.5  6.5 10.5 14.5 18.5
```

ncol=5이므로 4행 5열이 된다.
apply(ex_apply,1,sum)에서 <u>1은 행 방향</u>을 의미한다. 따라서 행 방향으로 합을 구하면 첫 번째 행의 합은 45, 두 번째 행의 합은 50이 나와서 전부 25, 50, 55, 60이 된다.
apply(ex_apply,2,mean)에서 <u>2는 열 방향</u>을 의미한다. 따라서 열 방향으로 평균값을 구하면 2.5, 6.5, 10.5, 14.5, 18.5가 된다.

3 기초 통계

| 01 | ① | 02 | 단답형 | 03 | ③ | 04 | ① | 05 | ③ |

01 ①

통계량은 표본의 값들을 나타내는 용어이며, 모수 추정에 사용한다.

02 층화추출법

표본 추출의 네 가지 방법인 단순랜덤추출법, 계통추출법, 집락추출법, 층화추출법 중 모집단 자체가 상당히 이질적인 원소들로 구성된 모집단에서 각 계층을 고루 대표할 수 있도록 표본을 추출하는 방법은 층화추출법이다.

03 ③

척도의 구분 - 질적자료(명목척도, 순서척도), 양적자료(구간척도, 비율척도)
③의 비율척도는 절대적인 기준인 원점(0)이 존재하여 사칙연산이 모두 가능하다. 제일 많은 정보를 가진 척도로 나이, 무게 등이 해당된다.

04 ①

명목척도는 구분만 하는 척도로 성별이나 혈액형, 주소지, 출생지 등이 있다.

05 ③

순서척도(=서열척도)는 자료가 서로 구분이 되며, 순서를 가지고 있는 척도이다. 순서척도에 해당하는 사례로는 만족도 조사, 설문지 조사 등이 있다.

4 기술 통계/추론 통계

01	3/8	02	②	03	0.3	04	0.4	05	①
06	④	07	③	08	③	09	④	10	단답형
11	①	12	③	13	②	14	④	15	④
16	④								

01 3/8

동전을 3번 연속으로 던지는 경우의 수는 2^3 = 8번이고, 그중 앞이 한 번만 나오는 경우의 수는 3번이므로 3/8이다.

02 ②

$$\frac{\text{남학생이면서 사과를 좋아할 경우}}{\text{남학생일 경우}} = \frac{30}{30+40} = \frac{3}{7}$$

03 0.3

E(X) = p*1+(1−p)*0 = 0.3*1+(1−0.3)*0 = 0.3

04 0.4

P(B|A)의 조건부 확률에서 두 사건 A와 B가 독립이면 P(B|A) = (P(A)*P(B))/P(A) = P(B)이므로 답은 0.4이다.

05 ①

사분위범위(IQR)는 제1사분위수와 제3사분위수 사이의 거리로, 전체 데이터 분포에서 중앙 50%의 데이터에 대한 범위이다.

06 ④

오른쪽 꼬리가 긴 분포에서는 이상치의 영향으로 평균이 중앙값보다 큰 경향을 가진다.
반대로 왼쪽 꼬리가 긴 분포에서는 평균값이 중앙값보다 작다.

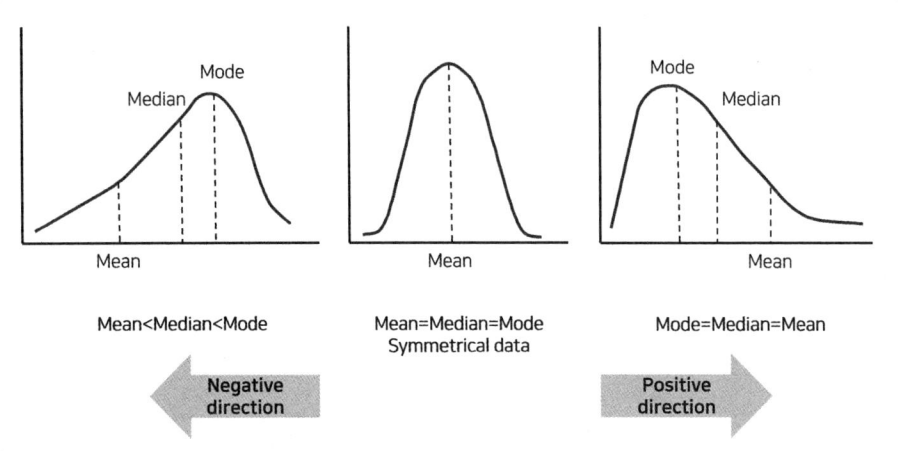

07 ③

③ t-분포는 연속형 확률분포 중 하나로, 정규분포와 비슷하게 평균 0을 중심으로 좌우 대칭이며 두 집단의 평균 차이 검증 등에 활용되는 분포이다.
④ F분포는 두 집단 간의 분산, 산포가 동일한지 검증하는 분산 검정이다.

08 ③

이산형 확률분포에는 베르누이, 이항분포, 다항분포, 포아송분포, 기하분포 등이 있다. 지수분포는 연속형 확률분포에 해당한다.

09 ④

이산형 확률분포 중 하나로 개별 사건이 두 가지 경우만 존재하며, 각 사건이 성공할 확률이 일정하고 전후 사건에 독립적인 특수한 상황의 확률분포를 베르누이 확률분포라 한다.

10 포아송분포

이산형 확률분포 중 주어진 시간 또는 영역에서 어떤 사건의 발생 횟수를 나타내는 확률을 포아송분포라고 한다.

11 ①

가설검증에 필요한 귀무가설과 대립가설 중 대립가설은 확실하게 증명하고 싶은 가설, 뚜렷한 증거가 있어야 채택할 수 있는 가설에 해당한다. ② 영가설은 귀무가설의 다른 표현이다.

12 ③

부호 검정은 비모수 방법 검정 방법으로, 표본들이 서로 관련되어 있는 경우 짝지어진 두 개의 관찰치들의 크고 작음을 표시하며, 그 개수를 가지고 두 분포의 차이가 있는지에 대한 가설을 검증하는 방법이다.
비모수 검정은 모집단에 대한 정보를 가정할 수 없을 때 사용하며, 주로 중앙값을 기준으로 서열척도를 가지고 순위나 부호 검정을 진행한다.
④ 두 변수간의 관계를 나타내는 상관계수에는 피어슨의 상관계수와 스피어만의 상관계수가 있다. 스피어만 상관계수는 −1에서 1 사이의 값이 나오며, 서열형 데이터를 가지고 상관계수를 구하는 방법이다.

13 ②

신뢰수준 95%의 의미는 한 개의 모집단에서 동일한 방법으로 동일한 자료의 개수의 확률표본을 무한히 많이 추출하여 각 확률표본마다 신뢰구간을 구하면, 이 무한히 많은 신뢰구간 중에서 95% 신뢰구간이 미지의 모수를 포함한다는 의미이다. 따라서 ②는 95% 신뢰구간은 '주어진 한 개의 신뢰구간에 미지의 모수가 <u>포함될</u> 확률이 95%다'로 바꾸어야 한다.

14 ④

p-value 값이 유의수준보다 클 경우, 대립가설을 기각하므로 귀무가설의 가정이 옳다고 할 수 있다.

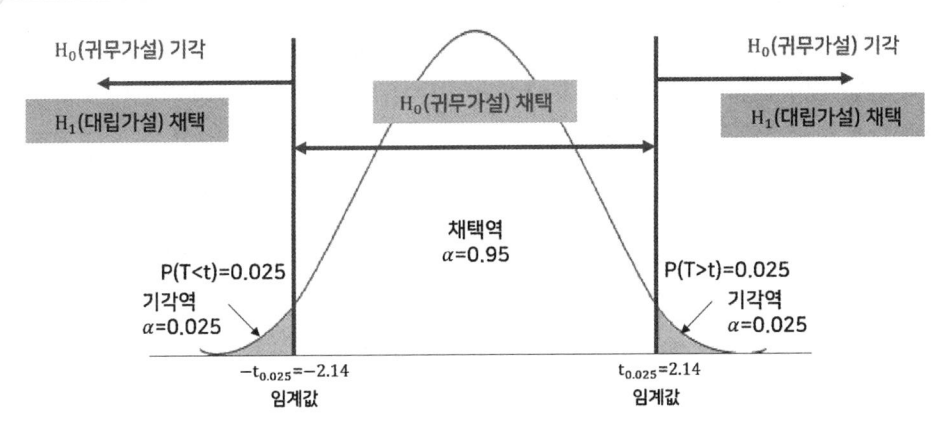

15 ④

자유도(df)가 70이므로 전체 관측치는 71개이다. t-test에서 자유도는 전체 관측치 − 1이다.

5 상관계수/상관분석

| 01 | ④ | 02 | ③ | 03 | ① | 04 | ③ | 05 | ② |

01 ④

상관계수가 0이면 두 변수 간에는 상관관계가 존재하지 않는다. 상관계수가 −1이면 음의 상관관계, 1이면 양의 상관관계를 갖는다.

02 ③

피어슨 상관계수는 연속형 자료일 때 사용하여 비선형적인 관계를 나타낼 수 없지만, 스피어만 상관계수는 서열척도(순서척도)인 두 변수들의 상관관계 측정 방식으로 순위를 기준으로 상관관계를 측정하는 비모수적 방법이기 때문에 −1에서 +1로 표현되는 것 이외에도 비선형 관계를 나타낼 수 있다.

03 ①

상관계수 공식을 사용하여 계산하는 방법과, 상관계수에 따른 상관관계에 관한 지식을 활용하여 유추하는 방법이 있다.

> 1) 상관계수 공식:
>
> $$r_{XY} = \frac{\sum_i^n (X_i - \overline{X})(Y_i - \overline{Y})}{\sqrt{\sum_i^n (X_i - \overline{X})^2} \sqrt{\sum_i^n (Y_i - \overline{Y})^2}}$$ 키의 평균 = 175, 몸무게 평균 = 75
>
> $$= \frac{(165-175) \times (65-75) + (170-175) \times (70-75) + (175-175) \times (75-75) + (180-175) \times (80-75) + (185-175) \times (85-75)}{\sqrt{(165-175)^2} \times \sqrt{(65-75)^2} + \sqrt{(170-175)^2} \times \sqrt{(70-75)^2} + \sqrt{(175-175)^2} \times \sqrt{(75-75)^2} + \sqrt{(180-175)^2} \times \sqrt{(80-75)^2} + \sqrt{(185-175)^2} \times \sqrt{(85-75)^2}}$$
>
> $$= \frac{100+25+0+25+100}{100+25+0+25+100} = \frac{250}{250} = 1$$
>
> 2) 상관계수가 −1이면 음의 상관관계, 1이면 양의 상관관계를 가지며, 0이면 두 변수 간에는 상관관계가 존재하지 않는다는 지식 활용:
> 키가 5씩 커질수록 몸무게가 동일하게 5씩 증가하기 때문에, 양의 상관관계를 가진다는 사실을 유추할 수 있고, 상관계수는 1이라고 유추 가능하다.

04 ③

Balance와 가장 상관관계가 높은 변수는 상관계수가 절대값 1에 가까운 0.86인 Limit와 Rating이다. Income의 상관계수는 0.46에 불과하다.

05 ②

① Salary와 Errors의 상관계수의 절댓값은 0.01이므로 Salary의 다른 상관계수들과 비교했을 때 가장 작다.
② 상관계수를 표현하는 그래프로는 상관계수가 통계적으로 유의한지를 확인할 수 없다. 상관계수의 통계적 유의성은 cor.test()를 이용하여 상관분석을 실시하여야만 검증할 수 있다.
③ 상관계수가 −0.01이므로 음의 상관관계가 있다.
④ 변수가 매우 많기 때문에 종속변수들간의 선형 관계가 존재할 가능성이 높아지므로 회귀계수를 측정하기 쉽지 않은 다중공선성이 존재할 가능성이 크다.

6 회귀분석

| 01 | ② | 02 | 단답형 | 03 | 단답형 | 04 | ① |

01 ②

위의 설명변수들 중 "Examination" 변수는 p-value값이 0.31로 유의 수준 0.05보다 크므로 통계적으로 유의하다고 볼 수 없으며 따라서 출산율 변동의 원인이라고 판단할 수 없다.
추가로, summary 결과를 읽을 때 가장 먼저 해석해야 할 요소는 다음과 같다.
1) F통계량(F-statistic)의 p-value가 0.05보다 작으므로 회귀식은 유의하다.
2) Agriculture, Examination, Education 등 각 요소에 대한 회귀계수는 Estimate 열에 있다. 그중 (Intercept)는 절편을 의미한다.
3) 회귀계수의 유의성은 Pr 열의 p-value를 보고 판단한다. 절편과 Education은 ***으로 매우 유의하고, Examination은 *가 없는 0.05보다 큰 0.31546이므로 통계적으로 유의하지 않다.
4) R-squared를 보면 전체 자료에 대한 설명력이 약 71%임을 알 수 있다.

02 잔차(residual)

회귀분석에서 잔차(오차)의 분포가 정규분포를 이루어야 함을 정상성(정규성)이라고 한다.
잔차(오차)의 분포가 정규성을 띠는지 검증하는 방법에는 샤피로-윌크 검정과 QQ-plot 그래프가 있다.

03 정규성(정상성)

04 ①

다중공선성은 다중회귀분석에서 설명변수들 사이에 선형 관계가 존재하여 회귀계수의 정확한 추정이 곤란해지는 현상이다.

7 주성분 분석/다차원척도법/시계열분석

| 01 | ② | 02 | 57.4% | 03 | ② | 04 | ④ | 05 | 단답형 |
| 06 | ④ | 07 | ② | 08 | ① | 09 | ④ | 10 | 단답형 |

01 ②

① 누적기여율(Cumulative Proportion)을 보면, 1차주성분(Comp.1)은 전체의 45%를 설명하고 1차와 2차 주성분(Comp.2)을 누적하면 69%를 설명한다. 누적기여율이 80%를 넘으려면 최소한 4개의 주성분을 채택해야 한다.
② cor=TRUE 옵션은 상관행렬을 이용하여 주성분 분석을 시행한다는 의미다.
③ 분산설명력(Proportion of Variance)를 보면 1차주성분이 45.25%로 가장 높다.
④ 17차원을 2차원으로 줄였을 때, 즉 2차주성분까지의 누적기여율이 약 69.5%이므로 이때 잃게 되는 정보량은 약 30.5%이다.

02 57.4%

첫번째 주성분의 분산은 0.5848331로 약 57.4%의 누적기여율(Cumulative Proportion)을 보이고 있다.

03 ②

PC2의 Cumulative Proportion이 80% 이상이 되는 누적기여율은 0.8675로 최소 2개의 주성분으로 구성되어야 하므로 최소 주성분의 숫자는 2개이다.

04 ④

제1주성분은 분산이 가장 큰 것으로 설정한다.

05 다차원척도법(MDS)

다차원척도법이란 객체간 근접성을 시각화하는 통계기법으로, 군집 분석과 같이 개체들을 대상으로 변수들을 측정한 후에 개체들 사이의 유사성/비유사성을 측정하여 개체들을 2차원 공간상에 점으로 표현하는 분석 방법이며, 비지도 학습 방법이다.

06 ④

시계열 예측에서 정상성(Stationary)을 만족한다는 것은 시점에 상관없이 시계열이 특성이 일정하다는 것을 의미하며, ① 평균이 일정(모든 시점에서 일정한 평균을 가짐) ② 분산도 일정 ③ 공분산은 단지 시차에만 의존하고 시점에는 의존하지 않는다는 것을 의미한다.
④ 모든 분산이 아니라 공분산이 시점에 의존하지 않고 시차에만 의존한다.

07 ②

ARIMA(p, d, q)에서 d는 차분의 회수를 의미하므로 답은 2번이다.
ARIMA(1, 2, 3)은 2차분 후 AR(1), MA(3), ARMA(1,3) 중에서 선택하여 활용하는 모형이다.

08 ①

분해 시계열의 요인에는 추세, 계절, 순환, 불규칙 요인이 있다.

09 ④

평균이 일정하지 않은 비정상 시계열은 차분을, 분산이 일정하지 않은 비정상 시계열은 변환을 통해 정상 시계열로 바꾼다.

10 차분

차분은 현시점 자료에서 이전 시점 자료를 빼는 것이다.

8 데이터 마이닝 개요

01	①	02	①	03	②	04	단답형	05	②
06	③	07	④	08	③				

01 ①

기술(Description)은 사람, 상품에 관한 이해를 증가시키기 위한 것으로, 데이터가 가지고 있는 의미를 단순하게 기술하는 것도 의미를 파악하는 것만큼 중요하다.

02 ①

고객의 파산 여부(Yes/No)는 종속변수가 범주형 자료에 속하므로 분류분석 기법을 사용해야 한다. 로지스틱 회귀모형, 랜덤 포레스트, 서포트 벡터 머신은 모두 분류분석 기법이다. 특히 로지스틱 회귀모형은 이항분류에 최적화된 방식이다. 선형회귀모형은 연속형 자료인 종속변수로 예측하는 경우에 사용한다.

03 ②

같은 모집단 내에서 훈련 데이터와 검증 데이터를 나누어 훈련 데이터를 공부한 후 검증 데이터로 모델을 평가하는 이유는 일반화의 오류를 줄이기 위해서이다. 일반화의 오류를 줄이는 방법에는 홀드아웃과 교차검증 등이 있다.

04 홀드아웃(Hold Out)

05 ②

ㄴ과 ㄷ은 정답 데이터가 존재하는 지도 학습에 해당한다.
특히 ㄴ은 분류분석, ㄷ은 회귀분석이 필요하다.
고객에게 상품을 추천하는 일은 대표적인 비지도 학습에 해당하므로 ㄱ과 ㄹ은 비지도 학습이다.

06 ③

반응변수(종속변수)가 범주형일 때에는 분류분석 모델을 사용하는데, 로지스틱 회귀분석도 시그모이드를 이용하여 0과 1사이의 값으로 변경하여 분류하는 분류분석의 모델 방법이다. 회귀모형 중 유일하게 로지스틱 회귀모형만 분류를 한다.

07 ④

로지스틱 회귀모형은 반응변수(종속변수, Y)가 범주형일 때 사용하는 분류 모형이다.

08 ③

① 훈련 세트의 각 샘플에 너무 가깝게 맞춰져서 새로운 데이터에 일반화되기 어려울 때 발생하는 문제
② 분류 모델이 충분히 복잡하지 않아 훈련 데이터를 정확히 분류하지 못하는 문제
③ 레이블이 불균형한 데이터를 사용하여 학습을 충분히 하지 못해 제대로 분류되지 않는 문제.

9 분류분석(의사결정 트리/앙상블/로지스틱 회귀/k-최근접 이웃/SVM)

01	④	02	②	03	②	04	③	05	단답형
06	단답형	07	③	08	②	09	④	10	②
11	단답형	12	④	13	②				

01 ④

알고리즘	이산형 목표변수	연속형 목표변수
CHAID(다지분할)	카이제곱 통계량	ANOVA F-통계량
CART(이진분할)	지니 지수	분산감소량
C4.5, C5.0(다지분할)	엔트로피 지수	–

02 ②

알고리즘	이산형 목표변수	연속형 목표변수
CHAID(다지분할)	카이제곱 통계량	ANOVA F-통계량
CART(이진분할)	지니 지수	분산감소량
C4.5, C5.0(다지분할)	엔트로피 지수	–

ⓒ은 엔트로피 지수가 아닌 ANOVA F-통계량이다.

03 ②

지니 지수의 값이 클수록 이질적(불순도가 크다)이며 순수도가 낮다고 볼 수 있다.

04 ③

연속형 목표변수의 분리 기준은 분산분석에서의 F-통계량, 분산 감소량이 있다.

05 과대적합(overfitting)

모델이 훈련 세트의 각 샘플에 너무 가깝게 맞춰져서 새로운 데이터에 일반화되기 어려울 때 발생하는 문제를 과대적합이라고 한다. 과대적합을 방지하는 대표적인 방법으로 지나치게 자세히 분류하는 것을 막는 정지 규칙이 있다.

06 배깅(bagging)

배깅은 주어진 자료에서 여러 개의 붓스트랩 자료를 생성하고 각 붓스트랩 자료에 예측모형을 만든 후 결합하여 최종 예측모형을 만드는 방법이다. 2019년에 세 번이나 출제된 문제이다.

07 ③

랜덤 포레스트는 의사결정 나무를 앙상블하는 방법으로, 의사결정 나무의 특징인 분산이 크다는 점을 고려하여 배깅과 부스팅보다 더 많은 무작위성을 주어 학습기를 생성한 후 이를 선형 결합하여 최종 학습기를 만드는 앙상블 방법이다.

08 ②

lgbm이라는 트리 기반의 학습 알고리즘은 gradient boosting방식의 프레임워크이며 Leaf-wise알고리즘을 사용한다.

09 ④

n=4, ● 2개, ◆ 2개이므로
지니 지수 = $1 - (2/4)^2 - (2/4)^2 = 1 - 1/2 = 1/2$

10 ②

n=50, good 20, bad 30이므로
지니 지수 = $1 - (20/50)^2 - (30/50)^2 = 0.48$

11 정지규칙(stopping rule)

정지규칙은 의사결정 나무에서 더 이상 분리가 일어나지 않고 현재의 마디가 끝마디(leaf node)가 되도록 하는 규칙이다.

12 ④

각 모형의 상호 연관성이 높을수록 정확도는 떨어진다.

13 ②

최근접 이웃 모형은 분류분석 모형 중 훈련용 데이터 집합으로부터 미리 모형을 학습하는 것이 아니라, 새로운 자료에 대한 예측 및 분류를 수행할 때 모형을 구성하는 게으른 학습(lazy learning) 기법을 사용한다. k-NN 알고리즘은 가장 간단한 기계학습 알고리즘에 속한다.
k-최근접 이웃 모형(k-NN, k-nearest neighbor) 알고리즘은 지도 학습법이고, k-평균 군집(k-means clustering)은 비계층 군집화를 진행하는 비지도 학습법이다. 이름이 비슷하기 때문에 주의가 필요하다.

10 분류분석(의사결정 트리/앙상블/로지스틱 회귀/k-최근접 이웃/SVM)

01	③	02	③	03	②	04	③	05	④
06	②	07	단답형						

01 ③

분류 모형의 평가를 위해 사용되는 오차행렬표에서 정밀도(precision)은 True로 예측한 관측치 중 실제값이 True인 정도를 나타내는 지표이다. 문제에서는 정밀도가 아닌 정확도로 표현했지만, 영어 표현인 precision이 정밀도에 해당하는 표현이므로 정답이 된다. 따라서 한글 표현과 더불어 영어 표현도 함께 꼼꼼히 외워 두어야 헷갈리는 일을 방지할 수 있다.
비교) 재현율(recall)은 실제 값이 True인 관측치 중 예측치가 적중한 정도를 나타내는 지표이다.

02 ③

$$\text{Precision(정밀도)} = \frac{TP}{TP+FP}$$

$$\text{Recall(재현율)} = \frac{TP}{TP+FN} = \frac{TP}{P}$$

$$F1 = \frac{2 \times \text{Precision} \times \text{Recall}}{\text{Precision}+\text{Recall}} = \frac{2 \times 정밀도 \times 재현율}{정밀도+재현율}$$

1) 정밀도 $= \dfrac{30}{30+60} = \dfrac{30}{90}$

2) 재현율 $= \dfrac{30}{30+70} = \dfrac{30}{100}$

3) $F1 = \dfrac{2 \times \frac{30}{90} \times \frac{30}{100}}{\frac{30}{90}+\frac{30}{100}} = \dfrac{6}{19}$

03 ②

$$\text{Specificity(특이도)} = \frac{TN}{FP+TN} = \frac{TN}{N}$$

특이도 $= \dfrac{40}{60+40} = \dfrac{4}{10}$

04 ③

$$\text{errorrate(오분류율)} = \frac{FP+FN}{TP+FN+FP+TN} = \frac{FP+FN}{P+N}$$

오분류율을 구하면 $\dfrac{60+60}{200}$ 이다.

05 ④

06 ②

ROC 곡선의 좌표는(1-특이도, 민감도)로 x축이 낮고 y축이 높을수록 분류 정확도가 높다는 것을 의미하므로, 이상적으로 완벽한 분류 모형의 좌표는 (0, 1) 이다.

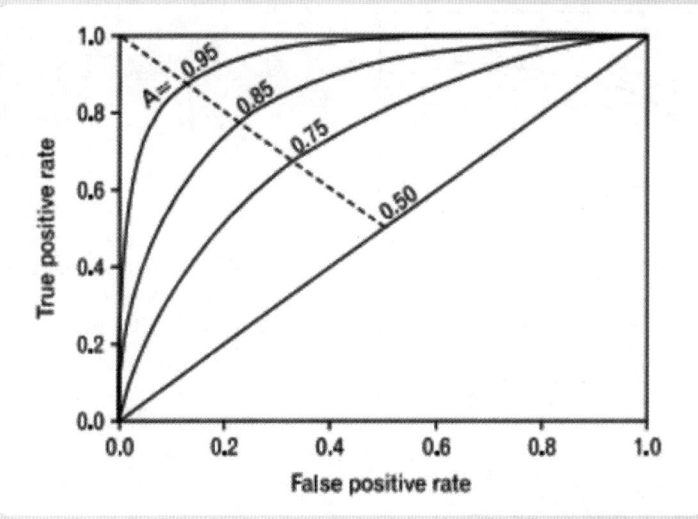

07 향상도 곡선

11 인공 신경망

01	③	02	④	03	③	04	②	05	①
06	②	07	단답형						

01 ③

딥러닝의 활성화 함수인 시그모이드 함수는 로지스틱 회귀분석과 유사하며 0에서 1사이의 확률값을 가진다.

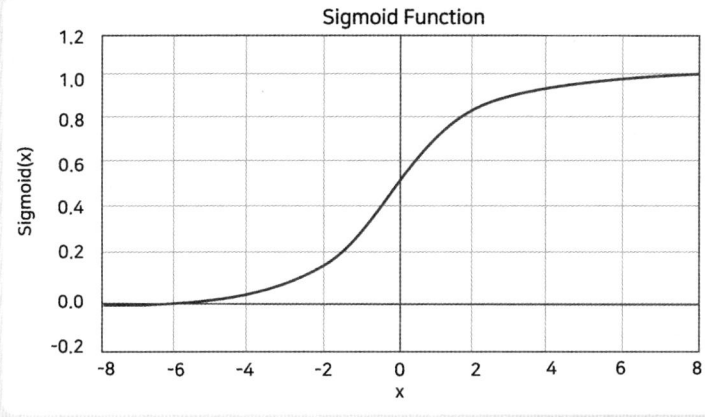

$$\sigma(x) = \frac{1}{1+e^{-x}}$$

02 ④

딥러닝의 활성화 함수인 시그모이드 함수는 로지스틱 회귀분석과 유사하며 0에서 1사이의 확률값을 가진다.

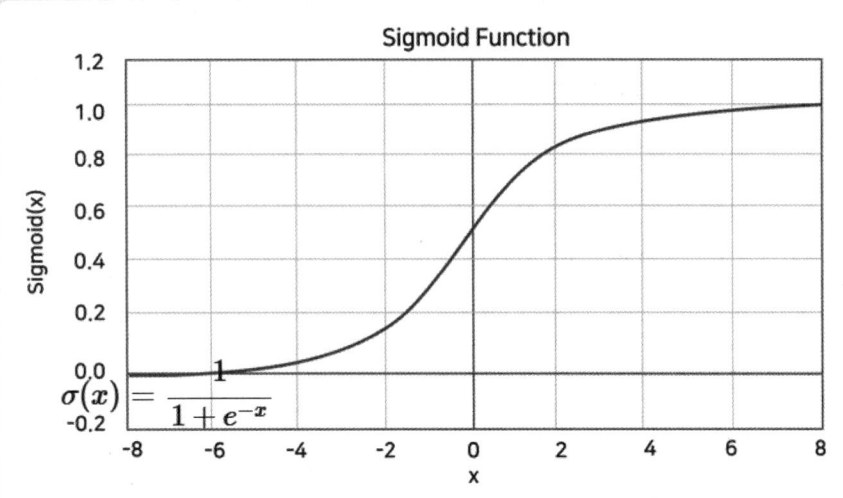

03 ③

04 ②

신경망모형은 인공지능 기술의 발전과 함께 주목받고 있는 딥러닝 기법에 기반을 두고 인간의 뇌를 기반으로 추론한 모델이다.

05 ①

기울기 소실 문제(Gradient Vanishing)를 해결하기 위해서는 활성화 함수 렐루(ReLU)를 이용한다.

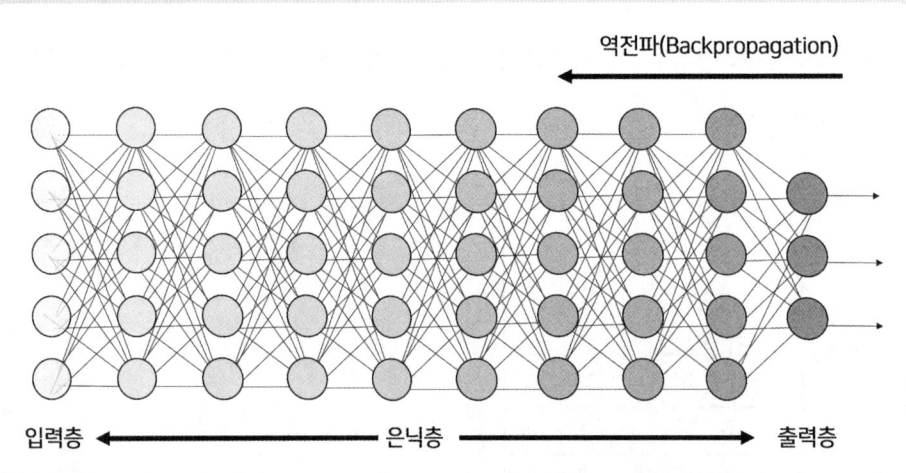

06 ②

은닉층 노드의 수는 너무 적으면 네트워크의 복잡한 의사결정 경계를 만들 수 없으며, 너무 많으면 네트워크의 일반화가 어렵다.

07 Gradient Vanishing(기울기 소실)

깊은 인공 신경망을 학습하다보면 나타나는 역전파 과정에서 입력층으로 갈수록 기울기가 점차 작아지는 현상을 Gradient Vanishing이라고 한다.

12 군집 분석

01	단답형	02	②	03	단답형	04	①	05	③
06	③	07	④	08	단답형	09	③	10	③
11	④	12	②						

01 최단 연결법

최단 연결법은 거리가 가까운 데이터를 묶어서 군집을 형성하는 방법이며, hclust(*, method="single")으로 실행된다.

02 ②

k-평균 군집은 비지도 학습의 비계층적 군집방식으로 수행할 때, 가장 먼저 (다) 초기의 군집 중심으로 k개의 객체를 임의로 선택해야 한다. 그리고 (가) 각 자료를 가장 가까운 군집 중심에 할당하고, (라) 각 군집 내 자료들의 평균을 계산하여 군집의 중심을 업데이트하는 과정을 (나) 군집 중심의 변화가 거의 사라질 때까지 반복한다.

03 와드 연결법(ward linkage)

와드 연결법(ward linkage)은 군집 내의 오차제곱합에 기초하여 군집을 수행, 비슷한 군집끼리 병합하는 방법이다.

04 ①

맨하튼 거리 = |160-180| + |70-65| = 25
유클리드 거리 = $\sqrt{(160-180)^2+(70-65)^2} = \sqrt{400+25} = \sqrt{425} \simeq 20.61$

05 ③

계층적 군집 분석은 군집의 개수를 미리 지정하지 않고, n개의 군집으로 시작해 점차 군집의 개수를 줄여나가면서 최종적으로 하나의 군집만이 남을 때까지 가장 가까운 두 군집들을 점진적으로 합해 나가는 병합방법이다.

06 ③

밀도 기반 군집 기법은 군집화 기법 중 특정 공간에서 가까이 있는 데이터가 많은 지역을 중심으로 클러스터를 구성하며 비교적 비어 있는 지역을 경계로 하는 군집 기법으로, 임의적인 모양의 군집 탐색에 효과적이다.

07 ④

실루엣 계수는 군집 모형 평가 기준 중 군집의 밀집 정도를 계산하는 방법으로, 군집 내의 거리와 군집 간의 거리를 기준으로 군집 분할의 성과를 평가하는 지표이다. 0에서 1사이의 값을 가지며, 1에 가까울수록 좋은 군집을 이루었다고 평가한다.

08 실루엣 계수

실루엣은 군집 내의 응집도와 군집 간 분리도를 이용한 지표이며, 군집 내 요소 간의 거리가 짧고 서로 다른 군집 간 거리가 멀수록 값이 커진다.

09 ③

코사인 유사도는 두 개체의 벡터 내적의 코사인 값을 이용하여 측정된 벡터 간의 유사한 정도이다.

10 ③

min-max 정규화는 원 데이터의 분포를 유지하면서 0에서 1사이의 값을 가지도록 정규화하는 방법이다.

11 ④

자기 조직화 지도(SOM)는 코호넨에 의해 제시/개발되었으며 코호넨 맵이라고도 부르는 비지도 신경망이다. 고차원 데이터를 이해하기 쉬운 저차원의 뉴런으로 정렬하여 지도(map)의 형태로 형상화하며, 입력의 위치 관계를 그대로 보존한다는 특징이 있다. SOM은 경쟁 학습으로 각각의 뉴런이 입력 벡터와 얼마나 가까운지를 계산하여 연결 강도를 반복적으로 재조정하여 학습한다. 이 과정을 거치면서 연결강도는 입력 패턴과 가장 유사한 경쟁층 뉴런이 승자가 된다. 승자 독식 구조로 인해 경쟁층에는 승자 뉴런만이 나타나며, 승자와 유사한 연결 강도를 갖는 입력 패턴이 동일한 경쟁 뉴런으로 배열된다.

12 ②

혼합 분포 군집은 모형-기반(model-based)의 군집 방법이며, 데이터가 k개의 모수적 모형의 가중합으로 표현되는 모집단 모형으로부터 나왔다는 가정 하에서 모수와 함께 가중치를 자료로부터 추정하는 방법이다. 혼합 모형에서 모수와 가중치의 추정에 EM 알고리즘을 사용하며, E-단계는 잠재변수 Z의 기대치를 계산하는 단계이다.

13 연관규칙 분석

01	③	02	④	03	③	04	①	05	②
06	③	07	③	08	단답형				

01 ③

연관규칙 if A → B, 조건-결과의 식으로 유용한 패턴을 발견해 내는 방법을 연관규칙 분석이라고 한다.

02 ④

연관규칙 분석은 기업의 데이터베이스에서 상품의 구매, 서비스 등의 거래 또는 사건들 간의 규칙을 발견하기 위해 적용하며, 장바구니 분석이라고도 한다.

03 ③

순차 패턴이란 연관규칙에 순서에 대한 정보를 포함하여 적용하는 분석 방법이다.
휴대폰을 새로 구매한 고객이 한달 내에 휴대폰 케이스를 구매하는 경우를 예를 들 수 있다.

04 ①

지지도는 전체 거래 중 항목 A와 항목 B를 동시에 포함하는 거래의 비율로 정의한다.

05 ②

$$신뢰도 = \frac{P(A \cap B)}{P(A)} = \frac{A와\ B가\ 동시에\ 포함된\ 거래\ 수}{A를\ 포함하는\ 거래\ 수}$$

$$신뢰도 = \frac{30}{10+30} = \frac{3}{4} = 0.75$$

06 ③

지지도 = $\dfrac{P(A \cap B)}{\text{전체 거래 수(N)}}$ = $\dfrac{\text{A와 B가 동시에 포함된 거래 수}}{\text{전체 거래 수(N)}}$

지지도 = $\dfrac{30}{100} = 0.3$

07 ③

향상도 = $\dfrac{P(B|A)}{P(B)}$ = $\dfrac{P(A \cap B)}{P(A)P(B)}$ = $\dfrac{\text{A와 B를 포함하는 거래 수} \times \text{전체 거래 수(N)}}{\text{A를 포함하는 거래 수} \times \text{B를 포함하는 거래 수}}$

향상도 = $\dfrac{2000 * 5000}{3000 * 2500} = \dfrac{4}{3}$ 로 1보다 큰 값이 나와 연관성이 높다고 할 수 있다.

08 향상도(lift)

향상도 = 1이면 A와 B는 독립적이다.

향상도 < 1이면 A와 B는 음의 상관관계이다.

향상도 ≥ 1이면 if A → B라는 패턴은 연관성이 있다.

정답·및·해설

- 연습 문제
- **핵심 키워드로 복습하기**
- 최신 복원 기출문제
- 완성! 모의고사

핵심 키워드로 1과목 복습하기 정답 및 해설

01 • 클라우드 컴퓨팅

02 • 내면화 → 공통화

03 • 표출화 → 연결화

04 • 내면화

05 • 공통화

06 • 표출화

07 • 연결화

08 • 정보(information)

09 • 지식(knowledge)

10 • 지식(knowledge)

11 • 통합, 저장, 공용, 변화

12 • 변화

13 • Volume(양), Variety(다양성), Velocity(속도)

14 • 렌즈 역할

15 • ① 사후처리
　　② 전수조사
　　③ 양
　　④ 상관관계

16 • 기업 활용사례

17 • ① BI
　　② OLTP
　　③ OLAP
　　④ CRM
　　⑤ SCM
　　⑥ ERP

18 • 빅데이터 활용 기본 테크닉(7가지)
　　① 연관규칙 학습(Association rule learning)
　　② 유형 분석(Classification tree analysis)
　　③ 유전 알고리즘 (Genetic algorithms)
　　④ 기계 학습 (Machine learning)
　　⑤ 회귀분석 (Regression analysis)
　　⑥ 감정 분석 (Sentiment analysis)
　　⑦ 소셜 네트워크 분석 (Social network analysis)

19 • ① 동의에서 책임으로
　　② 결과 기반 책임 원칙 고수
　　③ 알고리즘 접근 허용

20 • 책임원칙 훼손 요인

21 • 결과 기반 책임 원칙 고수

22 • X

23 • 비정형 데이터

24 • 분석적 영역(Analytics), IT 영역, 비즈니스 분석 영역

25 • ① 분석적 영역
　　② IT 영역
　　③ 비즈니스 분석

26 • 하드 스킬(Hard Skill), 소프트 스킬(Soft Skill)

27 • ① 하드 스킬
　　② 소프트 스킬

28 • 타고난 성향적 관점, 행동적 관점, 상황적 관점

29 • 디지털화 → 연결 → 에이전시(agency)

30 • PB < EB < ZB < YB

31 • 플랫폼

32 • Volume

33 • X

34 • 데이터 사이언스

35 • 유전 알고리즘(최적화)

36 • ① 반정형데이터
　② 비정형 데이터
　③ 비정형 데이터
　④ 비정형 데이터
　⑤ 정형 데이터
　⑥ 반정형 데이터

37 • 스키마(schema)

38 • 데이터 익명화

39 • 총체적 접근법

40 • ① 연관규칙
　② 회귀분석
　③ 소셜 네트워크분석
　④ 유전자 알고리즘
　⑤ 유전자 알고리즘
　⑥ 연관규칙
　⑦ 유형 분석
　⑧ 소셜 네트워크분석
　⑨ 유형 분석(분류분석)

41 • 지식

42 • 무결성

43 • SQL

44 • 메타데이터

45 • 인덱스

46 • 플랫폼

47 • ① 데이터 마스킹
　② 가명처리
　③ 총계처리
　④ 데이터값 삭제
　⑤ 데이터 범주화

48 • ① 하둡(Hadoop)
　② 아파치 스파크(Apache Spark)
　③ 스마트 팩토리(Smart Factory)
　④ 데이터 마이닝(Data Mining)
　⑤ 데이터 레이크(Data Lake)
　⑥ 데이터 웨어하우스(Data Warehouse)

49 • 주제 지향성, 데이터 통합, 데이터의 시계열성, 데이터의 비휘발성

핵심 키워드로 2과목 복습하기 정답 및 해설

01 • 데이터(Data), 분석모델(Analytic Model), 분석가(Analyst)

02 • ① 분석 과제
　② 분석 마스터 플랜

03 • 솔루션(Solution)

04 • 통찰(Insight)

05 • 분석 과제, 분석 마스터 플랜

06 • 프레이밍 효과(Framing Effect)

07 • 폭포수형 모델

08 • 나선형 모델, 프로토타입 모델

09 • 폭포수형 모델

10 • 나선형 모델

11 • 프로토타입 모델

12 • 데이터 전처리(Preprocessing)

13 • 데이터 변환(Transformation)

14 • 업무 이해 ↳ 데이터 이해, 데이터 준비 ↳ 모델링

15 • 분석용 데이터셋 선택, 데이터 정제, 분석용 데이터셋 편성, 데이터 통합, 데이터 포맷팅

16 • 분석 기획, 데이터 준비, 데이터 분석, 시스템 구현, 평가 및 전개

17 • 탐색적 데이터 분석(EDA)

18 • 의사코드(Pseudocode)

19 • 하향식 접근 방식, 상향식 접근 방식

20 • 업무, 제품, 고객, 규제&감사, 지원 인프라

21 • ① 하향식 접근 방식
    ② 상향식 접근 방식

22 • 채널(Channel)영역

23 • 분석 유즈 케이스

24 • 상향식접근법

25 • 발산(Diverge), 수렴(Converge)

26 • 감정 이입(Empathize)

27 • 지도 학습(Supervised Learning)

28 • 비지도 학습(Unsupervised Learning)

29 • 프로토타이핑(Prototyping) 접근법

30 • 가설의 생성

31 • Speed

32 • 이해관계자

33 • ISP(Information Strategy Planning)

34 • 시급성, 난이도

35 • 3V(Volume, Variety, Velocity)

36 • 3사분면

37 • 조직, 프로세스, 시스템, 데이터, Human Resource

38 • CMMI(Capability Maturity Model Integration) 모델

39 • 비즈니스 부문, 조직역량 부문, IT 부문

40 • 도입 단계, 활용 단계, 확산 단계, 최적화 단계

41 • 활용 단계

42 • 정착형

43 • 도입형

44 • 원칙, 조직, 프로세스

45 • 데이터의 표준화, 데이터 관리체계, 데이터 저장소 관리, 표준화 활동

46 • 분산형 구조

47 • 집중형 구조

48 • 분석 업무, 분석 인력/조직, 분석 기법, 분석 데이터, 분석 문화, 분석 인프라

49 • 분석 기획

50 • 데이터 관리 체계

핵심 키워드로 3과목 복습하기 정답 및 해설

[R 프로그래밍, 통계분석]

01 • 데이터 마트

02 • reshape, sqldf, plyr, data.table

03 • reshape 패키지

04 • sqldf

05 • plyr

06 • ldplyr

07 • data.table

08 • 산점도

09 • 최소값(min), 최대값(max), 25% 백분위수(Q1), 75% 백분위수(Q3), 중앙값(median), 평균(mean)

10 • is.na()

11 • ① na.omit()
　　② 대표값

12 • ① Q1 − 1.5 * IQR , Q3 + 1.5* IQR
　　② 상자그림(boxplot)

13 • 단순랜덤추출법, 계통추출법, 집락추출법, 층화추출법

14 • 계통추출법

15 • 추정, 가설검정(hypothesis test), 예측(forecasting)

16 • 기술 통계

17 • 이산형 확률변수, 연속형 확률변수

18 • 이산형 확률변수

19 • 연속형 확률변수

20 • 점 추정, 구간추정

21 • 구간추정

22 • 95%

23 • 가설검정

24 • 대립가설(H1)

25 • F-검정, t-검정

26 • p-value

27 • 기각

28 • 기각역

29 • 제1종 오류(Type Ⅰ error: α)

30 • 모수적 방법

31 • 비모수적 방법

32 • head()

33 • 중앙값

34 • 5
오름차순 정렬: 3 3 4 4 5 5 5 6 9 10
$\frac{5+5}{2}=5$

35 • $Q_3 - Q_1$

36 • 이상값

37 • 회귀분석

38 • 종속변수(반응변수, y), 독립변수(설명변수, x, x_1, x_2)

39 • 최소제곱법

40 • ① F-통계량
② t-통계량
③ 결정계수(R^2)
v) 정상성(=정규성)

41 • 다중(중) 회귀분석

42 • 다중선형회귀분석

43 • ① 전진선택법
direction="forward"
제곱합의 기준
② 후진제거법
direction="backward"
제곱합의 기준으로 가장 적은 영향을 주는 변수부터 하나씩 제거
③ 단계별 방법
direction="both"

44 • 다중공선성

45 • 상관계수

46 • 상관계수의 종류
① 피어슨 상관계수
② 스피어만 상관계수

47 • 0

48 • 등간척도

49 • 서열척도(이산형 데이터, 순서형 데이터)

50 • 다차원 척도법(MDS)

51 • 주성분 분석(PCA)

52 • 정상성

53 · i) 평균
　　 ii) 분산
　　 iii) 공분산

54 · ① 차분
　　 ② 변환

55 · 계절 차분

56 · 자기회귀(AR) 모형, 이동평균(MA) 모형, 자기회귀누적이동평균(ARIMA) 모형, 분해시계열

57 · 자기회귀(AR) 모형

58 · AR, MA, ARMA

59 · 분해 시계열

60 · 추세 요인, 계절 요인, 순환 요인, 불규칙 요인

61 · 계절 요인

62 · ARMA

63 · X
　　 상관분석은 데이터 안의 두 변수의 연관 정도는 나타내지만 인과관계를 설명하지는 못한다.

64 · 잔차 분석

65 · 상관계수

66 · 이동평균모형(MR)

67 · 데이터 마이닝

[데이터 마이닝]

01 · 분류(Classification)

02 · 추정(Estimation)

03 · 예측(Prediction)

04 · 연관 분석(Association Analysis)

05 · 연관규칙

06 · 군집(Clustering) 분석

07 · 데이터 가공

08 · i) 분류　　 ii) 예측

09 · 로지스틱 회귀분석

10 · 활성 함수(활성화 함수)

11 · 퍼셉트론(perceptron)

12 · Softmax 함수

13 · 인공 신경망(ANN)

14 · 활성화함수

15 · 동질성, 이질성

16 · i) 분류 나무
　　 ii) 회귀 나무

17 · ① 지니 지수　 ② 엔트로피 지수

18 · 의사결정 나무

19 • 앙상블 모형

20 • 배깅, 랜덤 포레스트, 부스팅

21 • 부스팅

22 • 오버피팅(overfitting)

23 • 홀드아웃(hold-out)

24 • k-Fold 교차검증

25 • 오차분류표(confusion matrix)

26 • 정밀도(Precision)

27 • 재현율(Recall) = 민감도

28 • F1 지표

29 • ROC 그래프

30 • AUC(Area Under Curve)

31 • 군집 분석

32 • 병합적 방법
33 • 최단 연결법, 최장 연결법, 중심 연결법, 평균 연결법, 와드 연결법

34 • 와드 연결법

35 • $\sqrt{50}$
$\sqrt{(180-175)^2+(65-70)^2} = \sqrt{25+25} = \sqrt{50}$

36 • 10
|180-175| + |65-70| = 10

37 • k-평균 군집

38 • EM 알고리즘

39 • SOM

40 • 연관 분석

41 • 신뢰도

42 • 향상도 > 1

43 • 순차 분석

44 • 덴드로그램(dendrogram)

45 • 회귀나무

정답·및·해설

연습 문제

핵심 키워드로 복습하기

최신 복원 기출문제

완성! 모의고사

최신 복원 기출문제 1회 정답 및 해설

객관식

01	③	02	③	03	①	04	②	05	②
06	①	07	③	08	②	09	③	10	④
11	④	12	④	13	③	14	①	15	④
16	②	17	②	18	④	19	①	20	③
21	②	22	①	23	④	24	①	25	④
26	②	27	①	28	①	29	④	30	④
31	③	32	③	33	②	34	④	35	①
36	②	37	④	38	③	39	①	40	④

단답형

01	Hits	02	d/(c+d)
03	오즈(Odds)	04	정상성(Stationary)
05	3개	06	분류분석/유형 분석
07	프레이밍 효과	08	정보(Information)
09	Content-based filtering(내용 기반 필터링)	10	팀구성/분석 과제 실행/분석 과제 진행관리

과목 I 데이터 이해 — 문항 수(8문항), 배점(문항 당 2점)

01 ③

빅데이터의 본질적인 변화는 사전처리에서 사후처리로, 표본조사에서 전수조사로, 질에서 양으로, 인과관계에서 상관관계로 변하였다. (ㄱ)은 표본조사에서 전수조사로의 변화, (ㄷ)은 질에서 양으로의 변화를 설명한 것이다.

02 ③

메타데이터는 데이터에 관한 구조화된 데이터로, 다른 데이터를 설명해주는 데이터이다. 대량의 정보 가운데서 찾고 있는 정보를 효율적으로 찾아 이용하기 위해 일정한 규칙에 따라 콘텐츠에 부여된다.
인덱스는 데이터베이스 분야에 있어서 테이블에 대한 동작의 속도를 높여주는 것으로, 테이블 내의 1개의 컬럼, 혹은 여러 개의 컬럼을 사용하여 생성할 수 있다.

03 ①

딥러닝 지도 학습에는 DL, CNN, RNN, LSTM이 있으며, 딥러닝 비지도 학습에는 Autoencoder가 있다. SVM은 머신러닝 분류분석 기법 중 하나이다.

04 ②

②는 종속변수가 휴대폰 사용 패턴 집단이므로 범주형 데이터에 해당된다. 여기에 해당하는 기법은 유형 분석(분류분석)이다.

05 ②

(A) 빅데이터 분석에는 분석 과제에 적합한 데이터를 활용해야 한다. 이러한 데이터를 데이터 마트라고 부른다. (B) 빅데이터는 대규모의 데이터를 보유하기 때문에 데이터의 생명 주기 관리방안을 수립하지 않으면 데이터 가용성 및 관리 비용 증대 문제에 직면할 수 있다.

06 ①

②, ③, ④는 데이터, ①은 지식에 해당한다.

07 ③

데이터베이스 설계는 요구사항 분석, 개념적 설계, 논리적 설계, 물리적 설계 순서로 진행한다.

08 ②

① 데이터 오용 문제에 대한 해결방법 – 알고리즘 접근 허용
② 책임원칙훼손에 대한 해결방법 – 결과기반 책임원칙 고수
③ 사생활 침해에 대한 해결방법 – 동의에서 책임제로 변환

과목 Ⅱ 데이터 분석 기획 — 문항 수(8문항), 배점(문항 당 2점)

09 ③

분석 과제 정의서는 분석 과제 발굴 후 분석별로 필요한 소스 데이터, 분석 방법, 데이터 입수 및 분석의 난이도, 분석 수행주기, 분석 결과에 대한 검증 오너십, 상세분석 과정 등을 정의한다.

10 ④

빅데이터 분석 방법론의 5단계 프로세스는 분석 기획 → 데이터 준비 → 데이터 분석 → 시스템 구현 → 평가 및 전개 순서로 이루어진다. 데이터 준비와 데이터 분석 단계를 반복하며 피드백을 통해 분석에 알맞은 데이터를 준비해야 한다.

11 ④

분석 과제 발굴 방식에는 하향식 접근 방법과 상향식 접근 방법이 있다. 하향식 접근 방법은 문제가 주어지고 이에 대한 해법을 찾는 전통적인 방식이며, 상향식 접근 방식은 문제의 정의 자체가 어려운 경우에 데이터를 기반으로 문제 재정의 및 해결방안을 탐색하고 이를 지속적으로 개선하는 방식이다. 프로토타이핑은 상향식 접근 방식에 해당하며, ①, ②, ③은 하향식 접근 방법에 대한 설명이다.

12 ④

데이터 거버넌스 체계 중 데이터 관리 체계는 데이터 정합성 및 활용의 효율성을 위하여 표준 데이터, 메타 데이터, 데이터 사전의 관리 원칙을 수립하는 것으로, 빅데이터의 경우에는 데이터 수명주기 관리방안(Data Life Cycle Management)을 수립하지 않으면 데이터 가용성 및 관리비용 증대 문제에 직면할 수 있다.

13 ③

CRISP-DM 방법론의 6단계 프로세스는 업무 이해 → 데이터 이해 → 데이터 준비 → 모델링 → 평가 → 전개이다. 그중 모델링 단계에서 수행하는 태스크(task)에는 모델링 기법 선택, 모델 테스트 계획 설계, 모델 작성, 모델 평가가 있다. 모델 적용성 평가는 평가 단계에서 진행된다.

14 ①

분석 과제 발굴을 위한 하향식 방법의 하나로 분석 기회 발굴의 범위 확장이 있다. 경쟁자 확대 관점에서는 현재 수행하고 있는 사업 영역의 직접 경쟁사 및 제품 및 서비스뿐만 아니라 대체재와 신규 진입자 등으로 관점을 확대하여 위협이 될 수 있는 상황에 대하여 분석 기회 발굴의 폭을 넓혀서 탐색하는 것이 좋다.

15 ④

가치(Value): 시급성 - 전략적 중요도와 목표 가치가 평가 요소가 된다.
3V(Volume, Variety, Velocity): 난이도 - 데이터 획득/저장/가공비용과 분석 적용 비용, 분석 수준이 평가 요소가 된다.

16 ②

정형 데이터 - RDB, 스프레드시트, CSV, ERP, CRM, SCM 등 정보 시스템
반정형 데이터 - 로그 데이터, 모바일 데이터, 센싱 데이터 등
비정형 데이터 - e-메일, 이미지, 영상, 음성, 문자 등

과목 Ⅲ 데이터 분석 — 문항 수(24문항), 배점(문항 당 2점)

17 ②

두 수가 범주형 데이터인 경우 모자이크 플롯이 유용하다. default변수의 No의 면적이 Yes의 면적보다 크므로 연체하지 않은 고객이 연체한 고객보다 많음을 알 수 있다.

18 ③

지니 지수 = $1 - (4/6)^2 - (2/6)^2 = 16/36 = 4/9$

19 ①

척도의 구분: 질적자료(명목척도, 순서척도), 양적자료(비율척도, 구간척도)
①의 비율척도는 절대적인 기준인 원점(0)이 존재하여 사칙연산 모두 가능하다. 제일 많은 정보를 가진 척도로 나이, 무게 등이 비율척도에 해당한다.

20 ③

기술(Description)은 사람, 상품에 관한 이해를 증가시키기 위한 것으로, 데이터가 가지고 있는 의미를 단순하게 기술하는 것도 의미를 파악하는 것만큼 중요하다.

21 ②

향상도=(P(B|A))/(P(B))=(P(A∩B))/(P(A)P(B))=(A와 B를 포함하는 거래 수 × 전체 거래 수(N))/(A를 포함하는 거래 수×B를 포함하는 거래 수)

향상도 = (300 X 1000)/(600 X 600)=300000/360000=0.8333…≅0.83이다.

$$향상도 = \frac{P(B|A)}{P(B)} = \frac{P(A \cap B)}{P(A)P(B)} = \frac{A와\ B를\ 포함하는\ 거래\ 수 \times 전체\ 거래\ 수(N)}{A를\ 포함하는\ 거래\ 수 \times B를\ 포함하는\ 거래\ 수}$$
$$= \frac{300 \times 1000}{600 \times 600} = \frac{300000}{360000} = 0.8333\cdots \cong 0.83이다.$$

22 ①

앙상블 기법에는 보팅, 배깅, 부스팅, 스태킹 등이 있다. 시그모이드는 인공 신경망의 활성화함수 중 하나이다.

23 ④

시계열 데이터에서 잡음(noise)은 무작위적 변동이며 일반적인 원인이 알려져 있지 않다.

24 ①

기각역은 귀무가설을 기각하는 통계량의 영역을 말한다.

25 ④

두 집단 간 평균이 동일한지 검정(평균 검정): t-분포, z-분포
두 집단 간 분산의 동일성 검정(분산 검정): F-분포
범주형 자료에 대한 두 집단 간 동질성 검정: X^2-분포

26 ②

분류 모형의 평가를 위해 사용되는 오차행렬표에서 정밀도(precision)는 True로 예측한 관측치 중 실제값이 True인 정도를 나타내는 지표이다.

비교) 재현율(recall)은 실제 값이 True인 관측치 중 예측치가 적중한 정도를 나타내는 지표이다.

27 ①

맨하튼 거리: $d(x,y) = \sum_{i=1}^{p} |x_i - y_i| = |180-75| + |65-70| = 10$

28 ①

IQR(사분위범위) = 12 − 4 = 8
하한값 = 4 − 8*1.5 = −8, 상한값 = 12 + 8*1.5 = 24

29 ④

신뢰수준 95%의 의미는 모수가 신뢰구간 내에 존재할 확률이 95%라는 것이다.

30 ④

독립변수와 종속변수 간의 관계가 비선형이면, 이 관계를 선형으로 바꿀 수 있도록 독립변수를 비선형으로 변환하여 사용한다.

31 ③

향상도는 품목 B를 구매한 고객 대비 품목 A를 구매한 후 품목 B를 구매하는 고객에 대한 확률로, 향상도 > 1이면 두 품목이 서로 양의 관계, 즉 품목 B를 구매할 확률보다 품목 A를 구매하고 품목 B를 구매할 확률이 높다는 것을 의미한다.

32 ③

중앙값은 이상치(outlier)에 영향을 덜 받는 값이다.

33 ②

Loadings에서 Comp.2는 head1*0.693 + breadth1*0.219 + head2*(−0.633) + breadth2*(−0.267)로 계산되므로 원 변수와 모두 양의 상관관계를 가진다고 할 수 없다.

34 ④

주성분 분석(PCA)은 상관관계가 있는 변수들을 결합해 상관관계가 없는 변수로 분산을 극대화하는 기법으로, 선형 결합으로 변수를 축약, 축소하는 기법이다. 주성분 분석의 목적에는 여러 변수들을 소수의 주성분으로 축소하여 데이터를 쉽게 이해하고 관리하는 것, 주성분 분석을 통해 차원을 축소하여 군집 분석에서 군집화 결과와 연산속도를 개선하는 것, 회귀분석에서 다중공선성을 최소화하는 것이 있다. scree graph에서 고유값(eigen value)이 수평을 유지하기 전 단계로 주성분의 수를 선택한다.

35 ①

Boxplot(박스플롯, 상자수염그림)은 하한값, 1사분위수, 중위수, 3사분위수, 상한값 5가지 수치를 가지고 데이터의 범위를 보여주는 그래프이다. 그러나 데이터에 범위에 대한 시각화만 이루어지는 것이지 통계적 유의함을 검증해주지는 않는다. Boxplot 그래프 중에서 중위수가 가장 큰 것은 Front이다.

36 ②

계층적 군집방법의 군집 간의 병합 시 거리 측정을 통한 병합 방법에는 최단 연결법, 최장 연결법, 중심 연결법, 평균 연결법, 와드 연결법이 있다. K-평균 군집은 비계층 군집방법의 대표적인 방법이다.

37 ④

StudentYes의 Estimate 값을 보고 $-6.468e-01$로 오즈비를 구해보면 $\exp(-6.468e-01) = 0.523719$이 되므로, StudentYes의 체납 확률이 학생이 아닌 고객에 비해 0.523719배 낮다. (회귀계수가 음수이므로 반대로 해석한다.)

38 ③

표본조사의 오차에는 표본오차와 비표본오차가 있다. 표본오차는 모집단의 일부인 표본에서 얻은 자료를 통해 모집단 전체의 특성을 추론함으로써 생기는 오차를 말하며, 비표본오차는 표본오차를 제외한 조사의 전체 과정에서 발생할 수 있는 모든 오차를 말한다. 비표본오차는 표본의 크기에 비례하여 커지므로 조사대상이 증가하면 오차가 커진다

39 ①

결측값을 분석하는 통계분석 방법론의 대치법에는 Complete Analysis, 평균대치법, 단순확률대치법, 다중대치법이 있다. 이 중 Complete Analysis는 불완전 자료는 모두 무시하고 완전하게 관측된 자료만으로 분석을 수행하는 방법이다.

40 ④

연관규칙 분석은 기업의 데이터베이스에서 상품의 구매, 서비스 등의 거래 또는 사건들 간의 규칙을 발견하기 위해 적용하며 장바구니 분석이라고도 한다.

단답형 — 문항 수(10문항), 배점(문항 당 2점, 부분점수 없음)

01 Hits

회귀계수 중 t-검정이 유의하면서 회귀계수의 절대값의 크기가 가장 큰 Hits가 가장 유효한 변수이다.

02 d/(c+d)

Specificity(특이도)=TN/(FP+TN)=TN/N
특이도는 실제 값이 False인 관측치 중 예측치가 적중한 정도이다.

03 오즈(Odds)

오즈는 어떠한 사건이 일어날 확률 p일 때, 일어날 확률을 일어나지 않을 확률로 나눈 p/1-p이다.

04 정상성(Stationary)

정상성(Stationary)은 평균, 분산이 일정하고, 공분산이 단지 시차에만 의존하고 실제 특정시점에 의존하지 않는 것을 의미한다.

05 3개

Height가 150에서 수평선(직선)을 그었을 때, 총 3개의 군집으로 나뉨을 확인할 수 있다

06 분류분석/유형 분석

분류분석(유형 분석)은 종속변수가 범주형 데이터일 때 활용하는 테크닉으로, 예시에서 고객의 대출상환을 Yes/No의 범주로 구분하므로 분류분석(유형 분석) 테크닉을 활용할 수 있다.

07 프레이밍 효과

기업의 합리적인 의사결정의 장애 요소로 고정관념, 편향된 생각(Bias), 프레이밍 효과(Framing Effect)가 있으며, 그중 프레이밍 효과는 문제의 표현 방식에 따라 동일한 사건이나 상황임에도 불구하고 개인의 판단이나 선택이 달라질 수 있는 현상을 말한다.

08 정보(Information)

정보는 데이터의 가공, 처리와 데이터간 연관관계 속에서 의미가 도출된 것이며, 지식을 도출할 때 사용하는 데이터이다.

09 Content-based filtering(내용 기반 필터링)

추천시스템 중 하나로 item에 대한 설명(description)과 사용자 선호에 대한 profile을 기반으로 한다. Content-based 추천 시스템에서, 키워드는 item을 설명(describe)하는데 사용되고 사용자의 프로필은 이 사용자가 좋아하는 류(type)의 item을 가리키게(indicate) 만들어진다. 다른 말로 하면, 이런 알고리즘들은 과거에 사용자가 좋아했던 것들(또는 현재 보고 있는 것들)과 비슷한 items을 추천하려고 한다. 구체적으로 말하면, 다양한 후보 items은 사용자에 의해 현재 평가되는 (rated) items과 비교되고 best-matching items은 추천된다. 이 접근법은 information retrieval과 information filtering에 뿌리를 두고 있다.

10 팀구성 or 분석 과제 실행 or 분석 과제 진행관리

. 분석 과제 관리 프로세스: 1) 과제 발굴 → 2) 과제 수행
　1) 과제 발굴(3단계): 분석 아이디어 발굴 - 분석 과제 후보 제안 - 분석 과제 확정
　2) 과제 수행(4단계): 팀 구성 - 분석 과제 실행 - 분석 과제 진행관리

최신 복원 기출문제 2회 정답 및 해설

객관식

01	②	02	④	03	③	04	①	05	③
06	②	07	④	08	①	09	②	10	①
11	①	12	②	13	④	14	④	15	③
16	③	17	④	18	①	19	①	20	④
21	③	22	②	23	①	24	②	25	②
26	③	27	①	28	④	29	①	30	③
31	④	32	①	33	②	34	①	35	④
36	①	37	③	38	②	39	①	40	①

단답형

01	랜덤 포레스트	02	ROC 그래프
03	메타데이터	04	(a+d)/(a+b+c+d)
05	데이터 거버넌스	06	AR 모형
07	SOM	08	코사인 유사도
09	플랫폼(platform)	10	정보(information)

과목 I 데이터 이해 〔문항 수(8문항), 배점(문항 당 2점)〕

01 ②

데이터 사이언티스트가 갖추어야 할 2가지 스킬에는 하드 스킬(빅데이터에 대한 이론적 지식, 데이터 처리나 분석 기술과 관련 숙련된 기술), 소프트 스킬(통찰력 있는 분석, 설득력 있는 전달, 다분야간의 협력) 이 있다.

02 ④

빅데이터의 유형은 다양성(Variety)의 특징을 가지고 있으며, 정형 데이터, 반정형 데이터, 비정형 데이터를 포함한다.

03 ③

한국어는 교착어에 속한다. 교착어는 어순이 중요시되는 영어나 중국어와 달리 어근에 접사가 붙어 의미와 문법적 기능이 부여되는 언어를 일컫는 것으로, 이런 특징으로 자연어 처리 시 형태소 단위로 끊어내는 것이 어려워 다른 언어들에 비해서 감성 분석에 상대적으로 어려운 측면이 있다. 개인 신용도 평가에 가장 많이 활용되는 것은 분류 또는 유형 분석 모형이다.

04 ①

암묵지와 형식지의 상호작용 관계는 '내면화 → 공통화 → 표현화 → 연결화'로 상호작용을 한다.

05 ③

데이터 사이언스의 3가지 영역
① 분석적 영역(Analytics)
   - 수학, 확률모델, 머신러닝, 분석학, 패턴 인식과 학습, 불확실성 모델링 등
② IT(Data Management) 영역
   - 시그널 프로세싱, 프로그래밍, 데이터 엔지니어링, 데이터 웨어하우징, 고성능 컴퓨팅 등
③ 비즈니스 분석
   - 커뮤니케이션, 프리젠테이션, 스토리텔링, 시각화 등

06 ②

개인정보 주체의 이름을 다른 이름으로 변경하는 기술로, 다른 값으로 대체할 시 일정한 규칙이 노출되지 않도록 주의해야 한다. (예) 홍길동 → 임꺽정

07 ④

빅데이터의 가치 산출의 어려움에는 데이터의 재사용, 기존에 없던 가치 창출, 분석 기술의 발전이 있다.

08 ①

지금의 빅데이터를 있게 한 기술적인 발전 요인 중 경제성을 제공해 준 가장 결정적인 기술은 저렴한 비용으로 분산 처리나 대용량의 데이터 처리를 가능하게 만든 클라우드 컴퓨팅 기술이다.

과목 Ⅱ 데이터 분석 기획 — 문항 수(8문항), 배점(문항 당 2점)

09 ②

빅데이터의 가치 재해석의 어려움에는 기존에 없던 가치 창출이 된다는 것이 있다. 2번의 자사의 내부 지적 재산권은 기존에 있는 가치라고 볼 수 있다.

10 ①

분석 과제 발굴의 하향식 접근법 중 분석 기회 발굴의 범위 확장에서, 역량의 재해석 관점에서는 내부역량을 집중적으로 분석하여 분석 기회를 탐색하며, 파트너와 네트워크를 통해 분석 기회를 추가적으로 도출한다.

11 ①

분석 프로젝트 관리에는 기존 프로젝트의 영역별 관리(범위, 일정, 품질, 리스크, 의사 소통)에 5가지 추가적 영역 관리(Data Size, Data Complexity, Speed, Analytic Complexity, Accuracy & Precision)가 필요하다.

12 ②

마스터 플랜 수행 과제 우선순위 평가 기준은 일반적인 IT 프로젝트 우선순위 평가 기준(전략도 중요도, 실행 용이성)과 비즈니스 성과/ROI(투자대비수익률)관점에서의 우선순위 기준(시급성, 난이도) 2가지가 있다.

13 ④

빅데이터 분석 방법론 프로세스 중 시스템 구현(Developing) 단계에서는 운영 중인 시스템에 적용하거나 프로토타입(Prototype)을 구현하고자 하는 경우 시스템 구현 단계를 진행하며, 소프트웨어 개발 생명 주기인 SDLC(Software Development Life Cycle)와 커스터마이징(Customizing)을 적용할 수 있으며, 시스템 구현 단계의 태스크(Task)에는 설계 및 구현, 시스템 테스트 및 운영이 있다. 4번의 정보보안영역과 코딩은 시스템 구현 단계의 태스크가 아니다.

14 ④

데이터 거버넌스 체계는 데이터의 표준화, 데이터의 관리체계, 데이터 저장소 관리, 표준화 활동으로 구성된다. 1번은 데이터 관리체계에 대한 설명이고, 3번은 데이터 저장소 관리, 2번은 표준화 활동을 설명한 것이다.

15 ③

분석 과제 발굴 방법은 하향식 접근 방식과 상향식 접근 방식이 있다. 상향식 접근 방식은 문제가 주어지고 이에 대한 해법을 찾는 방식의 각 과정이 체계적으로 수행되는 전통적인 방식이며, 문제의 정의 자체가 어려운 경우 데이터를 기반으로 문제의 재정의 및 해결방안을 탐색하고 이를 지속적으로 개선한다. 분석해야 할 대상이 명확한 경우에는 하향식 접근 방식이 적절하다.

16 ③

분석 과제 발굴의 하향식 접근법 중 분석 기회 발굴의 범위 확장에서 경쟁자 확대 관점으로 보았을 때 포함되는 영역에는 대체제, 경쟁자, 신규 진입자가 포함된다.

과목 Ⅲ 데이터 분석 — 문항 수(24문항), 배점(문항 당 2점)

17 ④

시계열 자료는 대부분이 비정상 자료이며, 이런 경우 비정상 자료를 차분이나 변환을 통해 정상성 조건을 만족시켜 정상 시계열로 만든 후 시계열분석을 실시한다.

18 ③

누적분포함수는 랜덤 변수가 특정 값보다 작거나 같을 확률을 나타내는 함수이다. 누적분포함수는 모든 확률변수에 대해 존재하지만, 확률밀도(질량)함수는 존재하지 않을 수도 있다.

19 ①

p-value는 0.888이고, 이는 유의수준 0.05보다 큰 값이므로 대립가설을 기각하고 귀무가설을 채택한다. 자유도(df)가 70이므로 전체 관측치는 71개이다. t-test에서 자유도는 전체 관측치 − 1이다.

20 ④

판별분석은 피셔(Fisher)가 개발한 방법으로, 집단을 구분할 수 있는 설명변수를 통하여 집단 구분 함수식(판별식)을 도출하고, 소속된 집단을 예측하는 목적으로 사용한다. 등간척도나 비율척도로 측정된 독립 변수를 이용해 명목척도 또는 서열척도로 측정된 종속변수를 분류하는데 사용될 수 있다. 판별분석에서 거리 측정을 위해서는 유클리드, 마할라노비스 거리 등의 방법을 활용하며, 피어슨 상관 계수로는 거리 측정이 불가능하다.

21 ③

k-평균 군집 분석에서 군집 수를 정할 때 군집 수에 따른 집단 내 제곱합(within-groups sum of squares)의 그래프를 그려보는 것도 군집 수를 정하는데 도움이 된다.

22 ②

summary() 함수는 데이터 프레임의 변수들을 요약 및 통계를 보여주는 함수로, 보여주는 수치들이 통계적으로 유의한지는 확인할 수 없다.

23 ①

평균 고유값(average eigenvalue) 방법은 고유값들의 평균을 구한 후 고유값이 평균값 이상이 되는 주성분을 설정한다.

24 ②

A와 B자료는 1,000개에 대해 독립의 상태라고 할 수 있다. 그러므로, P(A∩B)=P(A)+P(B)-P(A)P(B) 이므로 5% +5% - 0.25% = 9.75%가 된다.

25 ②

(Intercept)가 p-value 유의수준 0.05와 비교했을 때 작으므로 0이 아니라는 대립가설을 채택할 수 있다.

26 ③

sunflower에서 점이 보이므로 이상값이 존재하는 것으로 확인된다. Boxplot으로 변수의 범위와 이상값의 유무는 알 수 있으나 수치들이 통계적으로 유의적 차이가 있는지는 알 수가 없다.

27 ①

k-평균 군집 분석에서 이상값 자료에 민감한 k-평균 군집의 단점을 보완하는 방법으로는 매 단계마다 평균 대신 중앙값을 사용하는 k-중앙값 군집을 사용하는 방법이 있다.

28 ④

④가 시그모이드 활성화 함수 수식이며, ②는 softmax 활성화 함수 수식이다.

29 ①

분류분석에는 의사결정 나무, 앙상블기법, 로지스틱 회귀분석, k-최근접 이웃, SVM, 인공 신경망 등이 있다.

30 ③

유의수준 0.05와 p-value를 비교했을 때, p-value 값이 현저하게 작게 나타나 귀무가설이 기각되어, '대학의 평균 교재구입비용이 570달러와 같다'는 기각되고 대립가설이 채택된다.

31 ④

A, B의 유클리드 거리는 $\sqrt{(175-180)^2+(45-50)^2}=\sqrt{25+25}=\sqrt{50}$

32 ①

분석 결과를 보면 EM 알고리즘을 통해 모수를 추정하는 과정에서 반복횟수 2회 만에 로그-가능도 함수가 최대가 됨을 알 수 있다.

33 ②

default 값은 결측치라고 보기 어렵기 때문에 default를 임의적으로 결측치로 변경하여 처리하여서는 안된다.

34 ①

step() 함수는 독립변수를 하나씩 추가/제거하여 종속변수를 잘 예측하는 변수들을 선택하는 기법으로 예측력이 (통계적으로) 유의미한 예측 변수들만을 골라주며, 하나의 변수가 제거되었을 경우의 AIC값이 제거되기 이전의 AIC값보다 낮아지면 해당 변수를 제거하는 방식으로 진행된다. 이 문제의 경우, step 함수의 인자인 direction이 "both"로 되어 있으므로 단계적 선택법이다. 참고로 direction이 "forward"이면 전진선택법, "backward"이면 후진제거법이다.

35 ④

과대적합(overfitting)은 기계 학습에서 학습 데이터를 과하게 학습하는 것을 뜻한다. 일반적으로 학습 데이터는 실제 데이터의 부분 집합이므로 학습 데이터에 대해서는 오차가 감소하지만 실제 데이터에 대해서는 오차가 증가하게 된다. ④생성된 모델이 훈련 데이터에 최적화되어 학습는 경우에는 테스트 데이터의 작은 변화에 민감하게 반응한다.

36 ①

표본 추출법 중 계통추출법은 모집단의 모든 원소들에게 1, 2, 3, …, N의 일련번호를 부여하고 이를 순서대로 나열한 후에 K개(K=N/n)씩 n개의 구간으로 나눈 후, 첫 구간(1, 2, 3, …, K)에서 하나의 임의로 선택한 후 K개씩 띄어서 표본을 추출하는 방법이다.

37 ③

연관규칙: if 빵 → 버터
지지도=(P(A ∩ B))/(전체 거래 수(N))=A와 B가 동시에 포함된 거래 수/(전체 거래 수(N))
신뢰도=(P(A∩B))/(P(A))=A와 B가 동시에 포함된 거래 수/A를 포함하는 거래 수
향상도=(P(B|A))/(P(B))=(P(A∩B))/(P(A)P(B))=(A와 B를 포함하는 거래 수×전체 거래 수(N))/(A를 포함하는 거래 수×B를 포함하는 거래 수)
지지도 = 3/5 = 0.6, 신뢰도 = 3/4 = 0.75, 향상도 = (3*5)/(4*3) = 15/12 = 1.25

38 ②

잔차 그래프에서 잔차 형태가 U자를 띄고 있기 때문에 선형성 가정에 위배되는 것으로 보인다.

39 ①

로지스틱 회귀는 종속변수가 범주형일 때 분류의 목적으로 사용된다. 종속변수 y대신 로짓(logit)을 사용하여 설명변수들의 선형함수로 모형화하기 때문에 로지스틱 회귀모형이라고 한다. 1번 설명은 오즈가 아닌 오즈비에 대한 설명이다.

40 ①

출산율(Fertility)와 교육수준(Education)은 상관계수가 −0.66으로 음의 상관관계를 가지고 있다.

단답형 — 문항 수(10문항), 배점(문항 당 2점, 부분점수 없음)

01 랜덤 포레스트

랜덤 포레스트는 배깅 기법의 가장 대표적인 알고리즘으로, 분산이 크다는 의사결정 나무의 특징을 고려하여 배깅보다 더 많은 무작위성을 주어 약한 학습기들을 생성한 후 이를 선형 결합하여 최종 학습기를 만드는 방법이다.

02 ROC 그래프

ROC 그래프는 레이더 이미지 분석의 성과를 측정하기 위해 개발된 그래프로, X축은 가짜 양성 비율(FPR, False Positive Rate) = 1− 특이도 (실제로 False이지만 True라고 잘못 예측한 비율), Y축은 진짜 양성 비율(TPR, True Positive Rate)로 X축과 Y축 두 값의 관계를 평가한 그래프이다.
ROC(Reciver Operating Characteristic Curve) 곡선이 TPR = 1 이고 FPR이 0인 가장 이상적인 곡선으로, ROC 밑부분 면적(AUC, Area Under Curve)이 넓을수록 좋은 모형으로 평가된다.

03 메타데이터

데이터거버넌스 체계 중 데이터 표준화는 데이터 표준 용어 설정, 명명규칙(name rule) 수립, 메타데이터 구축, 데이터 사전(Data Dictionary) 구축 등의 업무로 구성된다.

04 (a+d)/(a+b+c+d)

accuracy(정분류율)=(TP+TN)/(TP+FN+FP+TN)=(TP+TN)/(P+N)

05 데이터 거버넌스

데이터 거버넌스 체계는 데이터 표준화, 데이터 관리 체계, 데이터 저장소 관리, 표준화 활동으로 구성된다.

06 AR 모형

시계열 모형은 AR, MA, ARIMA, 분해시계열 4가지가 있다. 그중 자기 자신의 과거 값을 사용하여 설명한 모형은 AR 모형이다.

07 SOM

SOM은 코호넨에 의해 제시, 개발되었으며 코호넨 맵이라고 한다. 비지도 신경망으로, 고차원 데이터를 이해하기 쉬운 저차원 뉴런으로 정렬하여 지도(map)의 형태로 형상화하며, 입력의 위치 관계를 그대로 보존한다는 특징이 있다.

08 코사인 유사도

코사인 유사도(cosine similarity)는 내적공간의 두 벡터간 각도의 코사인값을 이용하여 측정된 벡터간의 유사한 정도를 의미한다. 각도가 0°일 때의 코사인값은 1이며, 다른 모든 각도의 코사인값은 1보다 작다. 따라서 이 값은 벡터의 크기가 아닌 방향의 유사도를 판단하는 목적으로 사용되며, 두 벡터의 방향이 완전히 같을 경우 1, 90°의 각을 이룰 경우 0, 180°로 완전히 반대 방향인 경우 -1의 값을 갖는다.

09 플랫폼(platform)

10 정보(information)

데이터를 의미있는 자료로 가공처리한 것을 정보라고 한다.

최신 복원 기출문제 3회 정답 및 해설

객관식

01	②	02	④	03	③	04	④	05	④
06	③	07	①	08	②	09	③	10	④
11	①	12	③	13	④	14	①	15	②
16	②	17	③	18	④	19	①	20	①
21	②	22	④	23	②	24	④	25	②
26	④	27	③	28	③	29	④	30	④
31	④	32	③	33	③	34	①	35	②
36	④	37	①	38	②	39	②	40	②

단답형

01	해설 참고	02	최소제곱법, 최소자승법(Least Square Method)
03	모델링(Modeling)	04	3개
05	플랫폼(Platform)	06	(A) 인과관계, (B) 상관관계
07	문제 정의	08	소프트맥스 함수(Softmax Function)
09	로짓 변환	10	랜덤 포레스트(Random Forest)

과목 I 데이터 이해
문항 수(8문항), 배점(문항 당 2점)

01 ②

②의 암묵지와 형식지는 지식경영의 핵심 이슈로, 이들의 상호작용에 데이터가 중요한 역할을 한다. 데이터는 유형은 정성적 데이터와 정량적 데이터로 구분된다.

02 ④

④의 '택배차량을 어떻게 배치하는 것이 비용측면에서 효율적인가'는 최적화를 사용하는 유전자 알고리즘에 해당된다.

03 ③

빅데이터가 가져오는 본질적인 변화는 사전처리에서 사후처리로, 표본조사에서 전수조사로, 질에서 양으로, 인과관계에서 상관관계로 변화하고 있다.

04 ④

신경망 모형은 두뇌의 신경세포, 즉 뉴런이 연결된 형태를 모방한 모델이다. 인공 신경망(Artificial Neural Network)은 간단히 신경망이라고도 한다.

05 ④

빅데이터 분석은 데이터에서 가치, 즉 통찰을 끌어내 성과를 창출하는 것이 관건이다. 그래서 데이터 분석 기반의 통찰이 중요하며, 직관에 기초한 의사결정보다 데이터에 기초한 의사결정이 중요하고 전략적 인사이트를 주는 가치 기반 분석을 해야 한다. 페이스북과 같은 성공한 기업들은 일상 업무에서 데이터 분석을 잘 활용하고 있다.

06 ③

메타데이터는 데이터에 대한 데이터, 데이터에 관한 구조화된 데이터로, 다른 데이터를 설명해 주는 데이터이다.

07 ①

데이터 사이언티스트가 갖추어야 할 2가지 스킬에는 하드 스킬(빅데이터에 대한 이론적 지식, 데이터 처리나 분석 기술과 관련 숙련된 기술), 소프트 스킬(통찰력 있는 분석, 설득력 있는 전달, 다분야간의 협력)이 있다. ②, ③, ④번은 데이터 사이언티스트가 갖추어야 할 스킬에 해당된다.

08 ②

(A)의 설명은 OLAP, (B)의 설명은 BA(Business Analytics), (C)의 설명은 BI(Business Intelligence)이다.

과목 II 데이터 분석 기획
문항 수(8문항), 배점(문항 당 2점)

09 ③

데이터 분석 기획 시 고려해야할 3가지 사항은 가용할 데이터에 대한 고려, 활용 가능한 유스케이스 탐색, 장애요소에 대한 사전계획수립이다. 그중 가용할 데이터에 대한 고려에서는 데이터 확보가 우선이며, 데이터 유형(정형데이터, 비정형 데이터, 반정형데이터)에 대한 분석이 선행되어야 한다. ①번의 경우, 정형 데이터 확보뿐만 아니라 가용할 데이터를 모두 고려해야만 한다.

10 ④

데이터 거버넌스는 전사 차원의 모든 데이터에 대하여 정책 및 지침, 표준화, 운영조직 및 책임 등의 표준화된 관리 체계를 수립하고 운영을 위한 프레임워크(Framework) 및 저장소(Repository)를 구축하는 것을 말한다. 독자적으로 수행될 수도 있지만 전사 차원의 IT 거버넌스나 EA의 구성 요소로써 구축되는 경우도 있다.

11 ①

채널(Channel)은 영업사원, 직판 대리점, 홈페이지 등의 자체적으로 운영하는 채널뿐만 아니라 최종 고객에게 상품 서비스를 전달하는 것에 존재하는 경로를 파악하여 해당 경로에 존재하는 채널별로 분석 기회 확대 탐색해야 한다. 3번의 구매 고객에 대한 A/S는 제공하지 않는다.

12 ③

분석 거버넌스 체계 구성 요소 중 데이터 거버넌스 체계에서, 데이터 관리체계는 데이터 정합성 및 활용이 효율성을 위하여 표준 데이터, 메타데이터, 데이터 사전의 관리 원칙을 수립하는 것으로, 빅데이터의 경우에는 데이터 수명주기 관리방안(Data Life Cycle Management)을 수립하지 않으면 데이터 가용성 및 관리비용 증대 문제에 직면하게 될 수 있다.

13 ④

4번의 사물을 있는 그대로 인식하는 'What' 관점으로 보는 것은 상향식 접근법이다.

14 ①

CRISP-DM 방법론에서 데이터 준비 단계는 수집된 데이터에서 분석 기법에 적합한 데이터셋을 편성하는 단계이다. 많은 시간이 소요되는 단계이며, 분석용 데이터셋 선택, 데이터 정제, 분석용 데이터셋 편성, 데이터 통합, 데이터 포맷팅 작업을 수행한다. ①번의 데이터 탐색은 데이터 이해 단계에서 실행된다.

15 ②

시급성이 낮고(현재) 난이도가 낮은(Easy) 분석 과제가 우선순위의 기준이 가장 높다.

16 ②

평가를 통해 모델에 대한 평가 등을 파악하며, business에 대한 이해가 부족해 모형 개발이 잘못되었을 때는 다시 business understanding으로 돌아간다.

과목 Ⅲ 데이터 분석 — 문항 수(24문항), 배점(문항 당 2점)

17 ③

선형회귀분석의 가정 중 등분산성은 독립변수의 모든 값에 대해 오차들의 분산이 일정해야 한다는 가정이다. 잔차(Residual) 0을 중심으로 뚜렷한 형태를 보이지 않아야 등분산성을 띄고 있다고 말할 수 있는데, 위의 그래프에서는 잔차들이 특별한 예측치가 커짐에 따라 커지거나 작아지고 있어 일정한 형태를 보이고 있으므로 등분산성 가정이 위배되었다고 할 수 있다.

18 ④

④번은 피어슨의 상관계수의 범위로 피어슨의 상관계수는 -1과 1사이에서 나타나며, 공분산을 계량화한 수치이다.

19 ①

이산형 확률변수의 기댓값은 $E(x) = \sum x f(x)$이다.

20 ①

B의 지니 지수 = $1 - (4/5)^2 - (1/5)^2 = 0.32$

21 ②

F1 = (2×Precision×Recall)/(Precision+Recall) = (2×정밀도×재현율)/(정밀도+재현율)
Precision(정확도) = TP/(TP+FP)= 200/500 = 0.4
Recall(재현율) = TP/(TP+FN) = TP/P = 200/500 = 0.4
F1 = (2*0.4*0.4)/(0.4+0.4) = 0.4

22 ④

와드 연결법은 군집 내의 오차제곱합에 기초하여 군집을 수행하여 비슷한 군집끼리 병합하는 경향이 있다.

23 ②

최소 80% 이상의 분산 설명력을 갖기 위해서는 4개 이상의 주성분이 필요하며, 4개일 경우는 85.1% 정도 설명력이 있다. 주성분 분석은 상관행렬을 사용하여 시행한다. princomp() 함수 옵션에 cor=TRUE로 설정하였다.

24 ④

활성화 함수는 신경망에서 입력 신호의 총합을 출력 신호로 변환하는 함수로 종류로는 계단함수, 시그모이드 함수, ReLU, Softmax 등이 있다.

25 ②

신뢰도=(P(A∩B))/(P(A))=A와 B가 동시에 포함된 거래수/A를 포함하는 거래수
신뢰도 = 300/600=0.5

26 ④

X의 기댓값은 1/3×1+1/6×2+1/2×3=13/6이다.

27 ③

부스팅은 배깅의 과정과 유사하나 붓스트랩 표본을 구성하는 재표본(re-sampling) 과정에서 각 자료에 동일한 확률을 부여하는 것이 아니라, 분류가 잘못된 데이터에 더 큰 가중을 주어 표본을 추출하는 앙상블 기법이다. 아다부스팅(Ada Boosting: Adaptive Boosting)이 많이 사용된다.

28 ③

순서척도는 측정대상 특성이 가지는 서열 관계를 관측하는 척도로, 선택사항이 일정한 순서로 되어 있다. 특정 서비스의 선호도를 아주 좋아한다, 좋아한다, 그저 그렇다, 싫어한다, 아주 싫어한다로 구분해 묻는 경우에 관측되는 자료이다.

29 ④

지니 지수에서 '이질적'과 '순수도'는 반대의 개념으로, 지니 지수의 값이 클수록 이질적이며 순수도(purity)가 낮다고 할 수 있다.

30 ④

errorrate(오분류율)=(FP+FN)/(TP+FN+FP+TN)=(FP+FN)/(P+N)
오분류율 = (60+60)/200 = 0.6

31 ④

중심극한정리는 표본의 크기가 커질수록 표본 평균의 분포는 모집단의 분포 모양과는 관계없이 정규분포에 가까워진다는 것을 뜻하며, ②의 경우, 모집단의 분포가 정규분포에 가깝지 않아도 표본의 크기만 크다면(표본의 크기가 30 이상) 정규분포에 근사하게 된다.

32 ③

시계열분석에는 정량적 예측방법(이동평균법(MA), 지수평활법, 분할법), 확률적 방법(ARIMA모형, 계량경제모형)이 있다. 그중 지수평활법은 일정기간의 평균을 이용하는 이동평균법과 달리 모든 시계열 자료를 사용하여 평균을 구하며, 시간의 흐름에 따라 최근 시계열에 더 많은 가중치를 부여하여 미래를 예측하는 방법이다.

33 ③

Scree Plot을 사용하면 고유값의 크기를 기반으로 군집 수를 선택할 수 있다. 이상적인 패턴은 기울기가 큰 곡선 다음에 완만한 곡선이 나오고 직선이 이어지는 형태이며, 이상적인 군집은 선 형태가 시작되는 첫 번째 점 이전의 기울기가 큰 곡선에 있는 것들이므로, 이 그림에서는 최적 군집 수를 4개로 볼 수 있다.

34 ①

이상값은 잘못 입력된 값 또는 의도하지 않은 현상으로 입력된 값이기에 분석 목적에 부합되지 않지만, 부정사용방지시스템(Fraud Detection System, FDS)에서 규칙을 발견하는데 사용될 수 있다.

35 ②

회귀계수의 부호가 양인 경우는 해당 설명변수가 커지면 종속변수가 회귀계수를 곱한 만큼 커지는 것을 의미하고, 부호가 음인 경우는 설명변수가 커지면 종속변수가 회귀계수를 곱한만큼 작아지는 것을 의미한다. ②의 DivisionW의 회귀계수는 부호가 음이기 때문에 DivisionW가 커지면 종속변수인 Salary가 낮아진다.

36 ④

그래프의 y축인 Balance를 봤을 때, Student가 Yes일 때가 No일 때보다 Balance 값이 크다.

37 ①

맨하튼 거리 = |80−75| + |65−70| = 10

38 ②

대응표본 t-검정(쌍체 t검정)은 실험 이전의 집단과 실험 이후의 집단이 동일한 집단인 경우 사용하는 검정이다. 모집단이 두개가 아닌 한 개일 때 하는 분석 방법이다.

39 ②

Salary 변수는 중앙값이 평균보다 작게 나타나 꼬리가 오른쪽으로 치우쳐 있다. 범주형 변수는 League, Division, NewLeague 3개이다. Hits 변수의 3사분위수 값이 137이므로 137보다 큰 값들이 전체 데이터의 25%를 차지하고 있다. 결측치가 존재하는 변수는 Salary로 NA's로 표시되어 있다.

40 ②

Orange 데이터 프레임은 총 3개의 변수(Tree, age, circumference)로 구성되어 있으며, Tree 변수는 범주형 변수이므로 범주별로 개수를 summary() 함수에서 확인할 수 있다. age 변수는 중앙값(Median)이 1004.0이고 평균값(Mean)이 922.1이므로 중앙값이 더 크다. Circumference의 사분위범위(IQR)은 3분위수 − 1분위수 = 161.5 − 65.5 = 96이다.

| 단답형 | 문항 수(10문항), 배점(문항 당 2점, 부분점수 없음) |

01 0.54*Murder+0.58*Assult+0.28*UrbanPop+0.54*Rape

loadings를 통해 각 변수가 각 주성분에 미치는 부하량을 회귀식으로 표현할 수 있다.

02 최소제곱법 or 최소자승법(Least Square Method)

최소제곱법은 회귀계수 추정법으로 실제값에서 예측값을 뺀 값(잔차, Residual)을 제곱 합을 만들고, 그것의 최소인 값을 구하여 처리하는 방법이다.

03 모델링(Modeling)

훈련용 데이터를 활용하여 분류, 예측, 군집 등의 모델을 만들어 가동중인 시스템에 적용하며, 필요하다면 비정형 데이터 분석 결과를 통합적으로 활용하여 통합 모델링 수행해야 한다.

04 3개

모형 기반 군집 분석(Model-based clustering)은 확률분포에 대한 정보가 있을 경우 이를 활용하여 군집 분석을 하는 방법으로, k번째 군집에 속한 관측치 x가 다변량 정규분포인 확률밀도함수 f를 가진다고 가정을 하며, 각 객체가 각 군집에 속할 사후 확률을 계산하여 가장 확률이 높은 군집으로 할당하는 방법이다. 모형 선택 방법 중 BIC (Bayesian information criterion)를 사용하여 군집 수를 결정하는 방법은 BIC 값이 최대가 되는 모형을 선택하는 것을 의미한다.

문제에서 나오는 그래프는 1975년 미국 대도시의 강력범죄에 관한 자료로 모형기반 군집 분석을 진행 것으로, 공분산행렬 형태에 따른 BIC를 보여주는 그래프이다. EII, VII 등은 확률밀도함수 f의 형태에 대한 다양한 가정들이며, 모든 가정의 BIC 값이 최대가 되는 군집 수인 3을 선택하면 최적의 군집 수를 결정한다고 볼 수 있다.

05 플랫폼(Platform)

플랫폼은 생태계의 용어로 대체할 수 있는 개념이다. 아파치 스파크(Apache Spark)는 실시간 분산형 컴퓨팅 플랫폼으로서, 스칼라로 작성이 되어 있지만 스칼라, 자바, 파이썬, API를 지원한다. 컴퓨팅 플랫폼(Computing Platform)은 소프트웨어가 구동 가능한 하드웨어 아키텍처나 소프트웨어 프레임워크(응용 프로그램 프레임워크를 포함하는)의 종류를 설명하는 단어이다.

06 (A) 인과관계, (B) 상관관계

빅데이터가 만들어내는 본질적인 변화 중에는 인과관계에서 상관관계로의 변화가 있으며, 인과관계는 원인과 결과 사이의 관계를 의미하고, 상관관계는 두 현상이 관계는 있으나 어느 쪽이 원인인지는 알 수 없는 관계를 의미한다.

07 문제 정의

하향식 접근법(Top Down Approach)의 4단계는 문제 탐색 단계(What, Why) → 문제 정의 단계(How) → 해결방안 탐색 단계 → 타당성 검토 단계이다. 문제 탐색 단계에서는 식별된 비즈니스 문제를 무엇(What)을 어떤(How) 목적으로 수행해야 하는가에 대한 관점이 필요하지만, 문제 정의 단계에서는 문제를 탐색하기 위해서 필요한 데이터 및 기법(How)를 정의하기 위한 데이터 분석의 문제로의 변환을 수행하며, 식별된 비즈니스 문제를 정확하게 분석해야 한다는 관점으로 문제를 재정의한다.

08 소프트맥스 함수(Softmax Function)

소프트맥스 함수는 표준화 지수(또는 일반화 로지스틱) 함수로도 불리우며, 출력값 z가 여러 개(L개)로 주어지고, 목표치가 다범주인 경우 각 범주에 속할 사후 확률을 제공한다. 출력값들의 총합은 항상 1이 되는 특성을 가지고 있다.

09 로짓 변환

종속변수 Y를 0 또는 1(사망/생존, 실패/성공, 불합격/합격)로 분류하고자 한다면 선형회귀로는 예측하기 어렵다. 선형회귀의 함수값은 실수 전체 범위를 갖기 때문이다. 따라서, 로짓 변환을 이용해 선형함수를 0~1 사이의 값을 갖는 s곡선으로 변형한다. Y가 0.5이상이면 1로, Y가 0.5보다 작으면 0으로 분류하는 것을 로지스틱 회귀분석이라고 한다.

10 랜덤 포레스트(Random Forest)

랜덤 포레스트는 의사결정 나무의 특징인 분산이 크다는 점을 고려하여, 배깅보다 더 많은 무작위성을 주어 약한 학습기들을 생성한 후 이를 선형 결합하여 최종 학습기를 만드는 방법이다. 예측력이 매우 높다는 장점이 있고, 입력변수가 많은 경우 더 좋은 예측력을 보인다는 특징이 있다. 배깅의 가장 대표적인 알고리즘이다.

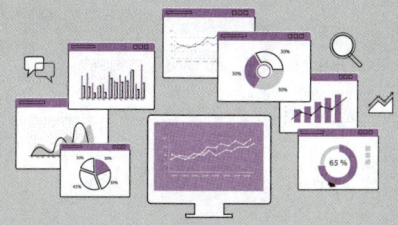

정답·및·해설

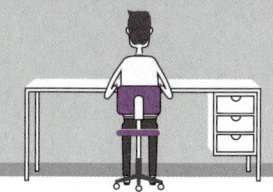

연습 문제

핵심 키워드로 복습하기

최신 복원 기출문제

완성! 모의고사

완성! 모의고사 1회 정답 및 해설

객관식

01	④	02	④	03	③	04	③	05	②
06	④	07	②	08	①	09	③	10	①
11	②	12	③	13	③	14	③	15	②
16	④	17	①	18	②	19	④	20	③
21	④	22	②	23	③	24	④	25	①
26	③	27	①	28	③	29	②	30	③
31	④	32	④	33	③	34	④	35	④
36	②	37	④	38	③	39	②	40	④

단답형

01	지식(knowledge)	02	유전자 알고리즘
03	디자인 사고 접근법	04	집중 구조
05	향상도(lift)	06	해설 확인
07	순환 요인(cyclical factor)	08	부스팅
09	기울기 소멸 문제(Vanishing Gradient)	10	2번

과목 Ⅰ 데이터 이해

문항 수(8문항), 배점(문항 당 2점)

01 ④

④의 '최고의 시청률을 얻기 위해 프로그램을 어느 시간대에 방송해야 하는가?'는 최적화를 사용하는 유전자 알고리즘에 해당된다.

02 ④

데이터 사이언스의 3가지 영역
① 분석적 영역(Analytics)
- 수학, 확률모델, 머신러닝, 분석학, 패턴 인식과 학습, 불확실성 모델링 등
② IT(Data Management) 영역
- 시그널 프로세싱, 프로그래밍, 데이터 엔지니어링, 데이터 웨어하우징, 고성능 컴퓨팅 등
③ 비즈니스 분석
- 커뮤니케이션, 프리젠테이션, 스토리텔링, 시각화 등

03 ③

③은 지식에 해당한다.

04 ③

(A)는 OLAP에 대한 설명이다.

05 ②

빅데이터가 가져오는 본질적인 변화에는 사전처리에서 사후처리로, 표본조사에서 전수조사로, 질에서 양으로, 인과관계에서 상관관계로의 변화가 있다.

06 ④

데이터베이스의 4가지 특징은 통합, 저장, 공유, 변화이다. ④는 변화하는 데이터에 대한 설명이다.

07 ②

① 비정형 데이터, ② 반정형 데이터, ③ 비정형 데이터, ④ 비정형 데이터

08 ①

①의 군집 분석은 비지도 학습이다. 나머지 보기들은 종속변수가 있는 지도 학습에 해당한다. 감성 분석은 긍정과 부정 단어 사전을 이용한 학습을 통해 단어나 문장이 부정인지 긍정인지 평가하는 분석 방법이다.

과목 Ⅱ 데이터 분석 기획   문항 수(8문항), 배점(문항 당 2점)

09 ③

③의 모델 평가는 모델링 단계에서 실행된다.

10 ①

분석 거버넌스 체계 구성 요소 중 데이터 표준화 체계는 데이터 표준 용어 설정, 명명 규칙, 메타데이터 구축, 데이터 사전 구축 등의 업무 등을 맡는다.

11 ②

분석 방법론 기획단계에서 프로젝트 위험 대응 계획을 수립할 때는 예상되는 위험에 대한 대응 방법을 회피(avoid), 전이(transfer), 완화(mitigate), 수용(accept)으로 구분하여 위험관리 계획서를 작성한다.

12 ③

KDD 분석 방법론에는 추출-데이터 전처리-데이터 변환-데이터 마이닝-해석/평가의 5단계 처리과정이 있으며, 그중 데이터 전처리는 추출된 분석 대상용 데이터셋에 포함된 잡음과 이상치, 결측치를 식별하고 필요시 제거하거나 의미있는 데이터로 재처리하여 데이터 셋을 정제하는 단계이다.

13 ③

②의 하향식 접근법은 지도 학습방법에 의해 수행된다.

14 ③

가장 우선적인 분석 과제 적용이 필요한 영역은 시급성이 현재이고, 난이도가 Easy인 3사분면이다.

15 ②

빅데이터 거버넌스는 데이터 거버넌스의 체계에 더하여 빅데이터의 효율적인 관리, 다양한 데이터의 관리 체계, 데이터 최적화, 정보보호, 데이터 생명 주기 관리, 데이터 카테고리별 관리 책임자 지정 등을 포함한다.

16 ④

과제 예산 및 비용 집행은 분석 거버넌스 체계의 구성 요소로 보기 어렵다.

과목 Ⅲ 데이터 분석 — 문항 수(24문항), 배점(문항 당 2점)

17 ①

두 집단간의 평균이 동일한지 검정(평균 검정)할 때에는 t-분포, z-분포를 사용한다.

18 ②

E(X) = p*1+(1-p)*0 = 0.3*1+(1-0.3)*0 = 0.3

19 ④

이산형 확률분포 중 하나로 개별 사건에 두 가지 경우만 존재하며, 각 사건이 성공할 확률이 일정하고 전후 사건에 독립적인 특수한 상황의 확률분포를 베르누이 확률분포라 한다.

20 ③

측정 값들과 평균 간의 거리를 의미하며 산포를 나타낼 때 사용하는 것은 표본분산이다. 사분위범위(IQR)는 3사분위에서 1사분위의 값을 뺀 것이다.

21 ④

기각역은 귀무가설을 기각하는 통계량의 영역을 말한다.

22 ②

주어진 잔차도에서 잔차 형태가 U자를 띠고 있기 때문에 선형성 가정에 위배되므로, 2차항의 설명변수가 필요하다.

23 ③

회귀계수 중에 t-분포의 통계량이 0.05보다 큰 회귀계수가 다수가 있으므로 모든 회귀계수가 통계적으로 유의하다고 볼 수 없다.

24 ④

Age와 Balance는 상관계수가 0이므로 거의 상관관계가 없다고 볼 수 있다.

25 ①

누적기여율이 최소 80% 이상인 분산 설명력을 갖기 위해서는 4개 이상의 주성분이 필요하며, 4개일 경우는 85.1% 정도 설명력이 있다.

26 ③

ㄴ 과 ㄷ은 지도 학습에 해당한다.

27 ①

단순회귀는 반응변수가 연속형 자료인 경우에 사용하는 예측 분석 모형이다.

28 ③

범주 불균형은 분류 모형을 구성할 때 레이블이 불균형하면 발생하며, 레이블이 적은 데이터를 학습하여 제대로 분류되지 않는 문제이다.

29 ②

$1 - (3/5)^2 - (3/5)^2 = 0.48$

30 ②

부스팅은 배깅의 과정과 유사하나, 붓스트랩 표본을 구성하는 재표본(re-sampling) 과정에서 각 자료에 동일한 확률을 부여하는 것이 아니라, 분류가 잘못된 데이터에 더 큰 가중을 주어 표본을 추출하는 앙상블 기법이다. 아다부스팅(Ada Boosting: Adaptive Boosting)을 많이 사용한다.

31 ④

랜덤 포레스트(random forest) 모형에서 변수의 중요도를 varImpPlot() 함수를 이용해 그린 그래프이다. 해당 변수로부터 분할이 일어날 때 불순도(impurity)의 감소가 얼마나 일어나는지를 나타내는 값인 지니 지수(gini index)인 g2 변수가 약 38로 가장 높으므로, 랜덤 포레스트 모형에서 가장 중요한 변수는 g2이라고 볼 수 있다.

32 ④

ROC 곡선 아래의 면적을 AUC라고 하며, AUC 면적이 1일 때 가장 이상적으로 완벽히 분류한 모형이라고 할 수 있다.

33 ③

신경망 모형에서 output을 결정하며, 선형 또는 곡선으로 출력해주는 것을 활성화 함수라고 하며, 활성화 함수의 종류에는 계단함수, 시그모이드 함수, ReLU, Softmax 등이 있다.

34 ④

기울기 소실 문제의 해결 방법은 사라져가는 성질을 갖지 않는 렐루(ReLU) 함수를 선택하면 해결할 수 있다. 렐루(ReLU) 함수는 입력이 0보다 작거나 같으면 0, 0보다 크면 입력값을 리턴하는 함수이다.

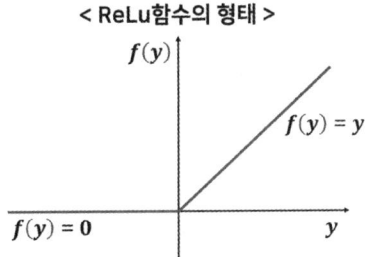

< ReLu함수의 형태 >

35 ④

$$지지도 = \frac{P(A \cap B)}{전체거래수(N)} = \frac{A와\ B가\ 동시에\ 포함된\ 거래\ 수}{전체거래수(N)}$$

$$지지도 = \frac{300}{1000} = 0.03$$

36 ②

$$accuracy(정분류율) = \frac{TP+TN}{TP+FN+FP+TN} = \frac{TP+TN}{P+N} = \frac{40+40}{200} = \frac{80}{200} = 0.4$$

37 ④

계층적 군집 분석에서 군집 간의 병합 시 거리 측정의 방법은 5가지로, 단일 연결법, 완전 연결법, 중심 연결법, 평균 연결법, 와드 연결법이 있다.

38 ③

4개의 집단으로 군집화할 경우 Florida는 California와 같은 집단에 속하지 않는다.

39 ②

k-평균 군집은 비지도 학습의 비계층적 군집방식으로 수행할 때 가장 먼저 초기의 군집 중심으로 k 개의 객체를 임의로 선택해야 한다.

40 ④

자유도(df)가 70이므로 전체 관측치는 71개이다. t-test에서 자유도는 전체 관측치에서 1을 뺀 값이다.

단답형 — 문항 수(10문항), 배점(문항 당 2점, 부분점수 없음)

01 지식(knowledge)

02 유전자 알고리즘

최적화 문제를 해결하는 분석 기법을 유전자 알고리즘이라고 한다.

03 디자인 사고 접근법

상향식 접근 방식의 발산(Diverge) 단계와 하향식 접근 방식의 수렴(Converge) 단계를 반복적으로 수행하고 상호 보완하는 것으로, 동적인 환경에서 분석의 가치를 높일 수 있는 최적의 의사결정 방식을 디자인 사고 접근법이라고 한다.

04 집중 구조

데이터 분석을 위한 조직 구조 중 집중 구조는 전사 분석 업무를 별도의 분석 조직에서 담당하며, 전략적 중요도에 따라 분석 조직이 우선순위를 정해 진행한다. 현업 업무 부서와 이원화 및 이중화 가능성이 높다는 특징이 있다.

05 향상도(lift)

향상도는 품목 B를 구매한 고객 대비 품목 A를 구매한 후 품목 B를 구매하는 고객에 대한 확률이다. 향상도 > 1 이면 두 품목이 서로 양의 관계, 즉 품목 B를 구매할 확률보다 품목 A를 구매하고 품목 B를 구매할 확률이 높음을 의미한다.

06 $-\sqrt{(0.3463)}$

상관계수 $= -\sqrt{(R^2)} = -\sqrt{(0.3463)}$
선형회귀분석 상관계수는 결정계수에 제곱근(root)를 씌운 값과 같으며, 부호는 기울기의 부호를 따른다.

07 순환 요인(cyclical factor)

분해 시계열의 구성 요소 4가지는 추세 요인, 계절 요인, 순환 요인, 불규칙 요인이다. 그중 알려지지 않은 주기를 가지고 변화하는 요인을 순환 요인이라고 한다.

08 부스팅

09 기울기 소멸 문제(Vanishing Gradient)

10 2번

ARIMA(p, d, q)에서 d는 차분의 횟수를 나타낸다. 따라서 ARIMA(1, 2, 3)는 2차분 후 AR(1), MA(3), ARMA(1,3) 중 하나를 선택하여 활용하면 된다.

완성! 모의고사 2회 정답 및 해설

객관식

01	②	02	③	03	③	04	①	05	③
06	②	07	②	08	①	09	④	10	④
11	④	12	①	13	④	14	①	15	③
16	③	17	③	18	③	19	①	20	①
21	④	22	③	23	④	24	③	25	③
26	②	27	②	28	②	29	①	30	③
31	②	32	④	33	①	34	②	35	③
36	②	37	①	38	③	39	④	40	①

단답형

01	CRM	02	데이터 마이닝(Data Mining)
03	분석 유즈케이스	04	최적화
05	해설 참고	06	다중공선성
07	4개	08	앙상블 모형(Ensemble)
09	실루엣 계수	10	향상도(lift)

과목 I 데이터 이해 — 문항 수(8문항), 배점(문항 당 2점)

01 ②

② 'A 대학교 B 학과의 학생들 간 관계망은 어떻게 구성되어 있는가?'는 소셜 네트워크 분석에 해당한다.

02 ③

데이터 사이언티스트가 갖추어야 할 2가지 스킬에는 하드 스킬(빅데이터에 대한 이론적 지식, 데이터 처리나 분석 기술과 관련 숙련된 기술), 소프트 스킬(통찰력 있는 분석, 설득력 있는 전달, 다분야간의 협력)이 있다.

03 ③

③은 지식에 해당한다.

04 ①

빅데이터는 사전처리에서 사후처리로, 표본조사에서 전수조사로, 질에서 양으로, 인과관계에서 상관관계로의 본질적인 변화를 가져온다.

05 ③

③은 스키마(schema)에 대한 설명이다. 데이터 사전은 시스템 전체에서 나타나는 데이터 항목들에 대한 정보를 지정한 중앙 저장소이다.

06 ②

데이터베이스 관리 시스템(DBMS)의 종류 중 이미지나 멀티미디어 등의 데이터를 객체 형태로 표현하고 관리하는 데이터베이스를 객체지향 DBMS(OODBMS)라고 한다.

07 ②

②는 유형 분석이 아닌 최적화에 해당하는 유전자 알고리즘 기법이다.

08 ①

①에 해당하는 분석 기법은 오피니언 리더를 찾아내는 소셜 네트워크 분석 방법이다.

과목 Ⅱ 데이터 분석 기획   문항 수(8문항), 배점(문항 당 2점)

09 ④

④의 데이터 포맷팅은 데이터 준비 단계에서 실행된다.

10 ④

빅데이터 분석 방법론의 분석 기획 단계의 Task:
비즈니스 이해 및 프로젝트 범위 설정 → 프로젝트 정의 및 수행 계획 수립
→ 프로젝트 위험계획 수립
④ 필요 데이터 정의는 빅데이터 분석 방법론의 '데이터 준비 단계'에서 진행하는 Task이다.

11 ④

KDD 분석 방법론은 추출-데이터 전처리-데이터 변환-데이터 마이닝-해석/평가의 5단계의 처리 과정이 있으며, 그중 데이터 변환 단계에서는 분석 목적에 맞는 변수를 선택하거나 데이터 차원을 축소하여 데이터 마이닝을 효율적으로 적용될 수 있도록 데이터 셋을 변경한다.

12 ①

분석 과제 발굴 방식 중 하향식 접근법의 과제 도출 단계:
문제 탐색 - 문제 정의 - 해결방안 탐색 - 데이터 분석의 타당성 평가 - 분석 과제 도출

13 ④

분석 과제를 발굴하기 위한 접근법에는 하향식 접근 방식과 상향식 접근 방식이 있다. 그중 상향식 접근법은 프로토타이핑 등을 활용하여 반복적이고 점진적으로 결과를 개선해 나가는 방법이다. ③의 Design Thinking(디자인 사고)에서 diverge(발산) 단계가 상향식 접근법에 해당된다.

14 ①

② 모델과 실제 값과의 차이를 평가하는 정확도를 의미하는 것은 Accuracy이다.
③ Precision에 관한 설명이다.
④ Accuracy와 Precision은 Trade-Off 관계가 있다.

15 ③

분석 마스터 플랜을 수립할 때 적용 범위 및 방식에 대한 고려 요소에는 1) 업무 내재화 적용 수준 2) 분석 데이터 적용 수준 3) 기술 적용 수준 3가지가 있다.

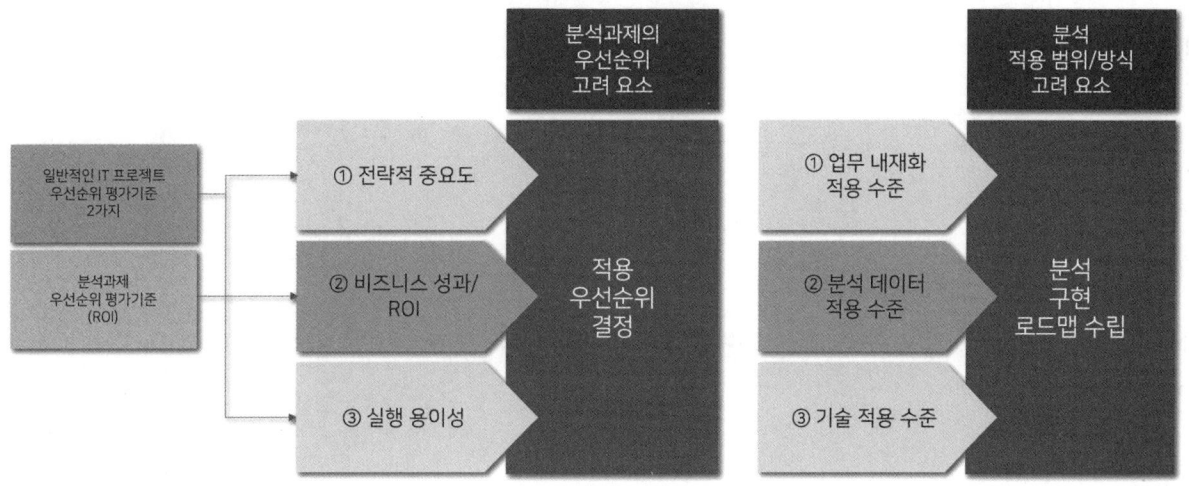

16 ③

데이터 분석을 위한 조직 구조에는 집중 구조, 기능 구조, 분산 구조 3가지가 있다. 그중 집중 구조는 전사 분석 업무를 별도의 분석 조직에서 담당한다. 전략적 중요도에 따라 분석 조직이 우선순위를 정해 진행하며, 현업 업무 부서와 이원화 및 이중화 가능성이 높다.

과목 Ⅲ 데이터 분석 — 문항 수(24문항), 배점(문항 당 2점)

17 ③

t-분포는 연속형 확률분포 중 하나로, 정규분포와 비슷하게 평균 0을 중심으로 좌우 대칭인 분포로, 두 집단의 평균 차이 검증 등에 활용되는 분포이다.

18 ③

부호 검정은 비모수 검정 방법으로, 표본들이 서로 관련 있는 경우 짝지은 두 관찰치들의 크고 작음을 표시하며, 그 개수를 가지고 두 분포의 차이가 있는지에 대한 가설을 검증하는 방법이다.

19 ①

10/(10+20) = 1/3

20 ①

사분위범위(IQR)는 제1사분위수와 제3사분위수 사이의 거리를 의미하며, 전체 데이터 분포에서 중앙 50%의 데이터에 대한 범위이다.

21 ④

p-value 값이 유의수준보다 클 경우, 대립가설을 기각하므로 귀무가설을 채택한다.

22 ③

잔차들이 뭉쳐 세트(set)를 이루고 있기 때문에 독립성 가정에 위배되는 것으로 보인다.

23 ④

A의 지니 지수 = $1 - (1/2)^2 - (1/2)^2 = 0.5$

24 ③

스피어만 상관계수는 서열 척도(순서 척도)인 두 변수들의 상관관계 측정 방식이다. 순위를 기준으로 상관관계를 측정하는 비모수적 방법이기도 하다.

25 ③

랜덤 포레스트(random forest)는 의사결정 나무의 특징인 분산이 크다는 점을 고려하여 배깅보다 더 많은 무작위성을 주어 약한 학습기들을 생성한 후 이를 선형 결합하여 최종 학습기를 만드는 방법이다. 예측력이 매우 높다는 장점이 있고, 입력변수가 많은 경우 더 좋은 예측력을 보인다는 특성을 가지고 있다. 배깅의 가장 대표적인 알고리즘이다.

26 ②

소프트맥스 함수는 표준화 지수(또는 일반화 로지스틱) 함수라고도 부르며, 출력값 z가 여러 개(L개)로 주어지고, 목표치가 다범주인 경우 각 범주에 속할 사후 확률을 제공한다. 출력값들의 총합이 항상 1이 되는 특성을 갖는 활성화 함수이다.

27 ②

XOR 그래프의 비선형에서 분류가 불가능하다는 문제를 해결할 수 있는 알고리즘은 심층 신경망의 역전파(Backpropagation) 알고리즘이다.

28 ②

$$\text{Recall(재현율)} = \frac{\text{TP}}{\text{TP+FN}} = \frac{\text{TP}}{\text{P}} = \frac{40}{100} = 0.4$$

29 ①

계층적 군집 분석에서 군집 간의 병합 시 거리 측정 방법은 5가지로, 단일 연결법, 완전 연결법, 중심 연결법, 평균 연결법, 와드 연결법이 있다. 주어진 덴드로그램의 아랫부분에 hclust(*, "single")가 표기되어 있으므로 method="single", 즉 최단 연결법을 사용하였다.

30 ③

SOM은 코호넨에 의해 제시, 개발되었으며 코호넨 맵이라고도 한다. 비지도 신경망으로, 고차원 데이터를 이해하기 쉬운 저차원이 뉴런으로 정렬하여 지도(map)의 형태로 형상화하며 입력의 위치 관계를 그대로 보존한다는 특징이 있다.

31 ②

32 ④

평균이 일정하지 않은 비정상 시계열은 차분을, 분산이 일정하지 않은 비정상 시계열은 변환을 통해 정상 시계열로 바꾼다.

33 ①

고객의 파산 여부(Yes/No)는 종속변수가 범주형 자료에 속하므로 분류분석 기법을 사용해야 한다. 분류 모델에 해당하는 로지스틱 회귀모형, 랜덤 포레스트, 서포트벡터머신을 사용할 수 있다. 종속변수가 연속형 자료일 때 예측을 하려면 선형회귀모형을 사용한다.

34 ②

알고리즘	이산형 목표변수	연속형 목표변수
CHAID(다지분할)	카이제곱 통계량	ANOVA F-통계량
CART(이진분할)	지니 지수	분산감소량
C4.5, C5.0(다지분할)	엔트로피 지수	-

35 ③

분류 모형의 평가를 위해 사용되는 오차행렬표에서 정밀도(precision)는 True로 예측한 관측치 중 실제값이 True인 정도를 나타내는 지표이다.
비교) 재현율(recall)은 실제 값이 True인 관측치 중 예측치가 적중한 정도를 나타내는 지표이다.

36 ②

은닉층 노드의 수가 너무 적으면 네트워크의 복잡한 의사결정 경계를 만들 수 없으며, 너무 많으면 네트워크의 일반화가 어렵다.

37 ①

맨하튼 거리 = |160−180| + |70−65| = 25
유클리드 거리 = $\sqrt{(160-180)^2+(70-65)^2} = \sqrt{400+25} = \sqrt{425} \simeq 20.61$

38 ③

연관규칙(if A → B), 조건-결과의 식으로 유용한 패턴을 발견해내는 방법을 연관규칙 분석이라고 한다.

39 ④

코사인 유사도(cosine similarity)는 내적공간의 두 벡터간 각도의 코사인값을 이용하여 측정된 벡터 간의 유사한 정도를 의미한다. 각도가 0°일 때의 코사인값은 1이며, 다른 모든 각도의 코사인값은 1보다 작다. 따라서 이 값은 벡터의 크기가 아닌 방향의 유사도를 판단하는 목적으로 사용되며, 두 벡터의 방향이 완전히 같을 경우 1, 90°의 각을 이룰 경우 0, 180°로 완전히 반대 방향인 경우 −1의 값을 갖는다.

40 ①

출산율(Fertility)와 교육수준(Education)은 음의 상관계수가 −0.66으로 가장 크다.

| 단답형 | 문항 수(10문항), 배점(문항 당 2점, 부분점수 없음) |

01 CRM
기업의 데이터베이스 활용 사례 중 고객관계관리를 담당하는 정보 시스템을 CRM이라고 한다.

02 데이터 마이닝(Data Mining)

03 분석 유즈케이스
분석 과제 발굴론의 하향식 접근법 중 하나이며, 분석으로 풀어야 할 문제에 대한 상세한 설명 및 문제 해결 시 발생하는 효과를 명시함으로써 향후 데이터 분석 문제로의 전환 및 적합성 평가에 활용하는 것을 말한다.

04 최적화
조직의 분석 성숙도 수준 진단 평가 도구는 CMMI 모델을 기반으로 이루어지며, 성숙도 진단을 3개 부문인 비즈니스 부문, 조직역량부문, IT 부문으로 나눌 수 있다. 성숙도 수준은 도입단계 – 활용단계 – 확산단계 – 최적화단계까지 총 4단계로 나눌 수 있다.

05 Life.Exp = −1.296*Illiteracy + 72.3949

06 다중공선성
다중공선성은 다중회귀분석에서 설명변수들 사이에 선형 관계가 존재하여 회귀계수의 정확한 추정이 곤란해지는 현상이다.

07 4개

누적기여율이 최소 80% 이상의 분산 설명력을 가지려면 4개 이상의 주성분이 필요하며, 4개일 경우 85.1% 정도 설명력이 있다.

08 앙상블 모형(Ensemble)

09 실루엣 계수A

실루엣 계수는 군집 모형 평가 기준 중 군집의 밀집 정도를 계산하는 방법이다. 군집 내의 거리와 군집 간의 거리가 군집 분할의 성과를 평가하는 기준이 된다. 실루엣 계수는 0에서 1사이의 값을 가진다.

10 향상도(lift)

비전공자도 배워서 바로 따는
국가공인 데이터 분석 준전문가 자격증 ADsP

초판 발행   2021년 11월 15일
지은이   김진숙
표지 디자인   이윤선/노지혜
본문 디자인   노지혜
교정/교열/윤문   이연수, 방지민, 양택훈, 이예희, 이혜은, 배정현
제작 지원   차아연
펴낸 곳   마소캠퍼스
주소   서울시 강남구 테헤란로 242 9층(06221)
전자우편   book@masocampus.com
ISBN   979-11-92040-03-5   13000

이 책 내용의 일부 또는 전부를 재사용하려면 반드시 마소캠퍼스의 동의를 얻어야 합니다.
이 책은 저작권법에 의하여 보호를 받는 저작물이므로 무단전재와 배포, 무단복제 및 허가 받지 않은 2차 저작을 금합니다.

MASO CAMPUS